国家出版基金项目
NATIONAL PUBLICATION FOUNDATION

辛亥革命资料选编

第六卷

刘　萍　李学通／主编

清末社会风潮 （下册）

——辛亥前十年报刊资料选

张振鹤

李学通　孙彩霞　张会芳

卞修跃　刘　萍　古为明／编

社会科学文献出版社
SOCIAL SCIENCES ACADEMIC PRESS (CHINA)
SSAP

目　录

·上　册·

·中　册·

·下　册·

福　建

同安县民反对抽收土税太苛

同安县民因抽收土税法太苛，加以巡勇骚扰，民不聊生，竟于上月念七日激成毁局之变。迨该县黄连生大令闻报前往，则土药局已成平地，百姓聚至数千人，势甚汹涌。当经大令竭力解散，一面禀由延少山观察于念九日派宋华堂管带统兵前往，藉资弹压。又恐该令办理祸首失之太急，致再激成事变，又于本月初一日委史博侯大令驰往，会同地方官持平查办。

《中外日报》光绪二十八年二月十六日（1902 年 3 月 25 日）

砖瓦罢市

漳州某商禀请省台包办漳州砖瓦捐，每砖一块抽钱一文，愿缴课洋三千元，虽已批准设局，尚未开办。本月中旬，业砖瓦者一齐罢市，停工不作，各窑均为封闭，复又聚众数十。旋经漳州道面谕允为禀请省台豁免，众始散去。

《中外日报》光绪二十八年三月三日（1902 年 4 月 10 日）

居奇被抢（台州）

近时台属谷价每银饼一枚计得谷五斗零四升左右，黑白洋地方余姓独涨价止四斗七八升。初六日，邻村恶少乘其枭谷时抢负八十余袋而去。是可为居奇者鉴。

《中外日报》光绪二十八年三月十九日（1902年4月26日）

漳州匪乱再志

漳州土匪在长泰县起事，旗上大书"为民除害"四字，又发传单与各县，言为义士简狮报仇。近日向富户、当店借粮借钱，不与者即行强抢。十一日漳州各官咸上城守夜，盖因匪等声言十一夜杀入城内，拿荣道台以报仇也。省城所派之兵业已到漳助防，许制帅近已札委何成浩观察赴漳，以查办匪乱为名，实则暗令接漳州道篆，俾荣道卸任，得以私行离漳，不致受匪害，并可藉以熄匪乱也。

《中外日报》光绪二十八年三月二十一日（1902年4月28日）

米又涨价（厦门）

厦地近又无雨，米价因之日涨，前每洋一元可购米二斗七八升者，近只购念二三斤。

《中外日报》光绪二十八年七月十二日（1902年8月15日）

仙游巨案（美教士索赔）

仙游民变屡登前报。兹闻傅围乡经官军痛剿，枪毙十余人，焚烧巨厦八十余座。该乡拔贡傅肇修一家三百余口住屋甚广，计共九十九所，俱由官军付之一炬，尚有典铺亦遭焚抢。傅肇修愤极，晋省上控，未知如何批示。当柯观察督兵会办之时，美会蒲教士拟为调停，令该乡出资赎罪，王大令不从。蒲教士云：中国官民之事，外人固不得强为理处，但教会有银款寄在典铺生息，乞为保护云云。及典铺被焚，银项无着，蒲教士即禀明领事。六月二十六日，蒲教士亲赴府署，索偿寄典二万金之款，以便八月建造教堂。玉太守即赴柯观察行台商议，未知如何回复。

　　《中外日报》光绪二十八年七月十三日（1902年8月16日）

调勇剿匪（漳州）

　　漳属有安佛耳山土匪倡乱，经前任汀漳龙道何碧鎏观察电禀督辕，札委金门协镇朱都督先往查明。兹据禀复称：该匪首乃夏间在东寨地方简大狮之余党，前因官军未曾剿办，反以重资议和，该匪以官为怯，竟再啸聚匪党二千余人，在安佛耳山一带掳劫行旅，十分猖獗，禀请派兵剿办等语。当即电饬杨西周军门派营务处杨游戎怀先督率福建军中、左、右三营管带，各率防勇百名，共四百名，协同道署新军宋营管带同赴漳州会剿。闻该匪盘踞该山，地势险阻，只一小路可通，山内天开平阳广大，名曰九鲤湖，广储粮草，建造土炮台，以备抗拒官军。朱都督已率同驻漳防勇先赴该山附近驻扎，候各军齐到，即当攻剿云。

　　《中外日报》光绪二十八年十月三日（1902年11月2日）

首犯就获（厦门）

　　厦门水提督杨西周军门前曾出示晓谕，缉拿匪棍一百六十余名，首犯系猫进即陈进。初近经福建中营杨管带永昌将匪党名秃子者拿获，进闻立率匪党十余人截途抢犯，幸管带调来营勇数十名，各带军械，始将陈进拿获，余党星散，立即解回提署，经杨提督讯明供词，确系陈进，被控厅署积案累累。军门饬将进移送厦门防厅检案究办。闻该犯现愿出五百金，由某商诱作雇伙，以冀释放云。

《中外日报》光绪二十八年十月三日（1902年11月2日）

署江督张查复闽浙总督许被参折（节录）

县南傅围乡，民情素悍，纠邻乡二三千人，于五月初六日进城向县署喧闹。王士骏谕禁不止，因言加捐事绅董所为，并开姓名单付之。乡民一拥出署，奔至绅董郑、黄、纪、吴四家，及库书林允升房屋并捐局，全行拆毁。初七日，又复进城滋闹。适莆田县闻警派勇踔至，乡民畏惧逃出西门，拆毁粮书刘保房屋而散。王士骏通禀请兵，该督臣饬派候补道柯欣荣、参将江全带兵数百名驰抵仙游。时兴化府知府玉贵未到，王士骏与柯欣荣等连日遣人下乡探路，实欲各乡转圜，不意其人均被窘辱而回。二十九日，柯欣荣在城未出，营县分带兵役突至白塔、霞苑两村，拿获数十人，折至傅围村，乡民鸣枪执械，扼要拒守，乃令开炮轰击，致毙乡民十余名，杀死四名，震死女孩四名，众民纷纷逃避。兵队乘势搜捕，焚烧民房九十余家，傅如璋所开聚成典铺，及绅房住房，悉归一炬。乡民傅棕轰毙倒地，认系为首之人，将其头割下带城示众。又有邻乡愚民陈玉、郑泳、陈起春、张堂四名，跟定王士骏之轿喧闹，状类风狂，带回县署，处以斩决。知府玉贵事后始到，误传乡民将图报复，城厢畏累罢市，玉贵躬自劝导，始贸易如常。至摊赔各费，皆出自曾随傅围乡进城闹事之乡村，闻半山村出洋六千元，青山村出洋四千元，白塔、霞苑等村出洋多少不一，皆散给被拆房屋各绅吏之家。调查案据该督臣原奏，与所访情形不尽相同。如滋事实由派捐，而原奏谓匪徒以祈雨为名，无故焚毁厘卡、盐馆。至击毙人数，亦不相符，其县城斩决四名，系王士骏审明滋事抗捐之犯，由该督臣批令就地正法。又该督臣原奏称，王士骏本系闽省老吏，夙著贤能，此次变起仓猝，竭力防御，捐输亦系照章，并无不合等语。查王士骏素负能名，办事切实，上年赔款派捐，各省同时齐办，即谓闽省民风强悍，藉以滋事，止有仙游一县，且该县铺捐既照坐贾章程，何以土产之货不由铺户买卖者亦牵连收捐，是滋事实该县所致。迨百姓入署喧闹，该县又诿绅董，嫁祸于人，拆毁捐局、绅屋之后，不思设法解散，辄行电禀请兵，以致各乡民铤而走险，炮毙二十余名之多。当时击毙之人，或犹可诿之曰拒捕格杀，至跟轿喧闹之愚民，既经带回城内，即使亦系随同抗捐之人，亦不宜概加重典，何至复戮四人，复焚毁乡村汕坊九十余家。事后又派偿绅董房屋费各数千元。仙游民生之困、民气之伤已甚矣。一原奏所称，统领驻在长门，提督居于泉郡，水隔道远，势难兼顾。该督以钟紫云兼之，汀漳龙道缺出，何成浩回籍未返，该督悬缺以待，急电速之各节。查钟紫云系实缺，福宁镇总兵派统福强各军驻守长门，素为该督臣所信任，故委署提督，长门虽距泉州过远，诚有不宜，惟现在早已交卸署篆，候补道何成浩前派赴广东各埠劝捐局差出力，回省之日委署汀漳龙道，并非补授。惟查何成浩人尚谨慎，署理汀漳龙道为日甚暂，任内亦无劣迹可指。

《中外日报》光绪二十九年三月十五日（1903 年 4 月 12 日）

洋面涨价（厦门）

厦地一带产麦极少，向恃外洋运来面粉，每岁销数以亿万包计。然向日每包不过一元五六角，每斤不过四十五六文，刻下每斤售至九十六文，包亦称是。

《中外日报》光绪二十九年四月四日（1903 年 4 月 30 日）

竟开妓捐（厦门）

厦门黎太守以拟办警察苦无经费，遂饬保甲局于本年三月为始开办妓捐。闻分四等：上等月纳十二元，上中等月纳九元，中等月纳六元，下等月纳二元，是为妓捐。至开设各班者，亦须月纳牌捐数十元或百余元，并允派警勇于各班住处往来梭巡，为之保护云。

《中外日报》光绪二十九年四月四日（1903 年 4 月 30 日）

云霄闹捐

昨接漳州飞函云：云霄厅步明府去岁到任以来，一切谨慎。缘不谙此地风土人情，未敢鲁莽操切，所有政事，悉访问在云多年之府经汤芝生。唯汤在云当差多年，专事朘削，每逢下乡办案，百端敲诈搜括，必满其欲而后已，以致云人恨之刺骨。目前步明府又委汤府经收办贾捐，汤遂联络绅士林某臂助。不料办理不善，目前云霄百姓聚众千余，拥至林绅家中，团团围住，将其房屋拆卸一空；复又拥至厅署，将其头门拆毁，盖以汤在厅署故也。后经步明府出劝，各民始散。次日飞报至漳，请兵弹压。漳州道府闻报大惊，当派兵二哨，札委谢子笏委员驰往办理。临行时，李观察、陈太守俱谕以相机而动，务以平和为主，以安民生云云。

《中外日报》光绪三十年三月八日（1904 年 4 月 23 日）

公忿退学（福州大学堂）

福州大学堂学生，又因饮食细故，摔毁碗盏，提调等又不善调停，致激众怒。闻同时退学者约有三百余人云。

《中外日报》光绪三十年四月十六日（1904 年 5 月 30 日）

河下街罢市（福州）

前月十五日，南台河下街春兴染店有甲乙二伙，因事龃龉，竟至斗殴，当经店东劝阻，两伙咸引退。讵乙仍欲泄愤，是夜伺甲就寝，潜往大妙山第二警局，请派局勇前往拿办。时已夜深，而局员尚未回局，该局某长随擅即派勇多名，驰往该店，将甲拘去。翌日，附近邻里查明情由，代抱不平，相率罢市。铺保禀报防署，先临劝谕，有顷闽县周大令及某汛弁亦到，对各铺户说允即将甲释回，各铺户始遵谕开店，各安生业云。

《中外日报》光绪三十年五月十三日（1904 年 6 月 26 日）

纸作罢工（漳州等地）

漳州、长泰、龙岩、江州、连城等处，所出粗细纸张不少，由厦出口，岁亦可观。故厦十途郊有纸郊一途，计共二三十家，各雇工匠，制作各种色样，向例每人工钱，或一月六元，或一日二角。讵于廿一日各工约会，一齐停作，挟制东家，谓须加五成工资方可。东家已允添二成，仍不见允，已控官请断矣。

《中外日报》光绪三十年十月七日（1904 年 11 月 13 日）

记漳州拆毁教堂事

昨得漳友函云：漳浦县署令以景福，自以五日京兆，多方搜括，日日下乡办案，积案八十余起之多，毫不理结。日前某案内涉及天主教民某甲，该令不知审慎，当委典史程起灏带兵驰往该乡，拿办教民，而某甲畏官，已先躲入天主堂内。程捕厅于夜半亲率勇差，撞破教堂大门而入欲拿，某甲不知如何，土棍更乘机而入，拆毁教堂。程捕厅当时并令开枪吓匪，不料枪子误伤某教民之胁，以致酿成巨案。现洋总教士已面谒漳州道府，请为办理。经漳州道府极力抚恤，好言安慰，未知如何了结。

《中外日报》光绪三十年十月二十四日（1904 年 11 月 30 日）

中亭罢市

南台中亭街某鱼货店，因抗缴鱼捐，由福防厅出差前来追取，需索酒礼，为无厌之求，店中人遂与龃龉，差人即时将家私打毁，店主即挥拳擒殴，有一差头颇打伤。该街一带均是鱼行，多半下府人，彼此有同业同乡之谊，深防差人将来以抗捐殴差相制，遂佥议闭门罢市。警务局及防厅吕文起司马亲临弹压，著令各铺户应即照常贸易。至如何殴差，孰曲孰直，候再环集讯办。众遂遵谕开店云。

《中外日报》光绪三十年十月二十六日（1904 年 12 月 2 日）

勒索滋事

南台闽安关，前马令督办时，有某丁因勒索滋事，平民闻之不平，将全关付之一炬，马令因之撤差，此往事也。现闽安桥头口，凡商家完报货件，均不给单，易滋弊端。至于抽取落地税，亦极苛索，如小民所带零星物件，短少数文，亦不准其走过；倘有贪图小利走漏，被其查获，辄即重罚。该口乃姚七主事，历办有年，情形甚熟，官不敢易之，而商家船户均不满意，怨声载道，彼不恤也。昨日有某甲负小木三根，只需纳落地税九文，关丁因其未付税钱，向前阻止。甲称此木系日商所办，例不纳镪，即出钱四枚与之，关丁不肯。甲称我实未带钱，如不肯放我过去，即将此木寄在尔处，关丁以为不合，任意詈辱，甲亦反唇相稽，遂互相擒扭。甲众寡不敌，负伤倒地。时路人观看如堵，几有好事者欲仿马前任故事，幸警务官兵再三弹压，始免意外之变云。

《中外日报》光绪三十年十一月五日（1904 年 12 月 11 日）

勇丁滋闹

福建军前营彭管带桂堂，自接带以来，任用私人，按月撤革熟悉勇丁，甚至一日斥革十余名。七月间，前哨革出三十二名，左哨三十六名，右哨三十七名，八九两月亦然。有徐纪坤、刘玉通等九名被革后，例应支领存饷回籍，该管带不但不发，反谓徐等冒名顶替。徐等喊控提辕，曹仁祥军门查悉大怒，调查饷册，始知该勇人虽在营，而册内已除其名，存饷被官□领用去，遂饬彭照数追还，以免闹饷。彭因闹领存饷，是以迁怒左哨王哨官，立即点其哨勇实额，有四十名之数，反谓王缺空人数。王辩云：本哨只领四十名饷，并无空额冒领情弊，即使缺额，亦系营主之咎。彭大怒，立禀提台，将王斥革。该哨勇丁素沐哨官优恩，咸抱公愤，聚集提辕代王辩白。奈彭管带领先禀知提台，遗缺已委员接带，各勇无奈何而退。

《中外日报》光绪三十年十一月六日（1904 年 12 月 12 日）

攻毁日本教堂案已结（泉州）

十月间，厦门日本领事电致闽督，言泉州所属之安海地方，有乡民陈丛率众攻毁日本教堂。午帅得电，当以日本设立教堂，并未载在约章，因电复日领略谓：陈丛一案姑允查办，惟所设教堂，既非约章所有，应请即饬停办等语。旋日领又复，以日本教堂漳、泉两府皆有，四五年前历经地方官出示保护（按此当是许前督任内之事），且查中日订定条约第二十五款，有他国人民在中国得有利益，日本人亦应一体均沾之文，是日本设立教堂，并无不合。午帅得电，以条约第二十五款所云，系专指寻常一切交际而言，至于设立教堂，既无专条，碍难照允，仍与竭力争辩。现陈丛一案业经议结，日本教堂既在约章以外，日领亦自知不安，大约已立之教堂，虽难议撤，而以后当不致接踵纷起矣。

《中外日报》光绪三十年十二月十六日（1905 年 1 月 21 日）

闽商今日会议

寓沪之福建商人定于今日二点钟齐集泉漳会馆，商议抵制美国限禁华工之法。

《中外日报》光绪三十一年四月十一日（1905 年 5 月 14 日）

记闽商在泉漳会馆会议事

昨日，闽帮商人在泉漳会馆集议抵制美国限禁华工办法，来者甚众，续到者已无插足地。钟鸣三下，曾少卿观察登坛演说，大旨与初七日在商会所说略同。又言美定苛例，以曲徇工党之请，非其政府之本心，然工人所作，端赖行销，一旦华商不买美货，则所出之货定必滞销。一经滞销，即有碍工作。如此则所以害人者，适以害己。我华人为今之计，宜先体朝廷与美敦睦之谊，后尽华商与美交易之情，婉曲告知寓沪美商，声明此次华商与美停止交易，实出万不得已，请其电达政府，挽回定例。如其不听，二个月后一律不买美货。其抵制之法计有五条，详列如左：

一、美来各货，一概不用，机器等一应在内。

一、美船揽载，华人不应装货，各埠一律。

一、美人所设学堂，华人子弟不应入堂读书。

一、美人所开之行，华人不应应聘，为作买办及通译等事。

一、美人住宅所雇佣工，劝令停歇，庖御等人一概在内。

说毕，众皆拍手赞成，当即传电通商二十一埠，一律照办。

昨又探得寓沪美商自闻闽粤绅商会议后，亦自行集议，颇以本国续定此约为不然云。

《中外日报》光绪三十一年四月十二日（1905 年 5 月 15 日）

厦门杂捐纪数

厦门杂捐每年几及六万元，其纳于政府以行新政，或存于本埠以办公事，抑悉入于地方官之私囊，均未可知。仅据所查之各捐录之于后：坐贾捐三万五千六百元，猪捐四千元，水果捐二千四百元，鱼捐二千元，酒捐一千六百元，膏牌捐八千四百元，此外又有葱蒜、壕壳两捐一千四百元，则归同安县办理。

《中外日报》光绪三十一年四月二十四日（1905 年 5 月 27 日）

福州烛伙停工

南台烛行伙计薪工，全年共支十三月，兹该行伙等以近年百物昂贵，入不敷出，公议全年要支薪工十五个月，即三节均支双薪之谓也。烛行各东，惟中亭街福全号未允所议，故各烛工均行停做，独控福全号于防署。吕司马已谕令全年给薪十四个月，刻下尚未遵断云。

《中外日报》光绪三十一年四月二十八日（1905 年 5 月 31 日）

观音井罢市

本月十五日南台观音井义和京果店，有佣妇向之购物，因小洋真伪口角，突来甲、乙二人出头干预。甲系小工，乙系轿役，皆为法人所雇用者，愤为店伙所辱，归率十余人入店毁物，并殴其伙，伤首流血。邻里公愤，均出擒之，甲、乙遂为站街巡兵所捕，解回四局讯办。时邻里各铺户公议罢市，警局遂将甲、乙枷示，并劝各铺户开店照常贸易云。

《中外日报》光绪三十一年五月二十九日（1905 年 7 月 1 日）

厦门十途郊控税关苛立新章禀

为佥禀事。窃维正税之增减，视乎商务之盛衰，而商务之盛衰，视乎货物之流滞。厦门弹丸海岛，进口货物大半售诸漳、泉，各内地向来生理颇称兴旺。自常关归并洋税司兼办，设立新章，加索规费，贪图罚款。诸如出单之索费揩留，起货之旷时亏累，红单之批销过促，上栈之勒限刁难，零货增设小单，在地亦须单费，种种苛索，于商务大有窒碍。以致行郊则转运为难，铺户则销售大减，市面日冷，进口货物年少一年，大有江河日下之势。伏查新章病商，种种窒碍，举其大概，约有六端，前曾由商等禀陈税务司，并由商政司禀请照会，恳其通融办理，未蒙允准。伏念税司办理常关，苛立新章，虽亦为整顿课项起见，然贪图小利，罔顾大局，法既病商，商务日衰，进口货少，正税自必日短，海关年来结册可证。是不特病商，亦且病国，非亟为挽回，贻害胡底。除禀部宪外，恳乞俯准据情详请照咨总税司察核，转饬驻厦税务司遵章办理，以苏民困，以维正税。合厦讴歌，沾感切叩。

《中外日报》光绪三十一年七月七日（1905 年 8 月 7 日）

三点会匪首就擒（武平县）

武平县岩前象洞地方，乃福建、江西、广东交界之地，向年已有三点会名目，结党聚众。旋因地方官会同拿办，始见敛迹。现死灰复燃，较前尤甚，各处棍匪闻风争赴。闻有盘古寨余党，在墟场冈结盟，约有三百余名云。并闻会匪有洋枪队数百，快利无比，官军每为所乘。近日始将匪首潘富山擒获，余党逃窜广东嘉州及江西龙南、会昌等处云。

《中外日报》光绪三十一年七月二十五日（1905 年 8 月 25 日）

泉厦众商定期罢市述闻

近日市面金称，税务司办理闽关，于零星小物搜查科罚，十分苛刻，如一尺布、五筒碗之类，乡人不敢上街购物，各行生意萧条。现泉、厦、漳各处，定期八月初一一律罢市云云。

《中外日报》光绪三十一年七月二十九日（1905 年 8 月 29 日）

记厦门罢市以前情形

厦门洋关一味苛罚，民不聊生，商人前禀呈苛章六条于上台，未蒙允准；后又禀请王参议转达商部，请照旧章，以恤商艰，商部虽行文来查，仍未见其改革。刻下忍无可忍，遂定于八月初一日起，公愤罢市七日。规条极严，船只不准入口，街市不准买卖，谣言蜂起，人心汹汹。黄司马先于念六日在商会与商董磋议多时，公致函于税司，请其遵照旧章，允除苛倒，以免届期酿成交涉巨案。讵税司复函，以章程系总税司颁发，非本税司所能擅改，如何之处，俟请总税司示方可。然祸势已在眉睫，若待请示，往返多日，则已不可收拾。厦门厅当禀道台电禀崇督，旋得回电，允即札饬洋税司，除去一切苛例，遵照旧章办理，速谕商民，以安众心而免滋事。道台当将督电札饬商会，分谕十途郊商行店铺户知悉，俾其照常贸易，不得罢市。黄司马于念七日，又邀各商在商会议论多时，请各商签不罢市之字，如签字后再有罢市者，即当严办，就地正法。各商见有正法字样，咸各观望，不取签字而散。

按右新闻一则，系七月底所交寄，尚是罢市以前之事，特为录登，以见激动公愤之缘由。

《中外日报》光绪三十一年八月七日（1905年9月5日）

详志厦门罢市洋关枪毙华民情形

初一日厦门罢市情形，已据西报译登。兹承厦门友人将当日详细情形函告，特为照录如下：

自常税归并洋关后，上年循例征收，商民均尚相安，各无异言。自入春以来，洋关巡哨星罗棋布，凡乡民上街购买零星物件，均被其拿办，异常苛罚，乡民欲将其物充公而不得，此酿祸所由来也。其于查船时，洋巡哨贪得百元抽三十之款，百端吹求不罚其款不止，一人为之，众人效之，民不堪命。众商无法，乃一禀商会，再禀道署，三禀督辕及商部，虽蒙饬查，而未准其改章，以常税长征巨万故也。民不得已，乃发传单，定八月初一罢市罢港，以待改良云云。

七月念九日，风潮甚急，道台电禀崇督请示，奉复以常税有不便于商者，仰商会、厦防厅会同洋税司，斟酌损益，巡哨再有苛索情事，查明究办。倘税司有不便、违章之处，禀明核夺。希即示谕商民，照常安业，勿得滋生事端。道台当将督电示谕，令民静候。惜为时太迟，已无及矣。

初一日阖厦罢市，有肉店、干果店及某店开门，被抢一空，于是无一敢开者，即做小生意及卖菜者，亦无一人。时闲人蜂聚至洋关前，口讲指画，势甚汹汹。提道闻警，驰至洋关保护。时门外之人益聚益众，几千余人矣。洋关哨丁令众站开，不知如何，登时起衅，砖石瓦块纷纷向洋关楼上打去，楼上亦以砖石等向下回击，益激众怒，遂一拥入关，将其房屋拆卸毁坏，有抢其器具而去者。提道带兵数十名当场弹压不住，闻厦防厅黄司马、厦道玉观察亦受损伤。祸已酿成，不可收拾。洋关人等纷从窗户跳下逃避。洋税司及某官以势甚汹涌，倘一拥上前，皂白不分，恐立成齑粉，乃喝令开枪，洋水手先放空枪，欲吓退众人耳。至是弹不虚发，一时中枪而死者四人，带伤者二人，提台拿获四人。正扰乱间，洋兵已排队而至，又放一排枪，众始一哄而散。盖先日洋税司已电香港派一兵舰来厦，至是乃升旗求援，故兵舰即派兵到关保护。洋兵到后，提道乃各回衙。厦商见人已打死，咸云大祸立至。谣传众将火焚邓某之家，砍杀邓某之身。幸将晚刮地大风，倾盆大雨，至初二八点钟止。说者以为幸事，不然酿成交涉大案，不堪设想矣。

初二日，各店紧闭如故，各官往劝，无一敢开者。夜间守备更严，提台派兵梭巡，各巷栅门关闭，行人不准往来，恐土匪抢劫也。道台并出简明告示云：土匪乘机抢劫，官兵格杀勿论。尔等铺户居民，各自照常安分。厦防厅又出示云：常关苛虐，军帅饬查，告我商民，各安尔家。道宪分府，商会税司，斟酌损益，择善而施。本日午后，往外武庙，传谕商民，听我开导。慎勿轻举，引为祸召，慎勿罢市，徒自骚扰。分府存心，可以自表，一日在官，一日肩挑。务期分任，各尽厥道，群黎百姓，切祷切祷。

初三日，各官挨户劝民开店，派兵看护，如有抢者，立即格杀。各店有开者，亦有半开者。道台又委佐贰数员查夜，十分戒严，然洋关仍未开云。

按此事实不知起自何人，一倡百和，竟演成一场恶剧。刻下风波犹未大定，以苛章仍旧故也。有地方之责者，将何以善其后欤。

《中外日报》光绪三十一年八月十日（1905 年 9 月 8 日）

论厦门罢市闹关事

本月初一日，厦门工商人等有相率罢市，与税务司为难之事，相持至数日之久，本馆于月初即已据电登录。昨又承厦门友人以事之始末见告，爰为叙而论之如下。

按此事实由积忿而成，初非一朝一夕之故。查六月间厦门商人即已具呈商务局，请为转禀省中大吏（见六月二十九日本报），然其后省吏如何处置，则未之详。闻其禀中大意略谓：自常关归并洋税司兼办后，设立新章，加索规费，贪图罚款，诸如出单之索费，捎留起货之旷时，亏累红单之批销，过促上栈之勒限，刁难零货增设小单，在地亦须单费，种种苛索，于商务大有窒碍云云（见七月初七日本报）。亦可以知其积忿成衅之故矣。

闻厦关税司，于事前致函于厦地官商，及事后晓谕商民，有常关章程由前税务司所定，本代理税务司抵任甫一年，照章办理，现此章业已送呈宪鉴，或其中有不便商情之处，各商客尽可来关禀商；如无碍税例，即可随时更改，倘与例款有碍，自当申请总税务司核定遵行云云。窃意各处税章理当划一，若谓他处商人能忍受，而厦地商人不能忍受，似为必无之事。若谓他处税章与商人相宜，独厦地之税章为商民所不惬，似又为必无之事。然而衅已成矣，罢市闹关之举已实行矣，无辜之人有中枪而毙者矣。苟非有万不可遏之怨忿，亦何致出此。

最可怪者，闻厦地商人曾将不满意于税司之故，一禀厦门商会，再禀厦关道署，三禀闽省督署，而皆不闻为之彻底查究，酌量更改，以慰商人之愿望，而销患于未萌。夫商会有保护商人之责者也，关道有监督税务之责者也，闽浙总督有理财治民之全权者也，而乃泄泄沓沓，坐昧先几，致酿巨祸。若此无亦对于商人而愧色者乎！其尤可怪者，近来商部最注意于保商之事，凡商人有所陈请者，无不如响斯应。今夏王丹揆参议游历东南诸省，亦以考察商务为名，闻到厦时，厦门商人实曾将艰苦情状具禀于参议，请为援手。而参议但将原禀转呈商部，借以塞责，并不为之筹画一二。七月二十一日，北京某报有王参议到汕之详情一篇，尽情诋斥，不留余地，本馆固不敢引为信史。然其到厦也，实在商人疾首蹙额、束手无策之时，至于今日遂有罢市闹关之举，是则王参议于商人之疾苦漫不经心已可概见。商部之负参议耶？参议之负厦商耶？不得而知矣。

据厦友来函言，当滋事之先一日，厦关税司已有所闻，即电告香港，请派一只舰到厦。当事急时，该兵舰即派兵到关保护云云。此说恐未必实，如其果然，窃不能无言。夫厦门税关固中国之关也，厦关税司虽为西人，而既受中国之俸，治中国之事，则亦中国之官也。而及其事机遭会，乃必待外人为之保护，启外人以干涉之端，不知厦门官吏对于此事以为何如也？其自视又何如也？近年闹捐之事盖已屡见，论者以为，官吏不肖所致。而兹乃出于厦门税关，岂果橘化为枳，累成公例？抑亦同流合污，风气使然？窃愿与薄视本国之人者一商榷之矣。

《中外日报》光绪三十一年八月十一日（1905年9月9日）

记厦门因苛税罢市后办理情形

厦门商人因洋关苛索，致于初一闹事，旋经洋兵上岸保护，夜又继以大风雨，不然不堪设想矣。初三早，经道厅及中府挨户劝令开市，得以照常。然税未改良，人心终未悦服，谣言时起，仍有冲突之势。崇督特委洋务总办龚仙舟、观察吕文起、太守及常关委员明协领，于初五早到厦，住商政局内，近日会同道厅、洋税司及商会协理各议员，筹商改良税章事宜，以为善后之策。

未罢市前，招商、太古咸电告上海，请勿装货来厦，姑待开市后再行定局。近虽照常贸易，然海面来轮甚稀，间有来者，厦商以税章未改，行家及挑工均不起货。嘉税司于初八日特出示安慰众商。日本税司昨得督宪电示，已委龚道来厦商改税章，免除苛例，希即劝谕众商，照常安业，勿得再滋事端等因。为此出示，晓谕各商知悉，以前先出单后下货，商多不便，已改为声明单，俾先下货，如货出不及，待至明日再出者，准过日来关领单，完纳税厘，唯不得多延时日。此为本代理税务司格外体恤商人起见，仰商民船户人等，一体知悉。特示。

十一日，税司又出示云，以后税章照后开列办理，仰各船户商贩人等知照。一、零碎货不准登载。一、无税货物准免声明。一、常关礼单钱（即红包费），照念六年旧章办理。一、司巡如再苛索，准被害人赴关禀控，或赴地方官、商会投诉。其示如此，然人心犹仍怀观望也。

阖厦商人咸云：洋关苛例实出于闽人邓书门及账房王某媚外肥私，致有此病商害民之举，不然洋关西人来自外洋，安知厦商行径。邓、王等定此苛罚，坐分其利，每人月薪七八十金，连罚款共一二百元，为己则得计，为商则不堪其苛暴矣。众怨咸归于王、邓，必欲得而甘心，大有不共戴天之势。商会俯顺舆情，函请税司将其革办，税司不允，厦众益忿，商会当电商部允为饬令革除严办，以平众怨。

厦道以此次罢市办理不善，省台特令与漳州道互易。闻漳道李观察定十天来厦，大约不久即择吉接印矣。

《中外日报》光绪三十一年八月二十日（1905 年 9 月 18 日）

土匪猖獗（安溪县）

漳州府安溪县，匪首詹水、陈同、陈坑、陈塔、陈海参等，大扰闾阎，奸淫掳掠，无所不为。曾经厦提黄芍岩宫保派总兵周汉忠等往剿，无奈官兵逗留不进，匪盗猖獗。幸经千总赖国柱单骑直入匪巢，说之归顺，各匪首始各具不再滋事之结，且解散其党羽。昨日赖千戎回厦述云，匪徒约有万余人，中有数千人皆携新式快枪，穿洋操军衣，戴草帽，步伐整齐，似为久练之兵云。

《时报》光绪三十一年十二月十七日（1906 年 1 月 11 日）

福州拒约之现象

福州开办拒约，在各省之后。自从十一月十八日由商董联合学界立一文明拒约社，在三山会馆首先开会，念二日再开第二次大会，报告市面美国煤油剩有六千箱，各庄客议决相戒止销。纸商抵制尤力，十二月初三日，在建宁馆演说，遍布传单，美商颇为寒心。钱业则于初七日会议于兴化会馆，决定不与私售美货者往来。闽省上游美货销路颇广，溪行帮于十四日在武圣庙会议，概不输运美货。洋船栈公帮早已布告各埠庄友，今后不运美货，十八日后在建宁馆宣布各商，近有外来新进金山参鲍面粉等货，囤积如山，无船搬运。此次福州拒约，商界以实力奉行为主义，学界以担任调查为义务，万众一心，均以废约为目的云。

《时报》光绪三十一年十二月二十五日（1906 年 1 月 19 日）

福州拒约之进步

福州拒约会自布商在三山会馆开会演说以来，各商帮咸知顾惜名誉，议行抵制。南台各钱商于去月十三日在兴安会馆开拒约演说会，代表者系卢君少泉，其招待来宾极形周密，商界、学界到者二百余人。自午后二点开会，演说至五点始行闭会。是夜即由该钱帮刊刻传单，分送各铺户，谓以后尚有买卖美货者，该商帮即一律不与通融款项。商界命脉操诸钱商，今有此议，想拒约事当更可进步矣。

又福州纸商计于去月十五日在南大庙、山武庙开拒约演说会，并传单各学界、商界，届时赴会演说云。

《时报》光绪三十二年一月十四日（1906 年 2 月 7 日）

漳浦教案

英使照会外部言：福建漳浦县有匪徒劫取狱囚、焚毁教堂情事，请嘱闽督转饬该管官吏实力保护。外部当即电致闽督。旋据复电谓，已由府县将教士切实保护，并严拿滋事匪徒。

《汇报》光绪三十二年一月二十八日（1906 年 2 月 21 日）

漳浦教案详志

漳州府漳浦县民教不和，酿成事端，彼时消息不通，在厦之人不能得其详情，故驻厦英领事致电闽督，求为保护。电文如下：

福州崇制台鉴：漳浦三点会匪入城，昨已电请保护。顷据教士飞函称：该处教堂住楼三座，男女学堂、医院、育婴堂概被损毁。该县虽系出力保护，只亲勇数十名，虽将该匪逐出，恐城外各地仍被残毁，势甚危迫，速请电调大兵前往弹压，幸勿稍缓。删。

闽督复电英领事满：已请厦提就近飞派弁兵，并饬参将驰回，会同印委各员弹压；一面派常备军轮往办，并饬文武实力保护洋寓教堂。总督崇。铣。

由是闽督电请厦提派兵保护。厦提于十六日得电后即派兵一哨，并饬派漳州营二哨驰往漳浦弹压。漳浦距漳州旱路九十里，半日之间可抵其地。遂与匪战，毙匪十二人，擒匪首一人，于十七日午后解送漳州府城。兹查悉酿祸之由系天主教民与平民龃龉，土匪乘机抢掠，拆毁教堂一座，并未伤人，教士巴礼君幸得逃避，亦未损伤云。

《时报》光绪三十二年一月二十九日（1906年2月22日）

漳浦教案续志

日昨有教友某君由漳浦逃难至厦，住在鼓浪屿汇兰书院，本馆访员就询情形，其言如下：庚午年有会匪陈某由粤来漳，住在陈埭地方，以符咒煽惑愚民，于是云霄、诏安一带受其所愚者颇多。甲辰、乙巳之间匪徒渐至漳浦卖拳弄棒，毫无忌惮，曾经漳浦县卢大令出示严禁，然以无兵勇之故，未能缉获匪徒。

今岁正月初旬，外间风闻匪徒将于廿一日起事。初九日甘林天主教民与该地方人龃龉，固小事也。适有匪徒在彼欲乘机抢掳，为天主教民擒获二人，请官派差来解。

十一日，卢大令亲自解犯，行至半途，该教堂已被焚毁，大令急往弹压。遂将大令围困，百端要挟，迫大令入城，众匪汹汹，随之入城，立毁孔子庙。（其时城中无一兵）

十二日下午，匪徒破监劫犯，同时有众匪至城内耶稣教堂，破扉而入。间有一人云，此事系天主教，与耶稣教无涉，匪遂去。

十三日十点钟，匪徒分东北两路往毁耶稣教堂一座、洋楼三所、医院一所、教会学堂两所。城中有英国教士五人（系耶稣教），幸早避，不及于难。有一牧师欲察匪情，避于中国牧师家中，匪徒追踪而至，幸由教民导其逾墙而走，始免祸。其时铜山参将彭紫材接到卢大令告急之文，于十一日率兵八十名驰往弹压，分兵守县署，遂亲率二十三人往闹事处弹压，几经婉劝，匪徒不特不散，且愈炽其焰。彭参将大怒，命开空枪，匪犹不退，遂发枪毙匪二人，然匪犹不退，又毙七人，擒八人，伤十余人，匪始散。适闻西牧师在某教民家，遂派兵保护之入城，现暂住于县署，牧师甚感华官保护之力云。

十一日，天主教堂被毁时，巴礼君逃入民家后，割须易装，乘舆潜至县署，始得无事。时匪徒尚潜踪于各乡村，乘间劫抢。十六日，闽督闻警，电饬兴化府常胜军二百名驰往剿办，厦提亦饬游击陈绍烈率福建军八十名助剿，漳州道镇派兵二哨，均到闹事之处，匪势尚甚汹汹，经官兵击毙十二人，伤数十人，擒其匪首一人，匪势始稍杀。现在匪徒尚蔓延于官浔等处云。

《时报》光绪三十二年二月二日（1906年2月24日）

漳浦教案三志

漳浦闹教之详情已两纪前报。兹悉肇衅之原因，系教民挑贩牛肉至甘林社，该乡人赵姓者嗤其腐败，因而口角，附近教堂之教民出而劝解，乡人反谓其袒护同教之人，大肆无理之言，由是观者愈多，流氓乘机抢入教堂，捣毁器具，被教民擒拿二人送入县署。甘林乡人不服，由绅耆向县保领，衙役要索陋规，致不能领出，绅耆怏怏而返。适是处有土匪潜匿乡僻，为首者名张婴，素习拳棒，教人念咒，谓有仙术，刀枪不能伤。是日闻知其事，出而煽惑乡人，而己则愿为先锋。所过之处，凡遇教堂，无不拆毁。比至城中劫监抢犯，幸彭紫材参戎适过其地，开枪轰击，擒张婴而杀之，匪遂散。

十六日，漳州镇派左营千总、现署守备蔡镇藩带临时召募之兵百六十名，赴漳浦防堵。

漳道派委员何英赴漳浦查办。现漳浦犹未解严，昼间亦关闭城门，不许闲人出入。福州大营于二十二日到漳浦防堵矣。

《时报》光绪三十二年二月三日（1906 年 2 月 25 日）

强买脑树之风潮（永安县）

永安县脑务分局委员陈仰山向某乡民购买脑树若干株，该乡民以脑树为风水所关，曾经请禁有案。陈仰山欲薄给以价，便施砍伐，乡民不允，众率与抗，并毁脑局，陈亦被殴。后经绅耆出为认罪罚款，始得了事。

《时报》光绪三十二年八月十日（1906 年 9 月 27 日）

武备学堂一律停课 *

福州电云：福建武备学堂招考办理人员，从中舞弊，苛减外属定额，大动公愤，已一律停课。

《汇报》光绪三十二年十月六日（1906 年 11 月 21 日）

同安县灌口土局被拆毁 *

厦门电云：灌口土局被众拆毁，局勇亦被众掳去。（按灌口为泉州府同安县辖境）

《汇报》光绪三十二年十月十三日（1906 年 11 月 28 日）

建宁府城米贵罢市

建宁府城于去月二十三日因米粮昂贵，每石价逾七元，为空前之高价，相率罢市。先由崇安县禁米出境，略谓：有米出境报信者，赏米四成，余六成充公。崇邑为建宁七县之一，每石米价向来仅值四元。浦城亦出米之地，现每石亦不过五元。崇、浦两邑之米能源源接济建城，则建城之米价必落。建城米足，不禁出境，则福州之米价亦必低落。盖事有相须而成者。崇邑既禁米出境，建城米价遂日贵，因而有罢市之举。

　　《时报》光绪三十三年五月五日（1907 年 6 月 15 日）

福建旅沪学生力争西江警察权电文

　　北京外务部王大臣钧鉴：西江若许外人缉捕，大损主权，人心危惧，恳迅挽回，以保南部大局。福建学生会叩。

　　《时报》光绪三十三年十月二十一日（1907 年 11 月 26 日）

延平罢市之原因

　　延平城内李泰和伞店，因欠缴房捐约迟两日，丁役不允，遽将店东擒拿到案。南平县李大令懋猷偏听丁役之言，不问案情轻重，饬将店东枷责，并令游城示众，以为拖欠捐款者戒。乡邻不服，致动公愤，相率罢市。管凌云太守闻之，立传李令入署训斥，并将收捐之丁役严行惩责，以服人心云。

　　《时报》光绪三十三年十一月六日（1907 年 12 月 10 日）

粪夫抗拒粪桶加盖 *

　　福州官绅因卫生起见，饬令所有粪桶一律加盖，免至秽气薰蒸。不料粪除夫聚众抵抗，昨日（即十三日）竟将商会打毁，下杭地方闭门罢市。府厅县各官当即会营弹压，未知如何了结。

（十四日巳刻福州专电）

《时报》光绪三十四年四月十五日（1908 年 5 月 14 日）

福州粪桶加盖滋扰详报

　　福州粪桶加盖一事，原为省宪劝导卫生起见，讵乡民误会，以为加盖即加捐之先声，十八澳粪船帮相议禁河，既不自往各处挑粪，而又阻止各乡民往挑粪，以挟制官长，使收回加盖成命，致各处粪料无人挑理，臭秽不堪，几有不可终日之势。当经各社会导劝，附城各乡民先已遵行加盖挑粪，下江十八澳粪船帮亦已具结服从，初六、七等日陆续上省挑运。讵忽有顽民从中作梗，初八日复将粪船退回，且集挑粪之人三百余名，于初十日午后往茶亭庵焚香结盟，议进城与官为难，路过洗马桥，适有一村妇用加盖之桶挑粪，被众截殴。时该段巡勇向前拦阻，奈众寡不敌，竟被重伤，及召齐警兵，而粪船帮已折回。是晚复集队至下渡巷头，声言十二早不得开市，如有开市者，即行毁摔，并欲围攻桥南公益社，以该社劝导加盖及雇人往各处挑粪等事，因与茶亭公益社同为出力者也。桥南公益社员遂于驻扎巷下庙之常备军一棚移驻该社，并由巡勇等巡查各处，保护商店，令其即便开门，如常贸易。该船帮是日未有举动。茶亭公益社又请常备军两棚跟随该社员赴七墩、八社各乡劝导挑粪，并保护该挑粪乡民，以免被粪船帮拦途殴打及摔毁粪桶等。及十三日，粪船帮仍不开禁。福州商务总会于加盖事最为出力，然所雇挑工不敷遍运。是日午刻，竟有一泼妇携粪桶向商会门前乱泼，随后有顽梗者多人同声呐喊，警勇及商会门丁向前拦阻，并棍打该泼妇。一时人众异常骚动，咸声言攻毁商会。商会中人将大门紧闭，顽民复敢将商会门首攻打毁坏，商会横牌、虎头牌等均被撤下而毁碎之。时警勇等登商会墙上，以砖瓦掷下，顽众始稍却退。而随后观者愈聚愈众，异常拥挤，下杭街一带铺户均已闭市，商会诸人即发电话告急于省宪。松帅随派卫队及常备军第十镇统制率带三十八标各营到地弹压，而福州府福防厅及闽侯县各官亦陆续赶至商会。当其未至商会时，即下轿沿街拱揖，劝各铺户开市，而顽民复故以秽物乱泼。福防厅乃赶行进城面禀，藩臬两司随即上院禀明松督。松督谓加盖事总须坚持到底，并严办顽民，以示惩儆云云。是日方闹事时，福防厅即出文告，略谓：加盖事原系上宪好意，尔乡民不得妄听谣言谓即加捐之起点。当已饬县出示勒碑，永远无捐无税，务各凛遵加盖。自十五日起一律加盖，如再有无盖粪桶上街挑粪，定即严办粪船帮云云。而究之粪船帮对于此等之文告，不特淡漠视之，且反抗愈力云。以上系十三日以前所有酿祸之情形也。

《时报》光绪三十四年四月二十三日（1908 年 5 月 22 日）

漳州学生罢课*

厦门电云：漳州学堂罢课，现经提学使将为首者革退，余均上课。

《汇报》光绪三十四年四月二十八日（1908 年 5 月 27 日）

厦门各商店一律罢市*

厦门电云：厦门各商店因警抽捐苛刻，一律罢市。

《汇报》光绪三十四年五月一日（1908 年 5 月 30 日）

委员受辱（福州）

马巷洪潮乡与城西邻近之洪氏族众争据山地，将起械斗，厅丞白荃派员下乡访查。讵所派委员甫抵城西，即有宋坂乡某甲当首拦阻，又有妇女二百余人将委员围入宗祠，先将衣冠扯下，继将发辫割断，旗锣伞扇悉为所夺，一一陈列祠中。或询其何故割委员发辫，该乡长答谓辫变同音，古者设官以卫民，今反变为殃民，故割其辫以泄私忿耳。乡民虽属无知，然亦谑而虐矣。

《汇报》光绪三十四年五月二十六日（1908 年 6 月 24 日）

厦门店铺罢市*

厦门电云：石码巡警与营兵冲突，店铺罢市。

《汇报》光绪三十四年六月二十四日（1908 年 7 月 22 日）

福州罢市情形

福州南台安广头河墘聚福堂清唱班主席某，欠吉庆堂清唱班主钱债若干，被控于警务三局案，经该局分巡官王子屏拘押原被【告】并标封厝屋。向例厝屋标封之案，不久可由业主认款揭封，仍归原管，盖非重大案件，厝屋无即设官之理。此次王子屏不拘常例，率禀设官，并于二十二日将警务三局移入其中。业主林纯卿以业忽设官，到处哭诉。王子屏不由分说，且欲将标封以外之小屋两间（系开银店，亦林纯卿之业）拆毁，以作局前空地。业主益呼冤屈，身背黄状及祖先牌沿街喊冤，邻里均为不平，相率罢市，由土地庙星安桥至中立街一带，一律罢市。三局又率勇列队排枪持棍乱打，致将路人击破头血，民心异常激动。地方官均于是晚前来该地调查情形，劝谕开市，商民不理。至二十三日府县又来劝谕，始开，盖已几几激成民变矣。

《时报》光绪三十四年十一月二十九日（1908 年 12 月 22 日）

同安民抗官情形

同安为全闽第一产土之乡，日前该县易大令查知近城西关外洪姓仍种土药，初二日带同福税左营周哨官及勇丁数十名到该乡，传其家族长三人诘问，意欲令将罂粟拔去了事。讵该乡著名犷悍，恃众藐法，抗不到案，并敢开枪拒捕，被掳兵勇数名。周哨官见护勇被掳，拼命赶夺，不料为枪弹洞穿心腹，立即倒毙，亲勇亦伤死数名。易令见势不佳，乃传令开枪轰击。易令大帽猝中一弹，飞数丈外。易令大惧，狼狈回署，派丁到厦门提道二署告警。洪军门即拨兵千名，檄何炳南、刘子珍二管带驰往会同剿办。

《汇报》光绪三十四年十二月十八日（1909 年 1 月 9 日）

同安戕官案之办法

闽省同安县属因县差刈锄罂粟，与某乡民大起冲突，酿成戕杀周营弁一人、营兵三人之大祸事案。经同安县电请水陆提督洪军门派兵千名，省宪亦派委李太守及泉州府管太守统兵到同剿办。然戕杀周哨官之人，已逃徙一空，致附近临乡殃及者，约死三十人。至旧腊底，以肇事之人无人可拿，只得撤兵到厦，拟今正再由厦派兵赴同查办。想此后殃及无辜，又不知多少矣。

《时报》宣统元年一月十九日（1909 年 2 月 9 日）

建宁中学风潮将歇

建郡中学生屡起风潮，现学生不愿新聘之某教员授体操，均不上课。闻刘太守二十二日莅校，诘学生何故罢课，学生答系遵奏定章程，不甘受某教员之教授。太守问尔等急欲聘请何人乃可，学生均答云惟某小学教员为某可信服云。

《时报》宣统元年四月四日（1909 年 5 月 22 日）

福州军警斗殴 *

福州东门外东山区素为闹市，去岁有炮兵一标驻扎左近。其标统萧其斌系日本士官学校毕业生，不常在营。正月十三日，警局巡士到该处禁赌，破获二家，卒复至一家，毁其赌具。不意该赌场系炮兵所开，率众殴打巡士，巡士且战且走，入东门后始得脱逃。乃炮兵不愿归营，串率一百五十余人，整队持械东门过旗界（驻防居住地），遇巡士巡长二人，一哄而前将擒之去。幸该巡士旗人素精拳技，踢倒数人，卫护巡长而去。炮兵复闯至鳌峰坊法政学堂前第七区岗亭，擒拿巡士，巡士避入裁缝店，炮兵闯入擒之，拳脚交加，遂将该巡士拥至南校场，缚于演武厅柱上，各献一拳，该巡士奄奄待毙。适萧标统在家闻之，飞舆而至，向麾下各左一揖右一揖，兵置之不理。萧乃以身翼巡士呼曰：宁打我，宁打我。兵仍从左侧空处敬献数拳始散。萧将巡士解缚，就校场营中延军医灌以药，巡士始苏，遣人雇舆异至巡警总局，并向巡警道吕承瀚陪话，称该巡士医药之费自当认缴，如其死也亦应照律偿命。复诣督辕请罪，巡警道亦诣督署面禀。结局如何，探明再录。

炮兵之与旗界巡士交战也，该巡长即时禀报将军朴仁帅曰：吾早知孙晋珊（即孙道仁统制）是革命党，果有今日，乃下令旗界戒严，遂率驻防全军荷枪装弹以敌之。幸炮兵由水部门去，若复入旗界，则不知如何结局也。

《时报》宣统三年一月三十日（1911 年 2 月 28 日）

乡人揭毁侯官县署之风潮

花之罪。侯官自治联合会以所辖地方出产以茉莉珍珠蓝为大宗，因议抽花捐，以资各乡办理自治之费。侯官自治计分三十区，某区出花若干，抽捐若干，即以为某区之自治会经费。经定妥章，呈请自治筹办处列宪批准实行。讵有某区所辖之官塘乡花户某甲，以与自治会反对不愿抽捐，独出抗拒。经侯官县谢大令刚国拿案拘押，该乡竟集男妇百余人，各持器械到署，挟持官长，要将某甲开释。谢令不善对付，即将甲释出。该署茶房某乙亦该乡人，因听衙役唆使，嗾该乡人捣毁自治公所，云花捐皆自治公所抽。其实衙役无不与自治会反对者，以自治成立，该差役即无以施其讹诈勒索乡民之惯技，故特假手乡人，以泄其愤。然衙署被毁，计损失不下二百余元。捣毁完毕，该乡人乃扬长而去。自治公所欲通详情，严惩一二，以儆其余，谢令尚欲弥缝不报，未知此案将何办结也。

《时报》宣统三年四月二十四日（1911 年 5 月 22 日）

福建泉州毁学大风潮

泉州西隅两等学堂，开设于小开元寺，已三学期矣。近有僧名源智，归自海外，以多金贿黄姓，合迁该校于他处，将校所归寺僧管理。黄姓得贿，扬言该校占寺产，特开黄姓一姓之会，谓小开元系渠祖先舍为寺产，当由渠一姓主张归僧管理，不得占为学堂。于是数日之间聚众盈千，议行毁学有之。初十日午刻，黄离等率惠南两邑及浦口各乡人数百到堂拆毁，经府县委弹压不止，飞禀上宪，饬会营队诣勘。阖郡大哗，又欲放火焚烧，幸队勇急至始免。

现黄姓必欲摧陷，终为奸僧虎伥，不知如何结局。惟事起以后，迭经晋江县学界公电省宪、谘议局，乞予维持。谘议局随即转达督署、学务公吁请查办。两处均复函饬办。兹将关于此事电稿函件汇录如左。

上谘议局电　谘议局转督宪、学宪钧鉴：初十日，西隅学堂被毁，学界恐惶，乞予维持。晋江县劝学所执，英明新小山南津竹山行实译阳泉郡公立佩实各学堂等叩。

又电　谘议局鉴：初十日，黄一姓会捣毁西隅学堂，校具被抢，乞转督宪电府县拿办，禀另详。堂长陈砥修叩。

督署复函　来函藉悉一是。泉郡西隅学堂被毁事，已于本日电饬泉州管守、晋江黄令查明妥速办理矣。

学务公所复函　来函并录。泉州来电两纸，均经收悉。泉郡西隅学堂一案，接据该堂长先后来电，经于冬、真两日两次电饬府县查究。旋据该堂长具禀到司，并经檄行府县办理。本日接到府县复电，抄录附览。（照录晋江县来电：提学宪钧鉴：冬、真两电敬悉。西隅学堂一案，已由县查办。余另禀。元善逢年叩。文。）

《时报》宣统三年六月二十七日（1911 年 7 月 22 日）

福州轿捐风潮详志

福州议抽轿捐，舆夫以困苦难堪情形公举轿头林土土等赴督署、警署递呈请免，因在警署递呈之时，舆夫之中有自相冲突者，因被拘两人，发押县署，舆夫即相率停扛。念四日防厅姚司马从万春桥乘舆而过，被舆夫挟众拦阻，姚司马言我方到任三日，轿捐情形概未之知，尔等如有委曲，尽可具禀，当为代详。舆夫虽退仍不能乘轿，乃步行至中亭，巡士力请乘舆，并为弹压，拟飞舆进城禀报。方至南门外斗中街，舆夫又挟众拦舆，姚又下舆。于是愈集愈众，势甚汹汹。姚饬长随赴就近南较场派营勇廿五人弹压。营勇会同巡士以鞭棍乱打舆夫，舆夫亦痛打巡士，姚奔避某店内时，姚之轿已被拆毁，且以物乱掷，姚面被伤流血。该处一带店屋始行罢市。姚乘间回署，通电各署并出朱谕劝谕，松督亦将此案批交谘议局议决，一时暂缓抽收，并经府厅县会衔出示劝谕，舆夫依然停罢，不肯就雇。二十五日，交通依然阻碍。谘议局为维持治安起见，用电话请各公益团体就近劝谕，舆夫请免之意甚坚，仍怀观望。二十六日，谘议局又函福州社会办事处，请设法解散，并拟于是日午后在南台去毒社筹议解散之法。现在罢轿风潮尚未息也。

《时报》宣统三年八月二日（1911 年 9 月 23 日）

福州轿捐激动风潮

福州城台轿馆约计有五千把之多，吕巡道拟于八月朔起，令铺头轿月捐四角、野轿月捐二角，而官绅自备之轿则概行免捐。抬夫不大平，公呈请免，又被拘押，各抬夫大为激动，乃议集团体，于二十四日起相率罢扛，激成南门兜一带均行罢市，而自备之轿是日皆不能乘坐。未知如何定局，容后探登。

《时报》宣统三年八月三日（1911 年 9 月 24 日）

闽省轿捐激变详志

办法未妥　抽捐本属税法问题，应交谘议局议决方为正办。巡警道吕承瀚竟行详督试办，不请札交局议，草创抽捐之课员计达三，又不参酌本省情形妥定办法，且借辞扛轿多属无赖之徒，往往雇轿之无论男女，银钱衣随带轿内，遇有忘记携出，即被其走逃，无从查追，实为民间大害。先诳其编号，以便稽查，及编号既齐，突出告示，责令抽捐始八月初一实行。

　　轿夫反抗　轿夫以警道抽捐专抽馆轿、野轿，不抽家轿，实属不公，且馆轿每把月抽四角，野轿每把月抽二角，彼等营生辛苦，实不堪命，因于念二日联合城台三百余家之轿馆主在上殿集议，呈请免捐。念三日聚集数百人，拈香到督辕递呈。松督以轿捐闹事，深滋不悦，谕中军官对众说明此项轿捐系警道办理，总督非有主持，呈词准收入候批。轿夫又同赴警署递呈，吕道以轿夫胆敢借众抗捐，将呈掷还不收。中有数人在警署滋闹多时，吕道喝拿六人，查明四人皆属事外之人，释而去之；二人系轿夫，则发押县署。轿夫于是相率罢扛，以为抵抗。

　　官顾面子　官场以舆夫抗捐，若即将成命收回，殊于面子有碍，但批暂从缓办，应候札交谘议局核议复到再行核办，轿夫恐莫达免捐目的，坚持罢肩。

　　马价陡增　自念四至念六轿夫罢扛三天，凡见官绅及外国人有坐轿者，无论是否自备，皆必令其下轿，或竟打毁其轿，福防厅姚、闽县李及某国人数人皆被勒令下轿，劝业道张轿亦被毁。路上往来者多以马代步，于是马价一时陡增三四倍。

　　劝谕无效　谘议局知会自治会及各公益团设法劝谕各轿头照常安业，以免滋生事端，几费唇舌，轿头终互相推诿，卒至无效。

　　迫勒罢市　念四日，福防厅进城经过南门兜斗中街，被勒下轿，巡士营兵与轿夫互相冲突，姚司马面部被掷受伤。虽见罢市逾时，即已回复如常。至念六日，罢市之现象实为从来所未有。轿夫于念六早分赴城台各处抢夺食物，城内市面被其纷扰，尽行停罢；南台各处店铺恐其抢夺，亦即罢市，其有未经停罢者，轿夫则以瓦石乱投，终至全体罢市。计自城内鼓楼前以迄南台下渡尾相距如此之远，一日之间并无贸易。

　　船捐滋闹　警道拟办船捐，各船户遂借轿捐风潮胁同滋闹，亦于念六日集众递呈请免，并声言不获邀准即行罢河。商界恐为牵动，人心益见惶恐。

议会通告　事急之时，谘议局议长高登鲤适假回里，由副议长刘崇佑面谒松督，要求免捐。自治会总董郭幼培亦禀恳豁免。松督遂出牌示，馆轿、野轿一律免捐。谘议局、自治会遂各写简明通告，遍示各处。

捣毁警区　免捐告示既出，轿夫逐渐解散。乃好事匪徒倡言此等告示不足为凭，擅行扯毁，并集众协同轿夫赴狮子楼捣毁警务第一区。巡士放枪抵御，打伤数人，伤重一人逾时毙命。众情愤激，扑入警区，区官巡士概行奔逃，该区遂被捣毁一空。同时南台警务四局亦有一帮轿夫希图捣毁，幸各巡士皆拔刀扼守要隘，乃免。

破坏岗亭　城台各警区每段均设一守望所，俗呼为岗亭，统计数百个，均被破坏，倒卧于地。站岗巡士奔避不及即被痛殴，乃纷纷脱卸巡士服饰逃匿各处，以为自全之计，情状极为狼狈。

焚毁警署　念六日午后三时之顷，轿夫匪徒群拥警道署，放火烧其头门及左右轿班房等处，至晚九时火始息。署内警务公所所有案卷、器具，均被匪徒付之一炬。当初拥警署时，巡士迭发空枪恐吓，众以无子弹不惧鼓噪而前，有水部人名做米□者，正在附和之中，被弹中目，从脑后出，登时扑地毙命。众益愤怒，呐喊前进，巡士悉奔，遂以煤油麻竹引火焚烧，署中人员均奔逾后墙而遁。时吕道尚在督署，其眷属则凿后墙遁出，避匿于城隍庙之中。吕道闻知，无可奈何，不觉流泪，殊为懊丧。

毁审判厅　岗亭遍毁之后，众益张胆胡闹，南台商埠审判厅及初级厅乃相继被毁。当欲行攻毁之时，厅中勇役尚持枪防卫，及见众寡不敌，退入进门以拒，众以石攻入，厅中员役皆自后门鼠窜而去。众欲放火，乡邻恐遭殃及，喊而阻之，众乃捣毁厅所，并拆毁居留所。居留人犯数十人遂以逍遥法外，且帮同焚烧该厅一切器具，焚毕吹叫率队而去。观者为之一快，以审判厅审判种种不公，为人民所痛恨故也。

警队巡防　变时孙统制派营队五百名上街弹压梭巡，总督饬卫队分保督、警两署，将军朴留守派旗营保卫督司道衙门及各局所，并督队巡行各处。松督又电调驻扎长门及建宁洋口等处营官，谓省城有事，迅速带队来省。长门之兵星夜赶至，扼要防守。

遍示免捐　念六午后，城台人民异常惶惑。督署出"轿捐免抽"四字之牌，饬人持示各处；将军亦书担保永不抽捐之牌，饬人持示各处。是夜，谘议局副议长刘崇佑又谒松督，谓船捐风潮甚烈，请一律免抽，并请出种种告示以安人民。廿七早，街上贴督示数道：一为轿捐、船捐概免，尔等照常开市。一为船捐本未定案，应一律免捐，以示体恤，船户人等各安营业，勿滋事端。一为轿捐已免，所有滋事伤毙之人，听候派员秉公查办，尔等各安营业，毋得再生事端；倘有仍前集众滋闹，本督院只能保良不能保莠民也，切勿自误。人心遂定。

洋人交涉　念五日，某国人乘舆进城被胁下舆，当由驻闽某领事向官场交涉，官场允为保护，并言轿如被毁当认赔偿。

商民安业　二十七早，轿夫仍旧抬扛，城台铺户逐渐开市。尚藩、曹守及厅县又赴城台各处抚慰，死者给恤钱数十元收埋，伤者亦各给钱一二十元医治，而尚藩、曹守等遂得好官之名称。

奏报情形　事平后，松督以轿捐情形电京奏报，吕道系彼所保，并自请严议。

署缺乏人　吕道为松督信任之人，且系他省道员遴补是缺，癖又执拗，官场多与不和。及事既起，无与为助，极为愤懑，当请松督撤任。督拟委武道颂扬署理，武不肯受；拟委章、蔡各候补道，悉不受；委曹守升署亦不承命。

绅士袖手　省中诸绅素称老成持重，此次风潮亦皆不失常度，任听外间之纷扰，概不过问，但闭门高卧作羲皇以上之人。

课员恐慌　警署各课员以警道不免撤参，则彼等位置势必因而俱失，以故甚见恐慌。

余波又起　二十八日，城台各处有无名揭帖，谓各项苛捐皆某某巨绅所倡，约定午刻捣毁其家。谣言复因而起，匪徒又有聚集之势，幸经多派营队巡防，方见无事。

《时报》宣统三年八月八日（1911 年 9 月 29 日）

莆城之罢市

本月初四日午后，福建莆城怡和店主与一剃发匠因事口角，剃发匠面受刀伤，警兵出而干涉，强欲入店搜捕犯人。义裕京果店首倡罢市，于是商家相率闭门，闲人愈聚愈多，县署、警察教练所及守望室均被捣毁。平时反对禁烟者，遂乘机喝众拥至禁烟公所毁抢，办事人员由隔壁协镇衙门逃出，得免于难。乱党又拥至干事员陈樵及议绅陈乃元家，抢劫财物，并将住屋焚烧平地。旋又至会办吴鸿宾宅，毁抢器具，且欲将住宅放火，经邻居力劝乃免。当时闻刘大令上府请兵弹压，韩守迟疑不决，遂至酿成此变。此次罢市原因，实受省城所影响，盖店家因加抽警察捐早有烦言，特未敢发难耳。闻省城罢市抗捐得达目的，遂借端而发，与警察为难，禁烟公所及办事人员遂被殃及。此事地方官若无良好办法，不惟烟禁前途不堪设想，而地方治安之秩序亦将紊乱不可收拾也。

《时报》宣统三年八月十一日（1911 年 10 月 2 日）

广　东

记两粤乱事

肇庆府属广宁省县为两广交界之区，两次匪乱俱为福军剿平。兹闻该县境内又有匪党思逞，已由营县驰禀省台，调兵助剿。大府因福军分驻各处，不敷调遣，特拨安勇两营驰往协剿。

近闻钦州属境又有土匪揭竿扰乱，势极披猖，直欲逼近州城。陶制军以该州与广西、越南相连，设有不虞，殊多可虑，特饬郑惠林镇军简调安勇驰诣剿办。镇军回署后，即委管带南、番二县缉捕安勇刘总戎达、右营管带张总戎立胜，各带所部安勇五百名，往为剿捕。业于念四、念六两日由省拨队首途。

《中外日报》光绪二十八年二月四日（1902 年 3 月 13 日）

花县教案

花县绿坑村教堂被众烧毁，业经洋官照会大吏，札饬该县知县，将为首滋事各人严拿究办。随据该县禀称，此案内滋事有名人等，均逃匿无踪，且闻其党声言与官兵为难，若操之过急，恐酿事端。请照会法国领事，将应质人证交出集讯，并应否拨调大兵驻扎该乡，勒交人犯，请示办理。

《中外日报》光绪二十八年三月十一日（1902 年 4 月 18 日）

梨园征饷

昨公雅堂商人区升平具禀，善后总局认饷承抽演戏经费，随奉局批示：查吉庆工所承抽团费演戏，每套抽银七钱，每年缴银三千四百元，比较该局认缴饷数，足见平日不无中饱。惟该商现拟办法亦未妥协，如所禀现年每戏一套抽银七钱，缴饷七兑五千元。第二年起，每套抽银一两四钱，缴饷一万元。另每年照缴南海团费三千四百元等语。此项团费究第一年起，抑自第二年起，声叙殊不明晰。如自第一年起，则第二年每套抽银一两四钱，系属加倍抽收，何以仅加正饷五千元而团费仍不缴，未免取巧。如自第二年起，则第一年之团费又从何出。即试办两月免饷一节，亦难准行。究竟广属戏班共有若干，每年开演约计套数若干，所拟加倍抽收，有无窒碍，认缴之数是否核实，候行南海县详细查明禀复，再行核办。又批：广祥堂商人李臻珍、葛兴恺，合成堂商人张永全、商人张日新等禀云，查抽戏饷尚不致有碍民生。惟琼属演戏是何情形，抽饷有无流弊，该商等纷纷请办，究竟孰为可靠，所拟抽捐章程是否妥协，认缴数目是否核实，本局无从遥度，候行琼州府体察情形，禀复核夺。

《中外日报》光绪二十八年三月十一日（1902 年 4 月 18 日）

潮州灾乱相因

潮州嘉、应二属，荒旱成灾。富厚之家尚有杂粮糊口，贫民则数日不得一饱。强悍者流而为盗，啸聚党徒，千百成群，出没于畲坑、新埔二墟，附近居民遭其荼毒，惨不忍睹。而平远、宁兴二县，遍地皆贼，胁从日众。地方官未敢以灾象上闻，亦未筹及赈抚。惟绅士联名电请爱育、广济、广仁等善堂协助。闻各善堂绅董得电后，以迩日省垣米价腾贵，势难兼顾，拟暂作罢论云。

轮渡照常　粤省创设保卫营勇，派驻各轮渡，往来保护，开办数月，物价沸腾。迨本月勒令渡夫包抽包缴，而舆论愈日益为鼓噪。昨日有陈安康赴督辕，禀控该勇在各轮渡借收加一勇费时，向搭客需索骚扰，有碍商务，乞恩究办。当经陶制军准词批仰缉捕总局，札饬新委统带各江巡缉李太守，确切查明，据实禀复。而各渡夫亦即联行罢市。南海县令因其情同挟制，签差将为首之麦荫堂拘拿，押候查究，并传谕各轮渡，先行复业，再行酌量调处。于是各乡渡有遵谕复开者，然亦寥寥无几。十五日捷字营勇又将渡主廖显扬缉拿，移解县属。讯据供称，并无耸众罢市情事。官判交差看管，俟查明有无主谋罢市，再行核办，并雇河头船二艘，拖以官轮，往来省城、江门，借免要挟。而所有南邑、下滘、大岸、顺义、大良、龙江、东莞、石龙、新会、江门、肇庆等渡，遂于十六七日照常开摆。其余各渡闻亦一律复业。

《中外日报》光绪二十八年五月四日（1902 年 6 月 9 日）

渡未全开

各乡轮渡前因官勒收加一经费，联行停摆。自经传谕各渡先行复业，开摆者已得十之五六。其开平、新昌、长沙、香山、石岐轮渡，十九日尚未复开。而已开之渡，均须加收水脚，按日汇缴。保卫营并闻有等渡商，拟查明收费若干，具禀大府包承该营经费云。

《中外日报》光绪二十八年五月十日（1902 年 6 月 15 日）

嘉惠匪炽

嘉应、惠州一带，盗风素炽，近日竟有逆示悬贴通衢，自署十三省兵马大元帅字样，白昼四出抢劫。兴宁县属尤甚。原驻石勇一营，大有鞭长莫及之虞。该管官员拟来省请兵，以资剿办。

《中外日报》光绪二十八年六月十日（1902 年 7 月 14 日）

两粤匪乱汇志

雷琼道信观察、嘉应州秦直刺，均有公文至省请勇。信观察则因粤西土匪蔓延，钦、廉各属均已戒严，琼岛虽相隔一海，竟有匪党潜至琼山、澄迈、儋州、临高等属，勾引煽乱，请派水陆各军，以便分而防堵。秦直刺则因州属宁兴县土匪滋扰，原有广毅军一营不敷驻防，请派拨营勇，以厚军力。陶制军查琼州防务前经檄饬广玉兵轮，往雷州海面严密梭巡。近日又檄□金兵轮驶赴琼雷界上，协同防缉，水陆已可无虞。至于归有炮勇一队，既被高廉钦道秦观察带赴前敌，可由信观察自行募勇一百名，以资调遣，并檄派信勇一营，驰诣兴宁，交州县官节制。

《中外日报》光绪二十八年六月二十八日（1902 年 8 月 1 日）

江湖不靖 （南海县）

近日南海顺德各乡轮渡又接匪信，勒索行水，每艘二百两，倘逾期不交，难保死虞等语。各渡夫以匪辈欲壑难填，即通知保卫营勇，严为戒备。六月二十三日，南邑官山万安渡由乡来省，道经龙江口，果有强徒立于两岸，放枪夹攻，喝令停泊。迨渡伴奋驶出险，而舵工及男女搭客各一名已为枪弹所中，幸尚无性命之虞。并闻是日又有某轮渡由南邑某乡开往顺德大良，途出某基围，匪伙十余立于围边，喝令泊岸。渡夫方欲鼓轮疾驶，而搭客中猝有数匪跃出，拔枪挟制。舵工停泊近岸，围边之匪齐入渡舱，搜劫银物值数百金，仍登岸而逸，竟无人敢为追捕云。

《中外日报》光绪二十八年七月十三日（1902 年 8 月 16 日）

夜半劫营（新光县）

粤督因西江一带盗风不靖，前经札调顺德县王松山刺史代理德庆州篆，并督办肇、罗、阳等属清乡事宜。刺史当即督带各营，驻扎新兴县属天堂地方，逐节查办，连日获匪多名。上月某夕，有大队匪徒明火持械，扑攻大营。各勇放枪攻击，匪党败退。官军追至某山，匪负隅作势，又复拒捕交锋。官军方围捕间，忽见大营火起，即收队回营，救灭余火，尚不致毁及军装。

《中外日报》光绪二十八年七月十六日（1902 年 8 月 19 日）

盗风益炽（三水县）

三水县属某村，迩日啸聚亡命百余人，推其强悍者五人，称之为王，四出劫掠，所得之资尽购新式快枪。去年有奸商私运洋枪至境，为邑令所闻，派勇查拿。奸商闻之，贬价售诸该盗，得二千余金而遁。盗既得军装，愈形披猖。今春盗辈夺邻乡刘姓鱼池，刘族要击之，枪毙一盗，同党恨之刺骨。春杪，有文童刘其惠应县试归，盗误以为即放枪之人，要执之就盗棺前，支解以祭。刘族禀县，详请省台派拨营勇剿办。六月初一晚，由县令亲督大队，于夜深驰往围捕。盗党侦知，连夜遁去。泊官兵到时，已无踪影。继又访知伪三王匿迹西南，经练勇四十人围捕，鏖战数时，始能成擒。方押归县城，伪二王闻报，孑身追至。勇因事出不意，为其所败，并将伪三王抢去。从此盗风益锐，而官兵亦不闻再议剿办。

《中外日报》光绪二十八年七月十六日（1902年8月19日）

粤中米柴昂贵隐患无穷 *

粤中米价，每银一元只购上米十六七斤，中米二十斤左右，次米廿二三斤，昂贵经已数月。近来柴价亦骤加增，月初以来，松柴百斤价银七毫，杂柴百斤价银七毫五仙。查系奸商故意囤积居奇，以图渔利，并闻日间更议起价云。但柴米两项乃人生日用所关，倘商人只顾获利而不顾大局，恐小民之饥寒为盗者，将来之隐患正无穷也。

《中外日报》光绪二十八年八月四日（1902年9月5日）

广东现仇洋揭帖 *

西九月二号广东函云：目前粤垣贴有匿名揭帖甚多，民心多为蛊惑，凡洋人经过街道，即频闻有杀洋子之说。所贴揭帖之处，人多围绕而诵之，并詈洋人无良。该帖虽为向日见惯，然已久无其事。揭帖上谓，外人拐年幼孩子，挖眼目心肝，做成饼饵与华人食后，即听洋人指挥。男为其奴，女则惟所欲为等云。该帖即洋人亦仇之，却非专为仇教起见。因此各国领事刻已将此事告之总督，请为惩办该匪徒等。日后虽必就获，然已蛊惑民心不浅矣。

又三号广东函云：粤垣黏贴揭帖之事，昨函业已奉告，乃昨日又黏有一纸。前帖为手书，字亦较小，昨则其字颇大，且系刊印。其格式与告示无异，系一匪首出名。观于该帖字样，可知粤人有不满之心矣。查其不满之故，实有二端。一因广东鸦片，有

人包揽其捐，年缴报效银一百五十万元。因是承充者一味将捐加
重，在百姓已是不平，而所加之款又为赔偿外人之用。此其一
也。其二则因开筑粤汉铁路，多有取其地，并不秉公给价为恨。
人心不平如此，恐广东祸乱之兴将为意中事矣。

《中外日报》光绪二十八年八月十一日（1902 年 9 月 12 日）

菜肆主因捐被拘 *

自大吏札饬局员复行催收房捐后，省、佛商人每有迁延不纳
或口出恶言，致触委员之怒别酿事端者。前日，某委员到城西宝
华市催缴捐款，有某菜肆主出言不逊，以致委员怀忿，归禀总
局，函请南邑令裴明府，签派差役将肆主逮捕讯究。

《中外日报》光绪二十八年八月十七日（1902 年 9 月 18 日）

米贵滋闹

广东本年早稻歉收，加以洋米来源未畅，西江各围多所崩决，
以致米价昂贵异常。奸商又乘机居奇，高抬市价。闻清远县原因
米市一日三价，致触居民之怒，拥众至米行公所，砾石以投。兵
差弹压，众虽敛手，依然拥聚。后经县令发出衔条，将公所钉封，
众方解散。而三水县属西南埠某米店，亦因抬价致与买客争闹，
附近贫民闻声麇聚，竟将店中存米抢掠一空。各善堂绅董本拟筹
集款项前往芜湖、镇江及越南、暹罗等埠，采办米石，运回粤垣，
照价平粜。因需款甚巨，筹措殊难，故议久无成。兹有周区二善
士，在广仁善堂筹议此事，各筹垫银五万元，以为之倡，并由某善
士撰议布启，函送城厢内外各大户商店，广劝捐输。函中大意谓，
量力捐成，此举胜于乱起焚掠，所有捐款由各善堂帐房收发云。

《中外日报》光绪二十八年八月三十日（1902 年 10 月 1 日）

乡民苦况

东西江以迭遭灾歉，匪特禾稻无望，即杂粮亦不能补种，市上米价继长增高，有加无已。小民生计已绝，大都典衣鬻子，以顾旦夕。强有力者，或辗转出洋，以图生路；或则聚众抢劫，以延残喘。但来岁节令较迟，须至闰正月杪，方有新谷登场，来日方长，不知作何景象。豢养牲口之家，因粮价昂贵，咸贱价求售，仍苦无售主。在上者，宜有善法以救斯民也。

惟利是图　粤垣自设筹饷公所以来，各属绅商欲借公以营私者，因纷纷具禀承各等饷课。而文武各员，亦各抒所见，条陈办法，惟利是图，无微不至。近日又有候补按司狱张建梁，条陈善后总局，请开当押货价捐。其大意：凡各估衣店承买当押货物，价银百两由买客捐银三两。查估衣行例卖货价银九六扣，即每两收实银九钱六分。开捐后，应准其改收实银，是一买一卖，除抽捐外，较诸前时该行多赚银一两，无损生意，且有裨益，该行应为乐从。请先就广州府属试办。查广府属共有当店三百六十一家，押店四百五十一家，每年沽货值银三百余万元，计可抽银十余万元。先准本行承办，如该行借端推诿，则招外人承充。如已批准，该行不得挽夺。俟广府办有成效，然后逐渐推广遍于各府云云。局中细核所禀，以此项捐款与估衣、当押二行均无所亏，而岁中国家可得巨款，已札饬该员会同南、番二县办理。第未悉二行商人以为何如耳。

屠捐滋闹　粤垣屠捐自老明全承办后，叠次争讼。嗣经南、番屠行同福、万福二堂禀准，归屠牧二行合承。又因省中牧户散漫无行，而所销猪只亦贩客值其七，牧户居其六，若屠牧合办，恐致争端，遂禀官准独归屠行承办。牧户人等心不能甘，迭次控争，仍被批斥。牧户愤无可泄，上月二十四早纠众百余，至城西余庆里，向旧猪栏永和号前滋吵不休，并将栏秤携去。想此事又须涉讼矣。

《中外日报》光绪二十八年十月九日（1902年11月8日）

勒加工价

省河运到之米不下数十万包，因挑工人等勒加工价，齐行停工，以致米到数日尚未搬起。各米肆嘱令铺内工伴并船上疍户人等，暂行搬运。该挑工又恃其人众，竟与为难，强蛮无理，殊属可恨。但各处运米来省，无非为接济民食，随到随起，源源贩运，则米价自日见其平，该挑工亦同受其益，何得停工加价，恃众把持。广府龚太守除札南、番两县禁止查拿外，并出示严禁矣。

《中外日报》光绪二十八年十一月四日（1902年12月3日）

著匪授首

南、顺两属迩年盗贼披猖，是以地方有司竭力整顿捕务。十月二十四日，某缉捕勇侦知著匪孔某，匿迹大岗墟附近，即往围捕。孔犹逞蛮拒捕，相持许久，卒因寡难敌众，身受多伤，方俯首就擒。二十五日押解来省，讯供不讳。裴明府见其伤势过重，立禀上台，恭请王命，押赴市曹，枭割首级，传示犯事地方，俾昭炯戒。

《中外日报》光绪二十八年十一月九日（1902年12月8日）

开建匪炽

近闻开建县属之会匪几有蠢动之势，尚幸福军在彼驻扎，藉以震慑。日前经肇阳罗道周观察檄委向大令，前往该处稽查情形，并经开建县令驰禀省台。现在会同福军查办匪乡，所有拿获之匪，准其就地惩办，庶免稽延时日。

《中外日报》光绪二十八年十一月九日（1902年12月8日）

开建捷音

肇庆府属开建县地方，曾有匪徒联盟拜会，意图倡乱。该县谢明府飞禀到肇，请兵剿办。当经肇阳罗道移请管带福军开花炮正营柯月波参戎，督率弁勇驰往迅办，于九月二十三日行抵开建县城，并有安勇数十名同日到境。此次起事，查系十九年间有在广西揭竿破城漏网匪魁夏麻生一名，及开建县已革刑书江秩安与孔显隆、苏大鼻、梁达安、侯二等数人，开堂拜会，纠党数千人西省土匪游勇，盘踞长安墟，约期二十三日围攻开建县城。先期在怀集冷坑墟祥源店汇寄巨资，前往外洋置买军火枪炮，密布匪党于广宁封川怀集贺，并勾结县等处，欲同时大举。幸事机不密，各县戒严，飞移各州县关厂，一体截缉。该匪以军火未到，正在徘徊，又闻福军炮队将到，因而计沮，遂谋西窜。二十七日炮队赴长安墟燕岭一带搜捕，负嵎自固。参戎不避艰险，与匪轰战数次，连日生擒著匪二十余名，当场格毙数名，夺获洋枪、子药甚多。闻孔显隆、苏大鼻、梁达安、侯二各首匪，业经擒获，惟夏麻生、江秩安等尚未就擒。该炮营仅有三哨勇丁，日内复禀请添调队伍前往，以厚兵力。

《中外日报》光绪二十八年十一月十日（1902年12月9日）

供出匪党 （顺德）

顺德县龙江乡著匪张应、刘祥逃匿南朗地方，被卓勇凭线擒获解县。李芷香直刺亲提研审，二犯供认，打单劫掠、掳人勒赎

等案，不可数计，并供出同党一百二十余名，均系张、刘二族之
人。是以直刺谕饬族绅，速将单开有名各匪，依限捆解，归案讯
办，而于应、祥二匪，现在尚未明正典刑。

《中外日报》光绪二十八年十一月十八日（1902 年 12 月 17 日）

请销广州盗匪旗档 *

广州府署前某钱银店被匪强劫多赃，经大吏饬文武各官严密
踩缉后，日前由安勇凭线在城内拿获清远人某甲解讯，供认伙劫
不讳，并开匪党多名。营弁即按照所供，带勇至佛山拿获满洲人
混名花露水者，为案内首犯，解由南海县审讯，恃名隶旗档，坚
不供认。裴名府即备文咨请旗官，将档案注销，然后刑讯彻究。

《中外日报》光绪二十八年十一月十八日（1902 年 12 月 17 日）

炮毙顺德香山多匪 *

顺德、香山交界处，有护沙艇被匪所劫，伤毙多勇。兹闻官
府立调鱼雷艇，会同开花炮队，驰往剿办。贼辈仍敢拒捕，后经
开放鱼雷，将贼舟轰沉，而岸上复燃开花炮歼多匪，余党始退。

《中外日报》光绪二十八年十一月十八日（1902 年 12 月 17 日）

查办教案（花县）

花县属境有德国教堂前被人滋事毁拆，虽经教士禀明领事，
迭向大吏理论，尚未了结。近日德员复申前请，德制军特委补用
县沈大令毓岱，会同德国驻广州副领事暨粤海洋关洋务委员补用
守备李芝，前往该县，会同地方文武与该教士持平调处。

《中外日报》光绪二十八年十一月十八日（1902 年 12 月 17 日）

南海查获军火 *

十七日有线人赴保甲局报称，城西黄沙有人私藏军火，将往广西接济匪党。委员蔡别驾即会同南海县裴名府，签派差役随线围捕。在某屋内，起出火药一包，快枪四枝，铅子一袋，遂将黎亚良、黎亚绍拘解回衙，立即提审。据二人供称，系代顺德县某团练局购办，并非接济桂匪等情。诘其从何购买，则支吾以对。昨已传同线人质讯矣。

《中外日报》光绪二十八年十二月二日（1902 年 12 月 31 日）

广东近事述闻

初一日羊城西函言：有武员由广西来者，言及西省大半为乱党所据。乱党多系散勇土贼，有十余万众，军械精良，曾经操练，官军与战必败，只余梧州、平乐、桂林三处稍觉平靖。党首数人，一为苏元春之旧部下守备官。

昨粤吏接西抚王之春来电，大旨谓：西省兵灾侵迫，各属田禾多未耕种，饥民流离，饿毙日数十人，卖儿鬻女，惨不忍闻。目下柳、浔、宁各属流亡载道，务求广筹赈款，并望转恳省港各善堂，一同援救等语。兹闻省吏已转行各善堂矣。又都司刘德升、廪生余瀚基等，亦以该县迭遭水旱，民不聊生，赴善后局禀请饬各善堂酌运米石，前往施赈等情，所禀情词极为迫切。该绅并到局面述该处凄惨情形，声泪俱下。善后局员已将原禀抄送各善堂，请为设法矣。

惠属以会党欲动，举办清乡，连日派出委员五名。又吴镇祥达已到平山办理，日前驻扎青龙潭，而附近村乡竟于前晚被劫。平潭一带于廿二晚，亦连劫十七家。然则该军之有名无实，亦可想而知矣。

前月下旬，佛山有强项者数人，持枪到猪捐局，欲将局绅莫如洪轰击，不果。于是局勇还枪，致伤小贩并游人数名，两日即毙。是时坊众见此情景，且因其时有争斗之事，遂同劝该局迁徙，乃该局强执不允。初二日，咸鱼四街先行闭闸，仅容一人行走，声言如初三日仍不迁徙，则十一街、十四街全行罢市云。而先行罢市者，咸未调停。初三日直至汾水铺，四十九街全行罢市矣。

《中外日报》光绪二十九年三月十日（1903 年 4 月 7 日）

三水屠户因捐滋闹[*]

三水县西南埠永和公司，前月开办猪捐，各屠户因而罢市。闻自停宰之后，各乡居民啧有烦言。其捐局人等恐激而生变，旋于廿五日劝命各屠户暂行免抽复业，缓至三月初五日方拟设法起抽。迨初六日，附近乡落运载猪只前往发卖，乃所雇秤手异常狡诈，以轻报重，务欲苟扰，遂致贩客不甘，互相争执。勇等又从旁助虐，因而人心愈愤，激成众怒。随于初七日，由近及远，纠拥二百余人到场滋闹，并闻伤及路人两名，情形颇重，其余微伤者数人。

《中外日报》光绪二十九年三月二十一日（1903 年 4 月 18 日）

广东匪乱汇述

廉州党首张十二（即张仲），党羽众多，枪械精良。月之初十日，管带宋安枢亲率勇队，分三路搜剿，在伯劳之大塘村与乱党开仗。惟乱党多且悍，布置亦颇周密，皆用无烟毛瑟枪。官军阵亡一名，重伤四名，轻伤两名。官军挥军苦战，毙乱党约数十名，斩首一级，生擒一名，因党势凶猛，不能多取首级。自辰至酉，官军用去逼码一万余颗，因码子将尽只得收队。探悉乱首张十二即张仲，业经战毙。此次乱党善战为廉州从来所无，显有西党在内。官军已调集各营协力防战，并设法购拿矣。

惠州分段清乡，大吏意在早报肃清，认真办理。乃近日居民异常惶扰，厥有数因。风闻振武军勇丁中，多招安捻山一带三点会党，间有不守军律在外招摇，经在三多祝地方至何同益家，指为除夕省城案内余党，勒银数千金了事。又曾在鹤老山曾姓，淫掠少妇十三人，乡民见者敢怒而不敢言，其因一。又闻各委员所查人名，列明房族绅耆，以便勒交，惟须寄耳目于汛官，约绅暗行密报。遂有不肖者，从而鱼肉良民，恐吓勒索，以饱私囊，利归彼辈，怨归委员，其因二。又闻近日会党抢劫，多有襄穿营勇号衣，乡人未辨真伪，不敢扭解，而心则积不能平，其因三。谣诼之兴，实由于此。

近日惠州平山、白芒花等处，已为乱党踏破，闻有五六百之多，倘若辈无路觅食，必转向淡水。十三日平山、白芒花等处有乱党多人，白日携快枪游行街市作抢，平山百余店焚十余店，白芒花则抢十余间，亦有焚者。现办善后委员逃回惠州。

淡水甚安靖，官亦善后事每日亦拿得替死之人，已办洪一人，现有之数人不日又当办决矣。独所决者，不知真莠民抑良民耳。闻所拿之人皆系客属中之过客，意者客寓中尽歹人矣。

闻得博罗办善后极严。以上录香港《中国日报》。

《中外日报》光绪二十九年三月二十九日（1903 年 4 月 26 日）

记粤东米店罢市事

据香港西报云：广东省城所有米店，均不以华官新抽酒税为然，故于西四月十九号午间闭门罢市。有七人因不肯纳捐被拘，所有合城之人民，均痛恨华官此举。如此情形恐不免有激变之事。二十一日，两广总督命南海县出一告示，晓谕各米店，略谓：附城各处人民，现因无处购米，甚为不便，各米铺应从速开市，以便人民照常购米。各米店如不遵此谕，定行严办。此告示又云：所抽之税，系抽酒税，非抽米税，为何米铺因之罢市云云。殊不知立此酒税，即与米店大有相关，以酒即为米所酿成也。况办米之店往往兼办蒸酒也。译四月初一日《字林西报》。

《中外日报》光绪二十九年四月二日（1903 年 4 月 28 日）

惠州清乡　兵勇苦累乡人*

惠州分段清乡，初意未尝不是，惟兵勇多由各营拨隶，委员不能驾驭，一得围捕之信，争先恐后，凡银钱、米谷、衣服、牛只、鸡豚之属，任意搜掠，有一乡而获牛百头者。其口号谓之发□财。迨兵勇去后，而乱党则又潜回，以致乡人异常苦累。

《中外日报》光绪二十九年四月六日（1903 年 5 月 2 日）

续示米店

月前米店散布公启，勒令各米店闭门。虽经南、番两县会衔出示，晓谕该行照常贸易，惟刻下该行尚有闭门停沽者。广州府沈太守续行示谕，略谓：访闻该米行散布长江公启，致各街米店无端闭歇，有谓因抽瓹捐，有谓因抽碓捐，其说不一。究因何故，尔等如有为难下情，即率该行为首数人，逮赴本府及南、番二县递呈，本府当为作主。尔等即照常开铺贸易，切勿再听浮言，始终抗违，致干咎戾云云。

《中外日报》光绪二十九年四月六日（1903 年 5 月 2 日）

匪乱迄难肃清 *

惠州乱民焚杀抢掠，无日不然，无地不然。自分段清乡，兵来匪散，兵去匪聚，迄难肃清。且本省绅弁多借委员为名，蒙混勒交，择噬良懦，以致殷富之家纷纷迁避，否则托名入教，冀免骚扰云。

《中外日报》光绪二十九年四月八日（1903 年 5 月 4 日）

肇城烟膏罢市

肇城自屠行罢市后，迄今尚未复业。现闻承收烟膏商人，又在彼处开抽，各大小烟膏店因于前月二十六日一律罢市，迭经集众会议，迄难就绪。

《中外日报》光绪二十九年四月十五日（1903 年 5 月 11 日）

新会猪捐罢市

新会猪捐已由商人永抽，闻因众情不协，其江门一埠各猪栏肉店，均一律罢市云。查猪捐一项，往往激成事端，匝月以来，一见于清远，再见于佛山，三见于肇庆，四见于新会，民情亦大可见矣。

《中外日报》光绪二十九年四月十六日（1903 年 5 月 12 日）

两粤近事述闻

法人驻兵谅山一事，已纪前报。兹闻官场近日又接西电云，西乱日炽，近有法兵进驻牧马、谅山等处地方，人心极为惶惑。

经西抚王电饬边外各营，迅速回防，以静人心云。

按：前后连接两电，情节均符。然则西省尚未肃清，法人屡图干预，其说亦确有可凭，可知法兵之来，或由于西抚之借未可知也。敬告我粤人，当更筹抵制之策。

肇庆向有绿营兵以资防守，然孱弱无用，去年经各员酌予裁减一半，另调福军安勇来肇分扎，以备不虞。前日因阳春县乱势披猖，该县飞禀来肇，请兵剿捕，遂由道府派发福军三百名前往助防。然以肇庆两粤来往要冲，当此西省兵事方殷，恐防御稍疏，乱踪不无窃发，复行札饬向驻封川县之安勇一百名，迅即移营回肇防守。现该勇已于月之十三日抵肇矣。

现在离龙州十数里地各处山岩石洞，均有乱徒相聚其间，地方官吏非不知之，总以无兵调动为辞，又不敢驰报当道，恐触大吏屡奏肃清之怒。现法人之寓龙者，以是咸有戒心云。

按：龙州为法国通商之地，其保护贸易必不以等闲视之。今乱情如此，而屡奏肃清，则内情之腐败显然。试问虎狼之法，其平日之眈眈逐逐者，至今日而当能袖手旁观乎。

粤省铁路局原募勇一百名，并由军械局借拨军械，以为保护铁路之用，并于三月初一日成军，派知县沈令毓岱管带，及分委哨弁帮带。惟该局自上年八月开办以来，先后已禀拨安勇五十名、捷营水勇三十名，驻扎保护。今既募有护勇而安勇仍未便销差。盖此次工程浩繁，轨道亘千数百里，洋工程司沿途测勘路基，插标定界，每日或数起，或十数余起，分赴各属开工。每起须拨勇十数名至二三十名，随工弹压，局勇百名实属不敷调遣，拟将原拨之安勇五十名、捷营水勇三十名，暂时全数留用。将来路工较远，或更不敷分布，尚须再行添募云。

两粤绅商征集众人议上岑督条陈事宜，经于十九日集议，略有头绪，大致以民事为宗旨，以学务、商务、农政、工业为大纲。维其中章程尚未详尽，故二十一日午刻再集同人，仍假座时敏学堂云。以上录香港《中国日报》。

《中外日报》光绪二十九年四月二十九日（1903 年 5 月 25 日）

增成因捐罢市 *

增城县民因抗抽猪捐一节，初四午刻纠众数千人，聚于县城，声言目下百物腾贵，官长勒捐，不恤民苦。城中各铺户同时罢市，拥挤异常。增城县敖令闻警，即会同增城营忠参将及同城文武百官，督率差勇，驰往弹压开导。奈人多口众，坚不遵劝，逼县令立刻出示免捐。敖令无奈，故作调停之计，手颁一谕，略云禀请大吏缓办等语。各人仍汹汹不服，谓日后如无省官明示，惟县令是问。千唱万和，声如潮涌。又因该处现下米价昂贵，每斗涨至五钱七八分，遂迫县令开仓平粜。敖令又无奈，答允捐廉银一千元，交局董平粜，议定每斗米价银四钱二分，如有再贵，亦不加价。至夜，各人始散，翌晨各店乃照常开市云。

广东合省京外各官及会试举人等，以广东捐项烦苛，乱民四起，特联名呈请督察院代奏，请旨饬下新任粤督分别减免，以固人心而杜乱源。倡议者为刘士骥、龙建章、蒋子敏、黄立权，署名者为梁庆桂、关鼎然等共五十四人，属稿者为刘鸣博。兹京友来函言，自此稿出现后，就正于京中诸大老，咸谓广东捐项太过烦苛，亟宜酌量减免，是以日前已得都察院之允许，代为奏陈云。

《中外日报》光绪二十九年五月二十日（1903 年 6 月 15 日）

陆丰土民焚拆教堂

前闻岑督因西事棘手，将来拟驻肇庆督署，以便策应。兹闻近日乱事更炽，庆远府城已陷，沈守维诚被掳，并枪毙某县丞。

岑督途次接电，闻接印后即拟驰驻梧州督师云。

又探得官场确电，岑督于十六日由吴淞口展轮南下，诹吉二十四日接篆。至统领亲军祖绳武直州，昨已抵省，所部三营勇丁拔队登岸，暂扎东校场。

两粤绅民以岑督刻日抵粤，刻已造就条陈各稿，定于十八日午间假座西关时敏学堂，开大集合会公议，署名缮递，并及欢迎岑督云。

闻惠州陆丰地方土民大乱，焚拆教堂。日昨粤督已电饬惠州府熊，及陆路提督程，星速派兵驰往弹压。以上录五月十八日香港《中国日报》。

《中外日报》光绪二十九年五月二十五日（1903 年 6 月 20 日）

官吏纵勇扰民勾通土匪 *

六月初六日电传：初五日奉上谕：岑春煊电奏，广东南澳镇总兵潘瀛纵勇扰民；卸署柳庆镇记名总兵唐生玉，屡次失利，且多骚扰；千总潘继周勾通土匪，无恶不作等语。潘瀛、唐生玉均著革职，发往军台效力赎罪。潘继周着即在军前正法，以肃军律。钦此。

《中外日报》光绪二十九年六月七日（1903 年 7 月 30 日）

纪惠州乱事

惠州友人来函云，近日贼风更炽，比去年尤甚，日夜抢劫，水陆梗塞，行旅不敢出其途。各乡村落多被株累，而墟市尤甚，居民不胜其扰，一夜数惊。若不认真办理，该处实不堪设想云。

又离博罗城十余里，向设有白沙厘厂，东江厘务之总汇也。月之初三晚，突有贼徒百余人蜂拥而至，将左右护关勇卡、上下缉私船，一并吓禁，随入关厂，将私囊、公款搜掠一空。闻失去饷银三千余两。

《中外日报》光绪二十九年六月十七日（1903年8月9日）

新会劫案频发*

粤东近来劫案到处皆有，而以新会为最多。新会以县属西方河村堡一带为尤多，每劫动至数十家，且有至三至再者。焚烧屋宇，伤毙人命，时有所闻。只以贼党横行，大□恐吓，若有报官必更寻仇图害。各事主畏贼凶狠，不敢报官，即有赴县控案，衙费既苦不赀，而追缉又复无期，故被劫以千数家计，而报官百无一二。居民受害，惨无天日。即最近者言之，闰五月念六日瓦冈乡李姓被劫十余家。念七日，朝阳里李姓被劫数家。念八日，天等禄位村、仁林村、见龙里俱梁姓被劫者，皆十余家。念九日，吉境乡邓姓被劫廿几家，小篁村邓姓被劫亦十数家。六月初一日，大王市铺户被劫四间。初四日白庙□乔村梁姓被劫数家，毙更夫一名，伤二名。初五日，那邓村李姓被劫十余家。又初六日，中和里李姓被劫数家。初八日，河村药材铺、苏货铺被劫二间。初九日，海滘村李姓被劫多家。此被劫三五家者仍不胜数。

《中外日报》光绪二十九年七月四日（1903年8月26日）

佛山筑路工人风潮*

佛山瓜步汛附近铁路，前数日工人与工程司滋闹，遂致停工多时，嗣经该公司由省雇来工人多名，赶紧接筑，并于原筑基面加阔三尺，以宽轨道。惟日间各工又起风潮，加索工价。公司不允，异常滋闹，几酿衅端。至廿二日，该工众等相率停工，未悉将来作何调处。以上录六月廿八日香港《中国日报》。

《中外日报》光绪二十九年七月四日（1903年8月26日）

革职清乡不力官员上谕 *

八月十五日电传，十四日奉上谕：岑春煊电奏广东陆路提督程允和统带三营，办理惠州清乡不但无功，匪势益炽，请旨惩处等语。程允和以革职人员，经朝廷弃瑕录用，乃竟不知振作，畏葸因循，实属辜恩溺职。广东陆路提督程允和，著即行革职。余著照所议办理。仍著岑春煊等督饬各营，认真办理清乡，严拿匪类，务获惩治，除暴安良，以靖地方。钦此。

《中外日报》光绪二十九年八月十六日（1903 年 10 月 6 日）

惠州新宁等盗贼土党日炽 *

惠城土党日炽，昨经该处绅士到省请兵，以遏乱萌。现总兵吴祥达由海陆丰等处回省，谒见岑督。闻岑拟调吴镇率领所部信字营勇，前赴惠州，会同地方文武办理清乡事宜，并拨镇涛兵轮一艘，交吴差遣，以资臂助。

新宁县属大隆岗，盗贼猖獗，近与官对仗，戕勇伤弁，势愈鸱张。营中军火缺乏，在在堪虞，现县令已筹款购械，饬派安妥人来港采办，以备不虞。

前巡警总局派勇往惠州归善，密拿富有票正龙头李金彪（即和尚道修），以该和尚曾在湖北散给票布十□之多，实系富有票首要，准先移请善后局发花红银五百两，以资鼓励。其原出花红银三千两，随后查案再行酌赏，并详请奖叙。再，同案拿解之黄汉元、史鉴堂，俟研讯确供，再行办理。

龙州最近消息云，连日对河大王庙来有难民百余名口，肩挑家具，手挽耕牛，皆系附近村民因避乱投奔者。其困苦情形，实难言喻。现何道按人给米，俾资暂时糊口，将来再作区处。

丁提督近令小村居民迁往大村，俾得合群自护，但龙属各村最大者，亦不过百十家，其四五十家、十数家者，遍地皆是，且相离较远，一旦去家，骤难觅食，故仍恋故土，不愿迁移。现在晚稻陆续成熟，惟四山皆乱，不能收割，乡民纷纷请兵保护。以上录八月十六日香港《中国日报》。

《中外日报》光绪二十九年八月二十五日（1903 年 10 月 15 日）

岑督严令捕盗[*]

广东河中，向来每夜必有盗匪出没，虽中外人士每向华官请其办理，然华官居终置诸不问。现在岑制军闻有此事，决欲斩除祸根，近于广东河中用小轮派兵梭巡；又有新造鱼雷船十只，亦将落水作为巡船之用。以外又有官中所用之轮船，岑制军亦将其檄集一处，作为捕盗之用。惟彼尚恐船不敷用，故欲向商人租用小轮十艘，于派出之先，四围装炮，以为击盗之用。故现在岑督部下已有小轮五十只，均装置炮位，可以出外捕盗。

现在广东河中盗匪之船甚多，故岑制军之意欲将轮船派往各处，觅出盗船，将其拘住。用此方法，想广东河中之盗匪不久即可肃清矣。

《中外日报》光绪二十九年九月十八日（1903 年 11 月 6 日）

惠州房捐激变

惠州府碣石水朝门街铺户，因委员抽收房捐，纵容勇丁，欺压商民，各铺户大为不平，联同罢市。经地方官设法调停，各铺户已次第开市矣。

《中外日报》光绪三十年一月二十一日（1904 年 3 月 7 日）

东莞罢考

东莞县试向无先投公票，然后投卷之例。今届试期，廪生罗瑞球等标贴长红，借查对年貌笔迹为名，硬令诸文童先投公票。现各童咸动公愤，即派传单，于廿二日齐集明伦堂，聚议罢考云云。

《中外日报》光绪三十年二月四日（1904 年 3 月 20 日）

李匪举动

著盗李北海在阳江厅属某墟，纠党数百人，多穿号衣，并大旗四杆，大书特书李字，及"劫富救贫"、"招军买马"等字。乡团不敢追截，仍由北水、春江等处而逸，且扬言谓，当遍劫城市村墟。以致附近绅商纷纷请兵驻扎，而地方官已恳上游拨勇往捕矣。

会党风云　揭阳会党之繁盛，已见别报。兹闻塔头附近之上陇乡，又有邱降论等。其党羽不下千余，夜聚日散，吓勒富家，以备刍粮。绅耆等恐其报复，不敢鸣官，而差勇亦慑息不敢过问。其神勇广大可知矣。

又渔湖都离城十余里，该处黄姓有一人入其党者，莫不倾心信服，乐输钱为之用。现已招纳万余人，散布乡村城市间，各自命为宰相，为元帅，为将军，大有举动之势。

《中外日报》光绪三十年二月十二日（1904 年 3 月 28 日）

香山大闹屠捐

商人黄文光等认饷承办香山县屠捐，设局于西门直街黄家祠内。正拟本月初一日开办，讵初六午后，有人向该局抛掷石块，是夕二鼓后又有不法之徒聚集百人，复向该局滋闹，并将门外木栏毁拆。香山协黄麟瑞会同香山县庄允懿，督勇前往弹压，忽有洋枪码子由黄麟瑞面前飞过，石块抛掷愈密，其势汹汹。后为邑绅竭力调处，逐渐散去。而初七日，西乡各村又复纠众约千人，再向该局滋闹，竟将该局全行拆毁。现地方官拟将屠捐，由该屠户自行承办。

《中外日报》光绪三十年三月二十八日（1904 年 5 月 13 日）

潮州重新开市[*]

潮州郡垣因猪捐全城罢市。兹悉十六日五点，褚道与成镇步往各街慰谕，而各绅士亦从中力劝再三，已于十六日午刻开市，照常贸易云。

《中外日报》光绪三十年四月五日（1904 年 5 月 19 日）

从化屠捐闹事又闻

屠捐开办以来，省外各州县屠户多未遵抽，时闻滋事。顷闻从化县属街口等处，屠户又以抗抽屠捐，纠众罢市，势甚剧烈，业经地方文武纷纷驰往弹压矣。

《中外日报》光绪三十年四月九日（1904 年 5 月 23 日）

广东铁路工人滋事详情

西六月七号广州新闻云：在铁路上之工人攻击造该路之工程师，已有数次。目前彼等又将该工程师之产物焚烧，两日前又欲杀害彼等。

该工人均有仇洋之意，故有攻击西人之事。

彼等手持土石，攻击在西南之英美工程师之住所。其时工程师正在用膳，因不能往觅巡捕，故以水泼之，意欲将乱党驱散。乃其事不成，且工人之数反有加增，土石乱飞，甚有危险之状。有一工程师，欲解散此乱党，手执小铳，由窗间放之。不幸该枪弹击中对面之中国小孩，旋即毙命。

工人一见此事，旋即停止攻击，但其后见该小孩已死，遂又复返，掷以土石。后有援兵前来，其事方弭，但为乱之情状尚未停止也。

美领事今正查办此事，工人均谓工程师有意击毙小孩。然居民则谓此实偶然之事，因该小孩距作乱之地有五百尺也。

此乱事，实因办铁路之官员，欲汰冗工而取其合用者所致。闻石围塘亦照此办理，凡有冗工，均行裁汰，而使其复返广州，然后前往香港也。译五月初二日《上海泰晤士报》。

《中外日报》光绪三十年五月三日（1904 年 6 月 16 日）

巡抚高州盗风批牍*

茂名县团练清乡总局绅杨彦深等，昨以高州盗贼披猖从严办理事具禀抚衙，即由张抚批示略谓：据禀高属盗风猖獗，即茂名一邑被劫之家不止百数，现今抢无虚夕，民不聊生。地方如此情形，该营有司所司何事，何以并不据实禀报。前派黄署镇会同道、府督办清乡，本为除莠安良起见。该绅等既已分路设局，协拿贼党，正可官民合力，以清伏莽而靖闾阎。至日前通饬各属办贼章程，凡有抗拒官兵之土党及人所共知之剧盗，当场拿获，搜出枪械，实系决不能缓者。原准摘录简要供词，电禀请办。其寻常盗犯，则饬录供通禀，听候核明，再行电饬斩首。盖土党、强盗情形各不相同，虽惩办从严，亦当分别缓急。且高州距省尚非甚远，递文不过数日，禀折一到，电批即至，办理不至稽迟。纵使文牍稍繁，羁囚稍众，亦地方文武之责，不容稍事疏忽者也。若以为刑乱用重，不必取供，但凭绅士指证，即予斩决，恐开诬枉之门，启滥刑之渐，碍难照准。究竟高属盗贼实在情形如何，自黄镇接办清乡已获盗犯若干，仰营务处兼缉捕总局会同按察司备移高州镇道，确切查明具复。一面将已获各犯督饬委各员，赶紧查明禀办，一面严拿在逃著要各犯，悉获究办。以后获犯仍照通饬办理，务期无枉无纵，是为至要，并传该绅等知照云。

《中外日报》光绪三十年五月二十三日（1904年7月6日）

英德乱耗警电

英德县致省大吏电云：卑县武生刘顺英、革武生欧阳超等，抗抽屠捐，纠众千人，执持枪刀，在城南对河殴毙弹压县差邓雄一名、周才一名，弃尸落河，现尚未散。声言当照连州近事，入城劫犯，焚杀承办屠捐各人身家性命方休。卑县自旧冬承裁后，并无营勇，仅有城守备兵十八名，城池、监羁、仓库，岌岌可危。恳迅派常备军一营，用小轮运送连阳江口登陆，兼程来县，弹压解散，分别查办，以免牵动会党，酿成巨患。保全民命，地方幸甚。

又电：刘顺英聚众起事，已经微电禀明。现又合同各处会党，愈聚愈众，声言与其他日被官兵剿办，不如先行破城，请速发勇救援云云。

《中外日报》光绪三十年七月三日（1904年8月13日）

顺德乱党

顺德西马宁各贼，联盟拜会，曾纪报端。并闻该乡人言，该贼党已联结六七千人，备办旗帜、军械，不久便将起事。各党每夜必聚于村外之山麓，乡人隔远窥探，惟见灯笼千余具，火炬数百枝，照耀如同白昼，人声鼎沸，爆竹喧填，恒至夜分始散云。

《中外日报》光绪三十年七月三日（1904 年 8 月 13 日）

阳山乱耗

现闻阳山县属因屠捐滋事，乱机蠢动，聚众数千人，抗官杀绅，乘机抢劫。日昨该县令电报来省，大吏特委莫镇善积派拨喜字右营哨弁营勇，驰往该处弹压堵御云云。

《中外日报》光绪三十年七月三日（1904 年 8 月 13 日）

广东抽取船捐激变详情

省河船捐已经开办。前月十八日，该公司人等率同勇船，往花地、黄沙等处抽收盐船捐费用，英尺量船，以八寸为一尺，每船要月捐银四圆。船户不服，遂启争端，致有伤毙人命等事。从来抽捐闹事，未有如此次之剧烈者。按船捐缴饷二十二万，暂行试办三月，如无搔扰情事，方准其承办。今开办之始已酿成重案，其骚扰可知。且原案每船一丈，抽银二毫，今该公司果如是，则违章取盈。核其抽数，每年可得二百余万，宜乎船户之不服也。至于毙命之人，闻道路传说则云，司巡死者四人，船户死者一人，未知是否。而日来各船户则拟极力抵抗，先求善堂转禀，代为求免，如必不可挽回，则惟有一律停摆。故十八九连日已将花地河堵截，大小船艇均不准由此通过，以是往来之商贩极行不便云云。

闻水陆各人所言，则船捐局勇确有办理不善者。十五日，有罗姓携眷雇沙艇往拜黄大仙，路过花地口，捐船上有二勇过艇，一蹲艇头，一坐艇尾，索赏六毫。舟子仅得三毫，许以回时给二毫。勇不允，大肆咆哮。罗叱之，欲并拘罗，其强横若此。又盘艇入花地口，该船勇又索一元，以缺乏对，即将船挠抬去作抵。又某老媪摇一小破船，载客得资度日。船捐索赏，无以应，竟夺其桨。媪痛哭去。又某蛋民日摇横水渡，得小洋四角钱百余文，携回住眷小艇。适有熟客，令送往芳村。艇过花地口，小洋铜钱俱为船勇过艇掠尽。闻捐局掠夺各艇铜壶、烟袋百数十。闻该商张某，本无赖子，而所捐各勇非亲即故，益倚张作恶，宜其滋事也。又查得该公司系某县令诡名及劣绅某等承办，设有兵扒式大船数号，广招老于省河厘务之猾役为司巡。是日丈量各船既用英尺，且重每船一丈抽银二毫，而公司又勒抽至四毫。船户已不服，而巡丁将船户李某打伤，推落水中，遂至用武。彼此鸣枪互轰，两造伤亡尚未查得实数。是时省河各项船户均动公愤，翌日一切货艇、米艇、乡渡一律停摆，此外猪艇亦定于翌日停摆。此耗一传，商家大惊，诚恐货艇窒塞，民食不敷，则大局何堪设想。商务局人昨日联同赴局，求罗与三观察转禀上峰云。

又查该公司分批子厂章程，其第一条即标题省河由本总厂自行经理，而自肇事后竟瞒准当道，以此次命案诿咎于分办省河子厂商人，妄谓已将该分商撤退，收回自办，故日昨府县之谕竟至误听其言。实则彼之所指为分商张百祥者，即张春田之诡名也。张春田非分商，而该总厂之最要人也。张春田确无分办省河之说，而至于酿命，则不当张春田一人独任之。然以该奸商之计诚工矣巧矣，独奈何当道竟亦受其欺哉。兹将该公司分批子厂章程揭要录后。

除省河由本总厂自行经理外，其广府之十四属及各外府厅州县，一律批人承领。其有愿承者，须各就地方体察情形，开列说帖，送交本总厂以凭核夺。

（续昨稿）兹闻二十二日广州府陈中协庞、南海县傅番署委员黄，仍至花地河面弹压，善后总局并移知水师各营，分别劝导解散。惟查花地毗连芳村一带，各江货船停泊最多，现坚称守约，决不迁就。至日昨清晨，有东江某柴船偶在船面称柴，为本行船户看见，即鸣锣告众，声势汹涌。迨后该柴船多方申辩，此柴乃该客买下，不能不交等语。众便无词而退。又各盐船昨已逼张公启，谓若不邀官吏免捐，则我辈决不允为开秤过驳等词。又各家米埠屯积米石，均在对河花地垫栈。现因无船往来起运，故亦半闭市门，生意极为冷淡。租界内各洋商，因防其丝茶杂货各项亦有所牵动，乃特许载运各船改插本国国旗，予以特别保护，以是此等船只独往来如平常云。

二十四日，花地芳村一带船户尚未解散。是日广府陈亲诣各善堂，商量解散之法。惟各船户以未有永远免抽之告示，且被船捐公司轰毙数命，同深冤愤，故坚约不散。旋经张抚出示晓谕，一律免捐，著各船户人等务即照常安业云。

广州府陈守，南番两县傅、柴两令，因船捐闹事数日尚未停妥，人心极为惊慌，于二十二日会衔出示晓谕，略谓：船捐违章加抽，激成众怒，据称系由分承商人张百祥办理不善，已将该商撤退。该总商亦难辞咎，故将该总商即行撤销，禀候大吏另招妥商承办。至船户黄辩所报命案及该公司所控被掳人，亦须查明拘凶吊放分别惩办。该船户等务须即日照常开摆，将河道疏通，如敢仍前抗阻，定行严拿惩办云。同日五善堂亦标贴门首，谓船捐总商业已革退，劝谕各船户照常开摆云。

大吏又查得营务处之书办李进业即李子修，与此案大有关系。二十一晚即传该书到处询问，著令开导各船户照常开摆，不得滋闹。该书初尚不肯认供，仅书一函与船户，随即解散百余艘，其神通可想而知。二十三日，复提该书至府询问。陈守晓谕该书曰：现承大吏电谕，限尔两日将各船户解散，尚可为之乞恩，否则解往花地正法，以示惩儆云云。讯毕，即将该书发交南海县收禁。而营务处以该书不安本分，胆大妄为，即书革条斥革矣。闻该书曾受船户之聘，延为主谋，连日在船行议事，为大吏侦悉，故有此举。该书业已具结遵办，此事谅可解散也。

据《岭海报》云，李某果有为船户主谋情事，革办固所宜然。第查张春田诡名之张百祥，开办之初，即在港招集摩啰人二十名往省，以为吓制船户地步。且经本馆访员往北花地芳村附近质诸居民，佥言肇衅之时，该公司巡丁先将船户轰攻，并捉人重殴，始推入水，致激众船户反抗，自轰伤公司巡丁一人，即相与畏罪驶避，更有凫水逃走者，又何能抢劫趸船。且趸船军械严肃，勇丁众多，即或失去，何至一空，并掳及司事。其为先发制人，虚词饰耸，已可概见。似此违章抑勒辱国害民，仅予斥退，岂是蔽其辜也。库款空虚，抽捐或不得已。顾此项船户如陆地之苦工，终日劳尽心力，仆仆于风日之中，以求升斗，纵不得已而抽剥，亦何忍过苛。此后或再设公司，固当妥筹善法矣云云。

又三水河口开办船捐，该处船户闻耗，众情十分鼓噪，相约停摆，并蜂涌至船捐厂焚烧，伤毙人命不少。录香港《中国日报》。

《中外日报》光绪三十年七月十、十一日（1904年8月20、21日）

船捐闹事余闻

船捐闹事一案，自张抚通谕普免船捐后，翌日各船户仍未解散。前月廿五日，由省中各善堂及七十二行商家向各船户开导；米埠复联盖图章，出有公启，劝令照常安业。各船户得和平之劝导，已一律开摆矣。惟船捐主动，有疑为谭榜眼第所为者，欲以炸药对待，该宅已自行辩诉矣。

《中外日报》光绪三十年七月十五日（1904年8月25日）

记肇城屠捐

肇庆府城自承抽猪捐饷项，肉价飞昂，有增无减，肉食者颇不易易。今夏复有多财善贾之流，认饷领牌回肇，在新街某书室又设屠捐局，按抽屠户，每日分投，特饬巡丁多名，沿途逐户明查暗访，日沽猪只若干头。每遇猪蹄与及肝肺等件数目略多，动辄斥责宰猪数目不符，驳论争执竟无虚日。小民利博蝇头，何堪日日骚扰。数月以来，屠行屡经集众会议，各允自行认定饷价，按月缴官，送经沥情，递禀县令。而承捐设局者竟然禀官拘人。日昨任邑令签传屠户瑞栈店东等众，勒令于五月十二日起饷，克期如数汇缴两月屠捐饷银。各行店东佥以捐局骚扰，声称拘人、封铺之说不绝于耳。众怒益增，恐将来必酿成事变也。

《中外日报》光绪三十年七月二十日（1904 年 8 月 30 日）

怀集起乱原因

怀集县乱耗叠纪前报。兹得最确消息云：乱事之起，实因钱、植两姓械斗，各请三合会为助。未几钱姓为植姓所败，被掠一空。植姓所请之三合会，遂乘机攻掠附近各村，逼人入会，即多至二万余人，声言俟攻怀集城后，顺流而下，分攻广宁、四会一带。以故风声一播，广宁、怀集各铺户纷纷迁避。至十四日谣言益多，谓怀集已破，乱党已到广宁。于是乡民纷纷逃往省城，佛山西南陈村等处，一时船只被雇一空，乡渡亦无容身之地。十五日，各绅士亦纷纷挈眷远逃，人心益形惶恐。至十八仍未见乱党到来，人心始定。四会县彭令申苏，素性庸懦，不理民事，县城向无一兵，至是各绅始招得土勇五十名，而枪械缺乏，请彭令申详省吏，请领军械。彭令置之不理，而领军械之款，则已于八月初一日汇省矣。当各人纷纷奔逃之时，诸绅禀请彭令来省请兵弹压。彭令云，广宁尚未失守，何必如此张皇，若广宁失守，始往省请兵未迟也。诸绅以彭令疲庸不职，咸啧有烦言。

《中外日报》光绪三十年九月二日（1904 年 10 月 10 日）

番禺蒙学堂被毁

传闻番禺滂江乡蒙学堂，昨突被该乡反对党纠集数十人，蜂拥而进，将学堂中台椅、书籍、器具等件，毁弃一空，复将学堂焚拆，且放枪轰毙一人，伤三人。现已禀请学务处，移知番禺县严缉，务获惩办矣。

《中外日报》光绪三十年十一月二十一日（1904 年 12 月 27 日）

详述广州城西十八甫罢市事

城西十八甫事，各报纷纷记载，所闻异词，莫衷一是。兹探得当时肇事详情，照录如下。省城西关十八甫大观桥脚德昌鞋店，赁居该铺，历有年所。查该店邻近为该业主陈某之生意，该店后进，则某之栈房也。今陈某生意略有更动，即欲向德昌取回铺面。德昌不允，陈遽控于西关巡警南路正局，请为追欠勒迁。巡局准词，立将该店东何永广拘去收押。（传言某局委员□□□有得受某业主贿银一百两情事）此本月初三日事也。是夕德昌店邀同坊众、地保，向该局取保。该局警丁以委员公出，频相支吾。又该局地当冲要，五方杂处，良莠不齐，一时闻风，相率偕来围视者人数甚众。该警丁因无力弹压，即遽以枪杆猛击，坊众亦随趋赴一界庙，一路弃置灯笼以暂避。然以被殴伤至三十余人之多，次日坊人聚众公议，谋所以处置业主诬陷之法，并再面商巡局。讵巡局仍将该店东久押不放。旋赴南海县请验，该县亦置不理。初五日，更将该鞋店东何永广押解总局，并诬以窝贼情事。故坊人益动公愤，于初六日一律罢市。当日经南海县西关汛等官出为劝慰，而坊众终关闸闭市不理。县官无奈，遂一面禀商上官，一面请各善堂调处。复于初七日示谕，允照坊众所议，业主不到，收租由坊庙汇缴呈官给领各办法，并德昌店东交由善堂保放，力劝各坊众启闸营业。兹事尚未妥结，适巡局又因初六日在某花酒馆拿获多人，指为犯禁，某领事出面勒放事，南海县傅令顺往查办。附近居民又疑为该鞋店事，仍复如前围观。该警丁以驱散未能，竟敢将枪施放，致又枪伤多人，有三人几至毙命，并由续备军前往拿获陈、洪、罗三人，两人交县严惩。附近各街及花寮亦同时一律闭歇。后经傅令汝梅再三开导，所有十八甫以及清平、朝圣各街，共二十六约铺户，始于初八日照常开市。此城西两次罢市之实在情形也。事后张抚以巡警如此多事，不如裁撤，以营勇相待。后经各善堂绅商等再四筹商，以巡警不为无益地方，但须大加改良，即称完备，咸相率力阻此举。现拟定如常办理，惟日来十八甫尚未派出巡勇站街云。

《中外日报》光绪三十年十二月二十四日（1905年1月29日）

东江乱象

广西会党初起时，一二游勇勾引内党，联盟拜会，渐臻蔓延。乃本省东江之土贼，据闻与广西之土党初起时无异，深山穷谷，夜间拜会者甚多，会名曰三点会，有状元、探花、榜眼、翰林、廪保等种种之名号。其头目内有统领名马流者，现在龙门势力尤横，能袒臂一呼，四面响应，聚徒党千余，劫掠乡村，取财之后，必继以焚杀及虏捉妇女云。

《中外日报》光绪三十一年一月七日（1905年2月10日）

潮汕铁路滋事案件

潮汕铁路公司，在海阳县被乱民千余人焚攻。粤督谓其办理未善，致激众怒，请电饬张京堂停办路工，以安人心。

闻十二月念二日，粤督岑云帅有电致京云：潮汕乱事，实因铁路经行处有坟墓两处，欲求绕越，不意公司中遽派日人前往插标。于是顿激众怒，聚众千余人，将二日人杀死，且攻击公司。日本驻京代理公使松井君致函外部云：惠潮嘉道以兵力单薄，未能弹压，两县虽往，匪势仍炽。日人被杀二名，尸身已寻获云云。

《中外日报》光绪三十一年一月八日（1905年2月11日）

大岭山煤矿滋事

大岭山煤矿自收回由官办后，经善后局札委李令明德前往开办。乃该处乡人仍藉口煤水害田，聚众抗阻。局吏特札饬金利司蒋少尹，将该矿之煤挖取一二百斤，解局试验。当由少尹传集乡人，切实开导，带领工匠前往，将煤挖起。翌日欲再行深探，察验煤苗深浅，讵料乡人纷纷鸣锣，纠集数百人，蜂拥上山，将应用什物，尽行抢去。少尹以众怒难犯，暂行走避，翌日始将各物取回，并将煤矿内容及乡人顽梗情形具禀，请求办理。局吏据禀，以该矿志在必开，已札南海县，传集该处局绅，认真开导矣。

《中外日报》光绪三十一年一月九日（1905年2月12日）

潮汕铁路滋事案文牍（日领事要索六款）

一、中国政府虽已电饬府县，勒限将凶犯缉获严惩，而为日已久，凶犯尚未就获，必应限日拿获，治以严刑。

二、此次酿祸，实由县官不能尽心弹压、实力保护所致。该两县令除摘去顶戴外，应加究罚。

三、日本所索偿之款项，中国国家须当承认，有旧年湖北之例可据。俟日本将索偿之清单交出后，中国即应照赔。

四、铁路工程所受损害，皆由日本包办工程人受之，与公司无涉，故中国国家当任赔偿之责。

五、葫芦乡乡民陈姓，因将屋租与日人居住，以致家产受损，即与日人受害无异，故亦当由中国国家照数赔偿。

六、中国若不从速出示保护工程及包办工程之日本人，万一若再滋事端，中国国家即不能辞其咎。故应从速出示，使百姓遵守。

《中外日报》光绪三十一年一月十四日 (1905 年 2 月 17 日)

潮汕铁路滋事案文牍（华官驳复日领六款）

一、前奉督抚电饬，定限十日严拿凶犯。嗣因兵力不足，故又展限十日，今已于限内拿获六犯，俟审有确据，即当按律严办，并请日领到场，监视行刑。

二、此次地方官固有失于防范之咎，除摘去顶戴外，前已记大过两次。此次该地方官临事前往弹压，事后又竭力缉犯追赃，不得谓之不力。查铁路本有护勇，所有一切工程及办工程之日人，本应归其保护。乃此次日本工人由汕头押运物料至葫芦乡，该公司竟不派勇护送，以致日人三人中有二人遇害，此实该公司之咎。即如葫芦乡，有护勇十余名在彼，而日本工人即安然无事，即可知此次日本工人被害，其过全在公司。

三、中国国家于此案，止能照章拿犯追赃，至于赔偿一节，则条约并无明文，故中国国家不能承认。

四、查潮汕铁路公司由商人奉文自办，其与日商所订合同内，已言明此系商务，与国家无涉。此次日本工人被害，中国国家止有照章缉犯之责，至于日商所受亏损，当自向公司理论。如理论不明，可控官求直，中国国家并无赔偿之责。

五、葫芦乡乡民陈姓房屋受损，应令其自行禀请地方官缉犯追赃。该乡民系中国子民，自应由中国官办理，无庸日本干与。

六、出示保护铁路，亦系地方官应办之事，应由该公司自行禀请，与日本无涉。

《中外日报》光绪三十一年一月十五日（1905 年 2 月 18 日）

详志潮汕铁路滋事实情（香港来函）

按此路由张榕轩京堂集资承办，奉商部批准，声明此系华商自办，为华人之商务，虽将工程包与日商办理，中国仍认为华人之产业，与日商无涉，与中日两国国家更无关涉。

该公司中计有台湾富绅林维源股本五十万元。惟林维源不欲人知，乃令其同族林丽生出面，故公司事权，全在林丽生手中。此人久隶日籍，且为日商买办，举动甚不惬人意，潮汕之人皆甚恨之。

及去腊十六日早上，日工十二名方督率华工三百余名在葫芦市插标筑路，暨十点钟时，葫芦市对过某乡，有小孩多人，手携红旗，插于河边，并用石子掷击。日监工及华工均欲停工避去，当有代公司调停购地迁坟等事之陈宗舜，阻令不必停工，并大言潮州人胆量甚小，稍加威喝，即当畏避。于是护勇放枪，向众小孩恐喝。众小孩即回乡，鸣锣聚众。日监工见势不佳，即饬令停工，而自行回寓。此十六日上午事也。

及至下午三点钟时，附近各乡人已聚至二千余，蜂拥过河，到葫芦市，将陈宗舜之住屋、药店、药栈拆毁，抢掠殆尽。时适有日监工在葫芦市何姓祠堂背后陈观源家躲避。乡民即拥到该处，向之攻抢。日监工即逃入何姓祠堂内。乡民又欲闯入，经在彼护卫之护勇十余名，向空连放三枪，乡民立即退去。复拥至距葫芦市约一里许之双溪嘴，焚烧铁路蓬厂。其日工二人被杀，即在此时，因适由汕头押运水泥到厂，与乡人相值，以致被害也。此十六日下午事也。

十七早，约四更时，有铁路护勇六十名，由汕头到葫芦市，方将逃匿之日人十二名接回汕头。天明时乡民方到葫芦市，将陈观源之房屋拆毁，并抢掠馨尽，经地方官赶至弹压，始行散去。按以上情节，得诸目验，参以所闻，实甚确实。港中各报所登，半出传闻之词，不甚足据也。

此次肇祸之故，约有数端：该处土人信风水甚深，而公司在葫芦乡掘去坟墓百余穴，深犯土人之忌，一也。公司所定经行该处之路程，虽经陈姓绅士具结照办，而乡民并未应允。杨姓绅士并未具结，张京卿曾致函潮州道，亦允为缓办，乃旋即在葫芦市兴工，不久即可筑至对河之某乡，而祸事遂不可遏，二也。公司平日办事，又不甚妥善，结怨甚深，识者早知其必将酿祸，三也。又适有护勇与小孩龃龉之事，遂致乘机滋事，然众乡人惟专与公司中之日人及华人为难，专毁公司之蓬厂，其外未妄害一人，未妄毁一物，则其故可知。闻事后张京卿有电致京，诿称系某乡与葫芦市前曾械斗，此次藉端泄忿，实属托词。省中大吏闻报，因地方官未能先事预防，已将澄海县杜大令、海阳县胡大令一并摘顶记过，勒限缉犯。旋据报拿获六名，又经饬令严缉，余犯如不能于限内全获，即行参处云。

省中大吏又因潮汕铁路经此事变后，民心已极浮动，虽已派兵弹压，仍恐无济于事。潮州道至有如不将线路改易，虽将乡民杀尽，亦终有乱之语。故省台已电请商部，饬令张京卿，无论已经滋事之地及未经肇事之地，一律暂行停工，俟公司与日商之交涉办理完结后，再行开办。

当肇事后，驻厦门日领事当开出六款，向华官要索。一、将凶犯立刻正法，并由日官监刑。二、严惩地方官。三、赔偿抚恤日商所损之性命财产。四、赔偿铁路所受之损害。五、赔偿华人所受之损害。六、即日出示保护路工（按此与十三日本报所登略有详略之殊，而大旨则同）。

旋日领又照会华官，内开：葫芦乡肇事一案，铁路工程被阻，工人被害，现拟即日再行动工，必须中国派兵保护，并云此系日本政府之意云云。

按日领事所开六款，实与约章不符。就条约言之，日领事所可责诸华官者，止缉犯一事而已。至于潮汕铁路为中国之商业，张京卿为中国之绅商，则铁路善后之事，自当由张京卿与华官商办，何庸日领事出而干与。乃日领事所索六款，几若视该铁路为日本之产，而一一向中国要求，且事事代公司作主。前广东留学日本学生，曾上书岑制军，谓日本旬日各报，已将潮汕铁路划入日本势力范围圈之内。今观日领事之要索，殆信然矣。论者金谓，张京卿阳若不与闻其事，而阴实助日人，且将藉日人以挟制华官。曾声言该公司与日商所订合同，曾经商部核准，且日商爱久泽系由驻京日使荐与商部，转荐与公司，约定路工未完以前，所有工程工料皆系爱久泽之物，非公司之物云云。其言如此，何怪人之有后言也。

华官旋因日领所开六款与约章不符，且显系干预内政，故驳之甚力。而日领事坚执不从，并请将所开之六款先行承认，再议办法云。

闻省台已电请外部照会驻京日使，详告以此案滋事实情，及华官缉凶获犯情形。并明告以日领所开六款，除凶犯正法一款外，其余赔偿抚恤日商一款，应由日商自与公司商办；铁路善后事宜，应由公司自向商部禀办，赔偿华人一款，自应由华官自行办理，均请日使转饬日领不必干涉，并请商部严饬张京卿速即自与日商理结，不得置身事外云。

《中外日报》光绪三十一年一月十六日（1905 年 2 月 19 日）

续志潮汕铁路滋事案实情（述香港第二函）

各凶犯实已共获到十一名。

闻岑制军于此案严饬委员，认定路系华商自办，公家除缉凶办犯外，概不与日商交涉，责成公司自行了结。

岑制军又因张京堂有总理公司之责，不应将路权授与外人，且此案事前既不与地方官妥筹办法，事后仍不思设法调和，早求收拾，转欲援借外力，以图挟制，实为不合，故电请由商部严饬京堂，勒限半月，将日商交涉各节自行商结。倘仍置身事外，诿卸宕延，贻害国家，即请商部严行参处，或由岑督据实奏参。

闻日领所索之六款，自经华官迭次驳复后，无词可辩，但言此项要索系禀承政府之命。又言已电告驻京日使，转请中国外部转电粤省，饬令办理。此案之华官不得离汕，须俟所索之六款办结，方许回省云云。

闻岑制军虽仍令委员留汕，惟仍声明系为帮助地方官开导百姓、催缉凶犯起见。其日商与公司纠葛之事，应由公司自行清结，华官不能与闻云云。

其后，张京堂已允将纠葛各节，自与日商议结，当即电嘱日商爱久泽，由厦到汕，而日领事又称不愿由公司赔偿，致受亏累。故岑制军又电请外部照会日使，转饬日领事，任从公司自与爱久泽清结，日领事无庸干与。

　　闻商部致电张京堂，令其自与工程司将此案办结，并明告以惟缉凶惩犯一节，自应由官办理。至于抚恤一层，则合约所载，日人与本地人斗殴成伤，当由公司持平抚恤。受伤且然，何况致命，岂有公司反不抚恤之理。又岂有诿诸国家、置身事外之理，应即从速理结。如半月内尚无头绪，致日领仍向公家索赔，则本部前时虽已批准，此刻实未便回护云云。

　　张京堂得电后，当复电云：此案业与爱久商酌，而爱久坚谓应由领事作主。嗣与日领事商，领事又称赔恤之事须由委员应允，方可再议。而委员除办凶外，又谓抚恤一事应由公司自理，官不与闻。现公司纵肯设法，领事坚欲由官了结，不肯向公司交接，应如何措置，请示祗遵云云。

　　又电云：某已屡诣日领，告以抚款由公司担任，不与公家干涉。据称此事系奉彼国政府训条，应由地方官索赔。现岑督帅派委员来办此案，自应由委员允赔后，方可再开数目，不能与公司交接，致违训条宗旨等语。而委员则以办凶为己任，抚恤一层，虽公司自认赔偿，亦不肯顾问，恐关国际交涉，因此相持不下。现公司已恪遵钧谕，亟欲自筹了案，惟数目尚未据日领开示，纵欲自了，无从备款，且交款则日领不收，委员不管，实属无从措手，故已于前电中，缕陈情节，请示遵办。此次酿成交涉，日夕惶恐，故竟不问数目，先认赔偿。其委曲求全，不敢置身事外之苦衷，当蒙钧察。惟嗣后应如何交款，仍请示遵云云。

　　《中外日报》光绪三十一年一月二十四日（1905 年 2 月 27 日）

匪毁教屋骇闻 （饶平）

　　饶平县黄冈双刀会匪林能丰等，焚毁劫抢该处教屋五十余间，有一教民幼女被掳，现饬严拿究办。

　　《中外日报》光绪三十一年一月二十八日（1905 年 3 月 3 日）

嘉应盗匪滋甚

嘉应近日贼匪滋蔓，较前益甚，从前不过在途截掠，迄来则专劫上市乡村，明目张胆，日形猖獗。查皆由有贪绅奸弁为之包庇。如前署州把总之杨某，当署横流汛时，与上水劣绅交通匪党，分肥致富。辛丑土匪乱时，关总戎委其率兵进剿，彼竟临阵退缩，诿辞以疾，后更将捉获明劫之邱阿广、曾阿二无故释放。其由绅获解之徐阿金、细吴仔、湖南仔等，彼亦欲释之。即著匪圆头陈，前未获时，闻亦常在其家往来。种种庇匪情弊，现已道路喧传，苟不严查究治，恐土匪聚党，勾连会匪，不免有广西之现象也。

《中外日报》光绪三十一年一月二十八日（1905年3月3日）

民不安业（南海）

南海县属萝行墟，竹器出产最为大宗，常运往省城陈村等处发售，销场甚旺。先年著匪区新等，视该行为鱼肉，屡向勒收行水。嗣经该商禀请地方官，招募安勇二十名，派弁管带，以资防护，盗风稍息。讵去岁底，又有南顺广义堂匪，投函该行，每船勒收银二百两，送至吉利嘴沙寮，届时即有戴茶精眼镜者，给与收条。否则上至白沙，下至汀洲口，不许船只经过，如违定即焚劫，并悬赏购拿行商船户，每名一百元。该处团防局绅见匪如此猖獗，恐众寡不敌，致受其害，昨已黏呈匪函，禀由大吏札县缉拿，并饬广安水军沿途保护，以安商业云。

《中外日报》光绪三十一年一月三十日（1905年3月5日）

长寿寺僧毁学详志

长寿寺自农工商会创办阅书报处，开智进化，最收效果。去腊各同人复拟在铁汁堂办公立商业学堂，经禀准学务处有案，亦经向该寺方丈商允。于是各同人遂将阅书报处归并商业学堂内，数日前悬挂匾额，均无异议。越日，又有致用学堂匾额悬挂于上，各同人究问寺僧，寺僧含糊以对，盖已有冲突之意矣。各同人以事经禀准，又经商允该寺僧，寺僧无理取闹，只得付之不理。连日赶办堂内事宜，布置一切，俟念四日考验学生，即于二月朔日开学经营。至念二晚，方始就绪，有人到堂内，口称三大人有要话候商。诘以三大人为谁，则伍太史铨萃也。诘以究有何事，支吾不能对。各同人以堂内事忙，遂不往，而寺内僧提灯笼络绎奔走，若有秘密运动。至念三早，忽来素服者二人，咸指为伍之弟与子，带同操北音之家人，率寺内凶僧持械闯进堂内。有警兵出而拦阻，亦被殴打，所有校具、图器、书籍及教员行李，全行毁坏。寺内另有时敏初等小学堂，同时波及，并将学堂匾额揭下，寸断而尺裂之。同人睹此凶悍，向前研诘，寺僧复持械追逐，各同人纷纷逃避。幸农工商会闻警，急将大门紧闭，不至受累，而抛砖掷石，已吃惊不少。事甫定，素服者复向寺外鼓动下流社会，欲激之，使毁农工商会，目为教会中人，大于地方有害。于是瞬息之间，又哄集无赖千余人，挤拥门内，势甚汹汹，凡长衣者无论出入，均以砖石掷击。各同人不得已商之警局，由寺后巡警驻宿所取路而出。随有巡警五局六局大厅广协续备军，得内堂电话告警，即行驰至弹压，诸无赖始渐散去。现闻已据情具禀藩司及学务处。而城中各私立学堂大动公愤，一律罢学，谋所以对待之策云。

《中外日报》光绪三十一年二月四日（1905 年 3 月 9 日）

长寿寺僧毁学续闻

念三日晚，长寿寺僧至十八街公局，向局绅诉称，商业、时敏两学堂实未与伊商允，情同强占，伊等必有以对待，且地方官亦已允逐云。

各教会以此次寺僧毁学，牵涉礼拜堂，恐酿巨变，已纷纷电各牧师，谋所以预备之策。

念四日，恶僧等布散谣言，向寺外下流社会鼓动，谓办学各员藉名办学，实则蟠踞寺内。各地建造礼拜堂，礼拜堂成，若等将无憩息之所，于是群情汹汹。十一下钟时，为首者数人，率引无赖等，闯进寺内菜圃，将体育操练场毁拆，手拆网架等，无一存者。复迁怒于农工商会阅书报处，于是农工商会益岌岌若累卵，急发电至各处告警。延至一下钟，农工商会电线竟为恶僧等从瓦面割断，消息不通，益焦灼。幸未几续备军驰至弹压，农工商会乃仅以得存。日将暮，无赖辈尚未尽散，续备军驻扎铁汁堂内，以备不虞。而道路喧传，则谓伍翰林言，只须多买数本《革命军》携入阅书报处，则任意破坏推倒，亦无大碍云。

当闹事时，寺内六局警察齐出弹压，伍翰林之子若弟恐泄私忿，乃操京语将警察殴打。警察鉴于前辙，乃悄悄遁去。于是外来无赖，愈拥愈众，虽经两堂绅董面请该警察保护，该警察亦称畏伍翰林。学务处闻警后，即由坐办委员到寺勘验。嗣知为伍翰林所主使，某委员亦不敢到。

又闻念四到会者，官私学堂共二十余处，约数百人，现已缮就禀词，分赴各辕通禀矣。

《中外日报》光绪三十一年二月五日（1905 年 3 月 10 日）

屠商被困难苏（番禺）

　　番禺县菱塘司属各屠行，前因与承饷押收屠捐商人冲突一事，由番禺县将滋事人收押。嗣各商又屡次在善后局递禀，请将该处屠捐归该行自办照缴，局员均批饬不准。后又由该行潘某递禀学务处，请批令该处屠捐饬该行自办，不归商人承抽，愿于缴呈正饷外，再缴学费八百元。当由学务处批令候移知善后局，核明办理。刻下该处已备文移到善后局，商议办法。闻局中仍执前言，谓碍难以一隅地方，批令该行自办，致承商有所藉口，大约不日即将复知学务处云。但抽捐原以劝募为名义，既该行屡思自办，其中必有被承商勒抽之苦情也。

　　《中外日报》光绪三十一年二月五日（1905 年 3 月 10 日）

增城会党近闻

　　增城近日三点会匪甚多，恃势胁裹，富家亦多入会，以求免祸。有富人廖流保者，其性质颇类癫狂，平日最善读小说而迷信之，故最崇拜平西之杨宗保，凡书籍封面，必刊杨宗保之像，屋内墙壁所悬挂者亦然，且好说大言、谈时事，现亦入三点会。月初，适县属有一女子，年十五岁，经已字人，与一会薰中人有私。因嫁期迫近，该会匪遂纠党多人，往其家截抢，为该乡人出拒，获其六人，并在该六人家中搜出旗帜，解县审讯，供出廖某。官派兵往捕，廖已举家逃匿，当即在其家搜出玉印一颗，刊有杨宗保字样。官遂指作玉玺，定为造反之据，且张大其词，电禀岑督。得电谕令将六人就地正法。该县官又到省请兵，于是檄委参将康鸿率带续备军赴增城防剿。

　　《中外日报》光绪三十一年二月六日（1905 年 3 月 11 日）

双刀会仇教述闻 （饶平）

闻饶平县黄冈地方，有双刀会党林能丰等，毁抢该处教屋五十余间，并有一教民幼女被掳。现大吏已饬严拿究办。传言如是，未知确否。

《中外日报》光绪三十一年二月六日 （1905 年 3 月 11 日）

三志潮汕铁路滋事案实情 （述香港第三函）

启者：潮汕铁路滋事后，一切办理情形，业已两次转函驰告。兹续将见闻所及，详细奉闻，请为刊登。

公司付给日人之款计分为两起：一、抚恤款，计银二万五千元，赔款计十五万元。（按此条前已登报）

闻张京堂先时声言，委员有令公司先行垫付，随后令滋事地方绅董赔还之说，曾禀请粤督岑制军核办，当经岑制军驳斥。闻商部亦不谓然，仍责令张京堂速将抚恤赔偿之款，交由委员转交日本领事。其追脏等事，应有地方官办理，公司不能勒赔。

岑制军亦请商部转饬张京堂，速即自行了结，并由日本领事声明不再干预，方能作为完案。

日领事旋即致函委员，声明愿将前所要索之款，除第一、第二、第六之三款外，其余第三至第五之三款，愿即撤回，作为不再干预此案之证。

案日领事原索六款：一、缉犯。二、惩治地方官。三、中国国家赔偿日人所索款。四、赔偿工程所损失。五、赔偿因容留日人居住而受祸之乡民。六、出示保护路工。

岑制军以日本领事既愿将第三至第五三款收回，其余三事中国业已办到，应即作为完案，即电令公司照常开工，责成地方官妥为保护，其赔恤两款，仍由公司自行交与日人，官不过问，以清界限。

岑制军仍一面责成地方官向滋事地方绅民追索赔还公司之款，以示持平。此款约不过万余元之谱。

当公司自与日人议定赔恤两款之时，闻欲由日商开一失单，由领事交与委员，再转交公司。华官之意，以为公司所失自当由官向地方绅士追赔，然亦当核实估计，不能有所浮冒，致有十五万元之多。今如收受此项失单，许之，则已明认失单所载为不诬，必当由官代公司格外追求，万无此办法；驳之，则又将以私人之交涉变为国家之交涉，亦无此办法。故立意拒之。旋张京堂亦谓此举并非彼意，可即作罢论。至于绅民赔款多少之数，悉听地方官作主，公司亦不敢争执，故此案已了结矣。

《中外日报》光绪三十一年二月九日（1905 年 3 月 14 日）

再纪寺僧毁学事

长寿寺僧人伟光、心著等，毁抢商业、时敏两学堂一案，当时南海县傅令适因公下乡未回，由收发黄委员前往弹压，并已出示给谕。念六日，傅令回署，特于廿七日亲带书差人役，再往长寿寺履勘。随往巡警六局传寺僧伟光到，询问一切。伟光百端巧辩，傅令虽严加申饬，仍未将寺僧拘究。

长寿寺僧毁学后，张弼士京卿大为愤恨。盖张京卿正锐意整顿商务，而商业学堂实为造就商界人物之下手处，今竟为寺僧破坏，若不尽法严办，恐不足以副商人期望，拟将此事直接与商部办理。而总商会亦于日昨会议对待之策。

二十八日，由南海县传令饬提两凶僧到案，诘以商业学堂系禀准有案，何得擅租与致用学堂？何得擅行毁抢？究竟致用系何人兴办？两凶僧供词支节，南宰乃勒令让出铁汁堂，交与商业，并赔补单开失去各物。凶僧只允赔补校具，教员行李概不任受，且谓让出铁汁堂，须问明致用学堂方可。南宰赫然震怒，驳斥之曰：让铁汁堂与商业须问明致用，租铁汁堂与致用曾问明商业否？且单开各物，何独允赔校具而不允赔行李？凶僧语塞。乃命押候核办。闻此举系奉藩司学务处员严谕，故得此迅速严厉，且有若再抗延，即将全寺查封之说。当收押时，南宰以凶僧心著供称系该寺知客，拟释之回。后诘问凶僧伟光，知寺内知客凡十余人。南宰与十余人中，惟集矢于心著，则其人必不安分，乃并留之。

闻念九日，该僧已具禀县令，愿照原案交还校地，照失单赔还校具，恳恩将伊释放出外，与两堂绅董妥商等语。又闻此事系由岑督面嘱藩司，饬县严究云。

三十日，商业学堂绅董潘金甡、时敏学堂绅董邓纯昌等，复控诸抚院，随奉批示谓：据禀该绅董等禀，准在长寿寺借地开设学堂。伍绅铨萃祖护寺僧，主使子弟家丁，胁同僧人将学堂校具、匾额毁拆一空等情，如果属实，殊出情理之外。长寿寺离城不远，毁学为本月念三日之事，为时甚近，耳目昭著，自有公是公非。究竟其中是何实情，仰布政司会同学务处，秉公确查，据实禀复察夺云。又述善堂绅董李鉴诚等禀批，已于绅董潘金甡等禀内批示，仰布政司会同学务处查照，另批办理云。

《中外日报》光绪三十一年二月九日（1905 年 3 月 14 日）

粤督致外部电稿（为缉办广湾盗匪事）

驻京法国公使，前因广湾租界地方盗案迭出，曾向外部理论，当由外部电属粤督，认真清理，以杜后患。旋由岑制军据实电复，其大意如下：

广湾租界一带为盗匪出没之区，屡饬地方官实力剿办，并于边界驻勇巡缉，以杜窜匿。惟地面辽阔，防不胜防，前此是以电请照会法使，派员会商办理，俾臻周密。该处匪氛不靖，推原其故，总由密迩租界，匪徒易于逃匿，不能越境捕拿所致，不能专归咎于地方官之缉捕不力。法使所指各案，现已电饬雷州府查明，上紧缉办，并筹添营勇，分布驻扎，更调得力牧令，前往接署，以期地方一律安靖。惟广湾官员亦应将缉捕事宜认真整顿，遇有盗匪逃匿租界，并应随时查拿，解交中国地方官，按法惩办，庶匪踪无可遁藏，根株方易靖绝。请贵部照会法使，遵照办理云云。

《中外日报》光绪三十一年二月十三日（1905 年 3 月 18 日）

会办潮汕铁路善后

铁路闹事一案，业经拿获凶犯正法，现议由该公司认赔恤银两了事，闻亦将就绪。昨省委温道特电请惠潮嘉道褚成博来汕，会办善后事宜。褚道已于日前抵汕，如何办法，尚未议定。

《中外日报》光绪三十一年二月十九日（1905 年 3 月 24 日）

遂溪乱耗纪闻

遂溪县城于正月念二被乱匪二千余围攻，闭城数日，所有附城村庄，被劫一空。海、康、徐、闻各县乱匪亦异常猖獗，各乡送匪到县，讯问一二堂，即收押监仓，永不再审，以至囹圄拥挤。如陈妃差、马永忠、袁在生等，均系著名巨党，尚未审明禀办。

《中外日报》光绪三十一年二月十九日（1905 年 3 月 24 日）

潮汕铁路事汇志

　　铁路闹事案，指顾即结，惟温观察思深虑远，恐此案虽结后，或尚有继此案而起者，不能不预筹善后之法。现经探得温观察拟与公司订立善后条款六条。此善后条款，温观察欲订完之后，即交汕中报馆印布，俾潮民周知，彼此有例率循，庶可相安于无事云。兹将探得善后条款之大意，先录如下，以供快览。

　　一、公司须募护勇三百名，军饷由公司自办，军械由官给领。此护勇专保护洋匠，及铁路物料，及洋人寄居，物料贮积之房屋。公司运送物料及洋匠来往，必派护勇护送。

　　二、公司购地，必与地主商妥，得有地主允许让地之凭据，方得自由筑造。

　　三、公司购地及贴费迁坟等事，必公司与地主、坟主直接交手，不得招人包揽办理，公司自立于间接之地位。

　　四、公司请聘委员，必用同通州县班，庶与地方官交接便利，不得用佐贰人员。

　　五、公司需用地基，如地主以为有碍，禀诉地方官，地方官得委员会同公司勘处，如经查勘，确系有碍，地主得直，公司即须酌改路线。

　　六、公司价购地基，议价务极公平，固当出于两愿，然地主亦不得居奇，故挠路务。

　　又，探得派往办理潮汕铁路各员，如温宗尧、庄允懿等，经于三十日返省。闻温观察办理此案，极为得手，日前传说铁路公司赔款至廿余万，今不过十万左右而已。温观察以潮人废约之议，太无情理，盖该公司并无洋股在内，只有林丽生为日籍人，遂至误会，经与惠潮嘉道会衔出示解释，此事免至举国若狂云。又闻该公司总办张京卿，以此案已结，拟到省谒日本领事，面商一切，昨已莅港，随电邀黄君诏平往港，会商善后事宜，盖将觅黄君为代庖也。

潮汕铁道总办罢免　政府因日本工人被杀一事，以铁道社会个人之关系，变为国际之交涉，归罪于铁道总办许浩南办理之不善，现已将该总办罢免。

《中外日报》光绪三十一年二月二十八日（1905年4月2日）

机行停工 （佛山）

佛山兴仁十八行，最著者有六行，曰官纱行，曰天青乌背竹，曰土货行、洋货行、牛郎纱行、八丝五六杂色行。此六行者，来往通融。苟纳行底，官纱行可入五行雇工，五行亦可入官纱行造织。每份行底向收银六钱。日前官纱行忽尔停工，特伸异议，每份行底改收五元。五行亦即停工，改收行底，每人十两。倘官纱行肯收回原价，该五行亦一律照旧，免收十两。因彼此相难，互相争论，连日在田心书院会议，迄未议妥。

《中外日报》光绪三十一年二月二十八日（1905年4月2日）

薙发行罢市 （广州）

十四日，省城之薙发匠，因抽收经费事，一律罢市，而无知愚民谣言蜂起，喧传各项原因，难以声述，其实皆绝无踪影之谈。现该行尚未开市作工云。

《中外日报》光绪三十一年四月二十四日（1905年5月27日）

屠户因捐罢市 （惠来）

惠来县猪捐近归某绅承办，设局抽收。闻该局办理不善，各屠户颇不帖服，日昨一齐停卖。局绅仍著局丁登门催缴，屠户与之争论，局丁竟敢毁店殴人。现闻有人调停，但尚未开市云。

《中外日报》光绪三十一年五月二十五日（1905 年 6 月 27 日）

大埔三点会党

埔属高陂等处，近来三点会甚夥，闻皆邱某某等一党，到处结盟拜会，打家劫舍，散布党羽不下千余人。日前为胡令访闻，派差缉捕，经捕获一名解县，余皆四散逃避。

《中外日报》光绪三十一年七月一日（1905 年 8 月 1 日）

甑捐局鱼肉商民（顺德）

本月初十日，顺德大晚乡胜记酒米店，被甑捐公所司事罗耀如捉去司柜冯德重殴。十三日，复到胜记捉去春米工一人。米工以缴饷乃东主之事，与伙计何涉？酒行抗抽，又与米行何涉？激动公愤，传单停工，人心惶恐异常。盖各乡贼徒遍地皆是，藉端倡乱，实在意中。该公所复于十三日纠同差人到黄连恒益酒米店，捉去东主一人。黄连中东西三市数百店，联盖图章往保。闻该公所捉去恒益之东主，实未解官，希图勒索，一闻众论哗然，立将恒益东主释放云。

《中外日报》光绪三十一年七月一日（1905 年 8 月 1 日）

小榄会党日盛（香山）

香山小榄沙口对面之万西了尾、八围、永益围，横沥窑步，以至铁埠，及各处一带相连之地，近有无赖之徒，鼓众聚集，结盟拜会，甚有一二欲迹不肯入股者，驱逐出外，以故乡愚或为势所诱，或被胁勉从。当经该协县会派兵差勇役，查拿首要，并示谕该处附近居民人等。惟示虽已出，而党尚未擒，且党势较前益增，视昔为众。说者谓此殆因近来蚕桑失利，禾稻歉收，加以公家之亩捐、沙捐既多，而私家之团费、闸费更重。合计公私各项，每亩不下抽至二两之多，贫民生计维艰，以致从盗。现该乡拟联禀大吏，调兵切实清乡，以免遗祸将来云。

《中外日报》光绪三十一年七月六日（1905 年 8 月 6 日）

纪三点会党

大埔与嘉应相连，迩来三点会极其猖獗，闻党首共有二十四山，为党中巨魁。近日会中邱义山、吴仁山、杨燕山三人，到处勾引开台拜会，否则肆行劫掠。因此影响，凡富厚之家，僻居山谷者，恐遭毒害，皆托名入会，以冀保全财命。迭经胡令谕饬各姓绅士，指名捆送，并令约束子弟，勿被煽诱，然皆畏其凶暴，无敢举发。近闻胡令亲诣梨源乡，拿获会徒四五名，当堂讯问。闻所获之人，均系安分良民，因僻处山谷，被其逼诱，不敢不入会，以冀免劫杀。又闻陆丰水乾乡陈细宰，不守本分，恃入三点会，凌虐邻乡，拦劫行人。惠、陆各县赏悬缉捕，日久未获。闻该贼交结惠邑候补外委某甲为耳目，遇有紧急，先为通知，故虽悬赏缉拿，而常得逍遥事外云。

《中外日报》光绪三十一年七月十日（1905 年 8 月 10 日）

乱耗汇纪（龙川县）

龙川县属地方，土党披猖，几于不可向迩。昨该地方官特电来省请援，随由大吏遗调营将，督带兵勇，速赴剿办。又闻惠州河源县城为土党攻破，不知确否。

《中外日报》光绪三十一年七月二十五日（1905 年 8 月 25 日）

龙川县警耗

初九夕，有会党数百人，在惠州龙川县老隆地方起事，民居、商店劫掠一空，司汛员弁均遭杀害，即据该处作老巢。

越日龙川城门紧闭，告急文书信件均被党搜截，消息不通。河源县与之毗连，商民十分惶惧。

十四日，特飞电寓省同乡某店，设法禀请大吏，派兵往剿。某店随将原电告广仁善堂，当经该堂绅董代禀岑督。

十五日，岑即檄中协酌带营勇赴援，并电饬嘉应、增城各营，分路进兵。

此次乱事，系黄和顺潜来煽动，勾串土党头目梁化，约期响应。梁于十三日在惠城被官军拿获。

又，未乱之前，河、龙两属土党已有举动形迹。该处绅士陈遇春等，来省具禀。岑督批词录下：据禀河、龙两属盗贼蜂起，抢劫频仍，以致水陆梗阻，商货不通。察核来词，情形甚为危急，何以该管地方文武，漫无觉察。查河源由陆路提督，拨有续备营勇队，分防龙川。缉捕清乡事宜，现归提督孙国乾专办，应即责令会同筹商，妥为布置，督饬营哨，联络水师巡船，查明匪势趋重何处，即先从该处入手，节节追剿，务期聚而歼之。一面严饬地方官，按乡搜查，彻底清办。倘再因循玩误，酿成巨患，定即一并严参重惩，决不宽假。仍将查办布置情形，先行具复。仰广东营务处迅速遵照云。

《中外日报》光绪三十一年七月二十五日（1905 年 8 月 25 日）

记惠州乱势

近日惠州龙川县乱势甚形猖獗，闻其党众约有数千人，分布于龙川、河源一带地方，曾在龙川之老隆地方与官兵交战。该营汛官及兵丁均为其所杀。旋陆路提督闻报，亦派拨营兵前往助剿，不甚得手。孙国乾所带之兵，虽亦不讳言剿捕，然多畏怯不敢进，以致近日乱势益盛，出入毫无顾忌。地方商户之被其劫掠者，日不下数起。嘉应、增城各处，近亦各派营勇前往协力防剿。岑督亦派李梦说带队赴援，现皆未至乱地。闻昨日惠州官场又有消息来省，略称：现在贼势异常紧急，若不速行剿捕，恐将酿成大变。并闻乱党负隅相抗，大有不畏官兵之势，其情形甚为可危。观其近日一切举动，或拟直扑河源县，或拟进扰龙川城，其中非有大头目断不克如此。龙川至惠城之道路，沿途梗塞，均有乱党出没其间，以至近日来惠城谣言纷起，大有鹤唳风声之势。惟附城一带，尚无乱踪，市面亦尚安靖。闻岑督近日对于此事颇为注意，除一面派人带领数营驰往会同剿捕外，近又饬司严札惠州文武员弁，赶紧剿除此项乱党，不准再事疏虞，致乱势猖獗蔓延，酿成巨患。否则严参重办，决不宽贷云云。

《中外日报》光绪三十一年七月二十七日（1905 年 8 月 27 日）

遂溪县阻学罢市详情

遂溪阻学罢市，其原因始于遂溪县令范某，与典史黄某、刑幕李某，勾同劣绅，加抽糖捐，鱼肉乡民。当未开办以前，先勒缴洋八百元共分之。计去年十月承充，至今七月，抽收约数千金。黄典史、李刑幕日与劣绅等在花天酒地中，范县令佯为不知，人言啧啧。至初二日，遂联众鸣锣罢市。初五日，乡民会同

千数百人城，与劣绅理论。范令闻耗，督带亲兵数十，将四城门
扃闭，亲拿乡民，后以愈聚愈多，声势汹涌，始行释放。至初七
日，尚未如常贸易。

《中外日报》光绪三十一年七月二十八日（1905 年 8 月 28 日）

惠州乱事

惠州土匪现在老龙一带已聚至千余人，闻孙国乾及水陆两李
提督，合力进攻。

又，前由刘守请兵，岑督曾由中协派出营兵数百名前往，计
期亦已赶到。

近日孙、李两提督之兵，虽曾调派多营前往剿捕，然均未能
得手。

现岑督特派惠潮嘉道沈为督办，带四营进剿。惠州府刘守则
随沈道襄办营务处，李准则专截水路，防其远走。李福兴、孙国
乾则与沈道分三路包抄云。

惠州乱势猖獗，该处人莫不归咎于两提督办理之腐败。兹悉
腐败之由：其一为李福兴玩视贼匪，日坐高衙，并不以缉捕之事
为意，遇有以匪势甚盛相告者，彼且斥其张皇，深鄙若辈乱匪之
无能为力。其一为孙国乾。孙国乾之在惠州，本大吏委其办理清
乡事务，乃孙意存畏葸，明知此处有匪踪，并不敢派兵往剿，且
遇兵丁之恃势滋扰，亦不能认真约束，兼时有袒庇之事，是以日
来惠州各属匪势遂致如是猖獗云。

自近日惠州乱势猖獗以来，各处乱匪有蠢蠢欲动之象。兹闻
日来增城、花县、清远一带地方，乱势尤甚，刻下该县均有禀报
到省，其中尤以清、增两处为最。闻有他处乱匪数百，陆续走至
联结，地方土党已四出劫掠云。

《中外日报》光绪三十一年八月七日（1905 年 9 月 5 日）

记广东土匪攻破江西石城县事

石城县与广东嘉应州接界，日前该县土匪勾结外来土匪，将县城攻破，城中官绅士庶抢劫一空。现在虽占据城外，而县署官亲某君被杀，幸县令与印信尚无他故，业已飞禀到省。闻大吏调赣州军队前往剿办，并饬驻扎建昌府城续备军防堵扼要矣。

《中外日报》光绪三十一年八月十日（1905年9月8日）

惠州乱事续闻

近日惠州各处之乱依然未静，该处官场之禀报虽称剿捕已经得手，贼党渐有解散之势，然非大举进剿不足以绝根株，必须会集各路大军而后始足谋肃清之效云。就现下所派官军而计，其已到乱地及未到乱地者，共计有七路之军。一为李提督；二为孙提督清乡之军（已到乱地）；三为沈传义之军；四为石玉山之军（未到乱地）。其余三路，则为沿边嘉应各州县助攻之军（已先后进至乱地）。大约八月初当能全数会集，共谋大举进攻也。

闻近日大吏已接到惠州官场来禀，略称：所有龙川乱党经孙国乾率带清乡之军，会同各路防军前往四处剿捕，现在匪党已经大为解散，分往四处，窜匪不至再生他变云云。惟大吏以该处伏莽甚多，恐非一时所能净绝。当又饬该处文武员弁，仍著悉心搜捕，务绝根株，不得稍有懈弛。如其谬图粉饰，思卸己过，定即严参不贷云。

《中外日报》光绪三十一年八月十日（1905年9月8日）

惠州乱事近闻

近日省中大吏又迭接惠州官场禀报，龙川老隆之乱，匪虽经孙、李之军逼其解散，而现在乱匪仍四处分走，各属均有乱踪，时受劫扰之害，非集合大兵分途四面剿捕，恐不足以绝根株云云。闻大吏得悉后，近又特调某营张参将来省，将委其会同办理清乡各事云。

岑督以惠州乱势猖獗，日前曾饬水师提督略谓：现在惠州匪势猖獗，已经分饬文武员弁前往尽力剿捕，务绝根株。而沿河沿海一带，所有一切之防备不可稍涉空虚，将来匪党穷促无归，必至向水路逃窜，务望督饬各处水师船只，分途认真巡缉，截其去路云云。水提承饬后，已遵照饬各处师船，严为巡缉。闻由惠州至东莞石龙一路，尤为认真截缉云。

又闻龙川老隆之匪已经孙军进逼，渐次解散。而乱匪又分四股逃走，其一股直向嘉应界进行；其一股则由潮州路东向；其一股仍由河源道进趋；其一股转向长禾城南下。其余零星股匪尚多，则无不分藏于归、博二处。现在长乐之匪其势又振，而河源、嘉应一带之匪，气焰仍不稍减。惟归、博匪徒散漫无归，不过徒以劫掠商为事而已。现在孙、李之兵仍在河、龙两地，彼此相机剿捕，不敢远离。曾禀报各匪经其攻捕，已有头绪，其实皆虚饰之词。该军犹各存畏匪之心，日以虚声恫喝为得计，并未直接与匪开仗。其得将龙川乱匪解散者，亦以威吓之效。沈道所带之兵虽已到惠，然皆旧式，各营力量异常单薄，乱匪亦全不畏惧，故沈道一面方图进攻，而乱匪亦依然劫掠横行。刻下惠州各处之匪，虽未能大股进聚，而遍地皆是，几于触目即逢，恐终非今日不甚得力之官军所能奏肃清之效也。

兹又有官场由惠州查办乱势回省者略称，该处近日之乱匪已经由聚而变为散，博罗、长乐、河源、增城、和平、嘉应等无处不发见乱匪劫掠之事，惟由惠至增城界一带地方，其势尤甚。其故因孙国乾往攻龙川之匪，乱匪逼迫难持，群思走出增城，右以直趋西省，左以上走韶、英。故其大股乱徒，无不纷纷向增城方面进窜，或百余人，或数十人，分水陆两路而行，商船村店被其劫掠者，不可数计。现在沈、石、陈各路之军，专截缉此项逃匪，而李水提闻亦派兵由水路防堵，惟刻下尚未十分奏效云。

《中外日报》光绪三十一年八月十一日（1905 年 9 月 9 日）

惠州乱党走入龙华之警耗

惠州会党近日有大股约千余人，入龙门县属之龙华地方，附近商场均已罢市，乱势汹汹，声言不日进攻县城，以至风声鹤唳，居民皆大慌恐。即经康都司鸿，由花县率续备军百余名，于初三日赶到龙华驻扎。李参将梦说闻警，亦由增城进发，会攻该邑。绅士亦经来省，禀请调兵前往矣。

《中外日报》光绪三十一年八月十六日（1905 年 9 月 14 日）

广东廉〔连〕州又出教案

十月初五日本馆香港电云：从广州来有消息谓，十月初一日有美国教士五人在廉〔连〕州被杀。

同日电云：今又接得详报谓，被杀之白人为密梯夫人及其小孩，又车司纳医生及丕尔君与其夫人。译十月初六日《上海泰晤士报》。

十月初六日本馆香港电云：美国教士五人以及妇孺等在廉〔连〕州被害，甚为的确。（注）千八百九十年美国教会在廉〔连〕州传教，目下被害之教士为末梨君之夫人及其小孩、女医车司纳姑娘、丕尔君及其夫人查末梨夫人，乃于千八百八十年行抵中。

《中外日报》光绪三十一年十月七日（1905 年 11 月 3 日）

港报述连州教案近闻

此事之起，实因建醮所致。末医生在连十六年，颇与土人熟习。有新到之丕尔牧师，未知民情，致将土人鼓乐夺弃，并将其土偶抛掷。土人禀官，官令末医生赔偿。医士已允，而新到之丕尔君不允。土人催官办理，官亦无可如何，遂有此暴动。现在查得预其事者五十人，均无一人逃避。群谓，美人溺毙何采言一案，未闻如何拟抵。此日伤毙各命，自有成案可援，无容畏避云。

此次受伤之末医生、帕姑娘，昨经连阳营中军守备王昭麟护送来省，送到沙面美国领事衙门。日前美领事派往之三洋人上至清远，与末医生相遇，亦即折回。末医生深知，此次闹事不关地方官保护之不力，实由乱民势众，非官力之所能制，将详细情形面达美领事。又闻二洋妇均已有娠，共成五尸七命云。

连州教案酿命一事，虽经岑督选派文武员弁前往办理，闻近日各美人之口气对于此事异常认真，必须严办乱民，妥定善法，且有绝大之索偿，否则万不轻易了事，盖恐日后又蹈覆辙也。刻岑督得此消息大为焦灼，已派温道专与美人商议此事，日来尚未开议。

刻已经温道与美领事商议办法，闻领事对于此事之语意既不强硬亦非柔软，总以须亲往确查肇事原因再行商议为词。惟屡言设非因拒约而仇及美人，决无此项风潮云云。其意盖欲藉此事解散拒约自不待言。现又再调兵舰前来保护，惟尚未有如何动作。

闻岑督有电致连州官场，略谓：现派某道会同美领事来连查办五教士被害情形，务须派兵竭力保护，并随同某熟商善后抚剿各事宜，认真办理云。

连州教案一事，闻岑督曾饬温道宗尧等，拟俟美领事查察后，即移来省城开议一切善后抚恤各事宜。而美领事之意，则以须实察情形方有把握，至是否在连开议抑回省开议，现尚未定。

　　闻温宗尧曾商请法领事，转托在连传道之芒神甫代查起衅缘由，以示大公，而美人亦欲征信于芒神甫一言。

　　《中外日报》光绪三十一年十月二十二日（1905 年 11 月 18 日）

广东连州地方文武陈明闹教情由禀

　　敬禀者：窃州城西对河菜园坝地方有美国所设医院两所，附近山巅名河村背有洋楼一所，其教堂则在河村背西北之鹅公塘，相隔均约在一里半里之间，与附近村民平时已有宿嫌。十月初一辰刻，医院附近村民建醮圆满之期，正在散福聚饮，已有三百余人之多。美教士麻医生不准醮会放炮，将小炮三尊取去，激动众怒。不逞之徒从而附合，约聚有二十余人，群向医院掷石滋闹，并欲寻殴。卑职等闻报，立刻驰往弹压。人数麇集，愈众愈多。初尚仅止掷石，后在医院寻出药浸孩尸二具，众情因更愤激，必欲得洋人而甘心。卑职等当以孩尸系洋人医院应有考究之物，并非谋害幼孩，百方开导。无如众口喧腾，不听劝谕，即将该医院纵火焚烧。斯时该女医车姑娘、扒姑娘已到山顶洋楼躲避。卑职等督饬兵役扑救，时值风高物燥，火势已成，无从救熄。又闻各村民声言前往洋楼寻捉洋人，遂驰往山顶保护。卑职镇谷有扒船一艘，泊在河干；卑职麟书亦有轿马停在路侧，劝各洋人男妇七名在山之东面下船渡河，或乘轿马由斜路转出进城，以避其锋。正在分布间，据报村民蜂拥上山。卑职等赶至山前堵截。但该山四面皆可登越，兵差无多，顾此失彼，俄见洋楼、教堂同时火起。盖村民见山之前有卑职等拦阻，已向山之西面，攀跻而上，分投放火。卑职等见堂内起火，复赶回，而洋人已不知踪迹。据差勇称，各洋人已由后门逃去。闻由本处教民带往距该处二里之河村暂避。卑职等即跟踪至河村。据村人称，并无洋人到来。卑职等又折回该处，一面派人分投往探。据探称，该洋人已至距州城八里之龙潭寺。

《中外日报》光绪三十一年十月二十四日（1905 年 11 月 20 日）

花县屠捐之风潮

花县属屠捐开办已历三载，而屠捐行中人恃有劣绅把持，迭次毁局罢市，至今办理尚未就手。昨岑督札行该县，令会同康营勒令该屠行遵抽，并将抗捐之汤章密拿解案。该县令即派差会同康统带营勇六名前往，将饬拿之汤章捉获，旋被该行纠众夺回。是晚康营勇复往围捕，将案犯之汤端拿获解县。翌日，屠行鼓众罢市，并以营勇诬良为盗各词具禀大吏。而该县文武官，亦以罢市要挟各情来省通禀云。

《中外日报》光绪三十一年十月二十六日（1905 年 11 月 22 日）

因猪捐罢市哄闹（南海）

近有黄某承办南海官窑猪捐，租赁梁姓房屋设局，尚未开办。上月念八日，官窑附近墟场一律罢市，先将公司拆毁抢掠，搜得股份部。凡墟上铺户占有股份之七八家，一律抢掠一空。墟上有当押两间，无赖欲乘发财，指为该公司存有银两在内，欲将该典肆抢掠。幸该典肆门户坚固，加以地方官驰至弹压，该店复重悬赏格，始得保全。被抢各家现已禀官请究矣。

《中外日报》光绪三十一年十月三十日（1905 年 11 月 26 日）

连州教案判定罪犯

十一月十四日，英德电云：查办连州教案委员温道宗尧已于本月初九日判定凶手之罪名，录出如下：

一、凶手三名，犯最大之罪者判定正法。

二、判定监禁五年者四人，三年者两人，一年者两人，半年者一人。

三、判定枷号者两人。

四、判定鞭笞者五人。

中国官员颁发告示谓，凡此案一切证人，均不滋扰。

该告示又谓，凡中国教民，不能得有特别之恩惠。

至于未捕得之犯人，则一经拘到以后，定必加以严惩。译十一月二十日《字林西报》。

《中外日报》光绪三十一年十一月二十一日（1905 年 12 月 17 日）

粤督咨报办理连州教案情形

烟台报得北京二十二日来函云：粤督咨照外务部，谓连州闹教一案，现两国委员查办此事，彼此均甚合意，未经遇难之两教士，亦极愿了结此案，故此案当可和平议结。估计损失，应赔偿该教会银三万五千两，此款向连州地方筹补，以戒其后。

《时报》光绪三十一年十二月二日（1905 年 12 月 27 日）

连州闹教赔款议案

连州教案经已议结。兹闻所焚劫美国教堂及医生、牧师住宅，议由当道补回五万元为修复费用，被杀五人亦均议妥赔偿。惟麻医生之妻女赔款，该医生不欲取，拟归公用云。

《时报》光绪三十一年十二月十五日（1906 年 1 月 9 日）

粤汉铁路官办商办之争 *

粤省筹款筑造粤汉铁路，岑督特议加收台炮经费，兼抽粮捐、船捐，归由官办，绅士则力主招股商办。云帅以绅士迕己意，大怒。十八晚即饬拿黎国廉（福建候补道）、李绍沅（优贡生），并参梁庆桂（内阁侍读），全省人心深为不平。（二十一日辰刻香港专电）

《时报》光绪三十一年十二月二十二日（1906 年 1 月 16 日）

粤省绅商集议铁路筹款办法

十六日梁君庆桂、黎君国廉、周君麟述三绅，邀请学界、报界、商界、慈善界，到总商会茶会，当将在鄂与张督及鄂湘两省绅商会议情形，及岑督铁路筹款议宣布。惟船捐、亩捐、盐斤加抽、台炮经费四项，必须商情允协，方免阻碍。各绅意见则拟开办铁路彩票，每张二元，已输者乃拆半换取股票。其股票每二十元每会以五成派彩，将溢利拨作经费，较之抽捐略为易办。两大问题现未解决，兹定十六日绅商集议。十八日又官与绅商集议，于两问题中仍以多数决定云。

十七日广济医院会议，酌加台炮经费为铁路经费，各商家再三驳论。若归公款则虑官场无信，任意提拨；若归商款，则经费取自买家，亦无以示大公；且加抽后，必多改用三联票，求赢反绌，徒益洋商。故到会之行商多署名不允。惟路已赎回，不能不公同担任筹款义务。其大多数意见，力主二元股票、五元股票并行，二元股票取便内地，五元股票取便外洋，但二元股票日前禀月开一会，每会收二十万条，提三成作特利。现拟改为半年开一会，每会收一百万条，提五成作特利，以广招徕。俟十八日再与当道磋商云云。

《时报》光绪三十一年十二月二十五日（1906年1月19日）

粤汉铁路官民冲突详志[*]

乙巳十二日十八日，广济医院会议铁路，绅商到者三百余人，以黎绅季裴、梁绅小山代表，而周绅麟述、李绅绍沅亦在座。官场到议者，为王道秉恩、向道万铼、温道宗尧、廖守子琅、陈守望曾，南、番两县及铁路提调冯牧嘉锡、蔡牧康、朱牧祖荫数员。先由陈守开议，欲抽台炮经费及粮捐。梁绅谓：今日百物腾贵，断难再抽。查台炮经费虽云抽自买家，而销场一隘，商利亦薄。今日会议铁路，只论官办与绅办而已。盖台炮经费一加，铁路成否，亦必成为定例。况官办则宜由官筹款，绅办则绅筹款，若加抽台炮经费，未见赎路之益，先见病商之祸。陈守谓：官办亦何尝有款，皆取诸民，绅办亦然。梁绅谓：今日之官不能取信于民，是以一涉官字，我广东商民总不乐捐。

向道又答黎绅云：季翁亦曾任厦门道，当知作官之难。当日因樟脑案，弄到赔累不堪。黎绅谓：赔款系我一人之私事，办铁路系广东之公益，何以牵提。彼此争辩。其间各绅亦多帮同辩论，以黎、梁两绅言论为最痛切中有〔肯〕。李绅绍沅谓：昨日学务处开运动会，支销多款，犹演出如此怪剧。铁路若归官办，恐非实心任事，不过徒支薪水等语。朱牧祖荫疑为讽己，悻悻而谈。向道亦谓：如此议法，本道殊不答应。各员盛怒，遂先拍案。陈守望曾竟喝勇，欲将李绅拿押。各绅谓：今日会议，官绅平权，倘有不合，尽可磋商，何故谩骂？于是众情不服，遂亦拍案，枱面局盅亦为之打碎十余件。于是枱声隆隆，各绅商一哄而散。南海陈令见势不佳，再三婉留，绅商已不复顾矣。

是夕一点钟，黎绅季裴在宅未寝，忽闻电铃振响，问黎大人在家否。黎绅答以在家。未几，番禺柴令带第七局警勇十余名，持械围困该宅（在西关兴贤坊）。黎绅见此情景，问柴令深夜何故来此。柴令答云：现奉岑督命，请大人问话。黎绅答以与岑督素无交涉，今日会议铁路，系全省公事，非我一人主持，就令官绅意见不合，我有何罪名要到督署问话？且我系朝廷命官，不久当回福建云云。柴令曰：此事我但知奉命，不知其他。若不肯行，当出强硬手段矣。黎绅仍不肯行。柴令乃喝令巡勇将其扛起，疾驰而行。黎绅沿途大叫，时已夜深，无人敢出。次日哄动全城，大起公愤，拟于二十日大集广府明伦堂，会议所以对待之法。黎绅被拿后，浆水不入于口。十九日胡藩派中协往见该绅，劝其饮食，并谓此时可以还家云云。黎答曰：我系朝廷监司大员，擅捉岂能擅放耶？故仍在羁留中，至二十日始准亲友探问，劝其进食，乃饮牛奶一杯。各官恐事情弄大，难以收拾，乃嘱七十二行商家联名往保之。各商愤然曰：拿人则任意捕拿，今反令我等保之耶！皆拒之。

二十一日，各绅集议明伦堂，到者不下二千人。有聚议者，有演说者，明伦堂门外大书特书"凡属广东人皆许入议"等字样。明伦堂正座不能容，有排立阶下者。及许筹帅一到，众绅鼓掌欢迎。许筹帅自言高年老弱，向未能担任，此次定晋京请圣安，面奏皇太后、皇上，陈明此事。言已，旋即入房安息，盖年老不任久言故也。俟后有所磋商，皆伊子弟辈代为传说，赴京面奏由筹帅一力肩承。绅士平日不好管事者，闻许筹帅之莅会，亦投袂而起，踊跃到场，计签名书允者约有数百人。即由各绅劝令各行商勿得罢市，致干要挟之名，已派人赴香港致北京数电力争。又由筹帅函致邓小赤中丞，力劝其出而襄办，以维持大局。是日早，督署接奉电谕，梁庆桂、黎国廉着即行革职，惟不许苛捐扰民等语。

二十二日，绅商又集于晏公街街总商会，到者数千人。绅士许筠庵遣代表人先言。黎绅为粤路代表人，前往鄂省与张香帅决议粤路事宜，且曾为监司大员，乃因代表商人不允加抽台炮经费，言论触忌，致被辱拿。惟黎绅现欲牺牲性命以救粤商，粤商将何以挽救黎绅。于是众人大愤，咸欲为之尽力。次言黎绅之得罪为抗捐，今我商人是否允肯捐输，必须签字，然后乃见黎绅是否抗捐。于是众商均书不允加捐字样，随议即日具禀将军、三堂、两司与学政，看是如何办法，然后筠帅亲行晋京，叩首宫门，必为各商人求免加抽经费乃已。随定有规则四条，第一，不可罢市。第二，联盖七十二行图章，签明不允加抽字样，限今日十二句钟收齐。第三，电商部。第四，具禀将军、三堂、两司、学政。

当时众商民愤极，致有不公认岑为两广总督之说，人情亦大可见矣。尤可异者，有一童子年仅十二三，亲自执笔签名。有两苏省人亦到签名。该两人云，此事为广东人之公愤，然我为外省人，见此亦为之不平，外省人如肯签名者，请自我始云云。

《时报》光绪三十二年一月四日（1906年1月28日）

广东官民冲突事三志

自去腊十八日会议决裂、黎绅被拿后，官场中人连日为此匆忙异常，无昼无夜，或小轿或微服往来不绝。二十三日于学使特先差人往许筠帅处道意，然后微服步行往谒，叙谈片时而别，随转往拜会梁绅庆桂，词毕辞出，即赴督署拜会，在署留膳，直至二鼓后始回衙。盖皆调停此次风潮云。

又前水提何长清日昨到省，闻亦大吏招来调停此事者，旋见事难转圜，遂亦回里。又闻十八日冲突各官禀复后，岑督独招王道秉恩一人入内面商。是夕即有拿人之举，说者谓王道此举预有咎焉。

二十一日奉旨：岑春煊奏请将议抗筹款之绅士惩儆等语。黎国廉著照所请办理。地方之筹款办事，固不可任听阻挠，亦不应稍有抑勒。仍著该署督谕令承办各委员妥慎筹办。钦此。

二十三日奉旨：闻广东省城因加捐税，民情暴动，致有洋兵登岸保护之事，究竟情形如何，著岑春煊据实具奏。地方筹款办事，但当善为劝导，不可辄用抑勒。若承办委员一味操切，拂逆舆情，其中甚多流弊。该署督向来宽于恤民，严于察吏，必能筹维大局，妥为办理。钦此。

二十四日，许筠庵尚书接到北京同乡官复电云；公电、学堂电悉。同乡正在集议，俟定再闻。同乡京官启。

二十七日早，本省绅士得接同乡京官复电云：京津同乡极力设法。

附上海广肇公所复电：电悉。即据情转达，仍望函详。惟切勿罢市暴动，致难收拾。冬。

岑督拿人后第一次告示　为牌示事。照得粤汉铁路业经赎回自办，粤东应派赎路之费约合银三百余万两，又应摊米赎金元小票百余万两，若不赶紧设法集款兴办，不惟摊还、赎路及小票本息从何付给，粤省必致永受其害。是已不得已，筹议官款、公款、集股三项办法。惟筹款之事，不得不取之商民。前经派委善后局、司道督同府县筹议，拟就向有之台炮经费、三成粮捐酌量加抽，并拟办船捐、盐斤加价，以充铁路经费，分别作为官款、公款填回股票。路成之后，按本分息。业已具折奏陈。似此分款筹捐，不欲专取一项，原期事轻易举。当于本月十三日，饬令广州府南、番二县，会同厘务、铁路两局提调，传集七十二行商人，按照台炮经费章程，议加铁路经费。各商尚明大义，均无违言，唯以股票应归公众存贮，或归本行收执，意见参差，致未决议。乃十五、十六等日，绅士梁庆桂、黎国廉、李肇沅等辄敢出头邀集绅商议抗筹款，鼓煽七十二行商人遽翻前议，并令签书不允，以图抵抗。初意李肇沅本一卑鄙无耻之人，原不足责。梁庆桂、黎国廉均系缙绅望族，世受国恩，此次赎回铁路，该绅等又均为本省代表人员，于当局筹划之难，皆所深悉，自当设法倡导，共济时艰，何致从中抗阻。乃本月十八日，该绅等复于广济医院聚众绅商，经本部堂派委铁路局总办王道秉恩、向道万铼，会办温道宗尧、龚道心湛，督同广州府南、番二县，及铁路、厘务两局提调各员，前往劝谕，各行商初无异说。梁庆桂等于路款并不筹商，一味喧嚣，辱官谤国。黎国廉竟敢当众昌言不如台湾之隶日本籍，以簧鼓众听，实属目无法纪。其凌蔑官长犹为余事，此风一长，不特阻挠路政，且恐贻误大局。

本部堂莅粤以来，于地方商民疾苦无不日夜筹思。由本部堂首革门丁，并严办各属之工役，凡所以保我之商民也。文武官吏有虐害地方者，即予参革罚遣，不惜以身府怨，凡所以保我商民也。三年西征，部饬就两广筹款，本部堂皆乞贷于各省，及取诸贪官污吏之囊，于商厘亩捐，一不加派，凡所以保我商民也。小围姓岁饷百余万，因其贻害甚烈，立予禁绝，凡所以保我商民也。自念在粤三年，凡所以为粤民维持生计者，固已不遗余力，因而积劳成疾，困顿床褥，几及半年。明知德薄才疏，心余力绌。于地方要政不能悉举，是以屡次奏请开缺未蒙俞允。惟在任一日，即不能不尽一日之责。今铁路者，广东之铁路，路成商民均受其益，他省服官人员，不能将此路辇以俱归。

查四川、云南各省因铁路加派亩捐、盐捐，每年约数百万两，皆取诸彼省商民，无不踊跃从事。此外江西、安徽等省，凡办铁路，无不就地办捐。以本省之财办本省之事，揆之公理亦所应然。本部堂知粤省物力艰难，不欲专取诸一项，每年只思筹集百余万两，分之各项，既轻而易举，且均有股票发还，权利仍在吾民。即委派各总办、会办、提调，均不开支薪水夫马。其苦心当为商民所共谋。讵梁庆桂等不明大义，有意阻挠，殊出意料之外。查黎国廉乡评素劣，前在福建官声狼藉，回粤后益复横行乡曲。此次出言悖谬，实为藐法之尤，除饬查传看管，并分别奏参；梁庆桂等如能悔过盖愆，自当酌情开复，倘再有似此阻挠滋事之人，即行严拿惩办外，诚恐各商民人等妄听劣绅散布谣言，为所愚惑。为此牌示晓谕，各宜凛遵勿违。特示。

岑督拿人后第二次告示　照得梁绅庆桂、黎绅国廉、李绅肇沅等阻挠路政，谤国辱官，昨经本部堂奏请将该绅等一并革职，并将黎国廉查传看管；倘梁庆桂等悔过遵办，再行酌请开复。钦奉电传谕旨：著照所请办理等因。钦此。现访闻连日复有绅商多人，迭此聚众会议，诚恐或误会累及无辜，用再明白宣示。此次筹办粤汉铁路，议加台炮经费，本部堂原期取决众议，是以屡饬印委传商，不在官局而在善堂，不遽开办而先集议，无非欲俟群情允洽，始行开办。各行商即有为难之隐，尽可自行禀陈。梁庆桂自鄂旋粤，来辕谒见，自称代表已完。本部堂以路事敦切与商，一再推诿。迨照会梁庆桂、黎国廉驻局会办，黎国廉则将札缴还，梁庆桂亦辞不赴局。是梁庆桂等已自绝官商矣，乃无端忽自称七十二行代表，已可诧怪，即使果出七十二行公举，无非请其代表求免经费，断无请其代表辱骂官长、讪谤朝廷。是此事咎有攸归，与各行商本无干涉。该绅等现经本部堂参办，难保不提词煽惑，冀逞其私。凡尔七十二行各商及事外之人，万一为其所愚，不特自累身家，抑且为革绅等益增罪案。本部堂虽有不忍斯民之意，届时亦不能不执法严绳。特再剀切晓谕，为此示谕商民人等一体凛遵毋违。特示。

二十六日牌示。

《时报》光绪三十二年一月五日（1906 年 1 月 29 日）

广东官民冲突事四志

合省绅士致将军都统学院三司公函　公禀者：粤汉铁路争回

自办，粤省绅民同深欣忭。岑署督近以筑路筹款，拟加抽粮船捐、盐斤加价各捐。十三日复派员集议，加抽炮台经费事。各商当日多以关系重大，未经同行熟商，难即决议。十六日各行复在广济医院磋商，均以比年商务凋敝，民穷财尽，势难再抽，如台炮经费加重，势必三联票盛行，新加之经费固虚，旧有之经费亦绌，实有百害而无一利。是日各行亲书不允字样。十八日各商在广济医院集议，请代表员梁绅庆桂、黎绅国廉将情形向官转达。辩论之际，陈守望曾、朱委祖荫指为抗捐，意图压制，拍案谩骂，喝令拿人。各绅商哗然遂散。即晚四鼓，番禺柴令维桐督同警兵，云奉岑帅命将黎绅拘拿。巡警委员张嵩龄号召警兵，执辫扛足，沿途凌辱，如捕巨盗。人心惶惶，未知所犯何罪。及读岑署督牌示，始悉为代商求免加捐一事，致触雷霆。查该日情形有与牌示大谬不然者。据示称，梁庆桂、黎国廉等出头邀集绅商，并令人鉴书不允，以图抵抗等语。该日系由七十二行请绅界、商界、报界、善界会议，有各报纸告白及七十二行传单可凭。邀请出自商家，自非该绅出头煽动，不允系各行签写，更非该绅抵抗阻挠。至谓其辱官谤国，并昌言不如台湾之隶日本一语，当日绅商到者二百余人，未闻是言，何得以莫须有之词，故入人罪。况梁、黎两绅，前诣行在，贡献方物，其爱国之忱，早邀圣明洞鉴，奉诏褒嘉。此次公推为全省铁路代表员，尝谓世受国恩，当图报称。其在粤筹议经费，及在鄂禀定章程，总期有利无害，以仰体朝廷兴商便民之至意。此次与官辩论，亦只为商代白，义不容辞，乃岑督牌示竟以此归狱，求免加捐谓之目无法纪，则彼多方抽剥，未奉朝旨遽拘押监司大员，谓之尚有王章耶！且是日会议，拍案起于朱牧，喝拿起于陈守，倚势陵轹，咄咄逼人，身受旁观，金谓奇狱。乃岑督不责官之横暴，而转诬绅之抗违，公理何在？牌示又谓黎国廉乡评素穷，何以前委黎等会办铁路，与札则称其乡望素孚。未经旬日，前后矛盾，捏词诬陷，概可想见。

今全省绅商以代表员无辜被拿，群情汹汹，势将激变，弟等连日已于明伦堂、商会等处戒勿暴动，幸未滋事。诚恐乱党乘机猝发，不独广东受害，且恐牵及全局，上贻宵旰之忧。素仰阁下忠爱为怀，用将迫切情形，缕陈聪听，应肯据情具奏，请旨办理，以伸公愤而弭隐忧，则五岭以南拨云雾而见天日，拜赐无既矣。专此布达。敬请勋安。伏祈垂鉴不宣。许应骙等同叩。

江督复电　两江总督周玉帅二十八复许尚书应骙电云：项得岑帅复电：有电悉。黎国廉等阻挠路政，谤国辱官，经奏准革职。尊电极知雅意，该革绅果能悔悟，当照原奏宽请开复等语。合奉闻。此事似应和平了结，若官绅龃龉，非特枝节丛生，即路事更无观成之日。铁路争回，竟听寝搁，殊为大局惜云云。

慰问黎绅　黎绅被逮后，连日赴巡警南正局慰问，络绎于途。除个人慰问不计外，其联体慰问者，若省城之七十二行，若八大善堂，并闻香山及佛山、江门等埠，均拟公举代表员来省慰问。

《时报》光绪三十二年一月七日（1906 年 1 月 31 日）

广东官民冲突事五志

粤省驻沪绅商致商部电　北京商部堂宪钧鉴：叠接粤电，巨绅无辜逮辱，商民愤激，势难遏止。乞据情奏请湔雪，以安众心。旅沪广肇潮公所绅商公叩。

又致同乡京官电　北京广东新馆伍、唐侍郎诸同乡京官钧鉴：叠接粤电，巨绅无辜逮辱，商民愤激，势难遏止。乞设法湔雪，以安众心。旅沪广肇潮公所绅商公叩。

粤省驻汉官商致上海广肇潮公所电　广肇公所潮州会馆：此回梁小山阁读庆桂、黎季裴观察国廉，因铁路代表，爱国爱乡，竟被岑督参革。季裴并受拘系，冤苦已极。他省人闻之亦抱不平。顷省绅许制台领衔入告，京官唐少川侍郎联衔入奏，各埠同乡皆甚感愤，必欲雪此大耻。特此奉告，望速电各处，合力拯救，以表同情。亟盼电复。旅鄂同乡官商同叩。麻。

广肇潮公所复电　汉口南海香山会馆诸同乡鉴：电悉。经电商部，并伍、唐侍郎同乡京官，奏诸湔雪。广肇潮公所叩复。

《时报》光绪三十二年一月八日（1906年2月1日）

粤督请外务部代奏电（关于粤汉铁路事）

粤汉铁路经鄂湘粤三省官绅合争，鄂督借英金一百一十万磅赎回，广东应派七分之三，约合银三百余万两。又应摊未赎金元小票百余万两，若不设法集款兴筑，不独摊还赎路及小票本息无可筹抵，且启外人觊觎之心，非独为广东之累，国家将来亦大受其累。煊不得已议借洋款，一面筹定官款、公款、集股三项办法。惟筹款之事不得不取之商民，当就原有之炮台经费三成粮捐酌量议加，并拟试办商渔船捐、盐斤加价，以充铁路经费，分别官款、公款添回股票，路成之后按本分息，业已具折奏陈。似此分款筹捐，不欲专取一项，原期事轻易举。且以本省之财办本省之路，各省无不皆然。当于本月十三日，经府、县会同厘务、铁路各局提调、委员，在广济医院传集原认台炮经费之七十二行商人议加铁路经费。各商尚明大义，并无不遵，惟请收股票各归本行，是以尚未定议。十五六等日，有绅士已捐道员内阁候补侍读梁庆桂、福建候补道黎国廉、候补内阁中书李肇沅等，出头邀集绅商，议抗筹款，鼓煽七十二行商人遽翻前议，并令行商签书不允，以图抵抗，一时哄动，意欲激成罢市民变之事。法国领事用电话知照，沙面租界西商已自联团。十八日复聚集广济医院，经派铁路局总会办道员王秉恩、向万镙等率同提调及府县前往劝议。乃各商等初无异说，梁庆桂等于路款并不筹商，一味喧嚣，辱官谤国。黎国廉竟敢当众昌言，不如台湾之隶日本。似此荒谬胡涂，簧惑众听，实属目无法纪。其凌蔑官长把持行商犹为余事，若不从严参办，此风一长，不独阻挠路政，将至贻误大局。黎国廉乡评素劣，前在福建官声狼藉，回粤后益复横行乡曲，此次出言悖谬，实为藐法之尤。经煊饬传看管，相应请旨，将在籍道员黎国廉即行革职，并将梁庆桂、李肇沅一并暂行革职。如果梁庆桂等悔过遵办，自当请予开复。倘再有似此阻挠滋闹之事，即行严拿惩办，以警刁风而泯后患。现在民情仍属安静，洋界已保护安贴，堪慰宸廑。谨请代奏。

《时报》光绪三十二年一月十三日（1906 年 2 月 6 日）

广东官民冲突事五〔六〕志

明伦堂集议之翌日（即二十一日），于学使往谒许筠帅，筠帅以事关大司为词。学使随往拜梁绅庆桂不遇，无从商定办法。

又粤有绅商所呈递将军、都院、学使、藩、臬之公函公禀，各宪经于去腊二十九日会同电奏。

又二十三日电传谕旨，询问洋兵登岸情形，闻岑督业经复陈，实无其事，并声明筹款困难，请旨办理。

又二十六日岑督所发牌示，除照常刊刻外，后用小纸排印，形式略如传单，沿途张贴。

又二十九日闻岑督持札饬两县，将黎绅加意看管，毋得疏虞。

又将军、都统各宪复粤绅公函，大意拟先将黎绅省释，以慰舆望。

又闻此事本交鄂督查复，嗣因香帅亦有电据实具奏，故改交江督。

又闻粤绅梁鼎芬在鄂得接此耗，有电致于晦若学使，略谓：

同日黎、梁、李三君被参，西林治我广东可谓有威矣。公与吾粤亦有香火缘，视之能漠然耶云云。

日昨行商善董往谒黎绅，黎曰：屡承诸君慰问，殊深感激。惟仆之一身极轻，三省之路极重。诸君不放弃路政，速行筹议兴办，则仆之受赐多矣。虽蒙奇辱，甘之如饴，若置铁路为缓图，而日事慰问，是重仆之咎也，请诸君勿以仆一身为念，幸甚。众闻言感动，皆奋袂而起，决计实行，业定于初十日在总商会集众筹议铁路办法矣。（参看本报昨日专电）

黎绅入狱后，因年姻僚谊及商界之热心者，罔不关怀探问事由，日数十起，苦于每人而告，故特昨〔作〕日记，令来叩者一览晓然，后由《时敏报》访员亲诣南正局抄出，拟按日排印。旋闻黎绅坚守片纸只字不私送出外之信义，该报不忍夺其志，故止登一日，即遽行停印。

《大公报》云：某邸面奏，以为岑督在粤屡被人言，不如更调为愈，拟请调署闽浙云。

《时报》光绪三十二年一月十三日（1906年2月6日）

广东官民冲突事六〔七〕志

遗闻拾补　去腊十八，官场乘夜拿去黎绅，外间多不及知，故十九日无甚动作。岑督以为粤人易欺。于学使恐闹出风潮，面谒岑督，请释黎绅。岑曰：非有大绅行商具结立限粤汉路工何时告竣不可。于默然而退。岑益复扬扬得意，曾语其私人曰：该绅家道殷富，业将其功名并梁、李二人电奏参革，如能报效二十万，当可代为开复云。

闻十八夕一府两县奉拿黎、梁、李三绅，并饬面回藩臬。府守南令遵经前往藩臬请示，番令托故不赴，匆匆返署叉麻雀。适姚绍书挟各绅力攻运动会之嫌（姚为总评判），而蔡康又因当行车总办兼总局洋务委员，恐夺饭碗根芽，遂相约赴番署，促令遵办。柴为彼二人所愚，赶紧用膳，即诣巡警总局，偕副检察张嵩龄觅黎绅。先往大沙头，继往陈塘。蔡康则改服西装，遍向各酒楼侦探黎绅行止云。

又闻番禺举人詹某（系柴令门生）、附生同某，平日以巴结官场为事。去年十二月二十二日为黎绅事，绅商大集议于晏公街总商会，柴令使詹某为侦探，某道使同某为侦探云。按二人亦所谓番禺之绅士也，而对黎绅如此，可愤可耻。

派员查办消息　铁路风潮一案，业经政府派令江督周馥查办。现粤省官场得接江宁消息云：周督已派有道员二人来粤，在日间启程云。

总商会致商部电　商部堂宪钧鉴：（密）二十〔十二〕月十八日，官绅议粤汉铁路筹款事宜于广济医院，朱牧祖荫与绅商冲突，哗然各散。番禺柴令夤夜围捕黎绅，众情愤激，议欲罢市，经总商会设法劝解，幸尚和平。敬先电闻，禀续陈。广州总商会电。

旅闽同乡来电　广济医院诸公鉴：铁路会议事，闻商界、学界诸君大动公愤，旅闽同乡亦具感情，现在如何办理，请即电复。旅闽同乡公叩。

复旅闽同乡电　接电悉。因铁路办理不善，已上闻，请旨办理。

《时报》光绪三十二年一月十四日（1906年2月7日）

广东加抽粮捐之督批

粤东开办铁路公捐，议加三成粮捐等情，经登前报。兹胡方伯具详督宪，奉批云：据详已悉。粤省粮赋既轻，原办三成粮捐，又复一再轻减，今因铁路需款，饬令照数加捐，民力亦不致竭蹶，应如所议，自光绪三十二年正月起，再行按粮加收三成，充支铁路经费。所收之数作为铁路股本，按属给回股票，一俟路工告竣，再行停止。将来路成之后，按本分利，即将余利拨归各属举办公益之事，尤于地方有裨。仰将核定示稿刊刷一千张，刻日呈缴印发。一面由司通饬各属遵照办理。至琼州府全属，及乳源、长宁、和平、连平、大埔、丰顺、德庆、平远、镇平、连山等厅州县，地瘠民贫，又各属屯田一项，税额重于民田，原准免办三成粮捐。此次铁路公捐亦准照免，以示体恤。惟广属沙捐，每亩向缴银二钱，不归三成粮捐之内，能否再行酌加，业已另札饬议，应由该司会同清佃总局，核明详办。此缴。示稿并发。

《时报》光绪三十二年一月十四日（1906年2月7日）

广东官民冲突事八〔九〕志

官场消息，谓岑督因广济会议官绅交哄，致启莫大风潮，经将黎、梁二绅奏革。惟与议各官亦不免有蒙蔽情罪，闻于去腊三十日续行折奏，计参七人，系一府两县，及丁委和巡局张委，其二人或谓向、温二道员，未知是否。

闻巡局张委员因随同番令扛拿黎绅，致有已奉奏参之说。张大不平，深怨柴令误己，于去腊除夕前往番署，责备柴令，谓其累却功名，大有不干休之势。

此次冲突，柴令实为祸首，现恐被议，已力求卸事，告假回籍，料理旅顺生意数目。闻已准其所请。

岑督此次妄拿黎绅，自知难免部议，事后不无自悔孟浪，但不肯认错耳。闻近已具折自请开缺，交部议处，听候命下，并派人先送其眷属回籍。经已收拾行装，约在月底起程。

鄂督张之洞屡电来粤，催问岑督筹办粤汉铁路兴筑之款现在究得若干，迅即复电，以便会衔入告政府。岑督得电，以筹款事已决裂，无所着手，难以复电，本月初六日乃传藩、臬、运三司及铁路局员王、向二道，与府县到衙商议。

自官绅冲突后，驻广州各国领事官恐有暴动，经电达驻京公使，并各加调兵轮来粤保护。计白鹅潭已有兵轮十三艘，尤以美国为最多，本月初四日，复有四枝烟筒鱼雷船两艘抵省云。

《时报》光绪三十二年一月十六日（1906年2月9日）

广东官民冲突事九〔十〕志

去腊二十四日，岑督致商部电至七百余字。大意谓黎国廉等自鄂回粤，即存成见，事事与之反对。此等铁路在本地筹款，并不为奇，而黎等恣肆至此。最后数语谓：如果大部不以地方筹款为然，则请另行奏派贤员办理此路，煊甘让贤等语。

又致外部及唐少川侍郎之电，大略相同。二十五日商部复岑督电，大略云：电悉。铁路为今日必办之政，在地方筹款系一定之理。公苤筹可佩，务请与公正绅商持平定议，和衷共济，勿激于意气，以兴要政，盼甚云云。

闻鄂督有公函寄粤，详论铁路事宜，并婉慰黎绅，万勿因事中变，致生铁路阻力。洋洋数千言，无非以黎绅为能办事人，劝勉交至云。

又闻江督奉旨查办此事，已派出江南候补道徐、沈两道员来粤（当为徐绍桢、沈桐二君，皆粤籍也），未知确否。但周督第三子周道学渊，现充广东巡警局会办。黎绅被逮，此案始末久在胸中。黎绅在南路正局，周道曾到局妥为周旋一切。周督无须派员，早已洞明缘由。官场人言，将来查办消息，诚恐各属员蒙蔽上司之罪必不能免云。

又合省人心为此事既动公愤，将军颇欲调停之，去腊曾往见岑督说此事。岑督曰：彼绅商如此，我岂真不能杀黎某耶，若杀之则将奈我何。将军云，杀之非不得，但必将多杀许多人之陪乃得。辩论之顷，复有违言，闻彼此几至决裂云。

又闻岑督为此事每见藩臬各道，必云吾欲拼命。有颇好诙谐之某道，询以宫保与何人拼命，岑督云：吾第一与黎国廉拼命，第二与许应骙拼命。近数日又谓与将军寿荫拼命。

又传闻此次捉拿之事，柴维桐实为罪之魁。缘十八之夕二更后，岑督曾传电话与柴，命其缓办。奈柴逞功心切，四处搜寻。虽侦骑四出，欲将柴截回，而柴则专向僻远处搜索，致截回者无从相遇，遂有四鼓后辱拿之举。是成大吏之恶者，柴也。现闻番禺全邑绅民拟集议，以不认柴维桐为邑令。查柴为某藩司之至戚，海参崴某洋行买办之子，财力甚雄，去之亦殊非易事也。

又闻岑督于官绅闹事后，将驻扎东校场之亲军模范队一百五十名，调回署中，在大堂左右驻宿，时刻梭巡，每夜则携射灯巡查，极为严密。

初五日，日本留学生致省绅电云：无辜被逮，合省公愤，旅学具表同情，已电京力争，有要乞电闻。

初六日，新加坡华商致商会电云：知黎绅被逮事，已急电各埠，同日电商部。新加坡总商会。

初七日，旅港粤商致商部电云：商部贝子王爷大人钧鉴：敬禀者。黎绅国廉因公无辜被逮，未革先拿，权操自官，旅外侨商何敢置辩。但一日不释，即国民多一日之怨望，为冀早日公平了结，以安民心。查外国加征，率由官民妥议而行，从未有指定名目而必责民遵办者。即商务议决章程，亦取多数为定。粤汉铁路既赎回矣，续筑筹款，若合群决议，使各商绅民自定方针，以筹款项，群策群力，未必无善法以副希望者。旅外商民内向甚切，今粤中官商不洽，舆论哗然。苟抽若成，港粤商务大局可虑，万乞钧部大力维持，据情代奏，以慰众望。旅港粤商杨蔚彬等切叩。虞。

鹤山酒捐又动公愤

鹤山酒捐，前由中和公司商人易仲廷承出试办，屡被行店以违章苛抽各情，赴禀督辕及善后局，加饷承回自办，未蒙邀准。自后屡滋事端。昨该公司突派巡丁往某店，执司事一人，带局押禁。各行商咸抱不平，现议相率联行罢市，筹对待之策，誓不干休云。

《时报》光绪三十二年一月十九日（1906 年 2 月 12 日）

广东合省绅民致各埠同乡公启
（为黎绅无辜被逮事）

公启者：粤汉铁路合湘鄂粤三省之力争回自办，既张国体，复保利权，薄海欢忭。去年八月间，鄂督张宫保电嘱粤人赴鄂筹议，吾粤绅商公惟梁阁读庆桂、黎观察国廉赴鄂代表，当由梁、黎两绅与湘鄂诸绅会议三省办理条款，广东筹办简明章程，呈由张宫保核定在案。返粤之后，岑督颇有指驳，另主官办，议举行粮捐、船捐、盐捐、派捐、台炮加捐。十二月十三日，岑督派员到广济医院集议。各商当日多以关系重大，未经联行熟商，难即决定，即决定十六日复在广济磋商，均谓比年商务凋敝，民穷财尽，势难再抽，如台炮经费加重，势必三联票盛行，新加之经费固虚，旧有之经费亦绌，有百害而无一利。是日各行亲书不允字样。十八日官绅商又在广济会议，由各商请代表员梁、黎两绅，将商民困苦情形详细代达。绅商众口同声。乃陈守望曾、朱委祖荫谓绅商违议，指为抗捐，意图压制，拍案谩骂，喝令拿人，各绅商哗然遂散。即晚四鼓，番禺柴令维桐同警兵，云奉岑帅命将黎绅拘拿，巡警委员张嵩龄号召警兵，执辫扛足，沿途凌辱，如捕巨盗。人心惶惶，未知所犯何罪。及读岑署督牌示，始悉为代商求免加捐一事，致触雷霆。

查该日情形有与牌示大谬不然者。据示称，梁庆桂、黎国廉等出头约集绅商，并令人签书不允，以图抵抗等语。据〔按〕该日系由七十二行请绅界、商界、报界、慈善界会议，有各报纸告白及七十二行传单可凭。邀请出自商家，自非该绅出头煽动，不允系各行签写，更非该绅抵抗阻挠。至谓其辱官谤国，并昌言不如台湾之隶日本一语。当日绅商二百余人，未闻是言，何得以莫须有之词，故入人罪。况梁、黎两绅前诣行在，贡献方物，其爱国之忱，早邀圣明洞鉴，奉诏褒嘉。此次公推为全省铁路代表员，尝谓世受国恩，当图报称。其在粤筹议经费，及在鄂议定章程，总期有利无害，以仰体朝廷兴商便民之至意。此次与官论说，亦只为商民代白，义不容辞。乃岑督牌示竟以此归狱，夫求免加捐谓之目无法纪，则彼多方抽剥，未奉朝旨遽押监司大员，谓之尚有王章耶？且是日会议，拍案起于朱牧，喝拿起于陈守，倚势凌轹，咄咄逼人，乃岑督不责其官之横暴，而转诬绅之抗违，公理何在。合城□信，同为发指，民情汹汹，几酿他变。

二十一日集郡学明伦堂，到者二千余人。二十二日集总商会，到者几及万人，均各书衔名，各盖图章，分电北京政府、商郡、北洋袁宫保、南洋周制府、鄂督张宫保及同乡京官，以辨黎、梁之诬，以申全粤之愤。

夫岑督未奉朝旨，辱拿缙绅，是目无国法也。梁、黎为粤人代表，横辱黎、绅，即蔑辱全粤，是为吾粤之公敌也。乃犹不恤人言，甘于怙过，二十五日出示中有各商民如再会议，不独自累身家，势必增革绅罪案，且必执法严绳等语。是偶语弃市，示威恫喝，以箝人之口也。二十七日又出示通饬州县，查各属绅士无论巨室豪绅，如有劣迹，限一月禀报惩办等语。是欲罗织在籍绅士，兴大狱以泄私愤也。

且就铁路一事而论，当上下一心乃有成效。岑督在粤失信寡恩，商民解体，此有虽有资本有魄力之商家，谁敢出而担任。然不借商力，仍由官办，又何以筹集巨本，何由令商民信从。况尤可虑者，开办之始，名虽抽款办路，久则移作别用，挪拨自由，路事终无筑成之日。故有人谓岑督西征，用款亏空甚巨，将借此以弥补者。此皆不足取信于民之确据也。

官民不交，强权压抑，苛勒愈甚，祸机乘之，大局何堪设想。素仰诸公热心公益，关怀桑梓，闻兹横暴，当必愤激同深，愿雪大耻。务求尊处速电北京军机、商部及北洋袁宫保、南洋周制府、鄂督张宫保，据理力争，切恳维持，以彰公理而维路政。若此次争之不获，则粤人固承受钳制荼毒之祸，而全省绅商合力争回之路权，一旦破坏，何以对湘鄂之人，何以见外国之人。

岑督不去，粤难靡已，愿固团体，共除巨蠹。迫切函达，无任殷祷。专泐。敬请台安。诸维朗照不备。

广东合省绅民同启

《时报》光绪三十二年一月二十五日（1906 年 2 月 18 日）

追述连平州兵变详情

月前连平州兵变之事，兹据卸该州钟牧及卸署吏目郑芳桥回省述及当日情状，并肇变之由，亟补录之如下：该营向为富开明所统，嗣改编常备，编作第十二营，由蓝某管带。富仍有第十一营，同驻该州办匪。富驭兵素宽，颇得军心。蓝驭兵素刻，兵弁不乐。该两管带之家眷亦同居州城，当三月三十午前，蓝管带方请郑吏目打麻雀。郑到营，见蓝手持银一包，约七十余两，饬人送往中前两哨充伙食。未几，赌毕，郑辞出，顺至某绅家小叙晚膳。初更时，忽闻喊声震天，枪声隆隆，走告者曰：蓝营兵变矣。郑立即回署，见州官，查其事由，拟请管带与哨官来。人报蓝已走避，中前两哨官则督队作叛也。嗣查悉，因蓝发下伙食银并不足数，该哨弁及各兵愤极，并疑及前时将某处花红银千余金吞没，一时鼓噪，遂围困州署请索花红，不准放一人出。郑急极，乃在衙后越墙出，到某绅家请调练兵弹压。某绅云，已夜，赶不及，直挨至五鼓，方饬妥人往调城外练兵，与叛勇战。练兵死者十四人，伤者廿余人，变兵亦死八九名，伤十余名。战至晨八点钟，始呼啸而去。事后检点，变者两哨，掠去快枪一百九十余杆。是时州署只存旧式大口扒锈，而且坏不堪对敌，以致变兵得以竟夜纵横，莫敢撄锋也。变兵去后，蓝管带始出，向郑吏目前跪哭，自云必死，请其照料寡妻，遣之归，并索快枪一枝。郑问何用，蓝云追若辈，与拼死。郑果给之，蓝即持追数十里，竟不及，方欲自裁，为本营左哨兵目等劝止回城。郑吏目、钟州牧暨团练绅等劝其设法飞禀，适奉岑督札饬惠州府陈守查复，因得官绅代求成全。陈守乃为措词禀复，请将该管带革职永不叙用外，饬其照赔所失枪枝，遂得批准留下一命，可谓侥幸矣。又闻是夜该变兵等拥至蓝宅，声声要杀蓝妻，并称切勿惊动富夫人。即此可知其平日宽刻之异。当呼杀蓝妻时，差弁先行走告。蓝妻骇极，乃由瓦面扒至邻屋某当店瓦面，黑夜不辨，失足坠地，腿为之折，至今尚未医愈云。

《时报》光绪三十二年闰四月二十四日（1906 年 6 月 15 日）

韶州罢市抗屠捐

粤东韶州府创抽屠捐，于上月初八日该州道镇府县会衔出示，限五天开抽。至十四日即有屠捐局员及差役数人，往北门安隆店抽取，不能得手。故至十五早，该镇带勇百余前往弹压，藉施恐吓手段。不料互相口角，竟喧传毙人抢物情事。各店闻此消息，相率上铺闭闸，随即聚集会馆商议。该镇带勇十余人，欲至会馆开导，乃众商以闭门羹饷之。该镇计无所施，兴阑欲回。讵闸又闭，人可过，马不能容，不得已立于某店铺门首。当时围观者如堵，咸戟手指骂责该镇之非。幸有护勇数十名赶至，遂得护卫启闸而出。而众情汹汹，怒犹未息，因又拥至屠捐局及黄慎齐住屋，打毁一空云。

　　《汇报》光绪三十二年七月十三日（1906 年 9 月 1 日）

申明亭乡抵制自治之大风潮（香山）

　　香山申明亭乡，前经督宪特派邓委员振廊会同香山县郑令及杨生景颎，在该乡开办地方自治。月前郑令刊发传单，召集该乡绅耆，妥商办法，均无异议。当时有某某两绅不到。不意于本月初十日突有乡人鸣锣聚众，千余人拥入自治公所，抗议抵制自治之法，声势汹汹。邓委员惧为所困，急唤厨役引导从后门走出，越岭逃回县署，以避其锋云。

　　《时报》光绪三十二年九月二十四日（1906 年 11 月 10 日）

东莞饥民拆毁米店 *

　　广东电云：廿五日东莞县有饥民数千人，因米贵滋事，被警兵轰毙二人，伤十余人。饥民愤甚，遂将米店拆毁，各商亦同时罢市。

　　《汇报》光绪三十三年二月三日（1907 年 3 月 16 日）

琼州兵变之骇闻

　　广东南路续备军第五营，去年因担州禀请，调赴光村弹压收粮剿焚村乡百余。又值荒歉，营勇被管带克扣，每人月仅得四元，不敷食用，饥饿所迫，于本月初六日，将哨官杨某开枪击毙，并将管带刘成贵戕害，不知存亡下落，全营兵变。该处居民亦因遭官迫勒，随从为贼，势甚猖獗。营中毛瑟枪数百枝、开花炮二尊、炮码不知其数，尽行携带逃逸。现任琼崖道既不知兵，又复年老颓唐，毫无振作，所有五营老弱残缺，有名无实，担临一带伏莽未靖。噫，琼州又从此多事矣。

　　《时报》光绪三十三年三月二十九日（1907 年 5 月 11 日）

饶平因厘捐闹事[*]

　　十六日香港电云：十一日夜，广东潮州府饶平县黄冈地方，因厘捐闹事，匪徒乘机作乱，戕杀官吏，焚毁衙署，势甚猖獗，四处戒严。

　　《汇报》光绪三十三年四月二十一日（1907 年 6 月 1 日）

东莞饥民滋事详情

　　粤省近日各属米价翔贵，民不聊生，东莞城自去岁至今，米价每担飞涨至五两有奇，人心惶恐。去月之廿四日一点钟，有饥民数千，声言米商囤积居奇，有害民食，遂相率毁拆米行会馆。该会馆原归巡警东厂管辖，该厂巡目以米商取怨饥民，亦属咎有应得，且以当时众怒难犯，若不善于调处，势必激成他变，遂对众饥民宣言谓：尔等既拆米行会馆，姑免深究，惟不准藉端抢掠，扰及居民，如违定必按律惩治等语。各饥民咸就约束。时有巡丁向饥民谩骂，饥民以石投之，误中巡目。巡丁愤，欲捕治。巡目伪言石中衣袖无伤也，巡丁乃已。讵事为西厂巡官梁管带所闻，大怒，立刻吹号出队，严阵以往。至则饥民已散，乃在街上随意拿获数人，归厂讯办。众饥民以被获数人实缘己等殃及，遂相率往西厂，要求释放。梁管详省台云。

《时报》光绪三十三年四月二十二日（1907年6月2日）

关于廉州乡民喧闹之来往电文

前报廉州有土匪滋扰一节，现悉此事不过系乡民因谷价一时喧闹。兹得廉州守、合浦令电文及周督复电录下：廉府吴守、合浦池令电禀督院云：廉属谷贵，乡民求定价值，当即饬查各富绅存谷数目，除留食外，余悉出粜。王绅师濬积谷颇多，隐匿少报，有意居奇，群情愤恨，聚众千余，哄入府署，挟拥知府等出城，亲诣王宅，验仓点谷定价出粜。棍徒沿途喧扰，局绅李怀远在场劝谕，致被殴伤。讵愈聚愈多，乘机将王绅仓谷强抢，不可理喻。知府等调勇弹压，始行解散。惟府城兵单，谣言四起，诚恐匪徒煽惑，伺隙滋事，已电禀本道，转饬何统领调勇回廉，以防意外。合先电请训示。知府荫培、知县仲祐禀。真。周督复电云：钦州王道并送何镇、廉州吴守、池令同阅：甲密。吴守等真电悉。廉属米贵，既饬绅富将存谷出粜。乃王师濬囤积居奇，隐匿少报，本属不合。惟经该府亲诣点谷定价粜卖，棍徒何得抢谷殴绅，殊属蛮横。米贩闻风裹足，岂有不自困。应由府县督同正绅，赶紧筹款，广购米石，并理平粜，出示晓谕乡民，毋再滋事。乃查拿为首抢谷殴绅之人讯究。何镇现在钦州缉匪，指日可回，应先责成地方官，妥为弹压解散，无须率用兵力，迅将筹办情形详晰禀报。督周。文。

《时报》光绪三十三年四月二十九日（1907年6月9日）

饶匪纪闻

日昨有潮友来述，此次乱党起事，其蓄谋已久。今年正月预先派人至潮，或投学界，或投工厂。至三月底，各教员及工程人等，相率辞退，问其何故辞退，则含糊以对。及辞退后，潜身旅邸，踪迹无定。至十一日起事时，该党即纷纷出现。起事后，地方官纷集兵士，二日间仅得三百名，所携枪械又多旧式，故若辈得浊乱一时也。观其所贴伪示，纪律严明，又非乌合之作用。其文云：广东国民军大都督孙示，为官府苛税，民甚难堪，专欲除暴安良等语。后又列十条云：不听号令者杀；敢造谣者杀；敢放火者杀；奸淫妇女者杀；私藏军器者罚；私藏口粮者罚；强买者杀；私容官府者杀；入宅者罚；杀外国人及抢教堂者杀。

《汇报》光绪三十三年五月二日（1907 年 6 月 12 日）

学界狂飙（大埔）

粤东大埔湖山小学堂，系将幻住庵改设，顽绅无赖均视如仇。近因天旱，又捏称由庵神失所而来，并有蓝、黄两劣绅大帖长红，谓学堂即教堂，兼伪造毁学堂复科举之上谕，传布四方，人心大受影响。上月杪，有匪徒百余人猝至学堂，将校具焚毁一空，寄宿舍亦被全数拆去。教员学生纷纷逃避。越日，复鸣锣聚众，在街上设竹筐三四只，收敛银钱，以备抵制学堂之款。现闻该县胡令据禀前往查勘，不知将若何了结也。

《汇报》光绪三十三年八月十八日（1907 年 9 月 25 日）

学界组织国权挽救会 *

粤省学界组织国权挽救会，计六十六校共学生二千余人，集议于南武学堂，议决电争。英人藉口测量航路，侵归善等县诸港；又操兵于新安县界；又谋握西江捕务权，及香山县与葡人定界等事。

各女学堂亦定于二十日约齐女学生集议于一德女校电争。

《时报》光绪三十三年十月十九日（1907 年 11 月 24 日）

留苏广东学生力争西江警权电文

北京外务部。北京外务部钧鉴：西江准英巡缉，丧权辱国，海内愤激，乞挽回。留苏广东学生叩。

法部戴尚书。北京法部戴尚书鉴：西江事关梓脉，大局危急，乞力争。【留】苏广东学生叩。

粤督张制军。广东督宪鉴：西江事，乞力争。留苏广东学生叩。

《时报》光绪三十三年十月二十一日（1907 年 11 月 26 日）

粤商自治会反对释放二辰丸 *

粤商自治会因外务部徇日人之请，电饬释放第二辰丸，大动公愤。昨日（即初五日）集众会议，电京力争，并筹最后对付之策。（初六日午刻广州专电）

粤督张人骏接外务部饬令释放第二辰丸之电，以其背理徇人，主权尽失，不肯遵办，复电痛驳。又即派委吴敬荣（宝璧兵轮管带亲自捕获第二辰丸者），率人证等入京力争，并【与】日使交涉。

《时报》光绪三十四年二月七日（1908 年 3 月 9 日）

广州粤商自治会二辰丸案公电 *

时报馆转各报馆刊布。中外同胞鉴：二辰丸军火捕获起卸地为我领土内河，各国驻此落货，向须报关核准。粤关监督有权缉获，照章充公，已成铁案。彼谓寄柩候潮，尤为供认确证。日葡知外务部聋聩，混称公海，狭卸逼放，直以国力包庇走私。政府畏葸媚外，海权失，领土断送外人，沿海援例公然接济乱党。国立亡速，合筹对待。七十二行商自治会陈惠普等叩。（初七日亥刻到）

　　　《时报》光绪三十四年二月八日（1908 年 3 月 10 日）

粤商自治会赴总督衙门请愿*

　　今日（即十六日）大集会议，到者数千人，皆以第二辰丸私运军火一案，如此办结，不特主权尽失，而且盗贼藉有军火，益肆纵横，将来祸患必至不堪言状，遂以大旗书："乞保两广生命财产"字样，率众持赴总督衙门请示。（十六日戌刻广州专电）

　　　《时报》光绪三十四年二月十七日（1908 年 3 月 19 日）

粤督奉命释放二辰丸*

　　粤督张人骏奉政府电，命释放第二辰丸轮船，迫不得已，遂札饬水师提督李准会同驻粤日本领事，今日（即十七日）上午十点钟偕到第二辰丸船上，点验承购之枪枝、药弹，并代第二辰丸升悬日本国旗，由中国兵轮鸣炮二十一响，以谢日前撤旗之罪。（十七日申刻广州专电）

　　　《时报》光绪三十四年二月十八日（1908 年 3 月 20 日）

粤商自治会抗议释放二辰丸*

　　粤商自治会遍布传单，定于十八日大集会议，以释放第二辰

丸之日（二月十七日）为国耻大纪念日，并调查日人输入中国所有一切商品，拟以文明对待。（十八日午刻广州专电）

《时报》光绪三十四年二月十九日（1908 年 3 月 21 日）

粤民召开国耻纪念大会 *

今日（即十八日）粤民开国耻纪念大会，到者数万人，途为之塞，均以国权丧失，不知死所，痛哭流涕，争将日货焚毁。商人共誓，停止贩卖，并电各埠文明对待。（十九日寅刻广州专电）

《时报》光绪三十四年二月二十日（1908 年 3 月 22 日）

二辰丸案议结后之举动

张督丸札李提释放二辰丸文　粤督昨将奉到外务部来电了结二辰丸案，札知李水提遵照。札云：为札遵事；光绪三十四年二月十三日承准外务部电开：辰丸案迭与日使磋商，业已协定，无可再议。条列于左：一、误换国旗一节，业于光绪三十四年二月初四日照令道歉，并电粤督，将办理失当之员惩戒在案，自当由粤督酌于以应得之处分。至贵大臣内称释放辰丸时，令兵轮近现在该轮停泊之处升炮，并先知照日本领事阅看等语，既系通例，中国政府自可照允。二、中国政府允将辰丸即行释放。三、此次扣留辰丸，原为防止军火运入内地起见。日本政府既知此事为中国官宪所挂念，允将该项军火不令再运往澳门，愿以日银一万一千四百元由中国自行收买。自当电知粤督，先将军火起卸，按照此价购买。四、中国官吏为保治安起见，致在中国领海内致生此次交涉，应由本政府查明此案实在情形。倘有误会失当之官吏，由中国政府酌量核办。五、第二辰丸损失之处，亦可允给实数，不得过多。惟贵国政府既未查明，应由粤督酌核情形，与驻粤日本领事另行商议。查近来中国匪徒不靖，实有私行接济军火情事，迭经本部照商各国，严禁入口。治安所关，各国均表同意。贵国与中国密谊邻交，关系尤切，禁止私运军火，贵政府既允设法协助，即须妥商，认真严禁，以保公安而昭睦谊。用特切实声明等语。希查照办理等因前来。除照会日本领事知照外，合就札饬，札到该镇即便遵照，于本月十七日上午九点钟，由该镇会同日本领事前往该轮，查点所运枪码，照数起运来省。此项军火起出后，即由该镇饬令兵船悬挂日本国旗，升炮二十一响，以符外□。其种种不法之行为，迭经传单宣布，中外皆知。连日各报载日人强权要挟，全体愤激，深恐激成事变，应速一面禁止罢市，一面禀请督宪，设法挽救。日人违背公法无可逃于天地之间，公理所存，岂能磨灭。政府不足靠，所宜恃者，我国民团结力之伸张、言论自由，并应一面再由本会将日葡不法之行为，随时接续详报中外，联合四万万同胞，各尽文明对待之义务，至尽达目的而后已。（众议决一面全体赴督辕递禀，一面严电外部诘责，决不公认，并分电中外，实行文明对待）三、议两粤乱匪猖獗为各省之冠，推厥原因，皆由内地奸商串外人私运军火接济所至。此等奸商实与谋反大逆无异，应速调查其人姓名，禀请严办，并应联同各州县乡族，各以家法治以叛逆不孝之大罪，以绝后患而保中外之和平。（众议此等奸商皆曰可杀，家法严惩，尤为直捷）议毕即拟禀稿【外】务部议案，仍将办理情形具报毋违。

张督复外务部电略云：此事既已定案，无可如何。惟日后如再有在该处私运军火，粤仍照章缉拿，断不稍涉迁就云云。

商董大会议情形　十六日，粤商自治会为二辰丸案势将决裂，特开大会议，各界冒雨莅会，挤拥塞途，不能以数计。莫不痛恨日人之无理，骂外部之卖国。有徐茂均者，上台演说，痛言外侮及亡国之惨，放声大哭。全座皆泣。次由陈惠普演说，愿誓死以挽国权。众皆感奋。旋次第演说者凡数十人，皆极言日人恃强权，背公理。至两点钟开议，公推陈惠普主席，宣布议案三条。照录如下：

一、宣布中外各埠来电。二、议日葡私运军火，二辰丸偷泊起卸处，确为我领土内之内河，所有证据及全体立候联同递禀。徐君复登台演说，力言大局危亡，我同胞性命身家同归于尽，不如联同一死，以挽国权。全体欢呼，同声请签名决死力争。于是纷纷签名，凡万五千余人。旋以白布书"为二辰丸事联禀挽救国权"大字数旗，联同数千余人，赴督辕递禀。时已四下余钟云。

禀稿录下：具禀。粤省自治会商董等为主权损失，势将罢市，乞速设法挽救事。窃日葡私运军火，二辰丸偷泊起卸地确为我国领土内河，并非公海，既经帅宪以粤海关监督之责任，派轮捕获，按照关章，应将船货充公。前经禀请帅宪，坚持办理，并电禀政府，按法惩办在案。连日报载，日人强权要挟，欺侮已极，全体愤恨，群情汹汹，莫不痛哭流泪，奔走相告，势将罢市。本会恐旦夕致有暴动，已一面传单劝止，一面将日葡违背公法种种不法之行为，接续详布中外，以求公理之伸张；一面联恳帅宪，迅将国民愤激情形电请外务部设法挽救，实为公便。切赴两广总督部堂大人核准施行。

致各埠电文。日欺我已甚，即日签名决死者万人，速查日商品，文明对待。自治会陈普惠等。铣。

张督接见商董情形　又自治会商董陈基建、郭贤观、何聘安、关成材、冯应元、谢永年、李鉴诚等多人，既会议后即趋赴督辕，而禀安帅。闻各商董等此行联禀，系为挽救国权二辰丸事而至，督宪饬在洋花厅接见。张督谕以辰丸应照关章充公，本部堂始终不顾功名，不惜身命，极力电争，并屡电请由粤办理。乃外务部轻弃条约关章，遽受外人恫喝，竟责下旗之过。不知辰丸犯法被获，国旗已无价值。本部堂忧愤成疾，愿电部以功名偿日旗，仍请照关章将船货充公。外部弗恤，莫可如何。来禀自当据情即电外部。各位务劝各商民，切勿暴动，转资人以口实。众复力陈澳门私运军火为地方大害，请为维持。晤谈四十分钟，乃退出门外，由陈惠普宣布张督传谕大意。全体鼓掌。时有宾纶店到场拍相，以留纪念而散。计各人散时，已五点半钟矣。

自治社〔会〕致外务部电　外务部列宪鉴：日藉争辰丸犯法无价之国旗，逼放船、购械、惩官、谢过，欺我太甚。大部竟弃条约关章，贻误家国。全体商民，愿死不公认。自治会陈惠普等万余人联名同叩。铣。

《时报》光绪三十四年二月二十二日（1908 年 3 月 24 日）

粤商自治会抗议释放二辰丸[*]

广州电云：粤商自治会于昨日开国耻纪念大会，到者数万人。当场烧毁日货无数，声明决不认出赔费，设立死绝会，并分电各埠为文明抵制。

《汇报》光绪三十四年二月二十三日（1908 年 3 月 25 日）

广州自治会反对辰丸案[*]

广州电云：昨日自治会因辰丸案开大会议，到者数千人。以大旗书"乞保两广性命财产"字样，率众持赴督辕请示。张督允电部挽回，众遂退。

《汇报》光绪三十四年二月二十三日（1908 年 3 月 25 日）

广东抵制东洋货[*]

粤省开国耻纪念会，经张督极力劝慰，集会风潮已靖，惟人心愤极，所有个人皆决意不用东洋货物。粤垣及香港之东洋庄号，恐于生意大有影响，纷纷电嘱东洋各埠，停止办货。现有东洋运煤船到省，所有扛帮挑工，一律不肯代其起货。

《时报》光绪三十四年二月二十五日（1908 年 3 月 27 日）

辰丸案要闻

来函云：辰丸所载之货，皆英商太古洋行及华商附寄之物，太古洋行附货单，系由神户直至香港，当时书明，如非起有危急之事，万【不】得已不能驶往别处。今该船不直到香港，竟迁道驶入九州洋面，既非万不得已，则是有意私运军火，毫无可疑。此为本案最紧要之证据也。当时虽由大吏查得，竟不能得其效用，其谁之咎欤。

北京电云：二十日政府接粤省消息，商民因辰丸案聚众至二万余人，决议抵制。桂、粤两省日人颇有戒心。

《汇报》光绪三十四年二月二十六日（1908 年 3 月 28 日）

粤省磁器等行业决议不运日货*

广州电云：粤省磁器行会馆决议，嗣后专运江西景德镇货，不运日货。海味行亦不办日产，违者罚金五百。自治会并于廿四日集议，联络国内外埠各同胞，要求开设国会。

《汇报》光绪三十四年三月一日（1908 年 4 月 1 日）

军机处严禁抵制日货*

军机处一日三次电饬粤督张人骏，严禁抵制日货。张督以商贾自由贸易，民人自由用物，不犯法律，官吏难以干涉，且无集会演说、传单暴动情事，无从查禁。惟于昨日（即初六日）饬南海、番禺两县令，婉商各报馆，凡有关于此事之新闻，不必登载而已。（初七日申刻广州专电）

《时报》光绪三十四年三月八日（1908年4月8日）

国耻纪念会之议论举动

粤商自治会因辰丸案，于十八日开国耻大纪念会。是日晨即有多人购白布一幅，长丈余，阔五大尺，书"国耻大纪念"五字，张挂会场，以示哀痛。未几人皆麇集，遂摇铃开会，举陈惠普为主席。随由宣布员布告宗旨，敦劝切勿暴动，并主张大集赀本，讲求工艺。是时会场有以辰丸虽释，购械、赔偿各款粤不承认者。又有言，须由各街各铺自书国耻纪念白布，悬在闸门之上，以示纪念者。更有言，兹事当以法普战时为榜样，图绘我国官吏在辰丸鸣炮之状，分贴各处，使人触目惊心者。至下午六点钟时，将散会，座中将帽掷地曰：此日货也。众遂争脱己帽掷地，并有自裂其羽绒长袍后，将衣帽等的系日货者，均付诸烈火云。

《时报》光绪三十四年三月八日（1908年4月8日）

辰丸案近状

近日连接佛山、梧州来函，悉辰丸一案粤人愤激异常，互商文明对待之策，以雪耻自立，两门咸欲达其目的而后已。兹略叙于左：日前某洋行有大帮东洋煤运到，芳村意欲起仓存贮，遂雇苦力数百人。迨起货见系东煤，相率不顾而去。该行惶急，转雇他工，及至，亦不允而去。行主虽愿倍给其值，而彼亦不顾也。又佛山盘古坊烟店某东，接某处寄来集议传单（指辰丸议结事），愤火上烧，将店内所卖之日纸烟、日火柴全数抛弃，并立不买日货之誓。尤有函致自治会，愿送货物焚毁者颇多其人。

《汇报》光绪三十四年三月十一日（1908 年 4 月 11 日）

女界亦知国耻

粤东女界于初五日举行国耻纪念。其日适天雨，冒雨而来者约二千人，一律素衣白裙。演说时极言国蒙奇辱，若不知愧，是不知有国并不可为人。一时声泪俱流，举座莫不饮泣。甚矣，女子之热心也。

《汇报》光绪三十四年三月十一日（1908 年 4 月 11 日）

抵制日货（广州）

香港华人现拟开掘广州煤矿，藉图抵制日本之煤。闻有某某两富商自愿担任经费之半。日内有日人多名，在广州街市中携日货沿门求售。窥其意，殆欲激动华人暴动而大起风波耳。

《汇报》光绪三十四年三月十五日（1908 年 4 月 15 日）

广州小轮船罢市 *

广州电云：粤省各乡镇小轮拖船被关差郭苏娣刁难需索，讯有实据。税务司办理未能满意，各小轮于十七日全行罢市。

《汇报》光绪三十四年三月二十二日（1908 年 4 月 22 日）

嘉应学堂被毁 *

嘉应州松口堡高等公立小学堂，因借宁丰寺之故，被劣棍李某等开李姓自治会，召集男妇数百人，放火将学堂焚烧，堂中图书、仪器、衣物亦付一炬。当火起时，群凶将大小门持械把守，教员、学生等无路可逃，几尽被难。幸就近丰顺司到场弹压，始得逃出。然教员、学生被群凶扛殴，负伤者颇多。而以校长饶真，教员古某、陈某之伤为尤重。刻该处绅学界除就近禀报州主勘相外，已并禀督学宪，请将李某等从严惩办，以维学务而警凶顽云。

又嘉应函云：松口公立高等小学自去岁开办以来，成效卓著。不料有劣绅李某等，因去岁与该校争育婴堂之款，不遂所欲，乃日思破坏此校，欲寻衅发难者屡矣。卒以该校无隙可乘，故不得逞。惟于暗中运动甚力，且极力煽惑左近男妇，保护寺观，拆毁学堂。（该校初拟借附近之宁丰寺为食堂，后恐反对者将以是为借口，遂作罢。摆布已定，遂于通衢遍张四月初一日三宫人士须同心焚毁学堂、殴打教员及学生之揭帖。其时校中同人以为，此辈特虚声恫吓耳，遂亦不复措意，故是日仍旧上课。不意李等竟于是日上午九点钟，率领愚蠢男妇二百余人，蜂拥至校，先将门首木栅焚拆，继则瓦石乱投，且用枪轰击。是时学生百余人方在上课，不知所措，顷刻之间受乱石伤者甚多。即著人冒险出请丰顺司弹压。及丰顺司主见此辈势大，亦无能为力，惟束手流涕而已。是时众势汹汹，截杀拆毁之声不绝于耳。全校教员、学生百余人，无敢出者。至下午一时，突以洋油、火药及稻草数十担，堆塞门口。俄顷火发，烟焰冲天。恶党复由宁丰寺侧门攻入，劫掠校内钱物。斯时校员学生及丰顺司主并未劝导之，各父老及各学堂校长、教员三十余人，始纷纷由后门逃出。不料复遭男妇百余人拦而殴之，受伤者不计其数。校长饶一梅、教员陈笑侨则体无完肤，要害处俱受重创，生命甚为岌岌云。

　　　　《时报》光绪三十四年四月十六日（1908年5月15日）

调停海口罢市风潮要闻

　　琼州海口前因海关抽税事，与商民龃龉，以至行商挑夫均同时罢业，各商船运货前往，竟至无人起货。现悉此事已由该处印委各员将罢市各情电呈大吏。该处商民亦纷纷先后发电来省，备述苛待实情。即由大吏核明各情，立电琼州俞道，饬令设法调停，即照所有该处商民指称海口关苛待各情，须逐一查明是何情形，即由印委各员与税司妥商，酌量改良办理，务期体恤商艰，俯顺商情意见，两相融洽，不至称滋口实致有肇生罢市风潮之事。日来已经各员调停，稍有头绪，苛例亦拟酌改一二，并已力劝该地商民一律照常起货，交易如常云。

　　《时报》光绪三十四年七月二十八日（1908 年 8 月 24 日）

琼州商民罢市 *

　　琼州府商民因琼州关税务司苛暴病商，屡经禀揭，尚未撤换，于廿六日罢市。

　　《汇报》光绪三十四年七月三十日（1908 年 8 月 26 日）

海口税司劣迹详闻

　　《字林报》接海南岛海口埠七月二十五日来函云：本埠出有不幸之事，实为向所未曾闻者。两造胜负究属如何，目下当可定夺。盖巷间传称发难，一方面并非无故而出此举，至于案中曲直，既未判明，实难预告。惟本埠华商尽行罢市，抵制海关，竟无轮只装卸货件，则属不可掩之事实。吾不知情节重大之事，尚有过于此者否，乃目下既遭有此祸，将来尚有重行举发之一日，则更属可惊矣。

闻得本埠税务司近年来一切举动迹近可疑，以致华商不满意于彼者已非始自今日。近因有某货估价过大，比诸原价约增一倍有余，事始发作。由受洋人保护之华商，首先发起，众皆从而实行不稍懈怠。各船行因所有船只均不能装卸货件，亏失甚多，大有群起要求赔偿之势。于是税司始觉困难万分，英德两国领事均由北海赶来料理。华商均谓除非担承撤回该税司始允开市。闻在事诸员已函劝该税司，于七月三十日远离此间，则似已允担承此事矣。若届期该税司仍不他去，华商尚须重行罢市，以示抵制。现闻总税司已派员前来查办，将来总能了结该案，使诸商满意云。

《时报》光绪三十四年八月六日（1908 年 9 月 1 日）

惠州军民冲突 *

驻扎惠州府营兵强奸民妇被巡警捕获解局，该营率兵队多人，径赴巡警局夺犯。坊众大动公愤，闭户罢市，并助巡警擒获夺犯营兵十七名，禀该管长官讯办。（初五日申刻广州专电）

《时报》光绪三十四年九月六日（1908 年 9 月 30 日）

博罗县罢市 *

博罗县营勇恃强硬买，众商怒而罢市。

《汇报》光绪三十四年九月二十七日（1908 年 10 月 21 日）

粤省排日货之暴动

《上海泰晤士报》香港电云：澳门葡界附近青山（译音）地

方，近日复因抵制日货，激生暴动，城内华人结队掳掠，所有买卖日货各商都遭暴徒掳去，烙印于面颊，以示识别。新宁县亦有暴徒抢劫购买日货诸店铺等一事。

香港敢死会近日复函致城内各商，肆意恐吓，略谓：各商若仍买卖日货，不即悛改，难免两耳被割，幸即返省。

《时报》光绪三十四年十月十三日（1908 年 11 月 6 日）

南海鱼捐激变

南海县属九江乡，近有绅董禀准在乡设同安局，代人秤鱼收捐。乡人不服，局绅即将为首二人拘局，私刑拷打。后经耆老保出，而二人受伤已重。众大怒，于本月初三日相率赴局问罪。讵该局勇放枪恐吓，乡人愈愤，一拥而前。当场乡人中被轰毙者四人，伤三十余人。局绅知酿巨祸，纷纷逃匿。是时全乡震动，鸣锣召众，欲与局勇为难，至夜不散。局勇知众怒难犯，脱去号衣，挟枪潜逃。乡民侦知尾追，一路鸣锣。局勇逃至海口地方，即被元和兵轮截获十三人，解交猪头山行营讯办。当时绅逃出后，即赴省城，会商朱绅世畴，晋谒南海县张令，面请调兵前往查办。张令以案情重大，拟将冯绅怀清、老绅毓华两人扣留，饬令朱绅速回调处。惟朱绅以三人同来，不忍一人独去，力请将冯、老二绅释回，否则请同扣留。张令不敢擅允，电请张督示办。安帅复电，饬令释回。嗣张令接到该处来电称，各乡民于初四日拥往朱绅家中，将祠堂屋宇尽行烧毁，又烧去承办鱼市胡法之屋，并将幼孩杀死，火烧管带局勇关飞七屋两间。后欲往烧冯绅怀清房屋，幸经乡人调停而止。张令恐肇巨祸，遂乘轮率差驰赴弹压，并请水师提督李军门于初五日来舰，前往九江乡查办。

《汇报》光绪三十四年十月二十五日（1908 年 11 月 18 日）

粤人对于佛山命案之公愤

　　粤人因佛山船命案，连日各街坊激动公愤，纷纷集议，以各义士如此热心，我辈岂忍凉血，已决定办法，状元坊众并贴长红，以申义愤。其词云：敬启者：佛山轮船命案，经当日同船搭客目击打踢，愤激捐资，各义士热血满腔，指证告发。人命至重，中西所同，我等商民人人皆有密切关系。现我街众集庙公议，以各义士皆属殷商，与该搭客素无相识，乃能抛生意，指证公堂，实我商家之保障。现在案悬未了，各义士废时失业，原为求申公理、保全同胞性命起见，凡我坊众，均应协力帮忙，同申公愤。此布。状元坊众谨启。

　　《汇报》光绪三十四年十二月十八日（1909 年 1 月 9 日）

广东国耻纪念大会详情

　　昨十七日，自治会鉴于外交之失败，特开大会议，各界到者人山人海。主席李戒欺宣布罗少翱当议事。时香山、恭谷两督特派代表赵绅襄平、杨绅谦如、柳绅璧臣等赴会宣布，言本月邑人亦正集议，昨闻省大会，仓猝派弟等来省，先将地图呈览，并将前张中堂督粤奏案备查，俟下日邑人再举代表多人到会，切实筹商办法，务望同胞毅力坚持，务达目的。随由胡心澄、张崧云、陈敬淑等十余人演说，皆痛骂袁世凯之误国，及领土领海之关系，尺寸不得轻以与人等语。鼓掌之声震屋瓦。两点半钟摇铃开议。议案录如下：

　　自治会十七日大会议，到者拥挤。主席李戒欺。（一）宣布香山、恭谷两都代表杨谦如、赵襄平、柳璧臣等发来澳门地图。（二）议去年今日为二辰丸案，我国鸣二十一响炮，放船谢罪，购械赔款之期，丧失主权，全国蒙耻，袁世凯外交失败，实为罪魁。现奉谕旨，特派高大臣而谦办理澳门划界。查葡人租界澳门，陆岸原有围墙为记，此外非界，全系我国海权，类皆凭空影射。去年二辰丸私运军火被获之地，据经纬线为珠江西口大沙沥洋面，系属我国内河，日人妄称公海，葡人竟冒称领海，尤为无稽。今虽公理大明，而袁世凯之甘心卖国，随令举国含羞，此恨绵绵。凡我同胞，今日尤应注意。应如何妥筹办理，以保主权。请公议（公议派员前往，切实调查，认真办理，不得稍有放弃）。（三）议立宪宗旨，国家要政，官民同负责任。划界大臣高大臣而谦，熟识外交，向无贻误，现将抵粤。兹事重大，凡属国民，均应负担义务，分任调查，以匡官力之不逮（众赞成）。（四）议奏定自治会章程第五条，自治会有整理商业改良工艺之责。本会年来提倡土货，中外各埠，踊跃振兴，具见我国人民进步甚速，似应分别奖劝，以资鼓舞（众议由本会布告，如各土货有制造特色者，随时实行奖励）。

《时报》宣统元年二月二十五日（1909 年 3 月 16 日）

佛山妓馆抗捐罢市 *

佛山镇巡警局加抽妓馆警费捐，所有妓馆抗不遵缴，一律罢市，以为要挟。（十九日酉刻广州专电）

《时报》宣统元年五月二十日（1909 年 7 月 7 日）

初二日新军溃变之详情

新军之类别　粤省新军现分三标，第一标驻燕塘，第二、三标驻北校场。第一标步兵三营，另炮兵二营，辎重及工程各一营。每营三百余人。其步兵营共扎一处，如品字样，炮、工、辎另扎一处，相隔不甚远。此标教练已四年，规制极为完备。是日溃变，即此第一标之新军，与初一日滋事之二、三标新军无与。第一标又以步兵三营为首，其余炮、工、辎又非全数同意也。

溃变之原因　初协统张哲培、一标标统刘雨沛鉴于军警互斗之故，将初二三两日假期改为运动会，防各兵出营滋事。初二早，各兵向标统要求放假不得命，渐而哄动。至十点时，有步兵二三百人汹拥出营门，各官长制止不及。出不数分钟，见多数步兵奔回大哄曰：警兵拉大队来攻营，我辈当出御。于是全营震动，无论同谋不同谋皆纷纷束装，而变事以起。

枪械之情形　转瞬间，各兵严装出，哄入军械房取军械。刘标统大喝制止，复力辩警兵无此事。各兵不听。张知事大变，由后门遁，驾马车进城。刘复出阻。诸军因去年底大吏接秦提电（另录），恐军界有变事，各标统奉密札，于廿九日将扳机并子弹解缴军械局，只留每营常备子弹一千粒，七营共七千粒而已。各步兵见枪无扳机不可用，即拥向炮、工、辎各营抢夺。适各营正将扳机用马车装运进城，遂被夺去。幸各快炮仍无弹子，只有快枪千数百杆可用，而变事遂成。

叛兵之进行　是时闻营内枪声大起，不可悉数，一息间见各兵出营，先向息鞭亭、小旗亭，向游客盘问，随分一队向北校场前进，占据钱局后之小山及横枝岗等处；一队走东校场、茶亭附近。其进行均极闪缩，若伺敌然者，并派有斥候数小队，骑马亦有数人。其走北一队，即抢讲武堂之兵也。

官长之劝谕　当溃变报到时，李水提与张协统带亲军出东郊，向诸叛军劝谕，不服，李提退。叛兵有放枪者，李军亦放枪迎击之，叛兵亦退。李提入城，调大军，即由将军传令，将各城关闭。是时陆军小学总办黄士龙（花县人），前当征兵官，与诸军最浃洽。一标又多花县。黄姓时适回省拜年，闻其事，亦挺身到劝，与诸叛军言，痛哭流涕，力任进城而禀袁督，求免死。驰马到东门叫城，守城兵以奉有命令，不允。枪声骤起，黄行至桥脚，被伤小腹，由其家人负往军医局调治。是时并伤行路二人。当各官劝谕时，叛军直谓革党，并催官军回城布置，以决一战，至是而政界主剿之意遂坚。

讲武堂之被抢　约一点时，走北之叛兵趱至东皋陆军讲武堂。有数兵持刺刀劫看门人，问何处存放军械及堂内官长姓名，即拥队入，取出各枪，尽将扳机除去，枪身多未被夺。看守人役纷纷由瓦面避入老人院。该兵旋拥至二、三标营，各皆不纳，乃将营右之供新军食物商店掠之而去。

城军之迎击　自李提入城后，叛军既麇集于钱局后各山，有扑城势，颇以枪向东城上轰击。有弹向都统头上飞过，都统大怒，即命城上守兵放枪。先吹接战响号，彼此轰击数分钟。城兵约放弹四五百响，即见叛军往往来来，不可方物，遂即停发。黄士龙受伤，殆见于此时者也。

叛军之退窜　是时，城军正在戒备，各叛兵乃向燕塘一路退窜，或伏于山陬，或分路割断电线，或游弋至东门马车房附近。时已五点余钟，有一标炮队排长王启銮，于是早奉命往水清门拦阻新军入城，正欲回营禀复，行至茶亭附近，有叛兵两排，见其穿官长衣服，放枪轰击，被伤肺部、肘部各一处。入夜，见各叛兵仍由马路退去，至四鼓始无人声。

官军之布置　是午前，袁督纷纷接警电，言新军溃变，即会商将军，将四处城门关闭，旗兵运炮登城守御，都统守东门，将军守□德，李提守小北，各衙署站兵护卫，并分电虎门各营来省，又电秦陆提。城内警兵皆持长枪，或十人八人不等。防营骑马督队，宪兵持令箭巡行各街。省河兵船已发炉，预备接应。全城大小文武各官，无不骚然。

居民之惶恐　是时城门已闭，东门内外之居民异常惶恐，当城上开枪时，有兵一队巡行惠爱街，宣言今日之事与百姓无干，不必惊慌，我等可以了之云云。闻者愈惧，又有乞丐、瞽目、疯人不能出城，多在东门口痛哭。街上稍有声响，行人即相率奔逸，一日数惊。某某数官场并有将家眷衣物迁匿之事，亦可怜而可笑也。

连日之文告　袁督示：新军与警兵均为保护地方治安，本日忽因细故互相冲突，殊属野蛮。本部堂现经查明，彼此均有误会。访闻新军有常未归伍者，必系误听谣言，畏罪离营。查此事起衅，不过一二无知逞忿，原与大众无涉。尔等务宜各守军人纪律，作速归伍。向为人言所惑，本部堂自必一秉至公，原情办理，决无株连；倘敢故违，则系自干法律，亦不能为尔等宽宥。初一（又示）：兵警相哄，事属寻常，已饬文武，严密巡防。谕尔居民，毋得惊惶，各自安分，与尔无干。初二日（又示）：现在有事，行人勿过。持枪闯越，格杀无论。（又牌示各叛兵）回营交械免死（均初二）。（又示）昨日兵警冲突，情罪尚有可原，今早持械溃变，叛逆形势显然，本应立饬剿办，深恐玉石同捐。准其归营缴械，抚慰一律无嫌。倘或执迷不悟，身首异处堪怜。

两广督练公所示　军警冲突，经奉督宪面谕，此事实由两造误会所致，自应持平办理，□宽既往而安众心。尔等须知，新军名誉何等尊严，万勿以一时小忿酿成大祸。合再出示晓谕，尔等须即速归伍，并将军械缴呈官长，方为尔等之福。如再执迷不悟，仍敢违抗命令，则系有意破坏，直与叛兵无异，本所即难为尔等宽宥，惟有尽法惩治而已。巡警道示：巡警之设，以卫闾阎，民警相安，地方始定。若有顽民，藉端滋事，定即拿究，决不姑容。（初四）

广府示　新军营与巡士哄闹，酿命滋事，当经本府随同提道宪到场弹压，现已一律安静。此事肇衅虽巨，而为首鼓众者不过数人，大宪自有秉公办法。诚恐传闻异辞，致淆乱听，合亟应出示晓谕。为此示仰军民人等一体知悉，尔等各安生业，毋为谣言所惑，稍涉疑惧。是为至要。（初一）（又示）　　近因新军变乱，故而闭城防备。现蒙提宪督师，业在燕剿战。防营大获胜仗，乱兵一律溃败。首恶悉数就诛，胁从均已解散。谕尔人民知悉，从此已无后患。其各照常安业，慎勿迁避惊怪。（初三晚）

《时报》宣统二年一月十一日（1910年2月20日）

广东兵警互哄之详情

新军与警兵积不相能，本不自今日始，故督练公所特设宪兵以约束之。不谓积嫌既深，遂有去腊三十晚之变。是晚五点余钟，有二标新军吴英元等六人，在惠爱七约绣女堂，因定图章，谓该店过期，硬要减价。五仙店伴不服，争论颇哗。警兵上前干涉，互相用武。时老城一局巡尉朱绍详受伤，警兵大愤，当堂将新军二人拿回。是晚各标入城颇多，闻此消息，纷纷到一局诘问，愈聚愈众。宪兵弹压不止，一局巡士严阵门前，以防其变。哄动至十句钟，环警局而哗者千数百人。时三标管带戴庆有亲到一局保人，警官不允，更将被拘之新军锁起。戴乃出语众曰：汝等可速回，此事有我在断，不虞警局之敢无礼也。众益哄然谓：管带且没脸，我等岂能甘此。于是磨拳擦掌，欲哄入一局者数次。无何，警道及广□到一局弹压，多方劝谕，并将新军放回，众始渐渐散去，事得暂寝。此三十晚兵警起衅之情形。是晚，二三标新军回营，以巡警欺凌之说，激动大众。翌日，各执木枪棍棒等物，联众入城，遇警兵即殴，遇警局即拆。是时各警兵只有短枪，又因分立各处，众寡不敌，故凡遇新军来殴，无一幸免者。各兵先到一局哄闹，伤七人。巡士由后门出编译公司而遁，失去手枪一枝、银鸡十□个、警棍八枝。往拆五局时，人数愈多，有一魏姓警兵被殴后，逃上瓦面失足跌死。计自巡官以下共伤九人，其门前木器什物，毁烂一空。比之一局，六局尤为惨烈。因此局在东门内，为新军出入聚点之地也。当局外被拆时，警兵皆匿在瓦面，用大石掷下。新军进攻，多不穿号衣，惟每有哄动，必大声呼曰：凡陆军人员必要帮手等语。是时本有多数宪兵拔出令箭，在场阻止，均无效力。迫得将大东门、从北门两城暂行关闭，并由李提警道广，协府县分往各局弹压。事息之后，各局警兵不敢出巡。入夜警道面奉督示谕，各分局转饬巡士，照常站街。其非一局、五局地段者，多有遵办。然居民已受惊不少矣。此初一日兵警互哄之情形。

《时报》宣统二年一月十一日（1910年2月20日）

初三四两日广东大败叛军详情

叛兵退窜后，至初三日侵晨，水师提督李准、统领吴宗禹，率管带李景濂、太永宽、李得铭、童常标及各防军各率所部约三千人，由大东门、大北门、小南门三路进兵。一点钟搜至东门茶亭前，两军相遇，叛兵出全队涌至约千余人。吴统领至军前，疾声晓以利害，令即弃械归营，许以回明上峰，贷其一死。旋见叛兵中有穿蓝袍手持红旗者，骑马驰骤，意气自豪，频摇手示不降意，且高叫曰：尔等兄弟如给我面子，当来合队攻城，否则吾首领已有命令，嘱我党今日进城，如不来即开一仗云云。吴统领知不可理喻，即饬所部在牛王庙一带分占四山，以步队遮其前而以退管炮队密藏于后，布置一定，全师俱伏山上，以形势优胜，尽行伏射。炮声甫发，服蓝袍者即应声而倒。斯时叛兵亦还枪相击，以排山倒海之势，汹涌而来，故伤亡枕藉。剧战数时，叛兵乃纷纷弃械逃去。计是役击毙约百余人，阵斩十余人。牛王庙前一带，尸骸遍地。并夺回快枪千余枝、红旗一面、战马十七匹。军械用马车运回，衣箱服装用枪肩返。其伤尚有气息者数人，由十字会医生伍汉持及西医骈三氏等分别医治。官军受伤只两名，大获全胜，即驻扎该一标营内。查乱军此次大败之速，实因枪码仅得七千颗左右，每人不及七颗。吴军快炮极为坚利，因莫能御。又是日防营在东门外拿获叛兵危宗源、林廷杰、劳谦、林杰、石焕堂、王汉英、王应墀、黄炎祺、胡常松、黄振忠、张善才、蓝荣堃、罗希喧、吴其泉十四名，交南海审办提讯，均不承认。其危宗源八名，认随张协统马车进城不及，故被拿获云。此初三日大战之情形也。初四日，官军以叛兵多向石牌、东圃、白云山一带逃遁，仍分队四处搜剿。即日获回叛军数名，俱已改装，或穿长衣，并分电各路截击。又官军志在穷追，即于是午将一标内二营烧去，以免藏匿。又闻袁督已将大胜情形分电各省督抚，并请军机处代奏。现在大局已安，断无有死灰复燃之虑。又标营本逼近永济药库，因只藏火药，未有码子，故新军不往抢夺，现仍派兵五百把守。又官军进攻时，防其西窜，先调兵五百守流花桥，五百守长堤，以阻其西下之路，并调有佛山安勇四百来省。又叛兵尸首俱穿军衣，又有穿队官、排长衣服者。至初四日，方便医院及九善堂前往收尸，又多全无衣服者。西关十字会在马草堆里搜回病兵一名，又在一标营盘搜出火夫四名。官军欲将其治罪，各善团不允。时适江太史孔殷到观，由其保释。又初三晚四鼓后，城兵忽然放枪，居民又复惊恐，闻实因误会所致。又秦提督已率大兵到首，汪有容亦带队赴燕塘会合。现在省城可恃之兵已达万人以上云。

《时报》宣统二年一月十三日（1910 年 2 月 22 日）

广东新军兵变余闻

　　黄士龙致谢各界函稿。仆此次为劝谕新军，误受枪伤，以致事败垂成，大局糜烂。念此满地遗骸，沿途饿殍，皆吾粤人爱子，为仆所亲征而来，苦练数年，费款百万，皆吾粤人膏血，今竟结果如斯，此皆仆照料无状之过。抚心自问，死有余辜。乃蒙各乡长共发慈悲，死者葬之，饥者食之，寒者衣之，于仆贱躯不稍加责，更予存问，令人惭感欲绝。现仆伤蒙梅田医生细心诊治，已愈七八，嘱令如有要事，可以出外调理，随时到局查验等语。本堂事务殷繁，拟即于本月十二早暂离军医局，俟赶速料楚。余事即当推贤让能，禀请大宪立赐撤差，不敢心存恋栈，再误吾粤子弟。他日有图报之机，再当以再生之身为桑梓効死，藉盖前愆也。肃此。敬伸谢悃，并候公安。士龙稽首百拜。

纪齐管带死事始末。齐汝汉，字晓江，安徽无为县人，为北洋陆军学堂毕业生。光绪三十三年经韩子寔参议调粤，派充督练公所提调。宣统元年初，练新军炮队，改委一营管带。教练有力，洵将才也。倪映典者，亦皖人投充新军。排长齐素知其所为诡秘，藉事斥革，以冀消弥隐患。此次兵警交哄，初三日晨各兵拥至司令部，迫索枪械，齐传令站队，拟大开演说，劝谕解散。讵甫经发言，倪忽从旁出大呼齐曰：汝速登楼，军队交我管带。齐斥之，倪袖出手枪向齐。初发中左肩，再发穿太阳，三交洞腹，立倒地死。倪遂率队出营，与防营接仗矣。事后齐之书记及护兵逃出，备述当时情事如此。呜呼，惨矣。虽倪亦于是日下午被官军枪毙，枭首营前，然齐死事之惨烈，乌可不纪。爰记其始末如此。

商会集议商办团练情形。昨十一日，广州总商会邀请各界集议，商办团练。是日各行商及自治研究社代表等到者数十人，议定仿上海商团办法，盖取寓兵于商之意。俟查取章程，斟酌尽□，即分别刊派，再行遍请各处街坊行商到会妥议，认领军械，认定勇额。一俟认齐成军后，即按月定期操练，遇有事故，互相联络，择要扼守。众均鼓掌赞成，遂决议而散。

　　　　《时报》宣统二年一月十九日（1910年2月28日）

香山民众反抗巫捐*

香山县城民众，焚毁承办巫捐商人及承办酒捐商人之家宅房屋，以泄公愤。（初八日戊刻广州专电）

《时报》宣统二年五月九日（1910 年 6 月 15 日）

广东香山大闹道巫捐详情

承办香山道巫僧尼捐之王进，自奉县宪核准给示开办，即租定歧阳里旧易昌店，设局抽收。先于本月初一日各僧道等众，即联同罢业抵制，复连日派人分赴各乡筹议对待之策。至初六傍晚时，该局门首即麇聚多人，往来辱骂。后愈聚愈众，至晚间八点钟，途为之塞，即将该局拆毁。九点钟，该区巡警弹压不住，马协镇即率勇数十人驰往弹压。行至广生行门首，被众用砖石乱掷，击伤面部及肩际。护勇即放空枪示威。众愈愤激，汹涌上前，将马协坐舆毁碎，随将该局窗门、瓦面尽行毁拆，所有器具什物亦毁坏无余。巡警正局张巡佐，亦被砖石掷破头颅。该捐局内人等，早向瓦面潜行遁去，不致受伤。拆至十点钟时方毕，各人复拥至悦来正街，前承办屠捐现承办海防经费及甑捐之陈善余住宅，毁墙而入。陈闻风，偕其眷属向后邻某宅逃去。众即将该宅拆毁，复放火焚烧，所有衣服器具，概行付之一炬。各处水车闻警赴救，为大众吓止，不许灌救该宅，只许向邻右将水喉射击，故邻右幸未殃及。马协复驰往弹压，卒无法解散。是夜十二点钟，复拥众到上基盐埠，毁墙入内。该埠中人以来势凶猛，即命巡丁放枪抵拒，轰伤数人（闻有一人回家后即因伤毙命）。群情愈愤，冒险前进，放火将该埠烧毁。埠中贮盐甚巨，被焚后，众人复将埠内之什物及食盐夺取。翌日，各人前往该埠夺盐者，尚络绎不绝。初七日，夏捕厅带同各区警局巡士数十人，到该埠看守。各闲人之往取盐者，仍肩挑背负，任意夺取。经巡士拦阻，亦置之不恤。午后始将闲人遣散，即用板片将该埠门口及毁开之墙孔钉密。是日上基一带商店均闭门罢市，以暂避其锋。此事初起时，邑令适于是时下船往省，未及在场弹压。初七早，县署发出四言告示，到处张贴，略云：绅办巫捐，为地筹款；应否照准，听候官办。尔等良民，立宜解散，勿再聚众，致滋事端，务各安分，毋贻后患。自示之后，勿得违玩。又示：案经电禀，大兵即到，尔等良民，各宜回避，立速解散，勿再滋事。谆谆告戒毋违。特示。又示：道巫尼捐，奉宪准办，现既不愿，应即停办。尔等良民，立行解散，乘机抢盐，定即严办，约束子弟，勿肇祸乱。特此告戒。营县会示。现下地方虽已渐安，惟谣言未息，人心尚未大定。此后如何，容查确续报。

　　《时报》宣统二年五月十七日（1910 年 6 月 23 日）

新安县反对清查户口 *

　　新安县（广州府属）居民因清查户口，大起风潮，均是妇女出而抗阻。营县禀请大吏，速由省派兵驰往弹压。（十四日戊刻广州专电）

　　《时报》宣统二年六月十五日（1910 年 7 月 21 日）

广东反对酒捐风潮汇志

　　酒捐暂缓开办之督批　　督院据东藩司详酒捐抵饷事，当即批云：详悉。酒捐拨抵赌饷，与禁赌原奏用意相符，该司拟划出甑捐十二万余两，其余以抵赌饷，本属可行。惟察看目前情形，初谷究未丰登，平粜又将停办，尚以维持民食为要义。应俟谘议局各绅将酒捐抵赌饷各情传知各商，相喻以公义，如果多数乐从，而年谷又占丰稔，再由该司禀明谕饬开办。仰即遵照，并分别移行知照。缴。

道府传述督示缓办酒捐原函　昨道府等致函各善团云：敬启者：现经方便医院函开，酒为消耗品，酌量抽捐，办【法】得宜，原无妨碍。惟粤省酒米同业，自康济公司承商后，酒米行商纷纷集议，禀请求免。迭奉批驳，乃联合全行联盖图章，名为不愿卖酒，实则联行罢市，略见二十八日《国事报》。闻已通传各府州县各米行，同时于八月一律罢市，情形极为可虑。查省河存米无多，平粜又将停办，万一米市一罢，匪党乘机，大局何堪设想。为此密函，恳请宪台预为防范，一面照会平粜公所，多购米石；一面添派兵勇，保护各米厂；一面函请十善堂、商会、自治研究社、自治会，从速设法调停，各米商勿得遽行罢市等由。准此，查康济公司禀承全省酒捐一事，现经禀奉藩宪面谕，已奉督宪批示，暂缓开办。联行罢市，律禁綦严，酒米行各有身家，营业所关，岂可冒昧尝试。此种风说如果属实，定出自一二好事之徒，明理者自不致为其所惑。准函前由，用特奉布台前，请烦传知各酒米行，一体知照是幸。专泐。祗请公安，维照不备。

各公团布告酒捐暂行停办传单　公启者：前因酒米行布告阖行，为康济公司揽承酒捐一事。各店以生计艰难，拟于八月相率闭业等语。以故远近谣传，酒米行将有罢市之举动。昨经方便医院等通函各宪，请为设法调停，以维大局。昨奉道府宪函开：康济公司酒捐一事，现奉藩宪面谕，已奉督宪批示，暂从缓办，嘱即传知酒米行一体查照，勿为浮言所惑等因。奉此，是康济公司八月初一开抽之期，已奉督宪批示暂停，应请酒米行同人务以民食为重，照常安业。此外各同胞幸勿轻听谣言，谓米行有罢市之举，致多误会，是为至要。此布。粤商自治会、自治研究社、十善堂院、平粜公所、商务总会仝启。

《时报》宣统二年八月九日（1910年9月12日）

连州抗钉门牌大风潮

目前粤省连州因编查户口，毁学闹事，大起风潮。兹查其详情，系由州属各处乡民因闻有编钉门牌之举，疑为学堂筹办人捐，特于七月二十七日聚集六七百人，在城隍庙内商议抵抗之法。城隍庙本属巡警范围所及之地，例应干涉。巡官黄体敏乃置之不理。嗣后由城守赖景云前往弹压，惟不知其所语为何，而外间纷纷传说，则谓赖城守经对众声明，编门牌非出自官府之意，由是各乡民几无不信其为筹办人捐而设。自是而后，集议抗钉门牌之事遂无日不有，所闻虽经谈州牧出示晓谕，及各调查员百般解说，均归无效。至本月初四五以后，并有匪徒数十人在距城十余里之四方营村大庙内，制造小竹牌，注有堂名及四言俚词数句，四出诱人购买。每块取银一毫，暗中约定十二日齐集州城，毁拆学堂。外面则布散谣言，谓各调查员必是十二日实行编钉门牌，以为鼓动人心之计。至初八、初九已风声甚急，而谈州牧犹以为，门牌延搁不钉，必无他虑。当各学堂学员入署商请防备，反责为遇事张皇。至十二日早，又有绅士进见，仍声称无事。是日十一点钟后，果见乡民蜂众而来，始知惊惧，忙将城门关闭。然乡民愈聚愈多，未及一点钟，即被毁城门，拥入城内，先焚毁中学堂，次绅士邓焕桢家及小团月店，又次常平社学。旋乃出城，毁捕属燕喜高等小学堂。夜复用火焚，校舍已成灰烬，损失甚巨。又入城毁酒甑公司、房捐公司，及养正、恭让、余庆、外坊各小学堂。计前后共毁屋舍十一间。谈州牧及雷游击虽曾极力弹压，惟乡民情势汹汹，不由分说，无可如何。是日乡民并欲焚毁教堂，幸连日水大，不能渡河，因得无恙。查乡民所以猖獗如此，无非恃其早已结有匪徒，足为后劲。犹幸当其入城肆行焚毁之时，匪徒尚未大集，不然州城已被窃据矣。顷闻四方营大庙内聚有匪徒数百人。又东陂星子及阳山县之百虎寨岗等处，均有大股会匪陆续来会，不月行将攻城，非得大兵救援，则城池之安危仍未可保。日下城门紧闭，城内居民一夕数惊，而居住乡间者尤惊恐异常云。

《时报》宣统二年九月二日（1910 年 10 月 4 日）

廉〔连〕州助学捐风潮

廉〔连〕州西门闹事，因抽捐助学，当时外人悉数登舟避祸，刻已事平，一律回城。（初九日未刻广州专电）

《时报》宣统二年九月十日（1910 年 10 月 12 日）

连州文武酿成变乱之情形

粤省连州乱党于上月二十九日攻破三江城情形，略登前报。查当日美国男女医局、男女学堂、礼拜堂共四间，该处公立学堂三间，绅士房屋四间，概被抢掠焚毁。至翌日复蜂拥出州，欲将城西莱园坝洋楼教士焚杀。幸地方绅民李众极力保护，未及于难。各洋人于是日晨刻，雇船赴省远避。此次乱事，本由地方文武酿成。州牧谈国政年老昏聩，疏于防虞。游击雷镇谷，素性柔懦，日以叉麻雀为事，初尚闻警到场，向乱党磕头求情，继则徘徊观望，直至乱党呼啸去后，始逡巡前往勘验。近更置若罔闻，任乱党横行无忌，惟屡饬兵弁持己名刺，求乱党暂缓起事。而乱党益利用其刺为诱胁之具，声称雷大人已暗助我等。以故愈愈逞凶，附从日众，不可收拾。现在州地惨遭破坏，损失甚巨。公产则以燕喜学堂为最，约值八千金。绅界则以北湖洞叶绅为最，约值六千余两。三江莫绅现未报案，闻亦不赀。至洋人损失若干，尚未调查确实。日闻乱党仍四出焚掠，时见各村落烟火烛天，炮声隆隆，被害者多不敢报案。遍地莀符，朝不保夕，但未知能及早平定否耳。

《时报》宣统二年十月十六日（1910 年 11 月 17 日）

海南三千人叛乱*

海南民间叛乱者三千余人，专事焚劫，刻商家一律罢市，兵警驰往剿击，生擒匪党七十余人。（十二日午刻广州专电）

《时报》宣统二年十一月十三日（1910 年 12 月 14 日）

粤省连州匪乱情形

连州白日闭城　前月吴督办宗禹带兵到连州。是时商场冷淡，幸尚安静，各处乡民亦无甚招摇。不料本月初六七日，乡民忽大会于对河小水堡地方，宰猪聚饮，约千数百人，在小水堡举出头人李观梅，要吴督办过河相见。是日吴着雷弁过河相会。雷睹此众，不敢带李回营。吴遂于初八日亲统兵渡河，乡民闻声关门闭户联走入山。有等乡愚相率鼓噪，打洋油罐作鸣锣状，随捉乡民十三人。又初九日早饭以后，众又哄闹，云拆洋楼，因此派兵保护，致城外铺户一律关门。又下午四打钟，忽然闭城，旋又复开。此举动实难预料，而李观梅仍未捉获，将来未知如何办法。

绅民电禀州匪猖獗情形　督、藩、臬、水、提、学、警宪鉴：州属土匪作乱，蒙派吴守督队查办。讵吴守仍主宽办，愈纵愈凶。庚青日掠抢四乡牲畜、谷石、商船、银物，树旗踞山。蒸日官军查河，匪先放抬枪及无烟枪，相持三四小时始击退，仍不穷剿，又不解散，希草草了事。现匪党麦荣光，约流沙各堡齐集攻城，信件由吴守搜获。土匪殴金生，西匪、清【远】匪李亚石、黎洞石等，股匪五六百，均由匪首李观梅招齐，声势甚炽，危在旦夕。乞电吴守，实力剿办，合府均感。连州绅民陈松年等公电。

又函云：连州匪乱，经吴守宗禹带兵两营前往剿办。惟匪党极力抗拒，官兵伤毙多名。西省游勇又乘间窃发，吴守部下只有勇九百名，难于分布。经飞电增署督，速行派兵前往助剿，以期厚集兵力。增署督会商李水提，先调陈管带领队，即日启程，星夜驰往，拨银三千两以为饷糈云。

《时报》宣统二年十一月二十九日（1910 年 12 月 30 日）

连州自治研究所函述剿匪情形

粤省连州乱事，自八月至九月底，各情迭纪各报。十月初六、初九两日，由莫绅率团勇拿获廪贡生何沛泽、陈亚业、张泗隆、何江华等。吴守率兵到境，立即解案，后由吴守派勇陆续拿获多名，惟十九往浸谷塘围拿首要猪仔安等，陈巷、湟本两寨传锣开枪拒捕，要犯多已脱逃，而九陂三堡河南下半堡与流沙堡等处匪徒，及首要最多。十一月初七、初八、初九等日，纠集在州城对河四方营、水井坪、瓦窑冈、高堆、马屋墩、石街头等处，约数千人，高树黑底白字之李元帅旗号，直逼城下河干。初八日，吴守亲往其境，拿获十三回署。次日讯明，分别去留。初九日，该匪党传锣函邀各处匪徒及外匪，占据四方营、水井坪、瓦窑冈、高堆、马屋墩、羊眉脚等村，盘踞谷石牲畜，阻塞河道，劫掠商船银物。初十日，吴守派勇往牌角，保护往来船只。讵该匪党在羊眉宝塔，用抬枪及无烟枪击勇，随又由黄牛岭来一股匪袭击。勇初犹退回将军庙，后继添派多勇助战，相持三四点钟久，始击退该匪。吴守即连日出示解散，意图草率了事，不知愈宽纵则匪势愈张。近日李观梅、麦容光又函邀西匪及清远匪，复聚在花棉冈、石街头、龙秋潭等处，不下二三千人，筑石寨、修路，预备攻守。刻下安分良民纷纷迁避，惊恐异常。自小江至连州河道，沿途梗塞，往来商船不通云。

《时报》宣统二年十二月三日（1911年1月3日）

新军戏园押店

两广督练公所兵备处移交警业两道内开：据陆军警察营管带禀称：各兵士因年假看戏，与东关戏园冲突各情，当经弹压解散在案。管带伏查，军人半价看戏乃特有之利权，文明各国率皆如此办法，北洋各省久已实行，即本省年前亦曾发有标营兵士看戏半价。此次东关戏园先则不肯减收半价，及后又不允兵士用铜仙购票，似属有意抵制。而兵士多买票入座，亦属强横，若不及早明定办法，不足以弭事端。各戏园虽以巨饷承充，而新军乃为国家应尽义务，自应享特有之利权。且星期及年节假日方有兵士看戏，管带愚见以为，应照实行办理，以杜争执。现拟于各戏园除对号位或帆布床外，无论何项座位，均准新军半价购票。以后各新军兵士再有不购戏票强行入座情事，本营警兵即实行干涉。如兵士以半价购票，该戏园亦不得无故阻抗。抑再请者，标营各兵士往往私当军服，屡经本营发觉禁止，皆由当押店任意与当，毫无忌惮，不知关于服装与当者，亦应查究。虽兵士先行将军服上肩章摘去，而形式尚存，无难一望而识。应请宪处并出示严禁，倘仍故违，除将兵士严惩外，该当押店亦施以相当之处罚，以肃军纪而儆罔利等情。据此，查兵士放假入园观剧，半价购票，尚属平允，似可照行。至当店私典军装，本干例禁，应请贵道出示严禁云。

《时报》宣统三年一月三十日（1911年2月28日）

四会县民抗酒捐 *

四会县（肇庆府属）民人反对酒捐，聚众拆毁酒捐分局及巡警局，又捣毁酒店九间，并波及承酒捐商人住宅。（十三日酉刻广州专电）

　　　　《时报》宣统三年三月十四日（1911 年 4 月 12 日）

粤省四会闹捐之详情

肇府赖守十一日接四会县周令飞足报称：案奉宪行开办酒捐，自应遵照举办。承商李振升等，向总商承批代办。县属酒捐业经出示晓谕，复经派差传谕各酒甑店等遵照。讵初十早，各乡贩牧户男妇人等，向城外新路万丰等酒店甑户购买猪糟，因价陡昂，大为鼓噪，并称该万丰店等九店藉端渔利。一倡百和，仓卒间愈聚愈众，立将代办酒捐公司及新路一带之万丰等酒店九家，掷石拆毁。知县访闻，立即督带巡勇会营绅及县属巡警，驰往弹压。讵烂崽恃众鼓噪，纷纷掷石。巡勇、巡警各有受伤。各烂崽复分党向巡警区掷石毁拆，又向承办酒捐之吴展来家毁势，情势汹汹。嗣经再三设法，多方晓谕，现已解散，查拿为首滋事之人究办云云。

　　　　《时报》宣统三年三月二十日（1911 年 4 月 18 日）

清远民众拆毁酒捐局 *

清远县（广州府属）顽民拆毁酒捐局，并抢掠盐埠、当铺及各店户，当即捕获十五人。（二十日酉刻广州专电）

　　　　《时报》宣统三年三月二十一日（1911 年 4 月 19 日）

香山反对葡官越界收捐 *

澳门葡官曾派人丈量过路环九澳（皆属香山县）田地，勒收捐税。乡民大愤，抗争几至暴动。澳界维持会急电省宪，请速派兵弹压，并与葡领交涉。（念七日酉刻广州专电）

《时报》宣统三年三月二十八日（1911年4月26日）

佛山大闹酒捐续志

初十日再抢掠　佛山初九闹捐情形，已记前报。兹续查是日闹事时，有著红葭衫之长髯老人，并有白衫者持雕扇在场指挥。事后有人在被拆之梁秋官第拾获簿册一卷，册中编列天地元黄字号，所列皆拆之家数，则此举则早有定策，及有人主使，已可概见。至初十日，无赖辈意图抢掠，复哄入阮庄，被阮宅开枪遥击，伤毙各一人，始行散去。事后在池塘浮起一尸。又随往永兴街阮时和药店、三圣宫前林文源住眷、北胜街黄金线香店、福寿里前承道巫捐崔宅，遽行拆毁，抢掠货物无算。复往承龙街黄祥华住宅抢掠，攻入油房，计抢去如意油三进百，并银物等无数。统计黄祥华被毁住宅四处、店铺二间，计损失约在二十万之谱。其尤无理者，则谓长源米栈，运屯安南米，故借端抢毁，损失亦逾数千。昨已捉获八人解省。其抢阮宅时，所有金银首饰纳诸怀中，女服之美丽者，穿在里面，外服男长衣以盖之，并强抢妇女手上金钏无数，台椅与笨重等物，则焚毁净尽，可谓凶残已极。

大绅之被累　又闻该镇大绅莫如洪，此次酒捐本与彼无涉，但前该绅曾办猪捐，激成暴动。各无赖乘机将其大屋拆毁。当时人数众多，虽有抢掠，兵勇亦不敢拿人。迨众人散后，有等往拾遗下物件者，遂拿获四人，于初十日移解南海县审办。堂讯时，黄妹供三水人，伊叔与莫绅同学，现蒙莫绅荐往咸鱼街某客行雇工。伊闻莫绅之屋被拆，亲往看明，报与叔父，因与兵勇口角，致被拿解等语。其余三名，曾清则在其身搜出旧鞋一对、羽绒女裤一条，谢树润、彭九二人身上搜出绉纱女裤、熟绸女裤各一条，女背心一件，一并解案。又由警局解黄苏一名，据称在街上拾得水烟袋、毛巾等物，不认拆屋。

　　抢犯就地正法　南海令由省往勘，十一日下午回署，带有犯人梁亚宝、黄社北、邓桂华、钱忠等四名，回省随即禀上衙门，奉张制军面谕，必须从严惩办，以遏刁风而儆将来。该县回署后，连夜提犯亲讯，以梁亚宝、谢树润、彭九、曾清等四名，均有赃物为凭，系当场捉获之犯，实属罪无可逭。当堂取具掌摹，录供通禀。随奉批行，于十二日下午，由刑事所提出该四犯，交西关汛巡防安勇押落兵轮，载往佛山就地正法，以昭炯戒云。

　　练勇乘机饱囊　佛山此次乱党肆扰，多系徒手捣毁，并无凶器。而兵勇则背负长枪，呆立如木鸡，作壁上观。且乱党狡诈，伪为无攘夺也者。而勇等持有打灯巡视，俯拾抛弃金银物徐纳怀中。闻某铺更练全伙，协同地痞多人，乘机前往各处，或截或抢，大饱贪囊，事后会计每人分赃二十余金。

　　《时报》宣统三年五月十八日（1911 年 6 月 14 日）

广东石龙闹捐风潮详情

　　东莞石龙闹捐风潮已略见专电，兹调查其事之始末，详细录下：

　　起事原因　查石龙镇绅董前缘组织地方自治会，经费不敷，提议将新庙产业拨归自治会支销。该庙坊众，多未允肯。而自治会绅董禀准东莞县令，饬差催缴。该差承禀到庙，值事等均不在。此该差遂向庙司多方恐吓，威逼备至。第新庙系西禄元东禄元、福庆坊、永寿坊合为三坊之香火庙也。其内容十分宏敞，中有西厅，坊众集议事情，咸聚于此。而闲时则坊人多到此叙谈，品流亦殊错杂。在座者皆血气少年，遂喝令将差殴打，声势汹汹，难以理喻，并将庙鼓打响。斯时街外行人愈聚愈多，该差见势不佳，虽向众说此事系自治会禀请县宪，到催缴收，原于我等无干等语。有顷则哄然一声，遂有毁拆自治会之警告云。

毁拆自治会情形　当时说去拆自治会，一唱百和，人多如蚁，随有好事者将庙之鼓抬出，沿途击响，招集至千余人之多，齐到豆豉街自治会，蜂拥而入，将所有家私、什物、台椅、窗门等件，毁拆一空。至自治会中人有未及逃避二人，被坊众饱以老拳，卒纠缠脱出，即由天棚逸去，幸不至被殴过重云。

毁拆绅屋情形　至毁拆自治会后，各人犹愤气填胸，不可压抑，皆云倡办各绅董名为公益，实饱私囊，不将各绅董屋宇拆平，无以泄愤。遂先后拥至各住宅，将器具毁烂，将衣物撕烂，投出街外，狼藉满地，任人践踏，并无人将物件携去，各人声称文明对待云。兹查得各绅住宅被毁拆者，分录如下：

曾守信，别字经余。举人，自治会绅董，住宅在竹园，所有家私衣箱尽被毁烂。

曾守约，别字咏沂。自治会绅董，即守信之兄，所有家私什物毁烂一空，瓦面亦被毁拆，其损失为最巨云。

宁遇吉，别字爵田。武进士，在豆豉街居住，今年已物故，系自治会绅董，又将住屋租与自治会，故亦被毁拆一空。

钟祝南，博罗生员。其住宅在豆豉街，因将屋租与酒捐公司，故亦被牵累，所有家私什物尽为毁烂。

李子登，自治会绅董，并承办酒捐。其住宅在东禄元，亦被拆毁。

麦煜芬，别字雪铭。举人，自治会绅董，所有自治会事宜均其主持。住宅在新街，屋内什物衣物尽行失去。

陈位锡，别字肖臣。附生，自治会绅董，在棉花街居住。其家私什物毁烂殆尽，其瓦面亦被拆平，损失之巨较各绅为甚云。

林殿臣，自治会绅董，又系酒捐股东并发起人，系石龙林荣昌、林祥和籐店东主。自知一定不免毁拆，故先着籐店伴十余人，将自己住屋什物略行毁烂，以明经各人毁烂之意，所以虽有损失，尚不至过甚云。

拆毁各捐局情形　各人将自治会绅董住屋家私、什物毁拆后，又谓各捐局重重抽剥，惨不可言，必要将其毁拆一空，方足以寒承捐者之胆等语。于是一般少年多如蚁聚，势如蜂拥，先后又将各捐局什物、台椅尽行毁拆，墙壁、窗门全行打烂，并无抢掠，亦无波及邻右。兹将被毁拆各捐局列下：

烟丝捐公司，在故衣街。牛捐公司，在面街，即朱耀东之住宅。花捐公司，在故衣街。屠捐公司，在沙边街明善堂内。酒捐鱼捐二公司，均在沙边街东兴祥店内。鸡捐公司，在卖鸡地开设。

以上各捐局被毁拆时，幸各局员见机先遁，不至有被其殴打遭其凌辱，亦云不幸中之幸也。

政界弹压不住　当时左堂邝炳奎得了警报，立穿便章，带勇丁十余名亲自步行，沿途劝谕解散。同时游府庄毅及管带续备军刘雄材、该处巡警局区官等，出而弹压。各人势甚汹涌，以恶言对待者有之，以碎瓦大石乱掷者有之。区官向众再三作揖劝止。庄游府则掷伤头颅，血渗渗下。计是日下午两点钟起，风潮剧烈，不可压抑。直至时近二鼓，始稍寝息，而警局巡士忽又在街上拘获三人，带回正局。众遂蜂拥至局，要胁将三人交回。警勇乃放抢乱击，弹伤三人，众乃走避。旋再击大鼓，向附近石龙之水南村号召。幸水南各绅耆力为阻止，无一出应者，至三鼓后，遂一哄而散。

巡警枪伤商民　查十二晚，巡警枪伤三人，一系饱街培记缸瓦店东，击伤脚部，势甚危险；一系咸鱼栏元合酒饼店伴，弹中腰部，恐有性命之虞；又一不知姓名，系由水南乡来石龙买物者，道经太平社警局门口，致被枪伤。是晚三人用床板抬入新庙，集众商议办法云。

政界之互商办法 十二日入夜时候，风潮犹未寝息。该处文武各官虑有巨变，随即发电，报省张督及李提，并借来往莞城渡船火轮，星夜驶往东莞，追县官回商办法。十三早七点钟，县官亲带巡防勇约百余名，到石龙。各勇分布各要区，县官寓皮糖街惠育医院内志广府。十二晚，由专车四更到石龙，寓游府衙门。文武各官互商，办理甚为慎密云。

平民之无辜被累 十三日，政界派出侦探多人在街上梭巡，凡有形迹可疑并说及此事者，共拿去十二人，其中多无辜被累。各商户集庙，联名保释。各商到左堂衙门取保，而左堂推归游府作主。彼此推诿，至今仍未保出。未悉此后如何办理。

张督谕格杀无论 张督以近来闹捐之事时有所闻，民风刁蛮，至于此极，及此次石龙因抽庙尝捐事而波及各捐局，又敢围攻警局，聚众千余，拆毁绅屋，难保其中不无匪徒在内怂恿扰乱，以冀藉端抢掠，亟应严拿惩办。闻昨广府志守前往弹压，张督交大令一枝，如有不服弹压，许以格杀勿论，并饬将办理情形随时电禀察核云。

地方安谧 张督既饬广府志守即晚专车前往弹压，次早复由广协黄培松督兵二百，由头班车赴石镇，相机弹压。下午有电回省，云已解散，地方安谧矣。

《时报》宣统三年七月二十日（1911 年 9 月 12 日）

广东石龙闹捐案之结束

署广府志守宗等昨将办结石龙闹捐案，拟定处决各犯缘由电禀省宪，其文如下：督宪、水提宪、提法宪、巡警道宪、缉捕发审局、广府署广协钧鉴：石龙匪徒滋事，奉饬驰抵，即日督率营县巡警拿获在场滋事匪徒吴长脾丽、袁初、吕进、麦华、刘单眼福、刘连发、陈汝七名，连日【研】讯。据吴长脾丽供：六月间，县发告示，提庙产三成作为自治会经费，众人已议，如有人来，即行拆毁自治会所。十二日，县差来催，索取差费。伊等即擂鼓聚众，先拆自治会，随后愈聚愈众愈多，遂焚毁各绅住宅、各捐公司。袁初等六名，同供在场毁拆不讳。查吴长脾丽确系主谋，袁初等平日均极不安分，此次藉端滋事，扰乱地方，不法已极，应请将吴长脾丽等七名，均予就地正法，以昭炯戒。余犯容讯实续报。此外查出为首主谋之匪徒现已远逃，仰恳准予悬赏购拿，务获惩办。筹办善后情形，容在详细禀陈。是否有当，谨先电请酌夺。缉捕发审局长署广府志宗、游击夏文熙、庄懿、知县刘厚桐禀叩。篠。叩〔印〕。

《时报》宣统三年七月二十七日（1911年9月19日）

归善淡水墟抗酒捐 *

归善县（惠州府属）淡水墟因抵抗酒捐，攻毁酒捐局，并拆碧甲巡检司署。（初四日酉刻广州专电）

《时报》宣统三年八月五日（1911年9月26日）

广　西

广西边境匪乱颇炽 *

闻广西边境匪乱颇炽，道途梗塞，平马电线业经被匪割断数十里。（按：平马与泊利相去不远，泊利向设有电报分局。泊利之南为龙州，西为百色厅，西北为平马。又按：广西与安南联界之处，自刘永福奉旨入关后，所遗部下健儿甚多。其人均系精壮，且曾屡与法人开仗，于边界路径最为熟悉。耕种之余，时至法人住处行劫，或掳法将弁勒赎）法人颇以为苦，时牒苏子熙宫保，请为办理。苏镇桂边颇滥费，用人用财均无节制，已积欠军饷至二十八万之多。然颇能联络法人，抚绥游勇，故桂边暂能安静。游勇等多为招致，予以先锋名目。然欠饷过多，识者咸知不一二年后，乱机必作。今苏被粤抚等劾调去任，该游勇等因欠饷之故，所有毛瑟快枪及无烟火药枪等，均揹不缴送，乱事已在意中。且从前李××之乱，各处无款募兵，游方伯托病不出，幸署监道吴湘渠观察力请于黄中丞，在道库提款十万，募兵往剿，得从速弭平。今张方伯专以赔款为主，所有各县存款均已提清，若一旦祸发，则兵饷并绌，深恐难以速了矣。

《中外日报》光绪二十八年二月一日（1902 年 3 月 10 日）

广西叛匪声势愈厉 *

　　传闻冯子材军门旧部刻已与广西叛匪联络，故声势愈厉，事甚可虞。该兵约四万名，中以前在安南之黑、黄、红三旗后人居多，向本在安南之东京及广西交界处所，后虽蔓延两粤，然尚安静，并未作奸犯科。至前年因皇太后及端、刚、李秉衡、贻谷、赵舒翘等举行仇视洋人政策，特命南省疆吏及各提督赶速练兵，分驻扬子江各省，以与洋人为敌。其时广西练兵事宜归冯军门办理，而广东则交苏元春军门为之。冯乃将己及刘永福总戎旧部之若子若孙，招集成军，而以新式军火给之。此种军火，即系南省督抚因奉承皇太后及顽固党而解往者。乃甫经练成四万名，京师业经失守，两宫亦已西幸，已无所用。华官非但不给饷银，反欲令将军火缴出，致各兵心怀不服，未肯听命。冯亦兵〔因〕此告退，该兵遂归广西提督苏元春军门督带。该兵心更不平，声言如必归苏管辖，定须杀之。故当苏军门派员往带时，各兵竟开枪以拒。苏乃以大兵临之，藉为压制之计。各兵尤为不服，遂各携军火入山，而与叛匪联络。故目下兵匪已共有六万之多，异日粮饷一经充足，恐所为殊未能逆料也。译二月初一日《字林西报》。

　　《中外日报》光绪二十八年二月二日（1902 年 3 月 11 日）

广西郁林匪势颇汹 *

　　广西郁林州土匪窃发，势颇汹汹。兹闻此伙匪党以林某为首。林本柳州府马平县人，客春与无赖三五横行乡里间，剽掠赀财，为乡勇所擒，解县提审，坚不供认。局绅碍于情面，代为具诉，将其保释。林遂啸聚党众，各属亡命之徒，及广东灵山等处之游民、散勇，皆闻风而至。迩日拥众数千，高扬大纛，上书"劫富济贫"字样，以煽惑人心，迭出骚扰，乡村市镇皆受荼毒。虽经营县派军围剿，不能取胜，是以电请东勇会剿也。

《中外日报》光绪二十八年二月四日（1902 年 3 月 13 日）

广西溃兵为匪

西三月五号广东函云：广西郁林州土匪作乱，其数约及数千。该处官兵以兵力单薄，不足为其敌，故已由统领电请粤督派兵往援。当经粤督派马军门带勇两营前往，此外又派刘军门永福带黑旗两营，协同往剿。广西巡抚更命华官周某至广东省城，购办新式来复快枪，以为剿匪之用。广西、安南交界之处，闻亦有土匪作乱情事。该处之乱，系由溃兵所为，该溃兵即前广西提督苏元春所辖者。因苏于年初由广西调任湖北，乃将各兵裁撤。当时以忘将军火收回，致伏今日之祸。陶制军以南宁最关紧要，故刻已派陈道台带安勇两营，前往南宁保护矣。译二月初三日《文汇西报》。

《中外日报》光绪二十八年二月四日（1902 年 3 月 13 日）

剿匪上谕 *

前据丁振铎电奏，广西地界散勇游匪勾合抢劫，现正派队防剿等语。迭经严谕迅速剿办，一面将各国教堂教士人等切实保护，并饬苏元春驰往广西，接统边防各营，责成将一切防剿事宜妥为经理。兹据丁振铎电称：达隆二画洋官一人，由布局对汛，前往越地，被匪枪毙等语。游匪滋扰，致洋官无辜被害，殊深惋惜。该地方官防护不力，实堪痛恨。著丁振铎查明分防文武各官衔名，即行革职，并著陶模、丁振铎、苏元春，将此项匪徒认真剿办，迅速扑灭。并通饬各属，加意保护洋人及各处教堂教士人等，以靖边疆，而弭后患。倘有贻误，惟该督抚等是问。懔之。钦此。

《中外日报》光绪二十八年二月六日（1902年3月15日）

查拿凶犯上谕 *

昨据丁振铎电奏，洋官由布局对汛前往越地，被匪枪毙等语。当经降旨，严饬将分防文武各官查参，并将此次匪徒认真剿办。兹据丁振铎续电奏称：查明法官被害一案，据管布局对汛镇南营管带赵从楷禀称：正月十八日，法国驻守那烂之二画，适与达隆二画及稔浪二画同到那烂，借来布局营中聚会转回。是夜三更后，据那烂稔浪洋官来营，说及达隆二画随带越兵一□人，行至越南宠村地方，被匪枪毙，托帮同缉凶究办，并无异言。现据领事照会，请为防缉。查兵官系在越地被害，现已派弁会缉各等语。法国兵官虽系在越南境内被害，惟与广西边界毗连，仍应不分畛域，查拿凶犯，以笃邦交。著丁振铎、苏元春严饬边□各营，赶紧遵照办理，毋许松懈。钦此。

《中外日报》光绪二十八年二月八日（1902年3月17日）

郁林土匪游勇相结为乱 *

粤西郁林土匪近更会合游勇，势颇汹涌。高州镇马介堂军门议调所部两营，带回高州防次，将原驻高州之介勇酌委干员督带前赴郁林相机办理。缘郁林与高州境壤密迩，恐乱党窜入邻境，以致滋蔓难图也。钦廉交界地方，土匪游勇相结为乱，业经陶制府饬调安勇两营，前赴防剿。兹闻此股匪徒约有四五千人，势颇披猖，近已窜至廉州灵山县地方，肆其骚扰，且有戕害官弁情事。又闻十九晚，石城县城突被游勇阑入，竟将狱囚劫去，乘机抢铺店十余家云。

《中外日报》光绪二十八年二月八日（1902 年 3 月 17 日）

北海近事述函

西三月七号北海来信云：此间于前礼拜日接到电报云，三合会匪在广州湾之西聚众滋事，将某县县城攻破，打开监狱，释放犯人数百余名。该处守城各兵以众寡不敌，不独不与会匪交战，并且见贼即逃。该县知县亦因逃避迅速，得免于难。现在已有救兵到来，以平其乱。吾于去年十二月二十八号曾发一信，内述一事，言此间礼拜之前有某洋行棉纱若干，雇装土船，运往广西，半途被贼拦劫，将货抢掠一空。查系在广州府所属之地遇贼被劫，现已由英法两国领事向广州府理论，即由该府核计所失货物资本，照数偿赔，已将此事作为了结矣。此间因近来水陆各匪太形猖獗，故廉州府于西正月底禀，由高廉道转请粤督，派黑旗兵五百名，驻扎廉州，择要防守，可以随时调遣。该兵初到之时颇为安分，至西二月初，有兵三名，往该处娼寮游玩，遽将衣物劫抢。高廉道闻此消息，即将该兵三人拿获，发交该管知县审讯，定以斩首之罪。其余各兵闻得此信，以刑法太重，心不甘服，意欲藉端挟制，聚众公求，请道台将此三人释放。于是高廉道即发电至省，问黑旗统领作何办法。后得回电谓，必得如此办理，以儆效尤，不然则军中纪律不能行矣。道台得信，于二月念三号饬令各兵，将军火悉行缴还，至次日即将三人就地正法。营中各兵以手无寸铁，不能滋事。事后道台将此兵逐队分派，择要防守，以分兵力，使其不能聚众，以免滋事。译香港《西报》。

《中外日报》光绪二十八年二月十四日（1902 年 3 月 23 日）

桂省游勇为患 *

　　桂省游勇为患，扰害地方，经省台檄各营兵勇驰往剿办后，现有南宁府生员蔡惠宏等，以匪徒披猖情形，联名具禀督辕。旋奉陶制军批示云：广西南宁、百色一带，游土各匪充斥，抢掠频仍，民不安枕。前准广西抚部院来电，并据各该地方文武禀报情形，业经派拨安勇两营，取道廉州驰往助剿，并札饬广西营务处筹议，暨咨商广西抚部院酌核剿办在案。仰广西营务处即遵前札，迅速妥议禀云云。钦、廉一带匪乱迭纪前报，兹闻此队乱党乃土匪勾结游勇，是以人数颇众，声势浩大。嗣闻大军将至，且器械渐阙，恐不敷用，即于上月杪向灵山而去。现在钦州地面略为安谧，只有小盗骚扰。惟所派安勇初三日方由省垣拔队下船，向廉州进发。上台拟俟该勇到钦妥办善后事宜，即饬西赴郁林，协剿土匪。但闻郁林之匪现因各乡举办团练，出无所掠，已复散归畎亩矣。

　　《中外日报》光绪二十八年二月十四日（1902 年 3 月 23 日）

广西乱事蔓延日甚

　　兹据最近之消息云：广西乱事不但未平，且蔓延日甚。西三月内，陶制军曾派某军门带兵数营驰往该处，会同苏宫保以平其乱。当乱事初起之时，马军门在凤城与匪徒交战，连战两日之久。后因所携军火不足，不得已将凤城地方弃之而逃，遂被匪占据。该匪即以凤城为根据之地。当凤城初被匪占据之时，先将铺户居民肆行抢劫，然后将该处地方官监禁者有之杀害者有之。现在乱事已蔓延至广东及云南边地矣。近据与广州湾相隔之电白县来信则云，该处城内居民心甚惶恐，以为匪徒将至其地抢劫财物，因此生意日清，毫无交易。至从前为匪所败之马军门，现在退至某处，不敢出战，专待新兵到来。而苏宫保所带之兵均驻扎龙州地方，亦须待救兵到后，方能再与匪战也。苏宫保与马军门本拟连络一气，以与匪战，无如彼此所驻扎之地相隔甚远，其中间要道均被匪徒守住，隔绝不通。而该匪又将往来内地之路阻塞，故由内地运往该处之军火、兵粮，苏、马两军均不能接到也。现在最坏之信息，闻有无数中国官兵与该匪暗通消息，谋图作乱。或者该匪所给粮饷较官兵稍厚，或欲乘机抢掠财物，均未可知耳。并闻现在三合会匪近亦归附该匪，连络一气。又闻官军于日内会同往攻，或者不久即有交战之信息矣。且闻此次之乱，该匪头目名洪明云，系发匪头目洪秀全之后裔也。以上节译二月二十四日《益新西报》。

《中外日报》光绪二十八年二月二十五日（1902年4月3日）

钦廉地区土匪揭竿 *

广西郁林州土匪虽经官兵往剿，奈兵至则散，兵去则聚，办理颇难得手。闻月前有某营解饷若干，前赴柳州，道经郁林附近，被土匪纠众抢掠。押饷护兵寡不敌众，被伤数人。目下各村乡市场，莫不严为戒备。

大吏前因钦州属境土匪披猖，特饬实授州牧李芷香太守速赴新任，以便剿办。嗣以太守现方摄篆顺邑，不便遽易生手，遂委前署县王松山明府前往，并亲带卓勇一营西征履新。

钦、廉一带土匪揭竿，已经省台添派安勇相助办理。兹闻高廉钦道秦观察炳直闻报后，即亲带勇营驰行剿办，至钦州境与匪相遇，彼此相持，各有痍伤。至晚，匪即宵遁，匿迹老巢内，坚守不出。秦观察亦不敢深入，拟俟安勇到后，整队进剿。闻安勇现已抵廉州，不日即可莅钦。

《中外日报》光绪二十八年二月二十八日（1902年4月6日）

宾州等处乱民同时起事 *

　　西四月一号即二月二十三日南宁函云：此间刻接警信言，广西省内宾州、横州、庆远府及贵州等处乱民同时起事，各该地方官闻均已为叛民所擒，城池亦均失陷。叛民以得胜故心胆愈壮，附者日多，故其人数亦愈众。该处贸易亦已悉行停止，附近南宁各教士已皆奉有领事之命离开。计首先他去者为耶稣教会中兰君，刻已行抵梧州矣。难民亦日有到者，均备诉受难苦情。

　　《中外日报》光绪二十八年三月十三日（1902 年 4 月 20 日）

详述苏提督办广西边防实在情形

广西太平思顺同人来稿

　　减额蚀饷　查广西边防营制，每营防勇以四百名为额，而苏元春竟敢私行裁撤，每营只留实勇百余名，每月每营弁勇只给食米四十斤、洋银三毫或五毫不等，擅将所请饷项尽入私囊，以致各勇丁衣食不敷，多有出外行劫者。

　　吞饷逼变　查苏军营勇其艰苦之状，实各省所未闻。凡各勇入营，当差三月方补名于册，发给米食，所有饷项俱不关放。有当勇三四年，未经领足一月之饷者；有当勇八九年，亦未领足一年之饷者，多方延迟，以听各勇见无饷可领，自行告假，或私挟带军械而逃。去之，则听其自去，并不追究。所有已去之勇，其所存领底，一并截清，以肥私囊。所以此次调任湖北各勇，因历年积饷不关，交接之时，新任又不肯担任，所以不缴军装，尽将营中军械、子药搬运上山为盗者四千余人。现在广东钦、廉、高、雷等处土匪，皆树苏军旗帜，著苏号衣，劫杀无忌，恃有无烟九响各项洋枪，非官军所及。是苏元春之遗祸于两广边地实深然。当此四千余人挟带军器而逃之时，苏元春并不究问者，明明有意故纵，使各勇将两广边地滋扰糜烂，无半块干净土。非渠不能收拾，以得久于边防，怙权恣势，以遂其贪。此则元春之毒计至显而易知也。

攘夺国利　查南关税厂向例，所抽出入货物税钱，俱由洋关收管，除缴国饷外，所余为养廉之需。近年苏元春恃势行凶，凡有出入货物，税钱夺占抽收，以致税厂人员徒负空名，税利尽为所夺，又畏其势不敢与争，此则攘夺国利之明征也。

强断讼狱　凡地方案件原有地方官主政，而苏元春无论民间大小讼事，俱为包揽申理，大开苞苴之门，视贿赂多少为曲直。若已受人重赂，窃自武断，即批仰地方官强其遵照判断，而地方官畏势徇情，不得不唯命是听。此民间所以有冤沉海底之叹。

冤杀良民　查苏元春在连城地方，凡户婚田土案件，窃诱民来诉，即从中营利。若富家有钱行贿，能遂其欲壑者，即为之向地方官关说。若贫民无钱行贿，又不听其曲断者，则捆绑坠于连城军装局后之石岩洞底，饥饿而死。此岩洞深黑无底，坠下不可复出。历年以来，计冤杀良民不下数千人。民间寻觅尸骸不见，亦无从控告，言之实为痛心。

纵勇殃民　凡苏军兵勇出差办案所过地方，见有殷户，即假名勒索。如索贿不能遂其欲，则指为匪党，或诬为匪族，任意抢劫，拿人勒赎，甚而焚烧庐舍，掳掠甚于盗贼。所过墟场，猪牛、赌馆，无不强收陋规，强买强卖，淫人妇女，毫无忌惮。此广西无数生灵无故而受其荼毒者，曷有穷期哉。

诱民为盗　百姓遭其残害，告诉无门，莫不群然思逞起而为盗。而苏元春亦乐民为盗，以便招安谋利益。其招安各匪事例，若得匪银五百两，则给以五品顶戴，或保以千把总官阶，委当副哨；得银一千两，则委当正哨；得银二千两，则委当帮带；得银

五千两或一万两，则委当统带、管带。视得银多少，以为给委差
事大小之准。所以各处殷户欲求差事保举者，虽非真匪，亦托名
为匪，送银以求招安，即得优差。故此贫民愤激，见为匪可得富
贵，皆起而为乱矣。

《中外日报》光绪二十八年三月二十六日（1902 年 5 月 3 日）

广西乱事日甚南宁消息不通*

　　西四月二十三号广西梧州来信云：予前函所论广西乱事，现
查得该处乱事实较予言尤甚。南宁各教士允欲前来此间暂避，因
待华兵派兵护送之故，以致迁延至三礼拜之久。现各教士已安抵
梧州，据言叛民人数甚多，已在南宁附近扎营，并往附近村庄大
肆抢劫，每日快枪之声不绝于耳。各村庄以匪焰日张，俱往归
赴，叛民人数既众，所用枪械亦俱新式，并有无烟火药甚夥。华
官亦不知该叛民此等快枪及无烟火药何来。据龙江一船户言，当
叛民未经起事以前，曾入法界，从某武库购办军装甚多云。至广
西河上各护艇截运军火陆续接济匪徒，固人所共知者。此非近日
之事，盖亦数年于兹矣。三年前，此间有某领事已将此事转告华
官，请其防备，华官不甚理会，亦未设法禁止，故匪徒得以肆行
无忌。查此次叛民军火，除私自购运外，由散勇带往者甚多。匪
势日大，现闻已将南宁围困，南宁消息已与外间不通。将来匪徒
必据南宁以为总营，乱事不日即往东北方蔓延，将至柳州矣。南
宁之南，民众素来好斗，恐该处不久亦有乱事。闻旅居南宁天主
教士仍未他避，或法领事未命其行，或命之伊等不愿，亦未
可知。

　　有一法舰停泊此地两日，今早已开驶他往。数日以来，尚无
英舰前来保护英人。

　　此间亢旱已久，农人盼雨甚殷，幸现已得雨，河水已涨高五

尺，小轮得以任便来往，农人亦可播种，然播种之期较之往年已迟六礼拜矣。以上译三月二十六日《字林西报》。

再述广西乱事。西四月二十二号广西梧州来信云：自予前次寄信后，广西乱事日甚一日。前礼拜内，梧州居民异常鼓噪，因闻南宁通商口岸已为叛民所据，并已向梧州进发。居民闻此消息，均已收拾行装，拟往广东省城暂避。昨有华兵三千名，来自广东省城，路经梧州，前往南宁进发。所有梧州以北水陆贸易悉已停止，载货之艇已俱停载。由香港及广东运到之货，各栈堆积，几无隙地。现由南宁到此难民，为数日众，并云此事业已无可挽回。

昨此间得一消息云：由广东经过梧州前往南宁之兵，闻离梧州不远，即见叛民扎于一山上。兵即向前攻之，获胜，并获头目洪姓一名。后查之，知确有其事。闻此次两军交战甚力，华军初次几至失败，幸带有快炮两尊，又十二磅大炮两尊，始将叛民击败。洪姓头目因受弹伤，故被获，闻将解往省城正法。以上译香港《西报》。

《中外日报》光绪二十八年三月二十七日（1902年5月4日）

广西乱民军火甚足 *

此次广西之乱，华人自以为发逆以来为乱事之最大者。闻乱民共有一十二万名，军火甚足，且所用之枪有四分之三为毛瑟快枪。乱民究由何处得此快枪无由而知，或云系由贩卖鸦片商人所接济，或又云系散勇带往。散勇因未给发军饷，故去而为匪。叛民行伍中散勇甚多，以致此次乱事更形猖獗。此乱事实萌芽于两年前，不过至今始行举发。闻其宗旨主于与国家为难云。译西五月八号即四月初一日《文汇西报》。

《中外日报》光绪二十八年四月二日（1902年5月9日）

广西乱民分为两帮 *

西五月十六号即四月初九日香港电云：某教士近由内地来此，据言广西乱民计分两帮。一帮宗旨半为政治上用意起见，人数较多，惟虽谋叛亦绝无进步。一帮则尽系游勇团集，一味劫抢百姓，拿官勒赎，并又抽收盐课、厘卡等税。此外小帮则出没于云南、东京、广西迤北一带，踪迹无定。译德文报传单。

《中外日报》光绪二十八年四月十日（1902年5月17日）

广西匪势甚盛 *

风闻广西匪乱系旧时三合会匪首为主谋。

南宁太平之匪现已逃窜出境，闻一支窜贵州，一支入广东高州府属。

闻南宁一处已有游勇四万，而会匪、土匪尚不在内，声势甚盛，官兵无如之何。

广西地丁每年新入皆以蓄养苏柴溪一军犹患不足，且需广东挹注。现有匪乱，苏军竟不得力，故訾议之者颇多。

《中外日报》光绪二十八年四月十六日（1902年5月23日）

广西土匪十二万 *

香港来电云：广西土匪计有十二万之多，其中持毛瑟快枪者有三分之二。译五月十六号东京《时事新报》。

《中外日报》光绪二十八年四月二十八日（1902年6月4日）

广西土匪窜扰商务冷淡*

广西土匪窃发，左江、南宁一带皆遭蹂躏，虽经官军分投剿捕，但匪踪诡秘，出没靡常，官军毫无把握。现在泗城府属已被匪窜扰，乡村墟市均遭抄掠。商民畏惧，暂停贸易，商务冷淡异常。右江镇道深恐匪党窜入境内，特调兵勇择险要地方，分别握守，以遏匪锋。但自月初以来，大河之匪尚无动静，而官兵亦未尝相机进剿。录香港《中外新报》。

《中外日报》光绪二十八年五月六日（1902年6月11日）

柳州太守函述匪乱*

昨承友人以广西柳州府某太守函稿见示，述彼处匪乱情形甚详，兹特照录于下：

函云：敝属土匪大都均在马平、雒客、来宾、象州四处地方，皆零星小股，四出劫掠，设台拜会，遍地皆然。其大头目曰梁果用，此外各股匪酋指不胜。屈某自去秋到任后，次第设立乡团，屡屡围捕，擒治甚多。梁匪党羽剪除殆尽，今春拿其妻孥，悉加骈戮。自去腊至今，盗案渐少，河道亦已通畅。此办理柳州土匪大概情形也。至于游匪，则倏来倏去，飘忽无常，其器械精良，技勇娴熟，胜于土匪者十倍，良由昔年曾充勇丁，行军战阵，罔不周知，乘隙蹈虚，伏路邀截，尤其惯技。正二月间，两次窜入来宾县境。幸某于去秋自募一营，遂即挥兵痛击。匪不能支，旁窜洪水厘卡，将委员掳去，挟为护符，旋即救出，并力加兵。嗣在大湾、双丛、分界圩、小午阳四处接仗，我军连获大胜，先后毙匪数十名。匪始落魄逃至迁江，又被统领张南村观察迎头痛击，四散奔避。近日庆远府城又甚吃紧，将宜山县属永定土司韦秉钺全家被掳，即由此处派定勇前往救援，匪又窜遁。似此稍一疏虞，即为骚扰，真有防不胜防者。现在苏宫保回任，马军门坐镇左江，带熙字四营在宁防剿。上有重兵，势必疾趋而下。柳、庆、恩、浔皆当节节严备，业已上请抚宪，允派省防一营填扎柳郡，将柳郡定勇或四出游击，或择要扼守。但期兵力稍充，则堵剿均易为力云云。

《中外日报》光绪二十八年五月十日（1902 年 6 月 15 日）

西粤军报

管带思恩防营梁通判学智，会同黄镇军忠立报称：百旺墟土匪闻官兵大至，即退据郎甲寨扼守，旋经力扑，得破匪栅，阵斩匪目数人，悍党数十人，生擒十余人，匪势不支，向蓬忻古城而窜。我军阵亡队长一人，勇丁数人，被伤念余人，救出被掳妇乳多人，复经追剿，续获悍党三十五人云。

《中外日报》光绪二十八年六月七日（1902 年 7 月 11 日）

广西乱信

广西匪乱，电请派勇，今已数月，尚无确音。兹闻粤东官场接到西电谓，百旺墟土匪自被官军击败后，余匪六七百人窜至迁江县朔河地方。而武缘县土匪又复窃发，由周特先、潘英风、苏殿臣等为首。苏已被擒正法，余匪尚跋扈。东省派往之安勇刻尚未到，隆安县匪首李八等，业由右江镇马总戎盛治亲往督剿。说者谓，西粤诸匪大都匿迹深山，散则为农，聚则为匪。迭年官军进剿，若辈只逃匿山内，在事各员贪图保举，即以肃清奏报，实则萌乱尚在也。

《中外日报》光绪二十八年六月十三日（1902 年 7 月 17 日）

各地匪情

广西土匪倡乱多月，虽经各军搜扑，各匪出没无常。郎甲之匪才经击散，贵县山南里之匪又于上月十八日窜入宾州，扑攻帽子村。经州牧檄调官兵、民团夹攻方退。念二日，匪魁率悍党猛攻大塘村，且分派党羽，择要扼守。该州兵单力薄，欲救无由，业已电禀告急。

前因广西乱匪扰及滇疆，经魏制军等移请粤督示谕属民，如游商至滇，须取具保结，领取执照，由关卡查检放行，以杜接济贼匪。近闻滇省广南府属皈朝寨，现已被匪攻破，戕杀营官，劫夺军械。

惠府河源县属土匪，已由谢守戎将匪魁黄耀廷、阮雨人二名拿获，并击毙匪党多名，地面已经肃清。

惠州府属长宁县土匪，当由记名提督孙军门国乾将匪魁余绍兴等招令投诚，随营立功赎罪，已奉大吏批准，由孙军门带回各营，分充线勇，查缉余党事。闻德国教士戴约翰，以余绍兴等与教为难，今既归营差遣，深恐别滋闹教，致酿交涉重案，致函长宁县，请为核办。彭大令家孙已据情禀请德中丞批，仰缉捕总局会同臬司核夺饬遵。

西粤土匪虽迭经署高廉钦道秦观察相机剿办，无如此剿彼窜，迄难肃清。观察以非设游击之队未易得收全功，拟由所部各营内挑选得力弁勇四底哨号，曰游捕队，四出梭巡，不许停留。各哨弁每月加给薪水银十两，勇丁每名月加口粮六钱，以资鼓励。

《中外日报》光绪二十八年六月二十八日（1902年8月1日）

云贵总督电请协力会剿[*]

云贵总督魏制军以广南府属游匪现在窜聚广西边界西林、西隆等处，匪首梁振和、何七、苏明、黄三等，督率党羽分五路滋扰，以致滇界土匪乘机响应，滋蔓难图，电奏朝廷，请饬各省督抚协力会剿，当奉俞允。日前粤抚德中丞接奉外务部电饬，当即札饬缉捕总局，通饬边界各营员，督饬兵勇认真捕剿。惠州府属迩年匪乱，以归善县境为尤甚，前年曾经陶制军札饬地方官会营按乡清查，然止办过龙冈、马鞍数处，此外并未查办。现在该邑令拟督带兵差，亲诣各乡，认真查办，深恐兵力单薄，意欲招募匪党，作线引拿，拟就章程六条，禀请存案。陶制军以招募线勇流弊甚多，已发交缉捕总局核议定夺，务期杜绝流弊。

《中外日报》光绪二十八年七月十二日（1902 年 8 月 15 日）

广西匪乱汇志

闻官场近得南宁电云：上林一县无匪村亦无著名匪首与别匪合股。惟界连宾迁及墟内红河，时有游匪窜扰，所属七土司白山、都阳、旧城与隆轻、安靖、安定、南零、定罗颇猖厥。宾州外匪以郑帼华、黄秀廷、彭飞英、陈大六四土匪，以黄隆亭、杨么王、巫灵亭、杨土先、何吉明为最，党徒各一二百，或匿岩洞，或散邻境，凶悍飘忽，极难控制。迁江土匪甚炽，游匪亦多。百旺墟游匪滋事，经官军会剿，已将匪首刘有芳等当场击毙，耶甲余匪现已将次搜清云。

六月十七日，马总戎盛治驻军隆安县境，而匪首黄和顺、滕云高、李八、黄五肥、闭运培、甘大明等窜聚武缘县属马安山。报闻总戎，即派所部分路进剿。翌日，自称带亲军入内山察看贼势，见陇懒村炮楼坚固，内藏多匪，即率队攻入匪栅。匪党死命相搏，弹发如雨，弁勇多有伤亡。总戎左手及右肋俱为流弹所中，坠马倒地，经亲军队死力抢出，已口不能言，旋即溘逝。营弁即用棺殡殓，运回南宁治丧。时该军营务处黄总戎忠立尚在迁江剿匪，即由文案马广业函促回宁，料理营务。尚幸民心安定。现经委员由永淳县电禀粤督陶制军核办矣。

《中外日报》光绪二十八年七月十二日（1902 年 8 月 15 日）

勇不敷调（恩平县）

日前恩平县属盗贼披猖，曾经邑令禀请大吏，调派营勇，驻防查办。当由陶制军檄调介字营勇一哨到县，择地分驻，以资保护。既而阳江厅亦因勇力单薄，盗风甚炽，请添调营勇，以厚军力。马介堂军门以电白、阳江二属原扎之勇势难移易，拟将前驻恩平之勇调回阳江。恩邑令以现在新兴天堂一带举办清乡，恩平绣壤相连，深虞各匪窜扰，原有介勇一哨，万难撤回，驰禀省台。陶制军以各属需勇调遣均属实情，已批饬缉捕总局移知马军门通盘筹画，妥议办理。

《中外日报》光绪二十八年七月十六日（1902 年 8 月 19 日）

东安患盗

东安县绅程儒林等以县属患盗递禀督辕，即奉陶制军批示谓：肇罗一带匪势猖獗，前经特派正任顺德县王令，督带勇营前往，按乡清办。现禀土匪梁日生等纠党焚劫抢掳，伤毙十命，失赃巨万之多，实属异常凶惨。该地方文武平日于捕务毫无整顿，以致酿成巨案，良民受其荼毒。仰缉捕总局严饬东安县，会同清乡委员王令督率各营团认真捕缉，务将本案凶盗及所控首伙各匪悉获惩办，毋稍玩纵，致干重咎。

《中外日报》光绪二十八年七月十六日（1902 年 8 月 19 日）

西粤捷音

广西郎甲、朔河等处土匪，据官场传述已经官军击退，讵柳州首匪韦八，近复勾结百旺墟匪首侯五，窜扰忻城土县。经土官请黄总戎忠立派兵剿捕，始行败退。而匪魁刘有芳仍率党百余占据陇朋地方，官军闻报围剿，虽未攻破匪巢，刘魁已中炮而亡，并毙十余匪，夺获快枪念余枝。

《中外日报》光绪二十八年七月十六日（1902 年 8 月 19 日）

渠魁迭获

钦、廉土匪由秦观察炳直会同潘镇军瀛督队剿办，各匪目迭多擒斩。惟渠魁翁光佳及其胞兄翁光伯，仍拥众踞巢抗拒。上月中，乡绅冯朝忠督带弁勇，由匪党相乾甫作线，引至廉州之五黄山妙璧村，将光佳及其妻混名高脚牌并伙党三名拿获，投解大营。秦观察以解省审办未免转折，即饬将翁光佳凌迟处死，其余各人分别按律惩治。翁光伯见势不佳，带同悍党逃匿别处。迨念六日，匪党张思才密通信于合浦上八团局。乡绅林永元立带团勇前往围捕，张思才等为之内应，当将翁光伯及其妻黄氏、悍党陈晚一并擒拿，夺获洋枪二杆，起出被掳妇孺二口，解交五利行营，讯明惩办。

《中外日报》光绪二十八年七月十七日（1902 年 8 月 20 日）

粤西军电

马镇军阵亡已略纪前报。兹接南宁来电，所言尤详，谓：据隆安县刘令电称，马镇探悉首匪李八、黄五肥、甘大明、黄二等股合踞武缘属之三更、马鞍、陇懒诸村。筱由马镇督队驰剿，并派各营分路进兵，率队搜捕，自由中路进兵。率队无多，啸辰到陇懒。知系匪村，直前攻入。匪等于第二重栅面内隐伏拒守，复身先士卒，将栅攻破。匪于门内密排快枪，层叠轰击。左手先受一伤，犹激励勇丁奋力向前，右肋复受重伤，遂于是日己刻阵亡。各勇伤亡相继，护抢镇军尸首，异至玎珰墟成殓，运柩回邕。熙字三营仍扎玎珰，同誓复仇。惟统率无人，关系匪细，现在匪氛甚张，到处响应云云。

《中外日报》光绪二十八年七月二十三日（1902 年 8 月 26 日）

匪徒多运新式快枪至广西 *

据南宁访事消息云：广西之乱现已一律肃清，盖该乱党彼此并未联络，不过各自与官兵对垒耳。马军门阵亡，果系确凿无疑，惟全军遭败则并无其事。但乱事虽平，而匪徒等现仍多运新式快枪来至广西。据华人云，此种军火皆系过东京来者，安南政府极应设法阻止，始可无虞，否则运枪者一日不止，则必一日与官兵对垒也。译香港《孖喇西报》。

《中外日报》光绪二十八年七月二十四日（1902 年 8 月 27 日）

广西苏提督军情电禀续述

陈炳焜剿土江州全奉匪斩级一，擒匪二，夺急枪四。又剿崇嗜县陇丰山谭现章股匪，生擒二。张子忠剿万承土州平良匪，获著匪潘润祥、赵洪昌二名，会土牧讯办。又剿那聘股匪，毙匪十八，生擒七，阵亡勇二，伤四。管带黄贵章派员攻湖润司山更匪巢，毙匪七，擒匪五，夺劈山炮、抬枪、鸟枪各一。张文松攻土忠州大榄匪巢，斩级一，擒匪七，并夺军火。黄云高剿镇边县陇怀匪，毙四擒八，夺逼码枪三，黑骡一。陆荣庭〔廷〕攻滇谷界桃村匪巢，毙二十余，擒七，套过码枪三，骡马一。黄云高驰往合队，毙匪二十余，擒四，亡勇五，伤十二。此五月事也。梁广礼剿养利叫里塘匪，斩级一，擒匪三，夺急枪五、马刀一。张得贵剿土江州阳村会匪，斩匪首马如隆，丢大党也。又剿陇窝黄大勤股匪，擒匪党陆廷文等五，夺急枪七。此六月事也。节据禀报到营，综计百日之间击毙、斩级、生擒、正法首要大党三百九十有奇，夺获枪炮刀械百余，马骡四，起出被掳男妇二十余，牛一百四十余，概交地方官，查传亲属事主认领，完聚耕种。阵亡哨长一，伤亡勇百三十余，随时验明，分别赏恤。首匪黄福庭、谭现章、谢天膛、黄大动日久稽诛，悬赏购捕，如能擒执解送，每名各给花红银一千两。此时由龙至邕道路通行，商贩照常往返，沿途村墟口岸无不派队搜剔。惟百姓幸于可保身家之说，遍地拜台，民与匪通，颇难办理。现已责成地方官认真团练，各清各乡，毋任徇纵；发给军火，以资守御，尚能实力奉行，似已渐著成效。各将弁勇佥知勇敢，不惮艰辛，日奔驰于火云烈日之中，峭壁悬崖之下。师行六月，幄亦堪矜。提督惟有殚竭血忱，勉酬高原。敬将数月筹办情形，胪陈上达，恭求代奏，仰慰圣厘。

《中外日报》光绪二十八年八月四日（1902 年 9 月 5 日）

马盛治阵亡再述

　　广西左江镇马总戎盛治阵亡殉难各节，兹据桂友云：先是总戎既回镇任，即将南宁府属各路乱匪次第剿捕。匪类鼠聚于府属西北，总戎即亲率禧字三营及亲兵小队往剿办。及进至武鞍山，险峻异常。总戎虑内有伏莽，仍饬各军深入穷搜，查无人迹。时将亭午，人马疲倦，欲入山下陇赖〔懒〕村造饭。即派亲兵二十名，旗令官八人，差官三人，前往此。抵村口，见外建土城木闸，锁闭森严，命兵呼门，不闻人应，但见枪炮齐施，弹如雨下。总戎左臂先受弹伤，继有小炮弹穿服而过，当即逝世。时后营驻于附近，闻报趋救，则差官、亲兵已死伤过半。村内枪炮，仍纷纷施放不休。弁勇不敢恋战，抢护各死，整队回行营。先川薄棺整殓，后舁回南宁城镇署内，丰备衣棺，再行大殓。报闻提督苏宫保深恐匪势复炽，即欲亲赴南宁，督率剿办，奈滇界匪乱未清，故仍驻太平府，督办防剿事宜。

《中外日报》光绪二十八年八月十七日（1902 年 9 月 18 日）

粤西乱事述函

昨得粤西友人来函，述该处乱事尚详，为节录如下，备参考。

广西之乱实缘苏宫保亏空素钜，丁中丞抵任，因摊赔各款搜罗无者，兵饷遂不足额。狡黠者既不能枵腹从戎，坐待饿毙，而又不敢只身归农，被官府扰累，因之结队抢掠，藉延余生。官即名之曰游匪，立加痛剿，获诛无赦。旧年该匪等曾勾结越南土人，攻得牧马两省。中国政府受法公使之命，饬苏军门统兵由背后揾剿，杀戮颇众，法藩肃清。此逃逸各匪痛恨苏军之由来也。惜尚有所畏惮，未敢与官兵交绥。今春后与苏军相遇，即挑掷怒骂，奋力相向，至轰毙戈什哈廿余名。苏军门因是威望顿失，适值调任湖北提督，加以统兵各官纵兵扰民，真贼早经远飏，即搜觅良民，不分皂白，概行正法，草菅人命，视同儿戏，而良民遂相率为贼矣。延至春夏，蔓延通省，猖獗之势已成。南宁地方官束手无策，衙署戒严，朔望行香，足迹不敢出户。而各匪未争城夺邑，戕害印官也。迨六月马总兵中弹阵亡，官兵因之丧气，而游匪之声势遂张。近王芍帅到粤后，先筹款十万，继又借民款数十万，以备军需。初亦力主痛剿之说，在梧接任月余，兵勇因水土不服，已逃亡二百余名，迄今办法亦无定见，致匪徒而生心。思恩失守，燎原之势已成，良可慨也。小丑跳梁，激成大变，谁之咎欤？

《中外日报》光绪二十八年八月三十日（1902 年 10 月 1 日）

广西匪势日炽*

王芍棠中丞到桂以来，以为此匪易与，兵威一震，不难灭此朝食，故一意主剿。嗣查悉匪势披猖，蔓延各府，恐不易为力，又拟改行招抚。盖中丞于办匪机宜不甚了了，决策全以黄廉访仁济为断。黄前曾任右江道，中丞以其谙熟西事，特委为随营营务处，现黄亦注意于抚事。

广西之匪，其初虽小丑跳梁，尚未大害。自马镇盛治妄加排击，不中理解，已坚胁从者为匪之心。马镇于马鞍山阵亡后，潘总兵瀛、惠太守荣，各率勇同往该处左右十余里，查办戕官各匪，视人命如草菅，其中颇有无辜受戮者，于是从匪之民比前又加数倍矣。

绅民推原祸始，归咎于潘总兵、瑞观察者尚轻，归咎于惠太守者更重，以为此次匪势异常猖獗，皆因南宁太守不恤民情，恣意妄为，每因小案致民荡产，甚至纵勇苛索，致民因贼之裹胁，顺机相从。民非不畏死，只因从匪则但畏官兵，为民则畏贼又畏兵，致不得已而出此耳。

惠太守现亦自知办理不善，恐为王中丞弹劾，乞江西抚院调往差遣，已于八月廿八日交卸府任。惟厘金事务延至九月初二日始交，亏空过钜，一时未能清楚，刻下尚逗留在邕，未往江西。

近日贼匪益增，除南马帮陈亚秋、西马帮李八等外，又出一党，有六百人之多。其为首者，一为黄肥，一为张大明，均隆安人，异常凶悍，每劫掠，专拉小孩，借此勒赎，奇货可居。有不急赎者，即以滚水泡死，惨不忍闻。今此党已窜藏钦、廉往邕之要隘，勒收行旅身税。故近日钦、廉大贾贩货赴邕者，必先令干伴前往清纳路税，始敢过关。

广西四面多山，箐密林深，贼众处处埋伏，负隅自固。迩来官军不敢深入，只在外面搜捕，惧贼之抄其后也。

死党陈亚秋、李八等，得溃勇资助洋枪，已足令人发指。黄五肥等到又出一新法，购买修理逼码机器，将旧逼码壳退出旧铜帽火，又将新铜帽火剪边放入，旧逼码内加以药弹，与新买无异。闻匪党所用逼码皆系自制云。

匪等每探知官军运解军装，先遣党分伏各要隘，待军装过时，一击中间，呼啸齐出，抢夺一空。本年计抢军装数次，所谓借寇兵而赍盗粮，是耶非耶？

王中丞随带湘勇数营，现已驻节南宁。

《中外日报》光绪二十八年十月二十五日（1902 年 11 月 24 日）

广西抚剿兼施*

九月间，何观察昭然接左江道篆时，有附近八塘地方，共三十余村为游匪所困，势甚岌岌。该处绅耆等飞禀乞援，何观察慰勉之曰：尔等且尽心守御，过数日我即统师去救云云。无奈贼势鸱张，该处仅守得两日，力已不及，数十村尽为贼陷。此贼裹胁过多，约有数万，真匪不过五六千人而已。惟附近八塘之三十余村，计户口有数百家，遭此蹂躏，元气大伤，幸多读书明义之人，不肯从贼，既可悲尤可敬也。今闻贼于掳掠后，各散窜深山。各村逃亡之民，亦均归家复业矣。

王芍棠中丞前附来告示，张贴南宁各处，声明除李二老板、黄五肥、谭求章、谢天良、王秀华五名著匪不赦外，其余皆许以改过自新，尽行招抚。

苏子熙宫保已招出之匪共一千二百名，现扎在邕城对面河之亭子墟，距城二里许，闻得按名每日给小银元一枚，以作口粮。

十月初五日，有贼十九人入邕城侦探军情。为新招之勇知悉禀报，尽行擒获。该贼党羽共有一百余人，亦欲来此听候招安者。既被官擒此十九人，此辈皆闻风惊散，不敢再前。

又闻王中丞前在浔州府贵县剿办贼匪，甚形棘手。

又闻柳州一带贼势甚为猖獗，前月闻已攻破两城，但只掳掠赀财，不据城池，仍复逃窜山中，啸聚党羽。

潘总兵瀛，闻于九月间率师前往玎㙟村，攻击贼巢。该处距南宁数十里，一经交绥，官军败绩，伤亡士卒数十。自此折回，遂停兵不战矣。

《中外日报》光绪二十八年十一月六日（1902年12月5日）

梧州迭获匪魁*

广西浔、梧一带人心动摇，传言十月中旬游勇大会于梧州，商民纷纷迁徙。日前有官舫到梧，适梧州协黎敬宸镇军巡阅江干，查询来历。正拟探访，讵该船闻风乘夜遁去。黎镇军疑为匪类，密为查缉。追至濛江，擒获著名会匪首苏六，并匪党多名，起获十数响洋枪、逼码，军火甚多，并在该匪枕箱搜出苏七匪信一函。据称，各兄弟约期十月二十日起义，先踞浔州，以绝抚台归路；李二哥取南城，请在十月中回来等语。昨梧州安勇又在平南地方，擒获李二哥一名。经平南县堂讯，据供苏六举为平南头目，约期起议〔义〕，谋为不轨。各处人马均已准备，约期十六日到松竹塘大会，二十日起义。十四夜各人到濛江上火烧基候，接应军火，未见到。因闻苏六失手，故各人逃散，尚有卢泽全在广东购办军火未回云。

《中外日报》光绪二十八年十一月九日（1902 年 12 月 8 日）

官军劫货毙人*

昨有广西柳州府人左瑞生等，以西省官军劫货毙人等情具禀，赴督辕呈控。现奉德制军批示云：据禀，该商货船行至武宜县属灯盏滩地方，适遇胡管带玉兰兵船上驶，突被炮毙伙伴水手多人，将货物银两搜掠一空。如果属实，尚复成何事体。仰广西右江道刻日查明被抢实情，移知该管带，速将行凶抢掠各勇丁移解到案，讯明惩办。一面查起赃物，传主给领具报。

《中外日报》光绪二十八年十一月九日（1902 年 12 月 8 日）

总兵马盛治被毙*

六月十八早，马总兵盛治于马鞍山被匪枪毙。迄今查得首要系关〔闭〕云培，曾经官场悬赏三千金购缉。又李二老板、黄五肥，各经官悬赏一千元。谭求章、谢天良、王秀华，经官悬赏五百元或三百元，现皆在逃，未曾弋获。查以上六名皆系著名游匪，屡次与官军抗拒，每人手下或千余人或数百人或百余人不等。至本地土匪，则有王和顺、李八二人，亦甚著名，其党羽约有数百人。王、李二匪各经官悬赏三百元，均率其党羽在大塘墟左右山中啸聚。虽官已悬赏，亦未能缉拿。其有未经出花红购缉者，则韦三、彭六二人，各率众百数十人，在离南宁三四十里之山脚、崩桥两处左右山中啸聚。现今那陈墟、大塘墟一路，商旅视作畏途，因必经山脚、崩桥两处而后可达，别无改行之路，以故营谋生意大为减色。

《中外日报》光绪二十八年十一月十三日（1902 年 12 月 12 日）

广西匪势披猖

　　南宁匪势披猖，追原祸始，实有钦、廉之匪窜入所致，盖彼处剿办甚急，南宁初无兵勇防御，所以贼得窜入邕境。若地方官办理得宜，何至一星之火酿成燎原之势。乃南宁前太守惠荣操之过激，当开办之始，闻得彼村有匪，良莠未分，尽行屠戮。由是人人自危，不得不群起而为盗，其贼旗皆书"官逼民"三字。势如蜂起，不可胜数。其实明目张胆敢与官军抗衡者，不过游匪与钦廉窜入之匪而已。其余皆权且为匪，为一时图全性命计者。前左江道瑞观察霖欲尽矫惠太守所为，而于操纵离合之间仍未得法，故三塘一带贼匪颇多。太守则与马总兵盛治尽行赦宥，于是三塘等匪即联名恭送牌伞。此则马总兵未死以前之事也。今何观察昭然查悉实在情形，按名捕拿贼匪，间有诛戮，其逃匿之数尚过半也。

　　前闻惠太守与瑞观察因事龃龉，互相禀讦。惠则以办匪稍息，被瑞纵去为辞；瑞则以惠苛待其民，逼民使乱为辞。平心而论，惠失之过严，瑞失之过宽，均未为得也。至瑞观察虽宽，有时亦有失之严者。前与马总兵率师往办团阳土匪途中，为马鞍村之贼假扮团勇，诱同攻打刘萧村。该村本系忠义之民，常能击贼者，男女合有一千八百人之谱，皆能执器械防御固守。忽贼队与官军合攻该村，民不知有官军在内，遂施枪炮击之。官军伤毙数人，因此极力攻破，不分男妇老幼，屠戮殆尽，尚有二十七人擒回审讯。迨惠太守告以该村系义民，炮火由官发给令其击贼者，始知其误，悔已无及，遂将此二十七人尽行释放，回村途中，又被贼掩杀净尽。刘萧村以义民而遭兵杀遭贼杀，闻者莫不流涕。

　　王芍棠中丞前于九月杪十月初，在浔州地界击一贼村，未下，相持十有余日，伤毙员弁三人、勇丁百余人。

查钦州、防城之匪，根株总难尽拔。本年春夏以钦州为甚，秋冬又以防城为甚，盖因防城县曾明府汝材疲玩日甚，不理一事，养痈贻患。山寇则那天、大直、平旺各墟，海寇则石龟岭、洲墩、企沙各处，均极猖獗。骎骎乎，素来无匪之区，至今亦劫杀时闻。语曰：涓涓不塞，流为江河。后患正有可虑，奈钦防兵力尚形单薄，又被王中丞调去绥远军两营，前往南宁会剿，恐钦、防有鞭长不及之忧。虽经潘观察培楷嘱其部下两营，不可深入南宁腹地，应驻扎东西省之交，以兼顾钦州，未知能面面照应否。

《中外日报》光绪二十八年十一月十七日（1902 年 12 月 16 日）

刀兵四起民不聊生 *

苏子熙宫保前在思恩府属内招出游勇陈德华等一千余人，于十月初一日统率到邕，已将大半遣回原籍归农，所留著名之游勇尚有数百名，现仍驻扎亭子墟，仍令呈缴军械，严为约束，不准入城。

南宁之贼以三江口为最。该处颇扼险要，商船现仍不敢过往。然彼系游匪时来时往，飘忽无常，将来官军若有起色，彼又将逃窜别处，聚而歼旃，殊非易也。

管带绥远军右营潘直刺成秀，已于十月二十八日率一营队到邕。

闻王芍棠中丞现拟剿抚兼施，一俟绥远军左右两营到齐，始行调度会剿。

近来刀兵四起，又益之以凶年，南宁米价在秋间每斤涨至一毫，十月秒尚卖五十六七钱一斤。因此民不聊生，益助贼焰。往年宁地饥荒，常得钦州小董、大寺各墟谷米接济。今钦、防年岁大歉，米价腾贵，潘观察培楷设法电办洋米二十万，回钦平粜。

十月初到十万，已粜完，尚有十万未到。不知卢州牧蔚猷所居何心，竟商请潘观察电令止办。现在饥民乏食，益抢劫多，恐钦、防之盗从此又起，而南宁之盗难望止息。盖因地界毗连，盗易通气故也。

《中外日报》光绪二十八年十一月十九日（1902 年 12 月 18 日）

桂抚王致湘抚俞电

　　桂省游、会土匪勾结为患，边界固遭蹂躏，而内地抢掠焚杀，遍地荆棘，商贾绝踪，民不聊生。春奉命视师，抵任后目击本省贫弱，兵饷、军械无一可恃，几至无下手处。幸先后调募楚军九营，并先承江督刘忠诚公、粤督陶方帅，借拨枪械，稍壮军威。驻梧月余，筹画周妥，即督军进驻南宁。道经浔州、贵县等处，节节扫荡，并分兵剿平柳、庆各匪。现计内地大股匪徒剿除大半。本拟先清内匪，再顾边境，惟迭准滇黔督抚电约会剿，又奉朝旨催迫，不得不先其所急，洽□定派各营分三路赴边，约同滇黔各军夹击，以清边圉而慰宸廑。查桂省防营疲弱怠玩，全不得力。计调募九营，除拨五营赴边外，只余四营，又须留防浔、柳等属，搜除伏莽。此外别无勇营可派。刻值大军赴边剿办，深恐穷寇或至奔窜。桂林为省会要地，庆、柳适当其冲，不得不严防堵。现虽添募两营，急切尚难成军。因思湘桂唇齿相依，桂省不靖则湘省必致吃紧，向来桂省军事均仰仗湘省派营助剿。春明知尊处刻亦难以抽调，未敢遽请拨助。惟交界地方奔突可虞，桂省兵力已穷，只可仰望协防，尚乞飞檄永州、靖州、道州三处防军，过界□绅要□协同堵御，庶声威稍壮，不致疏虞。我公硕画周详，素所钦佩，矧兹辅车谊切，防桂即所以防湘，一转移间湘固可风鹤无警，桂亦可沙虫悉靖。□荷关怀全局□□鄙言也。昨数月来兵饷并筹，智尽能索，目下分遣防范，更虑未能周密充分邻壁，盼祷良殷。

《中外日报》光绪二十八年十一月二十二日（1902 年 12 月 21 日）

广东防勇西征*

广西土匪倡乱多月，尚未平定。桂抚王芍棠中丞以勇力单薄，电商东省大吏，檄调钦、廉防勇三营前往西省，听候调遣。德中丞以休戚与共，不能漠视，已饬防勇拔队首途。但钦、廉界连西省，当此匪势鸱张，防务不宜稍懈，是以牌委署顺德县李芷香直刺调署钦州，俾统带所部卓勇驰赴新任，以资堵御而重边防。

《中外日报》光绪二十八年十一月二十三日（1902 年 12 月 22 日）

广西匪乱述函

闻右江镇陈总兵一山纵盗贻患，已为上台参劾降职。十月十九日，该总兵由百色到邕，现在王抚军仍许其带兵剿贼，以观后效。

十月二十三日，上思州有电到邕云，游匪钟四攻破一大村，杀毙男女数十人。

十月二十五日，南宁附近之长塘墟渡船被匪截劫，将各客商赀财行李等物一掠而空，毙命者四五人。

十月二十七日，王中丞著人持令箭，往上游各路招抚各匪头目。广西匪风之炽，除游匪各马帮头目外，其南宁土匪头目亦极多，不可胜纪。与李八、黄五肥等同为匪首者，尚有黄河顺、牛皮四、陈秀华、藤八、梁十八、唐弟、藤正宜等。是皆首领土匪，啸聚山林，各有数百人。离宁城东南西北数十里之村乡，屡被其明火劫屋，捉生勒赎，逼胁日多，党羽日盛。倘出兵征剿，兵多则各匪闻风逃匿，不知何往，邈无踪迹；若兵少，则该匪公然拒敌，遣党包抄，抢掠军火。此西匪向来之惯技也。

十月二十八日，土匪陈秀华率党二三百人打抢苏墟。该墟向做云土生意，人数极多。今被匪掳掠净尽，计失财物不赀，并捉去土州官一人，闻索银三千元始允赎放。

十月三十日，贼抢长岗，刀伤过客一人。此地距宁城东北十里。又城东十五里许地名私盐塘，前江后山，为水陆通衢，商旅过往，无日不被匪抢。

又查十月十四日苏宫保到邕，住镇署，初至辕门，即伏轿痛哭。其时同声哭者甚众。入署后，即到马统领枢前行吊礼，亦复伏地痛哭。是月十八日马统领灵枢发引，苏帅及通城文武幕友绅商等，皆至执绋，俱步行送至河边。是日甚为闹热，挽帐有二百七十副，挽联亦有二三十副。各街路祭共有数十起，爆竹拜送则有数百家。苏帅与镇道手执炷香而行，所至路祭之处，即命马公子伏地叩谢。

闻得各游匪闻王中丞到邕，亦有逃往贵州黄土坝等处者，有数县地方被三五千游匪掳掠云。

《中外日报》光绪二十八年十一月二十九日（1902 年 12 月 28 日）

桂抚王奏请保奖剿平贵县匪巢出力文武员弁折

奏为查明楚军剿平贵县匪巢出力文武各员弁，遵旨择尤保奖，以略激励劝仰祈圣鉴事。窃臣于光绪二十八年九月初六日，将督军剿办贵县罗伞岭、大番峒、覃窑、巴务、观音山等处匪巢一律荡平，拿获匪首，惩办暨遣散胁从各情形电奏，并声明出力员弁，恳恩准臣择尤保奖在案。兹于九月十八日奉电旨：王之春奏剿平贵县罗伞岭、覃窑等处匪巢情形已悉。该抚进赴南宁，居中调度，著即乘此军威，严督各军迅将各路游、会匪分别剿抚，次第荡平，务期一律肃清，以安民生而除边患。此次出力员弁，准其择尤酌保，毋许冒滥。余依议。钦此。仰见圣主轸念戎行，微劳必录之至意，钦佩莫名。

伏查贵县匪巢林立，声气广通，抢掳焚杀，肆行无忌，居民受其荼毒，惨不忍言。且又四出逼人拜台，以致狡黠者从乱如归，良善者冀保身家，并复相率入会，附近一带村民几无人非匪。商贾裹足，民不聊生。并且勾结左右两江各属游、会等匪，到处滋扰。历年以来，迭经官兵剿办，而该匪恃其巢坚党众，负隅抗拒，迄未得手，凶悍情形实为内地各匪之冠。臣由梧起程间，迭据该府县禀报，并接阅绅民呈词，众口同声，皆谓该匪为内地第一巨患。此匪一日不灭，则各处匪徒皆有所恃而无恐。臣在途时，即已密筹布置，派管带楚军参将王荣华，先行驰赴贵县，剿办罗伞岭、大番峒两处匪巢。该管带抵贵后，于九月二十四日会同委员蒋航，帮办管带总兵唐友山等，分路围攻。该匪凭恃险阻，尽力抗拒，枪弹由炮眼放出，致该管带额受枪伤。后哨哨官游击徐碧海、火炮教习千总成克昌，受伤阵亡。弁勇及团勇共伤亡二十三名。幸唐友山督勇先将大番峒攻破，平毁贼巢，前来接应。该管带虽受枪伤，势不少挫，率各哨官奋勇先登，督战五时之久，轰毙匪党二百余名。见各匪慌乱，遂率勇猛扑，立将匪穴击平，生擒匪首张亚北等十四名，斩枭示众，夺获枪刀数十件。至于二十八日督军抵贵，探闻罗伞岭、大番峒两处虽已扫穴擒渠，而罩窑、巴务、观音山各处匪巢险峻，仍复毫无畏惧，劫抢如前。臣当即密派统领楚军云南临元镇总兵黄呈祥、署枭司黄仁济，率领四营，先雇向导，分搜堵截各路要隘，一面出示晓谕，解散胁从，以孤其势。于十月初二日激励将士，乘夜扼据前寨，四更后出其不意，直捣观音山前。该匪盘踞山腹，险峻插天，行踪陡绝。我军甫经合围，匪即燃枪下击，炮子如雨，伤亡总兵唐友山及勇丁等三十余人，仰攻几至失势。黄呈祥悬立重赏，鼓励各军并身先士卒，枪林弹雨中奋勇直前。一面调集开花炮向轰，炮毙手执大旗匪首一人。至初三日巳刻，乘风势尚顺，堆积茅草，用火焚攻。烈焰漫天，我军蜂拥前进，始将坚巢攻克。著即分兵往罩窑、巴务两处助战。各军见观音山贼巢已破，无不勇气百倍，于是日酉刻将两处巢穴一律荡平，搜出伪印三颗，伪旗、号衣、令箭、会簿、飘布等件，立时销毁。拿获首要谢世鹤等十五名，解至臣行营枭斩。起出米千余担，布数百尺，均即散给附近穷民。生擒三百余名，查系被胁愚民，分则〔别〕释放。各村入会者户口万余，沿途跪求免罪，不敢再入匪会。比即饬令绅耆取结备案，并勒令将军械交出，均各欢声雷动。查此股匪徒啸聚多年，恶焰最炽。此番大军进剿，倘或稍失机宜，势必蔓延四扰，牵动大局，后患何可胜言。仰荷天威远播，将士用命，得奏肤功。此邦居民从此复见天日，实非臣始愿所及。现在内地各匪业已剿除，大半在事各员武弁冲锋陷阵，亲冒矢石，或捣平巢穴，擒渠解胁，实属异常出力。臣遵旨详加减核。

查有云南临元镇总兵黄呈祥，拟请赏穿黄马褂。署臬司前右江道黄仁济，拟请候补道员，后以应升之缺升用，开列在前。副将衔参将王荣善，拟请以副将尽先补用，并赏加巴图鲁名号。记名总兵邱显铭，拟请以提督总兵交军械处记名。简放候选道孙道毅，拟请赏加巴图鲁名称，并加二品顶戴，留浙补用。同知雷震南、分省补用直隶州知州徐启出，均拟请以知府分省补用。已革前山西五台县知县李希膺，拟请开复原官衔翎，并免交捐项。奏调安徽候补道赵上达，拟请赏加二品顶戴，尽先补用。游击宋尚杰，拟请以参将补用，并加副将衔。以上各员均系不避艰险，功绩昭著，未便没其微劳，且所保奖十员实已无可再删。合无仰恳天恩俯准照保给奖，庶片长之奏绩悉荷皇仁，俾将士之奋兴更期后效。余俟全省肃清，汇案呈请奖叙。除将各员弁履历咨部注册，及阵亡之总兵唐友山等另折奏请恩恤外，所有微臣查明楚军剿平贵县匪巢四处出力文武员弁遵旨请奖缘由，谨恭折具陈，伏乞皇太后、皇上圣鉴训示。谨奏。

奉朱批：该部核议具奏，片并发。钦此。

《中外日报》光绪二十八年十二月八日（1903 年 1 月 6 日）

滇督魏粤督德黔抚邓桂抚王电奏三省会剿稿

北京军机大臣钧鉴：伏查滇黔粤边界游匪肆扰，股数众多，推原其故，半由历年以来三省裁撤各营散勇无家可归，衣食无资，以致流为盗匪；加以越南游勇向与法人为难，自法官与粤省严立对汛后，游勇不能驻足，遂麋聚三省边界为逋逃薮；更有内地各匪经此次粤军搜捕，余党窜逃，愈聚愈多。始则以劫掠之资和购枪械，继则恃枪械之利愈肆披猖，而凶焰于以大炽。光焘等迭奉谕旨，饬令三省会剿，节次电约之春派兵约期剿办。第滇黔患仅在边，而桂则内地同一糜烂，非先靖内不能遽剿及边。现幸内地各匪剿除大半，虽伏莽尚多，而滇黔军早到边，粤军未便稍缓。兹将会剿办法合电详陈：滇省自攻破普驼、那槐、弄河、板达各处碉垒后，派总兵琇斌、李德泳一军进捣古障等处，与各营联络防剿。肖有元一营扼扎捧鲜，兼顾黔边，分统魏榘斌带省防三营；板埠一带为龙济光防地；剥隘、者桑一带为麦安、谢有功防地；皈朝以下为田苠、王金柱防地；总兵苏陞元驻普策应，并派署粮道魏景桐居中调度。黔省前因兴义吃紧，早经布置。所有黔边上游贞丰、罗斛一带，责成安美镇岑有府；下游独山、荔波一带，责成记名总兵相昌魁、副将谭盛高，并派会办总营务处道员张胜严，统带新操各营。桂省现以提督苏元春率四营扼扎百色策应。署右江镇黄呈祥接篆后，即统领楚军五营为一路，新授柳庆镇黄忠立率所部五营为一路，调遣各军均已先后起程。恩隆、武缘、隆安各处皆通黔之路，现饬署左江镇潘瀛派营扼要防堵。

德寿复遵旨加调潘道培楷所统四营进驻南宁，并调刘镇永福所统四营填扎钦界，兼助军械，以顾后路。此三省筹办布置之情形也。查从前粤边驻防桂字各营，向归署右江镇陈桂林统领。该镇营务废弛，现经之春奏劾田德寿，奏委黄呈祥接署右江镇篆。黄呈祥熟悉三省边情，可期联络一气。又查西林匪徒充斥，在籍绅士岑道毓祥，系前滇督岑毓英之弟，办团极为出力，光焘之春皆深知之。现由之春檄闫委募一营，随同防剿。昨准湖南巡抚俞廉三电，知已派两营进驻广西全州，兼顾湘防，并电法国河内鲍总督在越边严防，以杜穷寇窜扰。光焘等往返电商，滇黔两军屡剿游匪获胜，拟乘此声威，以滇师进剿西林，以黔师进剿西隆，与粤师约期并举，纵横扫荡，会于旧州潞城、那囊一带，横过板达，与剥隘防营相应。黔防自八达河下至八渡，滇防自八达河下至那良，粤防则自百色、凌云出兵进剿，与滇黔会合。彼此不分畛域，互相援助，如桂急则滇黔应援，滇急则桂亦助击，总视匪趋何处即往何处会剿，务期肃清边境，安奠民生，上慰宸廑。所有遵旨筹办会剿缘由乞代奏。再，此稿系之春主稿，合并声明。魏光焘、德寿、邓华熙、王之春谨肃。

《中外日报》光绪二十八年十二月九日（1903 年 1 月 7 日）

广西各地剿抚情形*

十一月初二日，何观察昭然将雁子军改为左江道亲兵营，即将雁子军高营带廷佐，与启新营蒋管带慎之对调。盖因李向钦等初降，野性未驯，蒋守备系湖南人，与彼等言语不通，恐有龃龉。高把总前亦系投诚者，此次李向钦等来降亦由高引出，彼此性情谅能相合，故特与蒋对调也。按向钦即李八所改之名。

初高廷佐诣李八贼巢招抚，该匪要高之子在其党羽黄和顺处作质，方肯出降。既来宁投降，身穿宁绸红袍，骑骏马，手执招降令入城。护身之贼约六七十人，均手执枪炮相随。马后之贼约二百余人，身上均暗藏刀剑。先入左江镇署，叩谒苏宫保。次到试院，叩谒王中丞及黄廉访。时文武各官皆在相候，各贼尚有怀疑，每入一门，皆把枪口相向，以防官军诱擒。然苏宫保、王中丞均以好言抚慰，并赏加翎顶，以开自新之路，欲其并引和顺出降。查和顺现率匪众在石步墟扎屯。

又，何观察于十一月初四日前往百色、剥隘一带剿抚，所带各勇予发两月粮，约须腊月底方可回邕。

陈秀华于十月廿七申刻率匪众抢苏墟，焚毁房屋数十间，杀官兵数十人，又杀一李团总，掳去土忠州黄牧及其叔并幕友、亲兵共九人，掠取货财无数。该处绅民急到宁郡，请兵应援。王中丞当即派绥远军左右营赴援，已于十一月初五日，由绥远军分统冯总兵绍珠拨勇丁六哨，饬令部下潘管带、黄帮带率领，前往该处剿办。

十月廿八日子时，有匪徒攻破那陈墟，掳去幼年妇女数十人，闻系十余岁廿余岁者。又同日离宁城二十里之狮子口地方，有贼数百，抢劫趁墟之米二十余担，约二千斤之谱。该匪因南宁米贵，买籴维艰，故抢米以作火食。

附近长塘之蒲庙墟渡，于十一月初五夜被匪抢劫，货物一空，枪毙十余人。

又闻督办钦廉防务潘观察，约于十一月十二日，又派部下前营黄管带率勇五百名，由钦拨队前往南宁会剿。

近又闻广南府已失，系十月杪之事。按广南府系云南省属与广西百色交界。

《中外日报》光绪二十八年十二月十四日（1903 年 1 月 12 日）

广西匪氛未靖各省预为防范 [*]

探闻魏午师已于初三日由滇起节，赴两江新任，取道贵州。

录十二月初九日《汉口日报》。

　　闻某大员以桂省匪氛未靖，深恐蔓延各处，不得不豫筹防范之计，故特于日前具折奏请饬下各省一律办理团练，仿照咸同年间发捻乱时，各州县乡民掘濠筑垒坚壁清野等法，通饬各省一律亟速仿行，并请先由北洋速印掘濠筑垒新法，绘图贴说，附以守堡简明条约，以期剋日训练。先刊若干本颁行各省，然后由各省再行照印若干本，分交各州县及各乡绅。盖道光末年□粤匪初起时，不过蹂躏一二县，地方官不能予为防范，竟任狂澜之横流，故于一二年间蔓及两广、两湖，大江南北几无完土，子女玉帛任其攘取，各城变为荒墟。迨匪迹逼近京畿，始有议修堡掘濠坚壁清野者，山东省以此法防捻匪，而捻匪竟困，良由于先事筹备，胸有成竹也。况今日各地通商，教堂林立，关系匪轻，又非昔年可比，倘不及此予防，则后患伊于胡底。拟请速饬各省急速照办，要在平日操演如临真敌，并教以毒流填井、焚毁器具舟楫、挖地沟、埋地雷、抄后路、设埋伏诸法，而各处附近之山川形势险要地理，尤须急速讲求云云。录十二月初二日《顺天时报》。

《中外日报》光绪二十八年十二月十五日（1903年1月13日）

广西各地剿抚消息 *

　　十月二十六夜，逃去降匪百余人，并偷去小口径无烟枪十二枝、九响针枪十余支、逼码千数之多，未能拿回。

　　闻十月二十七日贼攻破苏墟时，官兵死者数人。其得逃者后，皆割已死之官兵首级及耳鼻，回宁报功。

　　十月三十夜，又逃去降匪三人，为官兵追回，次日按以军法，苏宫保亲出监斩，并斩一在城创首拜台之官兵。闻苏宫保亲审时，据该官兵供称，在宁城观音堂已放过台口两次云。

　　十月三十日匪徒抢劫良庆墟渡船，枪毙妇女一人，戕灾收公司规费之司事一人，此外伤者数人。

十一月初一日抢劫附城之思贤塘，杀毙一人。近来抢劫之事屡见叠出，无日无之，但或远或近有报有不报耳。

附宁城五星之长脚岭，于十一月初五六日又遭抢夺。

十一月初四五等日，思恩、武缘县令禀请王中丞派勇赴剿，已于初六日派虎勇两营，前往该处剿办。

十一月初八日，由宣化县监提出不顾声名坐地分赃之武举一名，不守卧碑联名拜会之劣生两名，知法犯法接济贼匪之房科一名，拦河抢劫之匪一名，共五名，均押出校场正法。即将各该匪首级解去各处，悬竿示众。

查宣化县周明府，于十月杪往石步、如礼等处查办匪案，经旬未回。

闻王中丞近日屡次声言，飞调东军来宁助剿，壮厥声威，俾令群丑闻之畏惧，冀可次第就抚。

又闻黄五肥、黄和顺、陈秀华将有希冀招抚之意。

查现在贼匪扰宣化地界者，则有黄和顺、陈秀华、黄大群；扰上思州地界者，则有钟四、黄四嫂、黄云汉即混名采茶三；扰土思州地界者，则有冯镇标、戚阿崩；扰百色与云南广南府地界者，则有陈阿秋。以上皆著名恶匪，较诸黄五肥即黄福亭、谭建章等，尤为凶悍，所扰地方大肆猖獗，杀戮最惨。而手下之匪多者，以陈阿秋为最；敢战者以黄四嫂为最；有谋略者以闭云培为最云。

《中外日报》光绪二十八年十二月十五日（1903 年 1 月 13 日）

广西巡抚退驻梧州[*]

探闻广西匪乱甚形猖獗，王芍堂中丞近已退驻梧州，终郁郁一筹莫展，焦灼异常。以上访稿。

《中外日报》光绪二十八年十二月十六日（1903 年 1 月 14 日）

黔滇边境略平钦州遍地皆乱 *

二十二日羊城西简言，粤督接到桂抚来文，言聚集百色上游之乱党，经官军与战三次，为官军击败，逃往百色下游，官军仍复穷追，稍为振拔精神。查此股乱党张大其词，诱人助款，并非大股乱党可比。闻有省港商人为之暗中资助云。

羊城报访友专函云，正月二十四日，黄镇呈祥会同管带滇军方守，由西林赴八渡剿办乱党，沿河村塞均被残破，弹飞肉搏，玉石不分，计被官军杀毙者五百余名。二十八日会兵于剥隘，擒获头目巫满，大将巫二、黄二、潘二、农亚阳、陈亚辉、汤二、周五王、满农大等九人。头目陈亚秋亦被伤，寻引兵遁去。又李二老板一股，于本月二十二日被官军围困于干邦，势甚危急，率队冲突，苦不得出。适大雷雨，乘隙分三路突围而遁，两军穷追数日，卒不能及，因悬重赏购之。现在黔滇边境略为平靖，而西省内地抢掳之案，日甚一日云。

又苏元春近日督队往八角山搜剿，斩获甚多，而误杀良民亦复不少。此则官军之惯伎也。

钦州遍地皆乱，抢掠糜烂，几无尺寸净土。州署每期情词争讼者仅数纸，而控乱者则多至四五十起。防城县曾令诸事不管，日惟卧治。武营获解之党，恐其党与报复，讯实亦不敢办。来兴驻扎之文武员弁，尤为废弛，法官啧有烦言，势将干预。以上录香港《中国日报》。

《中外日报》光绪二十九年三月一日（1903 年 3 月 29 日）

官军攻鸡笼山等处 *

正月二十三四等日，统领虎勇潘云洲镇军、分统启新寅字营杨尧臣军门，由宁郡前往攻击鸡笼山贼寨，胜负未分，至二十五六日，仍未收队。

游匪陈阿秋，自去春率伙掳掠劫杀，蔓延边境，商旅戒途，村民辍耕，久矣不见天日。近闻苏子熙宫保率队前往百色、剥隘等处，以备剿洗。

正月廿七八日，鲤鱼矶地方被游匪抢劫，巡船陈舱长为炮所毙，并伤水勇数名，拘去赖牧父子两人，盐关司事阮姓一人，苏杭铺维新行商一名。查赖牧曾署横州，调署奉议州，开缺禀见，王中丞派充营务处提调。

二十六日，绥远军奉派左营两哨弁勇，前往鲤鱼矶附近一带缉办。

去岁王中丞奏调绥远军西援，将左江一带军务交潘观察培楷办理。自冬徂春，部伍到齐。兹闻观察期于二月初六日由钦起程，运其太夫人灵柩回籍，即行来邕。查观察公馆，预备在宁城内棉花村洗四旧宅。所派管理绥远全军行营粮台之雷静山，系用线索引出洗四、洗七、洗文澄，及洗稚林之弟洗二。

绥远军往邕后，钦州边防交统领卓勇李州牧家焯办理。查卓勇人地不宜，该西匪闻知多窜钦防肆扰。去腊中旬卓勇出差，百里路站分三日行走；雇夫担枪，被匪趋抢军火一次。今正又被抢枪械，杀毙数勇。自此该勇股慄畏贼如虎。各墟村虽有卓勇驻防，被害家前往请剿者，该勇均不敢前往。现在四乡多徙州城，不迁徙者概被贼胁从。钦防匪风与南宁甚为相似。

《中外日报》光绪二十九年三月一日（1903 年 3 月 29 日）

卓勇不堪一战

广西土匪现有投诚之陈秀华，与未投诚之黄五肥、黄和顺等股党。黄晚，许五、糖胶十、采茶三、黄秀英等窜越钦州、防城、十万山、黄岗山、十二级大山等处，结寨啸聚，胁从日众，以十二级为伪大营，以黄冈十万二山为伪先锋营，相离数十里，以成犄角之势。该山箐密林深，极为险阻，袤延数百里，跨广东、【广】西、安南数省。若东勇攻紧则窜西，西勇攻紧则窜东，东西夹击则窜安南。现在卓勇路径生疏，日行不过三十里。每出差，枪炮缚成一捆，雇人挑抬，中途遇匪，排枪扫过，措手不及，被贼抢去枪炮多次，未见拿捉一贼，以故贼益猖獗。正月十四日，贵台墟梁姓典押，被匪击破，抢掠一空，杀毙多命，掳去典主勒赎，兼逼该典主带引到家，又将其眷属掳去，益掳该墟妇女甚多。二月初六夜，匪劫大直墟一未开之押铺，系苏、冯二姓赁住。该铺周身石墙脚甚固，匪从六点钟攻至十一点钟方破入。适有卓勇一营驻防该墟，不敢出救，竟被匪毙苏、冯男女八口，拉去三十六口，途中又杀三口。去腊杪，劫防城县二里之观音庙，系四村搬移财物来此储藏者。正二月内，被劫之家难以数计。现在裹胁者将逾二万人之多。凡防城东兴、江坪、那棱、滑石、那良、平旺、大菉、那勒、挟隆、那天、大直各墟市，遍地皆红，燎原祸成。钦州附城数里地方有匪，拜台四墟乡更甚，州县均有危急之势。

二月初十日，卓勇由大直往那天中途，被匪击败，毙勇数名，抢去军火，余勇走散。有勇八人先至那天地方，又被贼伪装旗帜号衣，过墟将勇擒去六人，军火亦失。约计自去腊卓勇到钦，毙勇四十名左右，失去枪械百余杆。该匪屡次擒去卓勇，有杀毙者，有割耳放回者。自此卓勇不敢与贼敌，贼专寻击卓勇，以为抢枪炮之计。

二月十一日，白龙尾营都司率队往附近茶山一带，与贼对仗约二点钟之久，被贼击败，折回碉堡，不敢再出。

近日钦州地方，抢劫炮声旦夕叠闻。各处人心惶惶，除从贼外，余皆辍耕迁徙，每日有数十起之多。

近闻潘云洲镇军、杨尧臣军门合兵，将四五塘、鸡笼山黄和顺股匪击败，逃窜武缘境界。潘、杨率部尾追，剿办数日。

《中外日报》光绪二十九年三月三日（1903年3月31日）

官军不利拟联合楚军*

闻苏宫保于正月杪，率队前往百色一带剿匪。初则击贼不备，尚获小胜，迨后援贼麇集，四面包抄，官军不利，再拟联合楚军痛加剿洗云。

二月初一、初二日，陈一山军门封船，由南宁前往百色接统熙字全军。南宁之匪近日仍属猖獗，有绥远军虎勇、启新各营在此办理。惟各军只派队分击零星之匪，未敢深入授剿匪穴。隆安小林庄贼巢，官军仍未击破。

正月二十八日，苏军驻防勇与贼二三百名，在上思州地界交仗，官军挫败，被贼拘去勇一名，毙勇数名，抢去军械数十杆。该贼现窜钦州、防城、十万大山，与黄晚合成大股，从此警报叠闻。统领卓勇李州牧家焯，于二月初间电请大府派安勇援钦。

西匪窜过与土匪联成一气，势极凶悍，无坚不破。附近平旺墟，韦邻忠源家围栅甚固，近邻多搬入伊家，协同防御，枪炮有四五十杆。二月十三日，贼队围攻，相持一昼夜，十四日被贼破栅，杀毙数十人，掳去数十人。

又西匪滕八一股，窜越钦灵兼界大山，党羽有六七百之多。二月十一二日，与振新营在陆屋下大步地方交仗，杀毙营勇数十人，抢去枪炮数十杆，并抢货船七尺。

二月十六日，防城县亲兵并练勇与贼目黄得胜，在附近防城数里地方开仗。被此各有百人，鏖战数时，贼毙三名，勇毙二名。忽然援贼到来，该勇遂退回。邑市闭闸防堵，甚为危急。是日县令曾明府有数电到钦州请兵，幸得安勇百余名是日到龙门，即派往救援，以解是围。现在钦、防遍地贼匪，人众枪利，卓勇无用，失枪资贼，虽有安勇三百名到援，仍恐无济。该处绅董欲募团练以助兵力，惟苦于无枪，徒唤奈何而已。以上访稿。

　　《中外日报》光绪二十九年三月十日（1903 年 4 月 7 日）

官军疲于奔命 *

　　柳州匪首梁果周、温土生、梁国成、陈土生、陈亚富、韦八、姚矮等，每日掳掠街市村乡，有所得即逸去，并不攻据城邑。闻该匪以城邑四面受困，不如大山为穴得以往来自如。故每遇官军剿办，贼自计可胜则与官军对仗，否则此击彼窜，官军往往疲于奔命。盖攻其巢穴较城邑为尤难也。

　　近日梁国周、温土生党羽多窜至天河、河池、思恩、平南、贵县地方。陈阿秋党羽分窜至广南、宝宁地方。闭云培、黄和顺、苏十八、黄五肥党羽，分窜至武缘、迁江、宁明、西隆，及灵山、钦州、防城地方。钟四、黄四嫂、戚阿崩、刘阿崩党羽，分窜至忠州、江州地方。

　　南宁上三江口、上百色、龙州水道现仍梗塞，陈阿秋党羽守卡极紧，迩来叠有劫抢勇商军械货物之事。

　　广西资遣局系办理招抚事宜者。此局现尚未撤。王中丞及各官之意，皆欲半剿半抚，然官军未能力加痛惩。各贼不惧，故亦不欲就抚。

　　《中外日报》光绪二十九年三月十四日（1903 年 4 月 11 日）

桂林近事述函

　　西三月二十号广西桂林来函云：此间此时寄往别处之新闻，

不能不言匪乱之事，但匪乱之事实在之情形，甚难确查。故近日余与君之新闻甚少，职由于此。余见近日各报所论广西乱事之情形，虚者多而实者少，即如各报所云，王之春由南宁发电之事，即属虚伪之一端。因王之春并未到过南宁，王之春现尚驻扎浔州附近之桂平，并未往他处也。

此间近有传闻，谓王之春奏请政府将广西省城由桂林迁往桂平，此事或确亦未可定。因桂平在两江岸侧，形势甚为相宜，在梧州上游与梧州相距约有一百五十英里之远，与梧州常有小大轮来往。闻王之春本欲将梧州改为省会，但惜地方太窄，不能建立衙署，故作为罢议。

西江行船可直至南宁，但在南宁下游相距不远有一城阙，为叛党所踞，其来江船只非结成大队不敢前往。据中国官场时言，该地甚为平靖，此语全属伪报。旋因学政因该处地方不靖，不肯前往南宁按试。该处实在之乱情，遂不能再为掩饰矣。

中国官员在广西平乱，专以杀戮人民为本旨，将来大有关碍亦未可知。近日抚台欲拘一有权力之人，但其人未能拘致，于是勒令柳州府将此人拘致。有绅士三名，肯出而具结保之，谓彼并未与乱党相连，求柳州府勿与为难。柳州府已允之，后又亲往其所居之城邑。此四人均来谒柳州府，柳州府即拘彼等而杀之。该城之人民甚动公愤，遂攻击柳州府及其随从，并将知府杀死。闻现在王之春命将柳州府四面方百里内之人民尽行屠戮，使该处地方变为荒土而止，但彼能办到与否，殊未可知。而彼此等之举动，实为中国之大不幸，因如此办理适足增人民不平之心，而使乱事益行滋蔓也。现在叛民已至桂林之西，攻某某两县城，杀死官兵甚多。

现在匪乱蔓延虽广，然未能连合一起，又未有首领为之统率，如或有才干之人，起而将一群一群之贼连合为一，则中国政府欲平定之，必甚不易。现在中国政府须乘各帮叛党联络未成之机会，设法平之，方易着手。其法为何，则省内各处地方官须秉公治理人民，将粮税蠲免，赈给居民，又助给籽种于各农民，以便播种。如是则不久即可平定矣。

查广西省西部，各处饥馑日甚，而桂平为尤甚。因广西巡抚驻扎该处如此之久，彼等之费用均取资于民税，故饥民分外受苦也。况该处去年水旱二灾交至，饥荒独甚也。耶稣教会专派人至该处查理荒情甚悉，并在该处施赈。现在教会之力有限，非由四方之善士出款助赈，不能为功。如有善士肯出资者，请将赀寄往梧州耶稣教会嘉理福君收下，以便转寄桂平，以救饥民，使彼等能挨到收获之时，则甚幸矣。以上译三月十六日《字林西报》。

《中外日报》光绪二十九年三月十七日（1903 年 4 月 14 日）

处分贻害地方官员上谕

三月二十九日电传，二十八日奉上谕：前据御史蒋式瑆奏广西官幕贻害地方各折片，当经谕令德寿确查。兹据查明复奏，广西桂平梧盐法道黄仁济，居心险诈，取巧钻营，随办营务，几误大局；桂平府知府孙钦晃，不知检束，举动荒谬；平乐县知县徐步瀛，衰庸刚愎，民怨沸腾；四川补用知府、前署广西北流县知县袁宝璜，贪婪苛派，庇绅病民；北流县知县梁骝藻，信任劣幕，枉法纵盗，均著即行革职。劣幕朱香溪，即朱文炜，屡被弹劾，恋栈无耻，现已捐分省通判，著即革职，驱逐回籍。左江道瑞霖，才具平庸，难胜重任；候补道张棠荫性近严刻，措施失当，均著以同知降补。广东补用知县黎兆瀛、广西知县潘继诚、捐升通判前北流县典史赵倍、守备邹世胜等同恶相济，朋比为奸，均著一并革职。余著照所议办理，该部知道。钦此。

《中外日报》光绪二十九年四月一日（1903 年 4 月 27 日）

征剿逾年尚难见效

近据某客自百色回，称述匪首陈阿秋有死党七八千之多，贼垒十余座，红水河贼垒尤为坚固。每与官军开仗，贼先伏箐林石岩中，凭高施放枪炮。贼见勇，勇不见贼。一贼当数勇，以得地势故也。故各军征剿逾年，尚难见效。

二月杪，绥远军到二塘甘村，获匪十余人，内有著名要匪。

又二日间，闻由陇墟拿获男女匪不下百名，生擒要匪数名。隆安有匪首黄河顺，分率匪党六七百名，军械精利，意图在二月杪攻打隆安城池，幸绅民先行觉察，飞禀南宁府加派绥远军营勇，及各军分屯严堵，贼无隙可乘，始逃上隆安属内大山。方贼欲攻打隆安时，隆安土匪首黄大手下有二三百人，不准外匪侵占本处城池。因此黄大与黄河顺匪党有隙，正欲点名开仗，旋有旁匪调停，始得无事。

连日绥远军分派各哨往苏墟即墟搜剿。

闻王中丞随带楚军各营，现在浔州各处搜剿。惟楚军不熟路径，每用练勇作前导。

闻西匪有窜入安南那摩天王岭滋扰者，近日洋人已发兵剿捕。

《中外日报》光绪二十九年四月二日（1903 年 4 月 28 日）

广西东钦州防城匪耗

卓勇千名除分防各墟外，留二百名守钦城，安勇三百名亦分扎防城等处。

二月二十八日，乡团廖如寿带练勇三四十与贼开仗，追击十余里后，被大队贼约二三百名将练勇重重包裹。该练勇逃出到钦州请救兵未到，而练勇已拚命打开一路，收队回乡。贼毙数人，练勇毙一人。

三月初三日，廖如寿练勇约合安勇、卓勇与贼在华容八角山开仗。练勇数十名打前路，安勇百余名打中路，卓勇二百余名打后路。练勇、安勇炮毙贼十余人，夺贼枪十余杆。奈贼党甚多，将后路包抄。卓勇路径生疏，进退维谷，伤亡数十名，失去枪数十杆，而练勇、安勇因失应援，亦被贼冲散。

邕钦交界之雷公岩，时有贼百盘踞，勒收往来行旅路税。那宗崩塘各墟，被贼扰害，残破不堪。

清塘墟于二月廿七日有贼百余名，各持枪炮，意将入墟，途次为一人所见，大呼闭闸。贼闻知，即枪毙此人，须臾直攻入裕福押铺，焚去一厅伙伴数人皆遇害，抢掠空退出，又枪毙二人。清塘绅士相开先亦被匪杀害。

西匪藤八、黄晚等，自窜钦防以来，无日不攻打墟村，防城、大直、那大各墟村，十室九徙。该匪明知官军无能，胆敢扬言将来必攻打州城云。

《中外日报》光绪二十九年四月二日（1903 年 4 月 28 日）

广西百色匪众兵单

苏子熙宫保奉旨陛见后，即将广西提篆并边防各军，交右江镇黄呈祥办理。黄以苏军屡应贼匪逼码、枪炮，未肯接手。苏宫保闻之，尽将右江边防各营带回左江，约计三月望后一二日到邕。目下百色匪众兵单，因此交接未清，暂行停战，左右江各军亦因此观望。

近来南宁主客各军，统计十余营有奇，四处分剿，绝无匪踪，而劫杀之案，仍是层见叠出，甚至南宁城边镇北桥、城北六公祠、城东浪边村，及附城三五里等处，胆敢明火劫掠，更有白昼在附城左右掳人勒赎之事。

西匪除黄晚等窜入防城十万山，藤八窜入钦灵交界陆屋墟一带外，尚有分帮窜入钦邕交界之雷公岩、清塘墟等处。统计钦州、防城两属真匪不下数千，胁从不下四五万。近日匪闻钦防兵弱，日益窜越，该处受匪害者，更甚于邕。以上访稿。

《中外日报》光绪二十九年四月十三日（1903 年 5 月 9 日）

广西饥荒百姓十五万*

据驻广东省城之美领事电称，广西现在受饥荒之百姓，有十五万之多。

上海官场现又接到广西巡抚王之春来电，称广西匪乱业已剿平。译四月十二日《文汇西报》。

《中外日报》光绪二十九年四月十三日（1903 年 5 月 9 日）

著岑春煊迅赴两广总督任上谕*

□月□□日奉上谕：广西军务为日已久，未能一律肃清，著岑春煊迅赴两广署任，会商广东巡抚、广西巡抚、云贵总督、云南巡抚、贵州巡抚、湖南巡抚，妥为剿抚。该署督毋得因□广西原籍，拘泥回避，有负朝廷倚任之意。将此通谕广东、广西、云南、贵州、湖南各督抚知之。钦此。

《中外日报》光绪二十九年四月十八日（1903 年 5 月 14 日）

纪广西苏黄二军门龃龉事

昨得广西来函云：三月十七日，苏子熙宫保到南宁，将广西提篆及边防各军交与右江镇黄呈祥，黄只接提篆，至边防各军仍不肯接。查苏黄龃龉之故，一因陈阿秋前于云南、广南地方被滇军痛剿，阿秋受伤逃至隆安贼巢时，常遣党出掠广南、剥隘、百色、红水河、隆安等处，骚扰不堪。黄镇甫议招安，苏宫保闻之，故意遣兵往攻，以致招安未成，苏黄意见因是不同。一因苏宫保所带之勇，如贵字五营原非边防所有，本系某年创议调往长江，故另招募十营。旋以长江议寝，仍留五营办百色等处游土各匪。该五营口粮系在边防各营，每勇各筹银一元，以为挹注。然仍不敷用，又间与贼通同分肥。苏宫保掩耳盗铃，以伪法联络军心，由他人接手，势必将贵字五营撤销，以归正办，而此五营难免其不散而为盗。一因苏军有无烟枪四千余支，已失去少半，且有一万三千余支针枪，亦不能交出，是以接手殊非易易也。至近日左右二江军务照常，尚无起色。以上访稿。

《中外日报》光绪二十九年四月十九日（1903 年 5 月 15 日）

袁管带通匪被斩 *

西抚借法兵一事，外间传闻不一。兹探得官场昨接西省来电谓：西乱日亟，现有法兵两千多名，进驻谅山一带，是否代平乱事，抑或自行保护，尚难逆料云云。

十三日北海西简云：有管带两粤边防兵之四品武员袁姓，因被劾私通粤西乱党，接济军械，经于本月初三日在廉州斩首。缘该处防营三队，袁所统一队每战必捷。同僚管带疑之，向俘获之乱党查询。据云，乱党见袁诈败，袁则追及乱营，将军械交下，始行转回等语。僚属向上司控诉，查得其部下军械短缺，不能明白回复，故以谋叛通贼论死。

《中外日报》光绪二十九年四月二十四日（1903 年 5 月 20 日）

传闻桂抚向法国求援

十九日东京电云：美国公使接十七日香港来电言，广西巡抚王之春欲扫平土匪，特请法国援助，现已有法兵二千入广西境内。译十九日大阪《每日新闻》。

同日北京电云：政府接法国出兵入广西之警报，非常惊惶，遂疑心此举恐为牵制满洲问题之举动。又接别报言，广西法国领事电请公使派兵，法公使不允，且电谕不可使法兵妄入境内。译十九日东京《朝日新闻》。

同日，北京电又云：法兵由安南入广西省，由粤督电请外部与法公使相商，使其阻止。

又在香港之华人，以王之春联络法人不合民望，请外务部代奏，请旨革职。译二十日《大阪朝日新闻》。

《中外日报》光绪二十九年四月二十九日（1903年5月25日）

东莞学生发电反对向法借兵

王中丞借兵靖乱一事，各处均有电阻止。乃前日接两省来电，谓法兵已抵谅山，翌日又接王之春来电告急，其果应借而来者欤？二十日，东莞县学堂教习杜氏，召学生登堂，晓以利害。演说毕，即倡首捐款，各学生亦争相捐集。二十二日来港，由大北公司发电。兹将电文录下：

致军机处电。北京军机王大臣鉴：桂抚借兵，现已入境，祸延全局，后患堪虞，恳即电阻。广东东莞学堂电。

致北洋大臣电。桂抚借兵入境，事关大局。素仰贵大臣深明时势，乞念大局，筹法阻止。广东东莞学堂电。

按半月来，因王中丞借兵一事，电争者已有数起，省城为始，香港次之，东莞学堂又次之。或犹为中丞回护，谓无其事。然日来迭接两电，不知何以自解也。粤垣、香港、东莞三电皆由大北公司递发，而大北之价，比中国昂两倍，此中电费不下百余金。因中国电局总办竭力阻挠，以致不能不从事西局，利权亦因之外溢。此项虽少，然该局之漏卮已可类推矣。

京函云：岑督此次调督两粤之命既下，政府又得太后面谕，急电与岑云：现在广西军务倥偬，乱踪叵测，而广东惠州、钦州一带，亦属出没靡常。该督谊关乡梓，情形周悉，自易奏效，宜会同云南、贵州及广西诸抚，合力兜剿，以绝根株。至两广军政吏治，积弊已久，尤宜竭力整顿云云。岑电复奏谓：西事目下情形，未经亲勘，不敢率陈。惟年务紧要，当即迅速赴任。请准其调用四川干员张鸣岐、段庆照等十名随行，一面在四川藩库借支银二万两，并刻木质行营关防一颗，以备沿途办事。政府已转奏允行矣。

《中外日报》光绪二十九年五月一日（1903 年 5 月 27 日）

桂提苏元春座船被劫[*]

梧友又函云：苏提督自驮卢顺流东下，行抵新宁州相近之某处（新宁州隶南宁府属），突有著名悍匪梁赞开，率其党类三百余人，沿途拦劫，枪炮齐施。经随行护勇竭力抵御，鏖战至三小时之久，始将该匪击退。然勇弁之伤亡者已逾百名，苏提督座船两旁，亦为匪弹所击穿，密若蜂房，见者咸为之咋舌。苏提督带有文案二员，亦为匪弹所中，幸未致命，现在邕郡养伤。

按：苏前次入都陛见，挥霍甚豪，奥援颇众。此次入都，宦囊尤裕，为匪所侦悉，故率其悍党沿河夹攻，意欲劫夺赀财，未可知也。

匪首梁赞开既为苏随行护勇所击退，知事不了，遂窜往隆安一带（隆安亦属南宁府）。

自苏提督启节后，各处又复戒严，风声鹤唳，颇有草木皆兵之象。惟南宁现有重兵扼守，故各匪皆相戒不敢犯。其为匪所垂涎者，为上思直隶厅、归顺直隶州，其余如博白、北流、陆川三县，亦为匪意所专注（博白、北流、陆川三县尚称富饶，均隶郁林州属）。

请援文牍，联翩而至。

王中丞凡接各属请援公文，均不以为急，仅饬各该镇道，就近拨勇救援，但兵力愈分则愈单，各营勇往往推调不前，殊堪浩叹。

最可笑者为龙州道（即太平归顺道，又名安边道），瑞观察因被人参劾，急欲求去，遇有告警公文，辄以原文移知提台，又复任意迟延，致兵未到而匪已饱欲而去。

《中外日报》光绪二十九年五月三日（1903年5月29日）

会党聚集钦州防城

两粤人自闻有法兵代平西乱一事，即开大会于黄沙师范学堂，到者约三百人，崇正、广仁、广济、爱育各善堂绅董与焉，未可谓非四民团体自来未有之大集合也。旋经即公电阻止，而某某两志士仍恐大局已亟，倚赖政府之外交无能为力，拟直接与法外部干涉，遂约于二十一日再假该地为公会堂复议。后以国家大事一语见却于屋主人，因遂不果云。

西党除黄晚等已到防城十万山，藤八已到钦灵交界陆屋塘一带外，尚有大帮乱党驻于钦邕交界之雷公岩、清塘墟等处。统计钦州防城两属，现在真党不下数千，胁从即过四五万云。以上录《时敏报》。

广西乱事尚未肃清，现委刘侗寿县令来东，在局中借领单响、八响、九响各项毛瑟枪四百杆，每杆配码三百颗。俟由外洋购到，然后拨还。录《安雅报》。

《中外日报》光绪二十九年五月四日（1903年5月30日）

广西军务补述

三月二十三四等日，那陈墟一带警报叠闻。该处团绅禀求左江道镇派兵救援，而兵力不敷分剿，未能即报即发。

统计广西营勇：抚标十一营，虎勇二营，安勇二营，仁字一营，左江道亲兵一营，熙军三十营，绥远军四营，且有各府州县练勇等营。如此兵力尚未能歼除匪重者，因兵来贼去，兵去贼来，故官军所办，不得要领。

三月杪，绥远军左右营与贼在永顺地方开仗，官军小挫。

自二月下浣，哄传洋人悬赏缉拿首匪黄宝斋后，下峒、水口等处匪党蠢动，抢劫叠闻。分驻田良墟毅新副左营熊管带，赴龙州请领月饷，回至半途，亦遇贼劫，并炮毙熊管带及亲兵数名。迩来水陆梗阻，皆由边防执事先将奋勇各营、先锋营左右翼次第概行撤销所致，然其中闻风先遁者亦复不少。为祸百端，良深浩叹。

近日米价昂贵，贼益加多。南宁府属每斤米卖一百三四十钱，太平府属每斤米卖一百五六十钱，上思州、海湾等处每斤米卖一百八九十钱。因饿充贼者无数，饿死者亦无数。

西匪黄晚、糖胶十等窜至钦州、防城，掳梁、苏、冯、陈、贾各人口勒卖，共得银四万余。粮械俱足，势甚猖獗。三月二十五日，钦防乡团与黄晚、糖胶十股党，在防城属石合大岭开仗。贼之枪炮较乡团精利百倍，乡团因此败绩。刻请州团派练勇救援，枪毙贼数兵。

安勇现在专守防城属那勤、大篆数墟。卓勇最笨拙，有时尾随乡团追剿，人人以为十卓勇不如一练勇之用。以上访稿。

《中外日报》光绪二十九年五月五日（1903年5月31日）

日本报道广西乱事 *

广西匪徒蔓延，势力日盛。现在桂林、义宁、兴安各地俱为匪徒所占，掌握民政、征收租税、招募兵勇，俨然一小独立国。其近邻之广东、云南、贵州各省亦有匪徒，购入无数之新式枪炮，操练军队，悉仿西式，将预备大有举动。当四月初间，广西提督某剿融江一带匪乱，电奏北京：匪乱不易讨灭，惟驱之他徙耳。且匪徒势悍，与官兵战，概不得力，匪徒常伪装官兵，混入军营为内应，颇为得手，故其势力蔓延。现在广西省有四万以上之勇毅狞悍之贼，与曩时之发匪相似。

法国借口保护寓桂商民及防护安南国境，派兵一队，由陆路而入，小炮船一带由水路而入。英国对法国举动甚为反对，驻华英使向外务部抗议。法使言，此事关系我国境之安危，为应当之处置，互执不让。现在法使已将归期改缓，欲待广西之事肃清，可借口援兵之功，以备要索广西铺设铁路及采取矿山之权利。以上录五月二十七日《北清新报》。

《中外日报》光绪二十九年五月七日（1903年6月2日）

广西会党飘忽无常

西省庆郡宜、河、思、东、忻五属，为游匪陆阿法、王吉明结党骚扰。近日该党窜越罗城黄金龙岸，或柳城牛岭、沙堡、融城、四顶各处，皆有巢穴，与土匪联结。常在和睦十五坡上下抢劫商船。该匪飘忽无常，庆办严紧则窜柳，柳办严紧则又窜庆。

两省匪党，以枪枝多少分头目大小，官军未来，各□党抢劫不胜枚举，一闻兵到，即合各路小匪目，统归一匪调度之。如来宾之韦八马，平之黄老龙，雒容之黄中魁，象州之陈士球，每有计枪二三百杆，势甚凶悍，称大头目。

管带绥远军右营兼带左营潘成秀，因病奉批准假一月调医，所有两营事务，责成该帮带办理。该两营现扎南宁，或闻警派往各处围捕。又奉专札，分防苏墟，兼剿山朗各墟土会匪。五月初七日，苏墟防勇与民滋事，各毙一命。左营右哨哨弁刘振国、副弁冯志南，因此率勇远逃。帮带黄奇芳，率前哨弁黎贵胜、副弁裴常德往追，亦不见回。

东省钦州、防城匪患日甚一日，皆由李州牧偏信相管带招安黄晚所致。查相亦由贼投诚，与黄狼狈为奸。相、黄两营所领舱码，尽以通贼分肥，甚至黄晚仍遣弁勇拜会逼胁。凡平日团绅能打贼者，尽报复之。四月下旬五月初间，带团梁善新、李馥华，被黄晚弁勇攻击。盖梁、李二人认识其人与号衣旗帜也。又五月十一夜，贼攻那连施家，掳七十二口，抢掠一空，当时苦主施荣光眼见黄晚哨弁黄六在内。所有出州报案者，州牧必袒护相、黄。现在怨声载道。

西匪藤八前窜钦州、灵山兼界，屡劫陆屋大埠商船。近闻遣党窜博白、合浦、石城交界大山，骚扰两省边界，绅民亟望新督岑制军速平匪患也。以上访稿。

《中外日报》光绪二十九年五月十日（1903 年 6 月 5 日）

粤西军务表微记

桂抚王之春本不知兵，其才识又甚平平，于边情尤非了了。去秋抵梧后，凡事既掉之以轻心，复济之以私心，一惟以臬司黄仁济之言是听。故初以为该省匪势猖獗，特各报之谰言会党之谣诼耳，小丑跳梁不足言剿，市之以恩则癣疥之疾易为也。于是定一意招抚之策。

既而各镇道告警之电联翩而来，请援之文络绎于道。而驻梧英领事亦探知郁林州属伏莽林立，狡焉思逞，且距梧甚近，正欲部署行装，知照在梧各洋商为自西徂东迁地为良之计。事为中丞所闻，惶急无措，乃亟派随来之洋务委员联恩（号渥轩，郎中，旗人兼办洋务文案），赴英领事署再慰留，并告以业已派兵往剿，万勿顾虑等语。但彼时王中丞犹以为概畏以威，兵力或有未足，若俱市以惠，匪胆恐以益张。连日彷徨计无所出，故继而为剿抚兼施之策。

王中丞既改一意招抚为剿抚兼施之策，既督率梧防、省防各营，剪江上驶。行抵贵县（隶浔州府属，与郁林州属之兴业县壤地毗连），因该县滨临大江，水陆交通商贾麇聚，意欲久驻。嗣以黄镇呈祥带来楚军五营，时与该处商民交哄。中丞恐激成事变，遂急檄黄镇将所部楚勇，悉数调赴百色，借壮声威。而彼时南宁府属各州县均以匪势愈张，同时吃紧。中丞至是方知前次之一意招抚，固不免养痈贻患，即剿抚兼施之策，亦不免姑息长奸，欲荡贼氛非痛加洗剿不可。而在京各奥援亦时复飞电切嘱，万勿坐误事机，于是中丞改弦更张，再变其剿抚兼施为一意剿除之策。

先是中丞接南宁各属戒严警报，始知匪势甚盛，实未易平，乃与臬司黄仁济由贵同舟赴邕。抵邕后，镇道晋谒，中丞询及匪势究竟如何。该镇道等将匪势披猖、地方糜烂各情，据实禀陈。中丞闻之馁形于色，手足言词亦不自知其失措。时方十月下旬也。

斯时臬司黄仁济亦在座，闻该镇道等禀陈匪情，不留余地，不尽为之面赤，几至无以自容。

彼时苏提督元春方在上思一带阅边，闻王中丞移节南宁，遂绕道来谒，晤商一切。苏意南宁东路归中丞剿办，西路由边营剿办，百色下游由黄镇呈祥剿办，上游由苏提督自行剿办，以为如此办理较易为力。而中丞则以为抚台有节制全省之权，何得偏治一处，大不为然，事遂不果。此为抚提意见参商之始。

是时，法国派驻越南总督鲍渥甫抵河内（河内一名东京，法人未占越南以前，为越王建都之地），迭据驻华龙州法领事桂匪猖獗之报，恐匪槛入越界，由他处调法兵二千，分扎边界，以固其圉。此固法人当务之急，内地谣言纷起，谓桂抚借法兵以剿匪，或谓已有法兵二千槛入桂界，或以是欤。

按：近日以滇省临安失守，各报均登有法兵二千槛入华界之说，或即系鲍总督调驻越边之法兵，亦未可知也。

苏提督见法兵如此举动，意不自安，以为边防实己之专责，欲将中丞前调之边勇五营调回原处，以固我圉，而资熟手，另募五营为剿匪之用，爰请中丞为之代奏。而中丞则以为兵力已厚，兼之饷项支绌，恐一经成募，指拨为难，婉辞却之。自此苏王之意见愈深。

臬司黄仁济见抚提各怀意见，又于中丞前力行其浸润之谮，于是中丞决意密参苏提督纵匪之不是。闻折中颇有自任之语，略谓苏若离桂，一月内全省定可肃清。苏提督之晋京陛见，职是之由，近闻苏提督启程后，上游匪势益渐猖獗，不知中丞有无善策以处之。

黄镇呈祥本与中丞有戚谊，此次来桂，实存大欲，虽统楚军犹未满志。与臬司黄仁济尤为莫逆，自苏提督奉迅速来京之命，中丞即以提篆畀之，黄署提本欲将边防各营管带次第撤去，以位置留其私人，嗣以黄署提所部楚军皆不得力，兼之楚粤各军言语不通，时形枘凿，深恐激成变端，姑置缓议，然已为边营各管所闻，故咸愿舍而之他。

中丞既无知人之明，更无自知之明，布置一切均视为缓图，文事则悉任黄臬司，武事则委之黄署提。其视为当务之急者，惟于京师则广结奥援，以为内助；于外人则联络鲍渥，以树外援，所以防政府之责言，俾外人出而干预而已。

郎中联恩现为行辕法文翻译，兼办洋务文案，最为王中丞所倚重。去年中丞去皖赴都，联亦随之而往。闻驻华法使允认中丞为桂抚，实联居间之力为多。迩来中丞与驻越法总督鲍渥时有密函往返，亦联一手经理焉。

联恩前在皖省时，曾由法政府给以四等宝星一座，凡遇中西宴会辄系之于右襟以为荣，中丞则悬之于颔下，见者少见多怪，诧为奇特。

苏提督在边已久，于布置一切虽未悉当，然与中丞较，尚觉略胜一筹，迩来声名愈下，而政府之所以曲予优容不加切责者，亦自有故。盖苏提督于广结奥援之道，亦能不遗余力。闻苏曾延某部郎为驻京坐探，刺听机密兼司结纳要津，一有消息，飞电知照，点缀弥缝，随机因应。议者谓，苏提督与王中丞虽各怀己见，而用意则同。

桂省著名匪首以陈亚秋为最，其党羽约有万人左右，向盘踞于洪水河一带。陈党不甚扰民，专与官军为敌。陈本良民，曾充团总，素性尚侠，又称多财，为官所逼，遂流为匪。闻滇省奏报则曰，陈已在滇伏诛。然据前敌探报则又曰，陈匪仍在泗城。究不知二说之中，孰为虚实。

按：边隅向有顶名冒替积习，以冀邀功。如郁林连陷三城之李立亭，旋官兵将三城克复时，李匪早经免脱，而在事者竟以伏诛入告，不免为识者所笑。今滇省又步桂省后尘，殊可慨也。

又有李八者，向在南宁宣化县署充当差头，因事斥革，亦流为匪。旋为众匪公推为此中头目，势焰顿炽。然初时附从者仅三百余人，官军不亟剿捕。今已啸聚至四千余人之多，专扰宣化、隆安、新宁、永淳、果化、归德、横、忠等州县（均属南宁府）。官军每与匪遇，辄望风而靡。

按：该处本有二李八，其一于去冬十一月初，由管带雁字营高迁佐把总招降，改名李向钦，赏给四品翎顶，充当启新帮带。

陈秀华素称凶悍，其手下死党尤多，游匪遣勇附之如蚁。初仅五六百人，今则已啸聚至七千余人，专在上思（隶太平府属）、南宁毗连之处骚扰。商贾裹足，民不聊生，官军往剿，屡次失利。

有黄宝斋者，曾在边防苏三统领（即苏提督元春之第三堂弟，名元瑞，前任贵州威宁镇总兵）部下充当正哨弁。因与营主有隙，遂致被撤。黄诉之三统领，三统领不直之，反令亲兵撵之使出。黄衔苏赖骨，去年潜出，越界枪毙一洋兵官，为移祸江东之计。幸苏提督顾全族谊，出其全力，与法政府一再辨驳，乃弟始得无事。嗣黄以官兵觅之甚急，遂潜招旧时所部勇丁，同往归顺州金龙洞地方，负隅甚固。时复率党四出于边界设有卡房处所，抢劫枪炮，更胁令守兵入股。其党虽仅六百余人，然枪械均极精利，每与官军接战，该党又系久练之众，临敌更奋不顾身，有进无退，官军每为之披靡。四月初，该党因乏粮故，又至亭朗墟拦劫米船。事为张分统德贵所知，率兵千余，四面兜捕，鏖战良久，始将黄枪毙。次日枭其首级，送交法兵官验收，而此宗交涉重案始得就绪。

匪首中有闭运培者，膂力过人，机谋百出。马镇军盛治之遇伏阵亡，亦实中闭之狡计也。闭本自有一股，恐官兵大至，抵御为难，遂至各处游说，联为一气。盖向来有游勇、会匪、土匪、客匪之别，各分畛域，问闻不通，有时且不免有自相交哄之事。自闭之说行，从此一惟闭之命自听。闭又有鉴于前年郁林匪首李立亭连陷三城，不旬日仍为官军克复之失，故闭匪号令各股均不准陷城。盖恐政府惶急，饬令各省派兵协剿。故桂省自匪乱后，至今未失一城。此非官军防堵有方，实闭之计谋之狡。官军不知是计，竟诩诩然以为匪已肃清，其亦不思之甚矣。

梁赞开者，曾在边营当随员。当马镇台盛治署提篆时，因与管带包怀邦有隙，即诬包以通匪之罪，遂令斩首。梁恐波累，即潜招包部下各勇，同往隆安（隶南宁府）一带为匪。及苏提督由鄂回桂，梁乃诣辕求抚。苏允之，派为副管带，并令随同剿匪。讵梁仍与各匪首消息暗通，嗣为苏所觉。梁知不了，遂又叛去。现在附梁匪党约仅千人，皆能冲锋陷阵，所向无前。官军皆畏之如虎，莫敢与抗，专在龙州以下南宁以上劫夺军装、米粮为务。如有商舶经过，凡货值百元者，勒抽行水五元，商民反皆称便。较之官兵赴剿任意骚扰者，梁匪尚略胜一筹。

其余小匪首一股二三百人者，即以左江一隅而论，五百里内已有十五股。大约舟行一日，至少亦必遇匪一次。如已过付行水，匪即验明放行，否则勒令倍给。现在粤西一省实已无处无匪，然未见各埠之停办货物者，非官之保护有方，实匪之巧于牟利也。闻匪常扬言云，若扰及商民不留一片干净土，我辈皆枵腹而死矣。前年河道梗塞，商贾苦之。自闭运培与各股匪联合后，改焚杀为收规，商民反觉安心乐业。

匪意所专注者，首重军械，次重银钱粮食。其为害行旅者，实本地之烂仔（如沪上之流氓），聚众一二百人，即四出劫掠，地方官不加深察，即指鹿为马，请兵助剿，及兵到而匪复散为良民，糜费劳师，莫此为甚。

粤西全境，除桂林、平乐、梧州三府毗连东省，匪迹尚稀外，浔州为中丞驻节之所，自有重兵扼守，匪不敢犯，尚属安静。其余如南宁、太平、柳州、庆远、思恩、镇安各属，匪势均极披猖。纵有桂字五营、楚军五营、熙字四营、镇南三营、毅新二营、安字二营、党字二营、仁字一营，并钦州潘道培楷管带援剿之卓勇二营，共计剿匪之勇已有二十六营，防营尚不在内，然地方辽阔，分布极难，况匪徒出没无常，防剿均非易易。

自王中丞到邕后，漫无布置，惟黄臬司之言是听，虽以廷旨一再切责，已变为一意说剿之宗旨。然去冬至今，依旧以防为剿，故兵匪并未大战。闻上月楚军与匪在泗城附近之某墟交绥，亦未见胜负。

苏提督旧部中，惟黄副将云高、张参将德贵并刘令荣楣剿匪最为得力，余皆自郐以下。

王中丞带来之楚军，以之扰民则有余，以之剿匪则不足。凡至各村搜捕匪党，见有牲畜即顺手牵羊，居民词色稍厉，即诬以通匪，故民之畏兵甚于畏匪焉。

《中外日报》光绪二十九年五月十三日（1903年6月8日）

柳庆两府乱情充斥

探得官场日昨接西省来电云：西省百色乱党甚炽，别会党千余聚会扶杜地方，暗传号令，并刊有印信，其文曰"总统粤南义勇全胜军"云。

柳州来函云：柳州、庆远两府乱情充斥，殊骇听闻。柳府属之象州大塘地方，党首陈士生招聚土人数百。新任右江道沈由浔来柳接事，值带新字营二百余名，三月二十六日，行至大塘墟地方，被陈士生党截击，打毙哨官两名、营勇七十名，失枪数十杆。营官唐某亦被重伤，回浔医理。迨由柳调兵援救，该贼亦不知去向矣。

又柳庆镇中衡游府任，四月十六日行抵马平县属之白沙墟，正在泊船，又被乱党百余截抢，枪声隆隆，有两点钟之久，毙勇数名。又马平县陈令落乡剿办，至利雍左右，亦被贼围伏，毙勇数名。陈令逃出回柳。又柳府各埠商帮捐资招募勇丁五百，改名为广胜军，专为护送商船并木排来往，于二月业已成军，所送木排船只均获无恙。四月由柳送货船百余号上长安，派广胜军勇两哨计百余名护送，不料初五早行至柳城属之十五坡，被游土党五六百之多拦抢。自晨六点钟战至十点钟止，幸得广胜军奋勇力抵，船只不至被抢，计枪毙十一名。及长安调有团防勇数十名至中途接船，该勇见贼不战而逃，哨官杨某被贼捉去，要银五千元取赎，现未说妥。

庆远府游党更多。该府有克勇营六七座，竟无设施整顿。现新任庆远府濮守接事后，尚属认真，惟王之春屡札饬属员要报肃清，是以虽有此等乱耗，仍未敢上报云。录五月初八日香港《中国时报》。

《中外日报》光绪二十九年五月十四日（1903 年 6 月 9 日）

卓勇无能愈长贼风 *

四月二十二三等日，绥远军前往四五塘剿捕，招出江云祥一股，缴枪炮数十杆，后又招出一股，计共招有二百名左右。近日有车船由龙州下南宁，行止〔至〕半江，被匪抢去银二三万之谱。

办理广西资遣局务冯仁卿观察，计自旧岁开办至今，招出之匪为数甚多，皆给资遣散归农，惟二月初所招之匪，则遣充法人咕哩。

现查南宁匪首黄河顺、滕正宜、黄五肥等约有二三千人；朗墟匪首梁二、黄丁贵，约有六七百人；隆安匪首闭云培、黄华廷等约有二千人；百色匪首陈阿秋、唐老快、黄四、郑五等约有五七千人；红水河梁晚、苏阿发、刘亚兴等约有二三千人。以上皆系真匪，胁从不计。

西匪黄晚率二百人窜越钦州后，经李牧家焯于四月初招出，编为卓勇前营，给备号衣军械，然无法钳制，黄晚等仍然抢劫。兹有如昔下练屯丕团练绅士李馥华等，到州禀办，其词云：窃绅团八百余家，均听约束，誓不从贼。惟团界与如昔，上中两练毗连，而上练属那章、倒流塝、文那、毛那、建百灶、定特、天麻、米隆等村；中练属那改、小白塝、大白塝、米历、那派、天关等村，皆属莠民，其中充帮为盗者不可枚举。竟于四月二十四日窥探绅等出州，而那章村小匪目曾二，遂会同业经招抚叶三之弟叶四，又黄三、黄六之弟黄九等督率马帮数百人，大劫本团那浮、彭玖、那厚里、米祥、阿留等村，被杀毙十余命，掳去数十人，烧屋十余家，掳牛数十头等语。

近来西匪知卓勇无能，窜来钦州者益多，四月二十三日攻打米淡村。该村共只七十余人，被匪杀剩四人，老妇则戮之，幼妇则拘去，小孩则投入火内焚之。二十五日夜，西匪滕八窜入那蒙墟，毙墟人七名，劫当铺一家。卓勇不敢与贼对仗，愈长贼风。钦防绅民只望岑帅到任，整顿营务，可得出离水火。

卓勇营高哨弁回州请饷四百余两及逼码数箱，于四月二十二日往大直，途中被劫一空，高弁亦被拘去。有陈哨弁追之，被伤，亦不见回。计三四月内卓勇失枪码十余次之多。以上访稿。

《中外日报》光绪二十九年五月十六日（1903 年 6 月 11 日）

著王之春等革职上谕

上谕：岑春煊电奏，查明广西匪势灾情，请即司道各员分别惩处，并整顿团保，精选州县各等语。广西匪踪蔓延，灾区甚广。该地方大吏毫无布置，实堪痛恨。已革道员黄仁济，粉饰欺蒙，上下解体；已革总兵申道发，纵勇虐民，贻害尤甚，均着发往军台，效力赎罪。布政使汤寿铭，吏治废弛；按察使希贤，前署藩司，贿赂公行，均著即行革职。巡抚王之春，办理军务诸多蒙蔽；提督苏元春，养痈成患，贻误地方，著一并革职。该署督务将团保一切事宜，严饬各府州县认真办理，以靖乱源。至委署各缺，著准其不拘资格，暂行酌量变通。总期有裨地方，俾吏治日臻起色，用付朝廷绥靖边疆之至意。钦此。

《中外日报》光绪二十九年闰五月十五日（1903年7月9日）

营勇欠饷负枪而逃

西省南宁隆安、百色各处营勇因米贵，口粮不敷，军心大变，遇仗多是挫败。四月以来，停兵不战。五月间绥远军勇屡次逃逸，共有三哨余，人各带枪炮，苏墟、龙头墟曾为该逃勇抢掠。查绥远军勇系因前统领潘观察培楷病故，后亏空饷项过万，故勇丁藉名欠饷，负枪而逃，亦因与虎勇不睦所致。

五月中旬，安勇全营由右江调回，沿途拨勇百人，登山以探贼踪，余勇由船随后缓行。不料该探勇行至崩山，被匪截断后路，首尾攻击，毙勇大半，余俱受伤，枪、码均为匪取。及船勇到时，该匪已远飏无踪。十六夜有渡船名鱼李渡，由南宁开行上羊尾墟，甫抵陈村，离城三四里，即被抢劫，约失数百金。下旬何道台赴龙州新任，船行数十里，遇匪大股，不敢前行，转回半途湾泊。东省防城属大直墟，于五月二十七日夜被匪攻入，抢掠一空，烧毁司官衙及民房两间。该墟原系卓勇杨管带驻防，忽然全数移与招抚黄晚同驻一处。经该墟绅商再三请留数棚防守，杨不允。闻路人言，该墟之失，皆杨、黄与贼通同作弊。查杨屡次闻警不救，黄招安不立功，专与团绅及富家为难。绅民至州喊冤，李州牧为黄晚袒护，谓无是事。而杨、黄频请逼码，每次数箱，并无攻击贼巢，不知作何销用。

近闻粤督岑云帅派优波、安澜两兵轮接冯宫保上省，商量要事。闻宫保因前月有病，以此辞谢。以上访稿。

《中外日报》光绪二十九年闰五月十九日（1903年7月13日）

粤督岑悬赏缉拿匪首示

为悬赏缉拿事。照得西省匪首，现经本部堂四处查访，得其大概，除谕各文武分路搜捕外，应并谕令军民人等一体缉拿，倘能将该匪首等擒拿到营，讯明属实，定即按名给赏，以示鼓励。此外胁从各人，速即归业，均准从宽免罪，不得株连。如有匪首自将榜中有名之党与擒获来献，除免罪外，仍准如数给赏，分别录用。所有各匪首姓名，以及应赏银数，一并开列于后。为此示仰军民人等一体遵照。须至赏格者。

计开：

麦子二，钦州人；黄和顺，宁化人；王五肥，永淳人；梁果周、韦八，忻城人；符五、郑五、闭运培。

以上八名，有生擒来献者，赏银洋三千元；杀死将首级来献者，赏银减半。

覃子珍、滕正宜、唐云亨、黄锦德、黄振德、滕云高、覃火生、陆阿发、赵三浑号赵子龙、花面徐大、黄宝斋、陈阿继。

以上十二名，有生擒来献者，赏银洋二千元；杀死将首级来献者，赏银减半。

赵关福，梁国成、黄老龙、施三、邓大唐、何大英、区四、张阿二、曾启初、侯福亭、姚赞光，叶第汉、王飞凤、高脚五。

以上十四名，有生擒来献者，赏银洋一千元；杀死将首级来献者，赏银减半。

《中外日报》光绪二十九年闰五月二十二日（1903 年 7 月 16 日）

隆安县党徒攻入县城[*]

隆安县乱党披猖，时有大小股党徒攻入县城，肆行抢掠，贫富均受□鱼肉，以致居民四散逃避。城内外十室九空，城门亦白日关闭，且土党时来攻城，岌岌可危。该县罗令经已详禀上司，请速办理。

《中外日报》光绪二十九年闰五月二十五日（1903年7月19日）

两粤近事述闻

岑督自抵浔州，传见该府蒋守、桂平县郑令，见其疲弱已极，且前办事不力，烟瘾太重，故即将两员撤任。又贵县知县陈六逮押候查办。陈令香山人，即到任四十日残杀二千人之能吏也。

粤省因库帑支绌，定拟将各营勇裁减三成，截至六月底止，以节饷需，曾登前报。兹闻岑督有电谕回省，着速行知各营属，略云：已裁者勿论，未裁者缓裁，如节饷项，须确查有不得力之营员全营裁去，不至有寒军心云。

钦州卸牧李家焯所部卓勇，溃散为盗，已纪前报。兹续闻卓勇日间已尽行溃散，无一存者，营中枪械亦悉数掳去，四出扰掠，居民不堪其苦。事为岑督所闻，大为震怒，特命何长清前往彻底查办。该卸牧以此次上威不测，闻已逃往安南，未知确否。

隆安危急已志前报。兹闻乱党等分攻那重，并将右江电线割断。又闻隆安之大股乱党与某营弁勇接战，该营弁卢如良业已阵亡，后营管带胡玉兰、王和顺急领驰援，党乃暂退。

闻岑督所劾之广西道员黄仁济，与岑督通谱，系二十余年之旧交云。录闰五月二十一二两日香港《中国日报》。

《中外日报》光绪二十九年闰五月二十八日（1903年7月22日）

卓勇携枪溃散*

岑督去广西，已在省密委会亲信员查办裴景福。前数夜军械局总办李光觐，二鼓时至南署，取案卷五件携去，一陈李济黄沙田填三蔡赞之子，余二件不及记忆。

李家焯自被岑督撤差，接电后纵其部下各营卓勇，携枪溃散。现在钦、廉一带乱势更甚，廉州府郭守发电来省告急。驻钦州之振新正右营康鸿，亦发电来省，禀报卓营溃散，乱势滋漫。而李家焯亦电禀省吏，以为卸身地步，谓：接电撤差，军心摇动。卑职无权，难以驾驭，请速派员接营云。又续电卓营已溃散云云。岑督大怒，即电致冯子材，派员接带。又密委何长清带勇往钦州，将李家焯押解回省。至卓勇尽携枪溃散，岑督又由浔来电，解枪一千杆，交冯子材。又电止解卓勇饷银，如以发交商号解去，去者亦即追回云。现闻李家焯已逃往安南，至逃勇所携之枪，尽无烟毛瑟等枪，日在钦、廉一带与乱党联同一气云。

近闻营务当道诸人，以□束西警信日亟，决议将两广营制，尽半月内一律改良，收实效。

岑督以各营办理剿党事宜，须归一人节制，庶不致参差。现特委署右江道余诚格，统辖右江一带各防营，以一事权。以上录闰五月二十三日香港《中国日报》。

《中外日报》光绪二十九年六月一日（1903年7月24日）

粤督岑批武宣县团董刘炳熙等禀词

据该绅等擒获著名匪首吴洪金，业已由县正法。前经悬赏银四百元，迭次请领，乃府奉院批在行赏之后，碍难给发。本部堂调阅案卷，查核情形，办理殊属不合。匪首凶恶如吴洪金者，无论何时，均应严拿，岂限期既满之后，该匪首即在赦宥之列耶。未获则悬赏，既获则停赏。下民可欺，在位食言，何以取信。今将该绅等应领之四百银元，牌示补发给领，使西省士民皆知本部堂令出必行之宗旨，各官亦应共体此意，毋以藏弓烹狗为能，则上下相孚，地方官恶□可挽矣。以上访稿。

《中外日报》光绪二十九年六月三日（1903年7月26日）

防城有村被焚劫[*]

办匪宜先分别首从，择其罪重者戮之，然后可解散胁从，若渠魁未戮，为患恐无了期。广西柳州数年匪患，亦因平马匪首黄老龙、来宾匪首韦八、象州木莪村匪首陈士生、梁天仁、陈士球、甘蔗三，雒容匪首黄中魁久逸法外，遗此荼毒也。又象州交界武宣属之陆天开、莫五、李水生、韦晚，常在羚角滩一带抢劫商船，为害不浅。

广西庆远宜山古万墟匪首姚如三，又名矮子，有匪一大股约千余人，闻有针枪二百余杆。忻城土县附近匪首刘十四、陈镇南并妇人四名，合一大股约五六百人，有针枪百余杆。宜山马平兼界一带匪首韦八、梁继才合一股，有针枪百余杆。柳州柳城县属土匪首王大狼约四五百人，有针枪数十杆。

广东钦州防城属之子村，于闰五月十二夜被匪焚劫，杀死五人，掳去妇女十四口、男人十二名，抢去耕牛九十余头，村舍全行烧毁。此系较重者，其余被劫乡村，日有过十起，难以罄述。因卓勇一日未换，贼匪尚易抢劫也。

岑帅现委广东水师提督何军门乘兵轮至钦州，查点卓勇军械，交冯宫保委人接理边防。军门已于闰月十九到钦矣。查钦州牧李家焯所带卓勇失去利枪二三百杆、逼码无数。李牧拟购次枪顶补。又招抚黄晚，不惟不令其交枪，反给以劈山无烟六响针、九响针等枪。去后黄晚仍然劫杀，李牧故意袒护，将用柔软之计羁縻黄晚，以便交卸日招令该匪缴枪。为己计，为黄晚计，不为百姓计，其心亦忍矣。况李牧将次枪补利枪，难保黄晚不尤而效之，以粗换精，但尚未知何军门如何办法耳。

广西匪患以南宁、思恩、泗城、百色、龙州为最。广东匪患以钦州、防城为最。岑帅拟请冯宫保驻扎南宁，兼顾西粤，尤为得体。闻岑帅不日到邕，现催冯宫保速往邕会晤商办。以上访稿。

《中外日报》光绪二十九年六月六日（1903年7月29日）

广西乱烽四起 *

广东省城各处驻防兵勇，前经李抚议定裁三留七；又经岑督再拟裁四成，以省縻费。惟目下西乱猖獗，钦廉一带乱耗正急，又谣传乱党窜入城中。月来乱烽四起，风鹤频惊。昨岑督由浔发电来省，前议定裁勇一款，暂作罢论，以顾大局。

岑督现仍驻扎浔州，拟于日间即赴柳州、庆远一带。惟此间所收禀件甚多，每日至开堂七次，急切未能清理，尚须耽延一二日方能启程。

闻岑督有电致北洋，谓魏光焘派遣援兵已到三营。此间因军火未齐，故难遽进，拟添调湘军若干，会齐后，再行进剿云云。

二十四日接西省来电，据称南宁府属乱势猖獗异常。绥远军营溃勇勾结土党千余人，占据该处忠州（即土知州）地方，焚杀甚惨。昨卸任左江镇潘，已往新宁州地方防堵。至党首伍亚肥等，亦聚党二千余众，啸聚于那重地方。月来南宁浔州一带，溃勇为患，党势愈炽。

又接南宁商家来电，据称岑督抵西后，一意剿抚兼施，遍悬重赏，购拿首要；并晓谕被胁人等，解戈归顺，决不株究。昨有某营胡管带在那桐督队与党接仗。乃党势甚劲，胡知不敌，已退扎于潭洛地方。又前日有某营官解军械，甫至浔江，即被党截去云。

钦、廉与西省交界，目下两处均有溃勇滋闹。廉地各官以兵力过单，难资调遣，电禀岑督派兵剿办。昨省官接岑督电云：着先调安澜兵轮保护北海商埠。

日前贵县陈令景华因误杀哨弁陆乾及防勇苏海一案，现据浔州函云，岑督于十七日有电致外务部，请代奏惩办。其文云：外务部钧鉴：贵县知县陈景华前后被人控告，纵容兵差，妄拿无辜，不问是非，惨杀多命。经煊派员提案来营察办，乃日前派往捕匪之正字队管带把总陆乾，经过贵县，该县误认为匪，即行捕杀。陆乾前往告知颠末，该县复不询情由，当将该管带陆乾及勇苏海一名并行杀死。查该县陈景华赋性残酷，胆大妄为，请旨暂行革职，归案讯办，候研审确凿，再行奏明惩办。请代奏云云。然闻现在法国领事及粤中当道诸人，均有电致岑督，请从缓办。查陈在贵县任内亏空共有九千余金，现该处商民在会馆集议，拟代为偿抵，分任赔垫。又闻刻下已派出新任浔州府沈查办。至连日道路谣传已经正法之说，查系子虚。

庆远府属游党日聚日多，有新式快枪五千余杆，现均聚于东兰州、河池州地方。此处与贵州相接壤。查东兰州于四月二十日已被游勇破城，该州官陶牧逃出，至闰五月初二日，遂被杀毙，印亦劫去。并闻破城时官未有禀报，故许久大吏仍未知之。

现在游党又聚于怀远镇，相隔庆远府城约五十里，该管带官不敢过问。前有杨耀庭提督带威字两营防剿，真党闻风先逃，所杀四五十人，皆平民被迫入会者。柳州府地界目下游党少到，惟土党甚多，抢劫频闻，地方官甚为束手。现柳州有营勇六七座，庆远府有营勇十座，不为不多，奈漫无布置。最甚莫如楚军克勇，到处滋事，所遇行客，无不逼令代扛枪炮。是以阖埠士商咸切望岑督早日移驻柳州，以靖此一方。以上录闰五月二十九日香港《中国日报》。

《中外日报》光绪二十九年六月七日（1903年7月30日）

广西军务吃紧调粤军西上 *

　　岑帅自抵浔后，以西省之乱原因复杂，而半由于官吏之不肖，故数日以来，择尤惩办。现计撤任者凡七人，浔州府协松某、中府刘某、守李某、柳州府某守、郁林州某牧、桂林府周守天霖、宾州某牧。拿究者二人，管带安勇宋上杰、桂平木乐司书某。正法者一人，管带先锋勇队周某也。闻宋上杰之被拿，实因贩卖妇女，并强夺民妇为妻，其营中之文案谭某亦同时被逮。周某之伏法，则因打单劫掠，抢夺妇女，无恶不作，被商民禀控，经岑督按验得实，遂置诸法云。

　　南宁商家来电云：土党坚不就抚，焚杀愈惨，军务正在吃紧。前由东省调往之广利、广贞两轮，已奉谕暂留差遣。

　　又云，沿途地方多张有"冯降、安和、湘打"六字揭帖，明示遇冯子才则降，遇安勇则和，遇湘勇则击之意。

　　昨岑督有电至省，言桂省乱氛愈恶，兵力甚单，速添拨常备军两营西上，以资调遣。查常备军共五营，一营已随往，又一营挑作新城巡警兵，所余三营今若以两营应调，则留于省者只一营云。

　　西省函云：贵县撤令陈景华，当时被逮系由广安兵轮押解，登舟时尚衣服丽都，及抵岸后则短衣赤足，情形颇极狼狈。现岑督派朱道在贵县招告，俟验得实，再行核办。

　　当初获陆乾时，陈研鞫之，陆大不服，掣枪欲向陈轰击，故陈竟杀陆。日前有陈已正法之谣，即由陆之部下传出者也。以上录六月初一日香港《中国日报》。

　　岑都以粤东常备军训练多时，较为诸军之冠。日昨特电饬统领徐兆桢，再行招募新军五营，每营五百名，克期精练，以备调遣云。

　　岑督有电回东，再调常备军二营西上，以厚兵力。统领徐兆桢得谕，遵将前、左二营饬其管带官张、吴二弁，即行拨队驰赴西省。闻在初二日起程云。

岑督电饬善后局员再拨银二十万两，并挑选大吉大扒枪可用者，配足子药多解，以便发给各团。如设法可购单响毛瑟等老枪，即可议购，务商定电闻等因。经善后局饬令局员，各于提存四十万两项内拨出洋银二十万两，咨解转运查收。将军械一节，另电禀复筹办云。

岑督电饬东善后局转运局，备银二万两、比枪一千杆，配齐子弹，立派员轮迅解到钦，交冯子材查收勿延等因。善后局员以此项饷械配备已久，日盼调回出海兵轮运送，今仍未到省。先将洋银二万两如数兑足，委员杨令乘轮运解赴钦，妥交冯子材查收。将比枪配齐子弹，另行设法批解。

现省吏接冯子材来电，定期六月初二日由钦启程西援，惟军械饷项诸凡未备，请先期赶速运解来钦，以利遄行云云。以上录六月初二日香港《中国日报》。

《中外日报》光绪二十九年六月八日（1903年7月31日）

著苏元春交刑部治罪上谕 *

六月初八日电传，初七日奉上谕：前据御史周树模奏参苏元春各款，当经谕令岑春煊确查。兹据查明电奏，已革广西提督苏元春纵兵殃民，缺额扣饷，实属辜恩负国。苏元春著拿交刑部治罪。钦此。

《中外日报》光绪二十九年六月九日（1903年8月1日）

庆远游党杀官劫印 *

西省乱首王和顺等拥众千余人，日前围攻那董，势甚披猖。

郑润材于前月十九日抵宁，二十日卯时接印。闻郑润材以乱情吃紧，拟接印后即拟进兵云。

常备军自奉令续调后，仅余一营，势力危险。刻闻省吏拟添募勇丁一千名，以备充补。昨徐兆桢派出前营哨官周福生、张衍洪各招五百人，限五日内齐集，以四阅月训练成军，豫备岑督征调。闻周、张等于四月成军之说，经已承诺，惟限五日内募齐，则恐欲速不达云。

日前广西庆远府之东兰州有游党，凶悍破城，杀官劫印，并蔓延于该府及柳州之怀远镇。兹接浔州来电云，岑已选接柳、庆急警，故电催常备军克日西上，速赴该两属防剿，并饬善后局挑选大吉大扒枪可用者，配足子药多拨，以备发给各团，并设法添购毛瑟老枪，陆续解往云云。刻闻局员已电复筹办，常备军亦即遵电本日西行矣。

岑督自抵浔后，已次第电调各军行将前往柳府。兹闻岑督查悉，近年湖北省练有武建军八营，纪律颇明，或可一战，已奏请调拨二千余名来东听候差遣，计期本月中旬便可抵步，刻省吏拟布置营房，预备该军驻扎矣。

昨官场接西省来电云：东兰州城失守，州官被困城中，请催常备军飞速拔队西行援助。省吏接电后，已饬该军赶紧西上矣。

岑督前在粤省各库借银八十二万，现已陆续提用。前二十六日提二十万，尚存三十七万。二十八日又电饬拨借十二万往云贵，不知作何用，现只存二十五万在粤东，惟目下西省办理情形颇为棘手。岑督西行时已带码子二万，今已用尽，再电来省催解码子，并电常备军来西。又在西省开办民团，电饬善后局多解大咶枪来西，以备发给民团自卫。

投诚之陆乾被杀，蒙岑督给洋银七十元以为殡殓，现尸首已运回粤。初陆乾往西时，部下三十人驻防西樵外西海，委其弟陆元芬接带。陆乾被杀后，在西省之勇丁五十名，由岑督仍电委其胞弟陆元芬管带。以上录六月初五香港《中国日报》。

《中外日报》光绪二十九年六月十二日（1903 年 8 月 4 日）

会党日炽岑督借银调兵 *

西省来函云：前月十六日有大股游党二三千之多，围攻怀远，与官军对垒，鏖战六昼夜。二十日晚党忽败走，官军追至十余里即回城。翌日二十一日黎明，党等又至，围攻更急。现闻该城已为所破云云。

昨省吏接岑督来电云，已奏调湖北武建军八营，月中前后可抵东省，饬速备营盘驻扎云云。省吏接电后，已札饬毕昌言前往东门外各营垒勘修矣。

岑督以西省乱党多用西式快枪，非广购军火不足以资办理，乃于日前在鄂定购码子十万枚，已商电江督拨轮运粤备用。以上录六月初六日香港《中国日报》。

钦、廉等属会党日炽，与官军为难。顷接廉州专电，据称党首杨元宝、姬七等聚党约七八百人，于闰月二十二日在钦属佃余村（即殿仪村）地方进攻。当有管带振新正前营张大发、振新副后营蓝肇常，会同督队，与党交战，毙党十余人，伤亦甚多，官军阵亡四人，伤五人。相持一日夜，党乃退踞于邢陈村地方。惟该处地势险要，党又勾结逃勇，遍贴檄示，谓必铲除三凝地方，乃肯干休。

现时会党滕八等大股聚于灵山地方。振新正左营及副右营均驻扎灵属武利、伯劳等处防堵，一时未能调回。现闻廉州郭守已电请冯子材派勇一营前往会战，或派营填扎陆屋地方，俾将振新正右营调往三凝助战，并电请大吏添拨营勇及开火炮，前往剿办。

著党李北海常出没于肇庆等属，现闻又入新宁县属大隆洞。

洞内土客杂居，该党遂据为营穴。日前新宁县冯如衡会同清乡委员黄诏锵抵广海寨城，与营弁合兵分布，查办积案，业经缉获陈亚有、李禄云等多名，讯认入会行劫不讳。随有党首石闰纠党数百人，肆情恫吓，有先劫村庄后攻广海寨之谣，官军方严阵以待。而该洞李北海、陈寅等竟致信沙阑局绅，限以三日要请县官返城，并将所获会内兄弟交还，及将沙阑、流冈二村铲平等语。迨至前月二十四日申刻，该洞即出党五六百人，摇旗呐喊，执持快枪蜂拥而来，欲攻营，夺回党羽。冯令登即督饬各营驰赴迎击，该党放枪对仗，约有三点钟之久始退回。时将天晚，又值大雨，未便追之，即行收队，查点被伤安勇三名。现闻县令已飞禀省吏，速拨营勇下县协同办理云。

岑督前在东省借银八十二万，陆续来电提解。前月二十六日又电解二十万，尚存三十七万。日昨又电解十六万往云贵，现尚存二十五万。但解云贵之款，不知作何开销。

岑督现饬西省各属举办民团，当启程时已带码子二万，兹又来电饬每解码子及大急枪来西，以备发给民团自卫。以上录六月初七日香港《中国日报》。

《中外日报》光绪二十九年六月十四日（1903 年 8 月 6 日）

广西东兰州失守 *

前报东兰州于闰五月初旬失守，其州官及其家属均及难，未几而天河州又复告警。

离庆远五十里有怀远埠之乱党，日前官军拔队前往剿办，事为乱党所知，先期逃去。及官军抵埠，则仅存乱党七八十人，仍复据险扼守抵抗。官军凡八九营，围之三匝，卒不得志。嗣闻东兰天河之警，乃分兵彼援，乱党探得怀远兵单，突出大队前来扑攻，埠中乱党应之。官军内外受敌，苦战三日，官军不支溃遁。

乱党大进，居民纷纷奔避，践踏而死者不可胜数，及渡河覆舟，又溺死二三百人。是役官军、百姓死于乱者约千人有奇。

又闻有党数千，将至庆远，城中戒严，凡商民均须轮派守城。

自庆远府属之东兰州失守后，现聚有游勇万余，预备与官军接仗，且陆续尚须招募，但闻只受游勇不受土党，以游勇曾经训练，而土党皆乌合之师也。怀远一处乱党共有四千余名之多，前月十六，大队围攻该城，官军出拒，鏖战六昼夜。至二十一日黎明已被攻破。闻官军死者共四百余人。刻下已向岑督告急，请速赴援矣。

西省乱党近日专以截掠军火为事，凡客商之往云贵贩运云茶、珠宝各货者，皆须结队而行，并多雇营勇为之押运，方保无虞。否则乱党突出要截，将所携快枪尽行留下。若遇大劫，枪则毁而弃之，其银两货物则派人为之护送出境。若遇营勇与战，亦惟夺其快枪招之入伙。如不愿入伙，亦派人指引出境，从不杀害，独楚军则不能见容云。

南宁府乱耗日亟，各营先后溃勇共计十七哨之多，均携有枪械、火药、弹子而去。商埠居民甚为惶恐。

郑润材带随安勇三营西上，于前月二十日接左江镇篆务。昨日有电来省云：日间带刘名达安勇一营进南宁，其卢观乔、郑润朝两营则在浔州听候岑督差遣。以上录六月初八日香港《中国日报》。

《中外日报》光绪二十九年六月十五日（1903年8月7日）

官兵军械被劫[*]

柳州消息云：岑督因柳、庆一带官兵失利，于月之初间运枪数百、逼码十万，解赴柳州。不料行至金鸡左右，乱党横出截攻，众寡势殊，致被夺去枪械不少。现岑督拟厚集兵力，然后进战云。

安勇营管带宋尚杰，前因病回浔就医，岑督以其擅自回浔，未曾禀报，大为愤怒，即饬兵逮捕，值宋不在家，将其家属拘押。后浔守力求岑督，谓宋为军营得力人员，宜弃瑕录用，乃带宋往见。岑意遂释然，即委宋带兵百余人，前往庆远效力，摘去顶戴，以示薄惩。其所部安勇已委别人管带。嗣闻宋所带兵百余名，皆新募者，行至象州与党相遇，夹击一阵，互有损伤。

《中外日报》光绪二十九年七月一日（1903 年 8 月 23 日）

郑孝胥率武建军赴广西 *

奏调鄂省武建军各营目下均已到齐，于六月廿八日前赴粤西。该军统领郑道孝胥，已于二十七日诣各当道辞行，随于下午启行。

《中外日报》光绪二十九年七月七日（1903 年 8 月 29 日）

著岑春煊整顿吏治营伍上谕 *

七月初十日电传，初九日奉上谕：岑春煊奏查明广西匪扰情形一折，广西游土各匪蔓延滋扰，皆由营伍废弛，吏治因循，历任督抚漫无觉察，以致酿成祸患。现在地方糜烂，民困日深，全在文武官吏加意拊循，力除壅蔽。嗣后如有罔恤民艰、贪婪残酷者，著岑春煊、柯逢时即行据实严参惩办，务使吏治澄清，并将营伍力加整顿，除暴安良，以清地方。钦此。

《中外日报》光绪二十九年七月十一日（1903 年 9 月 2 日）

．南宁土党聚散无常 *

南宁土党或数千或数百，聚散无常，官军至则不见一人，官军去则出而扰乱。每夜能行百余里，将到各镇市必先遣十余人通报，不必惊慌，官军至则逃避入山。若知带勇者无能，则下书宣战。自本月以来，闻冯子材到省之信，乱徒亦颇有解散者。

王革抚带来之克字营勇千余人，被党杀毙及不服水土病故者甚多，今只存数十人。以上录七月初五日香港《中国日报》。

《中外日报》光绪二十九年七月十一日（1903年9月2日）

两粤盗党势甚汹汹 *

鹤山县属瓦窑墟内，铺肆不过百家。去月二十七夜，有盗党一百名蜂拥而来，将该墟大小铺户鳞次劫掠，失赃以万数计。又该县挪水乡乃梁、刘等姓聚族而居，乡人多往美洲佣工，颇有满载而归者。盗等涎之。二十八夜，盗党百余人，明火持械，势甚汹汹。该乡人从外洋回者，多有新式快枪，与盗鏖战点余钟，伤盗十余名。盗等大怒，群登瓦面，将瓦撬开，放枪入内，击死事主老者一名，各人始惧。盗等遂分投入屋，连劫二十七家，失赃不知几许。

郑润材由南宁沿途追战，已登前报。闻郑抵梧州时，已密传熟悉西省情形之商家数人，分往各种侦探，用能具悉乱党真相，且每抵一处，劝令先清内乱，故颇为得手。

又闻某善堂已说降游党头目数名，禀候大吏核夺。

前贵县陈革令被逮时，部下各勇多已溃散，岑督责令招回，故有带罪立功之命。以上录七月初四日香港《中国日报》。

浔州消息云，迁江县驻扎之安勇中营在百土地方，是地有游党三四千。某日有党千余来扑，安勇仅数百人，奋勇鏖战，相持竟日，互有死伤。至下午五点钟时候，游党败退，安勇奋追，忽遇游党大队前来接应，致阵亡哨官林兴一名。各勇愤恨之极，分头冲击，哨官骆泗隆亲自击毙乱党一名。乱党渐至败去，安勇惟阵亡旗长二名、勇丁十余名。

惠州之稔山，近日会党多由海头潜回，四出为乱。于六月廿七日申刻，纠党千余往通湖之南蛇口村中放火。乡人不死于乱即死于火，儿啼妇哭惨不忍闻。现平山一带，人心惶惶，大有朝不保夕之势。

湖北武建军八营，因岑督电调来粤，调往西省。日前该军右旗四营已随郑道督带西上赴敌。现在左旗四营亦奉调往，已于初三日四点钟拔队，由南关天字码头登轮赴西。

《中外日报》光绪二十九年七月十一日（1903 年 9 月 2 日）

两粤军务吃紧 *

六月十五日闻左江道接泗城府属县张荫泉大令来电云：朗上右里韦四、岑三妄称辅伪饬王朱红桃，谋造龙宫旗衣，遍贴伪示，现派勇缉拿等云。

十六日又闻思恩府属白衣山，有匪众盘踞骚扰，为数甚多，情形危急。该处官员禀请冯宫保派勇救援，当派出萃字新中军左右营，于十八日由邕拔队前往剿办。

前数日左江道据探报称，黄和顺已窜回，距邕城不远，因派勇一哨查缉。

近闻广州广仁善堂伍福临，于闰五月初五日由邕起程，运米九千斤往隆安放济，郑道派谢、吴二扒船同往护送。初九至隆安那至墟，被黄和顺抢米三千斤、抬枪四支、码三百余粒、夫勇一名，伍被掳斩。现闻谢扒被押在宣化县，而邕城文武道镇府县潘、郑、黄、彭均因办理不力，以致岑帅将伊等撤任。

六月初九日，在南宁斩决潘镇军瀛之堂弟培佳，因其所带虎勇毫无纪律，每下乡则纵匪远去，只知牵抢民牛，甚至城中明穿虎号衣，当街掳人故也。岑帅又据实电劾潘瀛克扣兵饷，奉旨将伊发往军台。并闻说岑帅于饬办潘培佳时，恐其兄潘瀛逃窜，遂电余道诚格将伊押管三天，始行放出。

传闻岑帅初请冯宫保出山时，原议宫保驻扎南宁，坐镇调度，兼顾钦、廉，顷有札委管带添募营勇之说。岑帅自闰月初八到浔以来，办理该处军务吃紧，尚未移节。

六月二十夜，钦州属平吉墟被匪三百余攻破，抢掠一空，杀毙十余命，烧屋十余间，掳去二十余口。该匪退踞东叶山。左营麦管带闻警，由小董率队前往攻剿。与贼接仗数时，伤毙勇十名左右，击毙匪十余名，擒斩首级一只，获伪号衣旗帜多件。二十一二日前营由钦运开花炸炮前往助剿。以上访稿。

《中外日报》光绪二十九年七月十三日（1903 年 9 月 4 日）

李北海仇杀团绅[*]

闻新兴著党李北海，其先迭率党辈回朱所村旧巢，意图仇杀绅团，以取存当花红银物。昨据线人报到，李北海已陆续潜回朱所村，四处藏匿。该处安勇营哨弁闻报，约会河头营并富霖绅陈济坤，于十五日早前往围捕。讵李等于十四日夜先将团绅李登棠、梁海清并伊母邝氏、子梁深，及线勇黄自新、乡团黄木等共六人杀毙。现邹令禀知省吏，拨兵会同办理云。

日前岑督有电调富绅之事。兹悉朱绅秉章号若芝，系分省试用知府。现经岑督电调后，派充督辕行营营务处采办委员。今札委回粤赴港采办军械，日前已回省矣。以上录七月初六日香港《中国日报》。

《中外日报》光绪二十九年七月十四日（1903 年 9 月 5 日）

粤西军务述要

粤西之乱，已逾□年，肇乱于苏而王继之。岑制军到任后，颇有改弦更张之意，然粤西去沪远，其官兵与匪党之实情如何，及全省之局势如何，殆难深晓。本报历来所登，或得诸传闻，或来自他报，譬诸东云一鳞，西云一爪，不足窥其真面也。以下所载，得诸在事之某君，穷原竟委，据所闻所见而真书之，当不致与实情相远，阅者幸察焉。

柳州、浔州以东皆无匪迹，匪之所在，右江则柳州、庆远、思恩，左江则南宁，处处皆贼，而以庆远为甚，南宁次之。五月二十八日所失之东兰州（云帅时尚在广东），庆远属也。闰五月初八日所失之庆远镇，庆远城外五十里之墟场也。其地匪盛之故，由于北界贵州，南接思恩，北有边地，游匪串结。南之思恩则广西全省丛山乱岭之所在，亦自来贼之巢穴所在。官兵至则易于退守，官兵去则易于出掠。兵只能与之角逐于庆远，一入思恩则无可为力。加之向来兵皆零星分扎，匪结大股而来，兵虽见而不敢斗；兵聚大队而至，匪已飏而不知所之。此为广西用兵之通患，庆远尤坐此弊也。

南宁之匪以武缘、隆安二县为甚，以前则自浔州至南宁，自南宁至龙州，道皆梗塞。云帅到后，首以开通大路、招徕商旅为急（南宁为广西商务首郡，故道路不可不通）。故特以张道棠荫、白令怀清分统扒船，严加整顿。一面责成护商营统领陈世荣以肃清江面，悬峻罚以待之。陈世荣本为游匪，归降后，王芍帅派以带兵，保护左江行旅。该统领每人抽洋一元，每船抽洋十二元，不给者不予保护，□被劫掠，给者安抵无事。名为保商，其实借匪病商。云帅到任察知，欲立予正法。因闻其人颇为群匪所惮，且拥巨资，尚知利害，故贷其一死，限以克日肃清江面自赎。该统领亦知畏法，故六月以后，左江行旅均可安抵龙州，商船亦络绎于途矣。

浔州以上，火轮只能通至横州属之伏波滩下，不能上滩，商情颇阻。云帅现已饬善后局定造吃水一尺五寸之船四号，专驶横州至龙州，而以伏波滩为枢纽，于其地建盖堆栈。东轮自梧浔来者，至滩而止，滩上换船拨货，直至龙州。八月船成，即可试行，不惟通商，且商通则匪自少。此亦根本大业，惜自来无人见及也。

东兰州之失守，由于该地无城，且只土兵五十名。该州陶牧屡次告急，王之春置之不问，竟致失陷阵亡。云帅闰五月初五到梧州，即闻东兰危急，面问之春，乃云此去年之事，现甚平安云云。之春即捏报肃清，故置一切警报于不问，且加申斥，以致州县有犒贼求免者。

怀远镇本为贼踞一次，此为第二次失陷。由于庆远府濮守贤恒只知重兵拥卫府城，而留一营守怀远，而不知庆远精华皆在该镇，且西贼向不据城。该守不以重兵守之于前，致有再失，及至贼据三日，从容挟子女玉帛而去。有安勇三百人，希图追贼得其辎重者，已经渡河，该守又以大令调回，不听其追，以致贼去所向亦不之知。事后畏罪，但以铺张贼势自解。云帅查明，已将左江道沈世培及濮守一并撤任，摘顶听候参办。前报有庆远失守之说，亦无其事。西匪不据城，东兰州亦得而未据也。

守怀远之赵管带焕湘，当贼来时，只身逃入府城，经云帅奏请，查明正法矣。

（续昨稿）除东兰州、怀远镇失陷，以后行营并无警报。云帅闰五月初五到梧州，初九到浔州，即部署各兵，更易统将。至今月余，各路皆未与贼交锋一次，外间有匪来请战之说，实为可笑。云帅所虑实在该贼等匿迹甚深，不肯出战。现方严饬各统领，当使兵找贼，不当使贼找兵。惟山深林密，往往草深过人，十里无地，搜亦不易易也。

匪中时有无烟快枪，多由苏营接济。该营有二派，一系自出作匪，一系以枪弹借与匪徒，分其掳掠之物，故苏营实匪之外府也。除此之外，该匪等声气甚隘，接济之途尚少。云帅现已特别派人在梧州、钦州一带，认真搜检军火矣。

以外防营半皆通匪，其不通匪者多系新募之人，不会使枪，见贼即遁，枪即委之，此亦供给匪械不少。

在柳、庆匪首以麦子二为最著，部下约三数百人。迁江一带匪首以覃老八为最，部下亦约三数百人。南宁匪首以黄五肥、王和顺为最（黄即枪毙马提督者），部下约六七百人。另有女匪韦五嫂、男匪韦八等，则在武缘一带。各匪党羽多寡不定，饥民、游勇混合则骤增其数，否则骤减。此三数著名者之外，大率百人数十人一股者，尚有二三十股。现在黄、王二匪已经和守廷彪、郑镇润材合围于宣化县之大砻村，不久当可成擒。

广西匪徒虽多，并无坚固远大之志。上者志于掳掠人口，次者仅掠财帛牛只，官兵至则纷纷归山。惟其有山可归，所以剿灭亦难。

西省认真匪徒甚少，皆由三种混成，一为饥民，一为游勇，一为不平之民。因被匪劫，报官不理，反加骚扰，不得已而投匪自保，遂致民匪不分。兵至则人皆良民，兵去则人皆土匪。其兵之著名殃民者，如王之春之克勇。则兵至人皆为匪以抗之，兵去复为良民，所以然者，以不抗则不能自保，而匪劫之余又将尽之兵也。广西有谣曰：宁可逢贼，不可逢克。指克勇也。

自云帅到西后，各匪纷纷愿降。云帅鉴于陈亚秋、李八（皆之春招抚，依然作匪之人）之事，决意剿至无可剿之日，始开抚路。惟广东各善堂纷纷请往劝贼，以行其善。云帅不得已，发给谕帖，说明非缴出快枪一支、逼码二百者，不作为甘心悔罪之凭据。因有此举，降者尚少。黄五肥、王和顺则愿缴械来降，云帅以其罪名太大，决意不受。

云帅知西事由于民与匪、兵与匪之混，必分之而后有治法，故一到即首先放赈，以安饥民。一面严檄各县办团练保甲，委员助之，颁发章程，以清内匪为要；一面将著名劣官如柳州赵守、南宁黄守、上林孙令、象州廖牧、宜山赵令等二十余员，全行撤换，慎选守令代之，以安不平之民。又因牧令难得多人，故改计选用知府。现在柳州委祖守绳武、庆远委汪守声玲、思恩委和守廷彪，皆奏调之员能任事者。南宁委彭大令言孝代理。彭乃西省著名能吏，破格用之。四人皆知兵者，皆令兼统防营，各任本郡办贼之事。以安民剿匪责之一人，或有当协力处，则彼此联络。对所属州县，皆有进退之权。而以柴守照署右江道，余守诚格署左江道，皆能任事者。

月余以来，柳、庆、思、南四府，困顿稍纾，匪颇敛迹，现方部署进剿之法。以前失败多由甲处有匪，官兵趋至，匪又转至丙处，复追至丙处，贼又至戊处，以致官军疲于奔命，到处皆不见匪。云帅深知其弊，现已令张观察棠荫，选派深通广西舆地之员，绘图颁之各府，以后但当扼要而守。如贼由甲至丙，当过乙处，即于乙处屯兵严扼，不问甲、丙有贼与否，但求甲贼不能复至丙处。如此一可休养兵力，一可使匪不游（注：匪之可畏全在一游字，游则糜烂广、裹胁多，不游则粮食尽、军火绝，能使之不游，然后能使之不匪，不然追之力愈大，游之力亦愈大也。此为堵贼计）。一面各府抽出游击之师一二营，专为搜山剿匪。惟处处皆山，处处皆草，必待秋高木落，放火烧山之后，剿之道乃可实行也。

以上政策，约言之凡四端：放赈以安饥民，更易牧令以安不平之民，责成知府以一事权，扼而不追以息兵力。四者皆治本之要道。云帅常谓十数年之患，一朝决不能平，与其急功以留未尽之根株，不若迂缓持重，以求一劳永逸。故现在不见一贼，不开一仗。云帅之意亦不在急急杀一匪开一仗，苟且敷衍上下也。

（续昨稿）西省旧有边防二十五营，归苏元春统领。以外尚有三十余营，统领为邱总兵显铭、申总兵道发、唐总兵友德、唐总兵生玉、潘总兵瀛等，现均革职。申道发、唐友德、潘瀛皆遣戍矣。西省营务之坏，全在此诸人之罪。平时既欲缺额（注：一营例五百名，实在不及三百名），又欲扣饷，及至兵起通匪，势固无以禁之。其甚者，如邱显铭则纵容其子与弹压忻城委员倪孝先，串匪诬良，任意敲诈，民相戒以不敢报匪（注：恐一报之后，兵来诬良为匪）。申道发之营，则常有牛只百余头系于其门，皆营勇劫来者。其中尤以王之春带赴广西之克勇五营为最残虐，见贼即躲避，不及则列队礼贼，以俟其过，或时举枪向天空旋放，贼去则踊跃奸掠。春间曾指庆远厘金委员潘延溥之船为匪船，上去掳掠，误将该委员击死。后知是官，始行奔散。地方官勒令该家属报为撞遇游勇，含糊了结。以外抢杀之事不一而足。而之春庇之，捏报肃清，□折内犹以克勇为湘军第一。现在云帅已勒令之春带归遣散矣。其余各营无如此之甚，然无不通匪，无一可用。

广东调赴广西之兵凡十余营，皆云帅未到任以前调去者。云帅到西以后，只调常备军二营，郑镇润材带去安勇三营而已。前调往西之兵多系安勇，外有绥远军四营，旧归潘道培楷统领。云帅到任之时，即闻该军已溃三哨，急派和守廷彪前往接统，即行安帖，惟不能出力打仗。以外安勇稍能打仗，营规亦不好。安勇管带有宋游击尚杰者，以能打贼名，继以为众排挤，发愤不请假而去。云帅到浔州，闻其私逃，大怒，将置之法。既见其人，议论不屈，气象甚伟，复使领五百人归汪守声玲节制，现在极为得力。宋尚杰之外，东省无好将官矣。

云帅到任以后，首去劣将，电奏请革职遣戍者，总兵四人；军前正法者，潘千总成秀、赵游击焕湘二人。又在浔州大黄江口正法抢掠妹仔之哨官一人、营兵十八人，同日枭示该处。又再三以白话公牍传檄各营，教以将与兵之本分，及殃民之不可为，一面更易统领。现在祖守带七营驻柳州，副之以戴总兵庆有（注：广西副将，现属右江镇）。汪守带八营驻庆远，副之以李总兵福兴（注：广东雷琼镇总兵）。和守独带八营，与郑镇所带安勇三营，分防思恩、南宁。兵气较前振顿，然只能作到不通匪，不能望其能认真剿匪。云帅于此日夜着急，新练则饷不足，召募亦难得人（注：云帅新定一格，招兵须有保人，三日无人应募），仍旧实万不可靠，现于不得已之中，特想一法，一面仍立严格召募新营；一面旧营缺额不补。祖、汪二守均深知武备之人（注：祖本天津武备头班学生），现已将所部各营改用新法速成教练，一年之后各营当渐有起色。现在积弊甚深，非除弊不能兴利也。

云帅待驭各营虽严，然到西后知兵饷之薄，一律加为湘军口粮。黄镇忠立克复东兰州，立予电奏请奖，并赏银八千两。苏元春部下有陆荣廷、张得贵二人者，极有纪律，能杀贼，元春疏之。云帅闻其贤，即手作书褒勉。二人官职甚小，以此之故，将弁多知感奋。

云帅奏调湖北武建军之故，实因苏元春去时欠饷十三万，由五分统代为担保而去。元春既得罪，署提督黄呈祥不能驭诸兵（注：黄以三月接统，至今未敢点名），诸兵益肆，一面哗饷，一面抢劫。云帅极为焦急，因欲以法绳之，则西省各营皆非其敌，欲仍姑息之，则久愈难制。故不得已奏借武建军驻之龙州，使边防无患，不致溃越启衅，然后尽法绳之。现已将苏部二十五营调赴庆远之东兰、南丹，思恩之迁江，南宁之武缘各处，先分其势，以后徐图剪除。

（续昨稿）苏元春部下凡有五分统，一陈桂林（注：已革总名）、一黄云高、一黄忠立、一张得贵、一陆荣廷。张、陆最得力，元春颇疏之。陈桂林则元春所倚为心腹爪牙，凡其劣迹，皆陈所赞成。前月云帅调其剿迁江，彼调五营而行，及云帅派人点名，只有一营半，余皆不知所之，或曰实止一营半，或曰都去作贼未回营云。云帅决意重办之矣。

苏元春缺额而又扣饷，所得之银岁以二十万计之，二十年亦四百万矣。然元春实无一钱，尽以供给政府及洋人。闻法领事馈其一镜，可值二十元，元春赏其使人三百元。其左右办事以一华某为最，然元春恶其耿直。有钱炤者，司元春记室，自行起草私印保己之折，发而后告元春曰，我已拜折保我作知府矣。元春竟一笑存之。钱又从元春至京，以其钱办引见一切。元春少拂其意，钱即大哗，将发其除私，故元春虽恶其人而又畏之。钱现以知府官广东。

元春因扣饷之故，始而听兵为匪，继而庇兵为匪。有拜八赃号褂拿送元春者，元春竟代之申解云，系我派他拿贼的，不维不办，并以赃充赏。以故部下扬言曰：我等作贼是通了天的，不信请去问统领。苏营平日拍卖男女衣服、牛只、妹仔甚多。苏三弟名元瑞，又有姜弟刘某，皆躬自为匪之人。近边一带，匪皆苏部，游勇亦因苏部而来，无名可补则合而为匪。故广西之自无匪而有匪，自有匪而盛乱，皆元春一人终始之力。

广西吏治自黄槐森日日看戏吃酒、卖差卖缺以来，至今不一振顿。王之春之大罪，首在不以吏治为事，非私人不得好缺。汤藩司则每日午前略见数客，即盘发于顶，召集仆姜皂隶开场大赌。有劝以振顿吏治者，则曰好官谁到广西来。有新禀到者，则讽之曰：你们为什么到广西来做官。以故吏治日坏一日。好官如褚兴周、庄蕴宽诸人皆引去。其坏法惨无天日，有借词讼要钱者，有借办团硬派钱者，有借清乡要钱者，有纵差勇为匪而分肥者，有通匪纵劫而分肥者，各种不一，尤以已革罗城县马令振江一事为极。该令带兵清乡，见有民女甚美，给以四元。女哭骂掷还，该令即强奸之。女始终不服，该令随纵帮带张得山等轮奸几毙。此一事太无人理，而实可为广西州县全部之代表。云帅现方悬赏缉之，该令已遁无踪迹矣。

广西缺分除贵县、贺县三数缺外，多不能自给，泗城属有岁仅数百金者。云帅拟议津贴，现方筹画，非津贴真无以办公也。

云帅到西，将著名劣官撤换，重者看管，凡三十余人，就地取材不足（注：候补仅四十余人，故此次奏请多分发数员来西）。

又在东省命广府保举八人，前往试委，一面严加责成，一面令各县自招百人，准其发饷（注：招亲兵为捕小股之匪，以免动辄请兵）。又令其因公用款作正开销，一切听其便宜行事，禀牍均可草书。到任诰诫州县之文不下三二十通，每州县禀辞，告以保民之道，辄过两点钟之久。近来州县较亦能振饬。云帅之意则重在运用知府，以督率其上也。

广西有能吏一派，如贵县陈令景华者，尤能吏巨擘，然杀人外不知有事。渠在贵县三月，杀人以四千计。自云杀十总可得五，可知其枉。商人在贵县者，天晚即不敢上街，恐为陈令所杀。此次云帅初到，本欲以该令代理浔州府，已而控其滥杀者五十余纸，干涉人民百余，于是派员往查皆实，只好请旨正法。不平之民，皆由酷吏与贪吏酝酿而成。又有柳城县薛令，自言官可不做，人不可杀。此又一派，于纵贼亦有功也。以上访稿。

《中外日报》光绪二十九年七月十八、十九、二十、二十一日
（1903 年 9 月 9、10、11、12 日）

官军围攻黄五肥 *

六月二十二日，和统领廷彪围黄五肥于山陇，攻打一昼夜。和统领因逼码用尽，特专人回邕向余观察诚格讨取。现在西匪首甚多，然以黄和顺、黄五肥为最悍。该二匪现经岑帅出赏至一万两。闻柳、庆两属贼匪麇集，诛不胜诛，东兰、河池二州已被掠

数次。六月十五日宣化县办匪三十余，十八日又办匪二十余。近日萃字新中军左营出差围捕，获贼二名，交发审局审讯，未及用刑，即已供认。

六月二十四日，又闻黄五肥被困在马鞍山，约有匪六百余人，缴枪请降。和守恐系缓兵计，特派人回宁向道台添领子药。

又闻绥远军前营管带黄秀瑀，于六月十六日，在长塘与前绥远军左营溃逃哨弁许松山党羽，接仗一昼夜。黄勇毙六名，伤十一名，获匪一名，斩取首级二十一颗。

二十六日，有举人梁润堂到萃军报有匪三百人，在蒲庙班峰团掳掠牛只，请兵往剿。后营勇查知，该匪掠牛已去三四日矣。该举人来报，谅为脱卸之计。

钦州、防城匪势，前不过如一星之火。迨去冬李牧家焯知钦州直隶州事兼办边防，所带卓勇不敢与贼一战，每出差雇人挑枪，被贼截枪前后共有二三百杆之多。以故今春贼焰日盛，祸成燎原，真匪将有逾万，胁从不可数计，几有万难收拾之势。现在冯太守相华接统各营，极力整顿，所虑兵太单薄，欲扑灭燎原之匪，未易克期奏效。

六月杪岑帅仍未到邕，冯宫保因军械未到，亦未添募。

近闻冯宫保接岑帅来电，略谓：广西水陆各营概拨归宫保统辖，倘有不肖将弁，准可惩办云。约计营有二十七座，船约数十号。以上访稿。

《中外日报》光绪二十九年七月二十二日（1903 年 9 月 13 日）

冯子材电请添兵[*]

六月二十五日，冯子材第六子之营弁麦管带，督率所部并团练勇丁千余名，围攻冬叶山。各党起而相抗，颇为所窘。冯子材以此次之败，实因兵力太单，特电请岑督添兵，而又苦无枪械。

现闻钦防有电董履高接办之说，董前曾署北海镇者。

探闻岑督日昨又有电致省吏，略云：著在军械局即拨洋枪五百杆，迅速解浔，以资应用。以上录七月十六日香港《中国日报》。

十三晚巡警勇探悉，有哥老会党匿于广东城内莲花井地面，即晚初更时率队前往围捕，获两名，闻一人黄姓、一人史姓，即带回局中，已解交营务处矣。

钦防一带，月来逃勇、土党串通一气，前月十六日大埠墟白昼攻劫，枪毙公司团总王士明，二十日又毙局绅韩德轩父子。二十六夜长墩属关厂被攻，枪毙海关司事孔姓一人、巡丁数人，掳去盐厘司事洪姓一人，汛官郭某凫水逃生，幸不致死。

冯子材随带两营驰赴西省会办军务，原拟续招六营。现闻接到岑督电，知暂缓招募云。以上录七月十七日香港《中国日报》。

《中外日报》光绪二十九年七月二十三日（1903 年 9 月 14 日）

闽省拨借军械转运广西*

中国炮船海晏，在东江附近南江口，截获华船二艘，内载军火六十箱，洋枪甚多，该二船之人，咸凫水而逃。

日前岑督向闽省大吏商允拨借军械，特委陈令汉章乘福安兵轮赴闽，业经闽督将军械给发，并委县丞姜国梁、王相良押运枪支子码来粤，现已湾泊黄埔。日昨派轮起回省城，转运西省，以济军实。

候选县丞李耕唐条陈广西军务事宜，经岑督批示，以西省伏莽已深，未剿不可言抚，此自一定办法。至扼要驻兵并联会三省，以防出窜，本部堂久已饬办云。

石龙上马西海口扒船于十四夜三更后，有贼二十余人用长龙艇打劫。初到之艇首先开炮，什长叶保中枪而死，众贼尽将扒船内快枪军火搜掠一空，将大炮塞去炮眼，开艇欲去，所剩各勇身上短枪未搜。各勇不平，且叶保之弟见兄已死，不共戴天，遂各燃短枪。贼去不远，见扒船上数枪齐发，回头复与扒船彼此炮火相攻。然各勇短枪未能敌贼快枪，扒船内十二人打死四名，余皆受伤，尚有两尸不知流往何处。此扒船乃叶某所管带，叶保兄弟俱受伤亡。

钦州乱事仍炽。闻日前安南法使复行照会东兴洋务局，内开：钦防乱党，将分扰安南，请照约保护云。以上录七月十八日香港《中国日报》。

《中外日报》光绪二十九年七月二十六日（1903 年 9 月 17 日）

钦廉革党出没无常[*]

廉州防务全恃振新一军，迩来自广西及钦防逃勇窜入，尤为吃紧。郭守以管带须人，特禀靖省吏委廖守备大锦管带振新正营事务。

钦防乱党仍前猖獗。据该处士于来言，钦属则以十五、冬叶两山为巢穴，防属则以大平、王光两山为巢穴，出没无常。并有党首彭十一盘踞大直一带，张贴告示，禁米出口，大书"钦差两广得字全军各路兵马大元帅彭钤"字样。

大吏向闽借拨之军械业已到粤。兹由善后局札委候补通判敖廷铨、候补巡检罗秉鉴会同由闽押解来粤之委员福建试用知县姜国梁、候选县丞王相臣，定于廿日启程，用船廿五艘，派轮拖运赴浔，转解柳州行营。以上录九月二十日香港《中国日报》。

《中外日报》光绪二十九年八月一日（1903 年 9 月 21 日）

庆远等地匪焰迄未稍衰 * （节录）

各匪本多边营遣勇，而各匪首又多边营被撤武员。西有山川险要，若辈本极了然。且若辈以黄署提位置私人，无端被撤，已属愤不能平，附匪后一经为群匪所激，自必益形固结。加之匪中操演打靶，至少日须三次，赏罚严明，绝不假借，一洗官场虚应故事之习，故临阵之时枪瞄极准，较之仓猝成军者，殆不可以道理计，何怪兵与匪遇，官军辄望风而靡。

桂省匪势除太平、浔、柳三属较前稍杀外，其余如泗城、庆远等处匪焰迄未稍衰。官军虽多，而匪踪实无一定，加之山林深密，道路崎岖，官军入山搜捕，必需乡导为前驱，且乡导亦非易得，故官军日日放言痛剿，而迄无下手之处。

庆远一府，现为群匪之渊薮，日来各处匪势虽已稍衰，而庆远各匪运动，较前益密。

桂省各匪本皆无甚远志，其初不过为米价昂贵，厘捐繁苛，故迫而为匪，地方官不加深察，动辄请兵用剿，遂致匪愈多，而全桂为之糜烂。又以剿匪之兵均无纪律，每以下乡剿捕为美差，见有青年妇女则恣意奸淫，民豢牲畜则明目掳掠，小民偶有违言，即饮以白刃，村民群抱不平，即指为抗拒，淫掠之下，洗剿随之。盖桂省人民久已暗无天日矣。自云帅莅桂后，首以清乡为第一要义，已得纲领，惜在事者，未见实力奉行耳。

梧关以下水木排为税项之大宗，次为上水洋货。年来匪势猖獗，商船劫案日有所闻，商贾半因裹足，关税已为之大欷，而各兵轮又乘运兵、运饷、运械之便，借夹带为生财地步，致收益数觉寥寥。

梧州为两粤关键，浔州为水陆要冲，且皆滨临大江，平时本极繁盛。军兴后各省协剿勇丁，每以该二处为过往必由之路，向来物价虽贵，然终较东省为廉。迩来灾民麇集，而各处避难官商，亦以该二处为乐土，致米价愈昂，百物亦因而俱贵。古人谓：长安居不易，我谓梧浔二府亦然。

《中外日报》光绪二十九年八月二十日（1903 年 10 月 10 日）

法国欲借匪乱出兵 *

十七日北京电云：法国公使照会外务部云：近来广西匪乱不特不能平定，且益蔓延各地，于法属一带诸多窒碍，将有延及之势。贵国若不能及时平定，法国应择相当之法，设法用兵，以备自卫之计云云。

推法国之意，盖欲与中国协同平定匪乱，借以扶植本国在南清之势力也。译十九日东京《日日报》。

《中外日报》光绪二十九年九月五日（1903 年 10 月 24 日）

岑督斥驳为革牧讼冤之官吏 *

吏部主事林耀增等联名赴督辕具禀，为革牧李家焯讼冤，略谓：咎虽难逭，情有可原，乞恩矜全，以安众望。旋得岑督批示谓：查李革牧家焯声名素劣，本部堂在粤即有所闻，虽平日稍有缉捕能名，究属功难掩罪。该牧统带卓勇，驻防钦州，纵勇庇贼，殃民情节极为重大，业经本部堂会抚部院奏，奉谕旨革职拿办在案，并经札委臬司会同营务处，严行审讯，一经对质，罪状自明。此等贪劣害民之吏，该绅等为桑梓计，应急求锄而去之，乃竟为之宛转乞恩，且联名至百余人之多，岂皆尽出己意，为公为私，想该绅等亦难自解。兹将禀内所列之名牌示于后，如系冒名签列，准其自行检举，倘有心为该劣员讼冤，当饬司处一一传询，以分泾渭而彰公道，并饬知照云。

按：李革牧之罪，神人共愤，粤民方欲得而甘心。而庸贪陋劣之绅士，乃敢纠众诬保，可谓丧心病狂，宜岑督据理斥之也。然李革牧之前途仍未可知，盖李或能如裴景福之报效念万也。

《中外日报》光绪二十九年九月五日（1903年10月24日）

广西军事汇述（节录）

昨得广西友人来函，所述皆西省军事，自六月十六日起至八月十七日止。虽其中大半成陈迹，而颇有为各报所未详者，因补录于下，借供众览。

【七月】初七日，左江道余观察诚格奉粤督来电，饬将去年王抚院招降匪首李向欣在五塘正法。查是役杀李向欣者，乃郑润材，安勇也。因事机不密，诱擒李时为李党开枪，毙安勇哨官一名，伤勇念四名，伤督辕督战差官一名。又是夜常备军于左江道署诱杀李向欣之哨弁唐文宗，又被唐袖出短枪，打毙哨官一名、勇二名。

初九日，萃军右营冯管带铭锴，率勇于宣属蒲庙墟左屯黄村剿匪，至四时之久。因天将晚，冯管带恐匪逃脱，即抽调一哨，先向村外里许伏候。三更时，该党被攻危极，遂向村后暗逃，即被村外伏兵拦击，获匪四名。是午，冯宫保辕门发出令箭二支，前往百色。

十一日，宫保两公子冯丞钧、冯教谕铭锴，在苏墟防所回，侍汤药。宫保大怒，以擅离防地，发令捆押辕门正法，以肃军律。后经将士苦求，宫保始允收回斩令，即饬速返防所。

十二日，岑督电左江余道，以扒船管带高廷佐通匪，即于是日在邕正法。

十四日，上思州告警，冯宫保发探，侦知此党匪徒均是王和顺、黄五肥等避窜者，当派安勇星夜驰救。

十五日，冯宫保旧伤更加发痛，频频咯血，将士劝请静养。宫保仍力疾办公，不肯久卧，并训各将士云：知遇未报，众望未副，我岂肯苟安而误事也。

十六日，萃军管带冯丞钧左营左右哨，在大塘地方与钦州防勇夹攻叛哨许松山匪党，至两时之久。许匪败散，窜入灵山界，又为廉防勇拦剿。现此党已逃钦界。

念二日，萃军左右营于苏墟之李村围剿王和顺党。是夜二鼓，官兵破入，打毙匪八名，拿生匪四名。王和顺被伤，背逃钦州界之十万山。是日，宫保六公子钧、七公子铭锴，因宫保病重，请假回邕。

念四日，护送岑督上柳之勇至来宾属锦溪墟，为乱党伏击，官兵受伤亡者一百三十余名，失去枪二十三杆。

念六日早，冯宫保旧伤大痛，昏迷数次，自知难愈，即取未办毕之公牍，卧阅两刻。即传营务处郭训导于床前，授与机宜，并口授遗折，遍勉各将士忠君尽职。又发令分调各路官兵布扎，以防不虞。

念七卯初，冯宫保通传两公子及各将士排立房前。宫保开眼望云：尔各好自为之。即强起坐床，面北薨逝。是日邕城绅商赴辕探问悲哭者，络绎不绝于途。

念八日，郑观察孝胥由邕带武建军回营，乘船上驶龙州。是午萃军将士纷纷向求左江道代电督院，请销各差，俾得同为扶榇回钦，以报知遇。

（续昨稿）八月初一日，广西边防督办郑孝胥观察，由鄂带来武建军四营，于新宁属驮卢地方被匪伏击，毙勇三十二名，失枪廿八杆。查是役乃武建军四营皆坐船驶上龙州，因闻驮卢地方有匪藏匿，非先派队登山，船即不能上行，遂派哨官率勇百名。方至山半，忽闻匪放号炮，该勇等便举手顿足，作列一字阵时，即被匪高施排枪，因此伤毙者众。再因该勇等所穿皮靴，于登山诸多未便，以致进退过迟，失枪极易。

初二日，岑督电饬余道台云，冯宫保薨逝，然其部属得力，未可轻易撤销，应交部属蔡牧其铭接统。是日，蔡其铭即委部将冯骅接右营，余道即委在邕候差云南人李丞克昌接左营。讵萃军各士卒哗谓：今日宫保始薨，既交蔡统，理固当然，两公子所带之两营，自应暂交帮带代理，俟守制百日，再来管带，何得今日又放云南李某，使外人搀入我军。我等义难忍遏，惟有缴械请销，均扶宫保榇回籍。况我辈月得六扣湘平银三两余，日夜奔驰于枪林弹雨之中，命悬顷刻，实为报主恩义。今老少主人同不居此，我辈尚以血肉贱躯留此何为？纷纷鼓噪，咸向道署恳求代电岑督，准一律撤销。

初六日，和统领廷彪率绥远军前营，在思恩府长麓地方，剿败黄丁贵党，当场捉得生匪七名。

初七日，杨镇军发贵率勇两营，于庆远城外八里之茶庄，与陈老密之党二百余名伏战四点钟之久。杨军败回庆远城，闻是役杨军失枪二十三杆。

初八日，萃军前营新募到邕。

十四日，左江道余观察派候补知县潘成秀带勇两哨，前往上思州之佛子隘，招降绥远军昔叛之勇。是午，知州蔡其铭奉左江余道台札饬，带领萃军各营，往上思边界及宣属苏墟等处堵剿。

十六日，邕城接百色来电云：近日有陈桂林招出又反之闭运培七百余人，窥伺色埠，或有不测，乞发救兵。

十七日早，闻日前督院电拨萃军归蔡其铭统领，昨随蔡往上思，至半途忽哗云：我辈义不愿居此，各欲共扶宫保灵榇回钦。曾蒙余道台答允，今何又带我辈前往，我等实不愿去云云。蔡统领不知如何调停，俟有闻再报。

同日，有思恩府专差向左江镇道告急，因进有匪党百余，为首系麦子二，潜伏附城一带，招聚城乡烂崽，窥伺府城。现署思恩府和廷彪，已星夜驰回城矣。

附记：广西最近匪党作乱情形

前七月念间，岑督上柳庆，帅船将到柳境，员弁谂知沿河有匪伏伺，欲去而狙击，遂只驻柳数天便即回旆。今特派前降匪梁果周，往招最大帮之陈士生党八百人，其余来宾陈兆、韦八，象州陈士求，雒容黄中魁，均有党三五百名，因见陈士生得抚，各皆不服，异常扰掠。

十五日，新宁有匪二百余，劫掠大塘墟。闻此党系黄呈祥前边防时，逃出之毅新勇七哨人也。以上访稿。

《中外日报》光绪二十九年九月十、十一日

（1903 年 10 月 29、30 日）

两粤近事述闻 （节录）

桂省土党所据之险要，名为平天寨，有十二重险要，地理不明者即受大害。该地毗连五省，故岑督已电咨川、滇、湘、黔各督抚会同办理，以防外扰。闻平天寨山中筑有盐城，垦田有地，颇可持久云。

岑督寄外务部电云：梧关、龙关均已添派健勇保护，并有巡轮常川往来，以通各炮艇声息，俾得联成一气，当不致疏失。法国拟调兵护商一节，断不可行，业已电复该总领事停止派兵。伏乞即复法使知照为祷云。以上录九月初二日广州《时敏报》。

革牧李家焯罪恶万端，而纵勇殃民不过最近之一事耳。前日在营务处提讯，已直认纵勇殃民之罪，讯毕盖具掌模，业已传闻有首斩决云。以上录九月初四日香港《中国日报》。

《中外日报》光绪二十九年九月十四日（1903 年 11 月 2 日）

广东剿匪事宜*

自冯宫保病故后，萃军八营只留三营，交冯之营务处蔡某管带。云帅代冯递呈遗折，并胪陈事迹，请旨赐恤予谥。

郑京卿以八月十四日到龙州，二十四日赴镇南关接防。苏部二十五营已经丁衡山军门淘汰归并。除得力之分统张得贵、陆荣廷、黄忠立仍令接统外，其不力之陈桂林、黄云万均撤去。所部十营改为五营，归丁军门统领，兵士毫无哗噪情事，边防现可无虞。

柳州、南宁匪势已衰，贼之聚于庆远者，八月十一日宋尚杰攻败覃火生、韦十一等于大塘，二十一日杨发贵破贼于高楼峒。该地为多年匪巢，既破之后，匪势颇杀。

云帅前以祖守绳武、汪守声聆、和守廷彪分权柳州、庆远、思恩，原欲合剿匪、安民、吏治、营务为一，近因柯抚时有繁〔烦〕言，已令祖、汪诸人交卸地方，但任兵事，免为柯抚所疾，或指为任用私人云。

柯抚致云帅电，有不得百万必将引退之语。盖其宗旨，一以非钱不可办匪，而得人次之。其前据谣传奏报匪徒逼近桂林，虽云轻信，亦由筹款之心太切，以为借此可以耸动政府，可遂其百万之请耳。云帅现已决计俟其到任，一以兵事委之。

各报载广东请开实官捐，其实乃柯抚所请，云帅向不以指例为然，此次亦并无一字请开捐者。各报所载，当由西抚讹为东督之误。

云帅前在浔州即患霍乱，未愈，力疾赴柳。回东之后，又因东事之难，过于焦急，遂患咳嗽气喘咯血，顷已请假一月，要事仍系自理。以上访稿。

《中外日报》光绪二十九年九月十六日（1903年11月4日）

查获戴梅香案 *

会党戴梅香经营务处审讯，已将口供录登前报。兹闻于初十日已将戴梅香斩首矣。又局员查得，当时实系东莞县属向西村民叶姓将其拿获。现岑督将为此案出力之叶满怀、叶天恩二人，均赏与五品把总，并洋银一千两。另赏该族匾额一方、洋银一千两，匀给在事出力各村民，以示鼓励云。

又在南海监提出本案犯人陈亚全、徐亚景、钟亚金、王谭姐、黄莫善五名。又在番禺监提出罗安一名，均押赴市曹斩决。

省中各善堂董事聚议，欲求政府准其到广西调停乱事，与乱党讲和。因彼为善堂人员，该党或能见信也。

又闻有日本武员某，由一新宁胡姓为介绍，其禀岑督，谓欲带日本兵二千，即可代平广西乱党云云，岑督已批不准。

督标护军亲兵等营，系新简广西提督刘光才在两江督中协任时所带。兹刘提承旨，率领旧部赴桂办理军务，故特来省点验护军亲兵等营，闻不日即将督率赴桂矣。以上录九月十二日香港《中国日报》。

副将雷镇毂因提获戴梅香一案，岑督委以惠州协缺。兹岑督查得戴梅香系向西村民所获，雷镇毂冒功邀赏，闻将该缺改委别员云。

《中外日报》光绪二十九年九月十九日（1903 年 11 月 7 日）

营勇与游党遭遇 *

梧州消息云：前八月二十六日有某营勇一队。在迁江地方突与游党撞遇，鏖战移时，党众勇寡，尽被歼殪。有人路经梧州附近之某滩，见有军人尸体约四十余具，鲜血淋漓，审其号衣，即营勇之被戕者也。

近日柳州一带，游土各党比前更觉强炽，荔浦、修人两县游党渐多，桂林城外二三里路均有游土两党之人云。

陈景华越狱潜逃一案，经岑督将看管之桂县王乃卿撤参监禁，曾纪前报。嗣王乃卿以悬赏购缉陈景华久而未获，不免积忧成疾。兹闻已定议军台效力之罪，其病益深，于九月初七日下午竟以忧死。以上录九月十五日香港《中国日报》。

《中外日报》光绪二十九年九月二十六日（1903年11月14日）

游匪窜扰乡民恐惧*

广西官场电云：桂林城中刻有大军驻扎，并无意外之虞。其谓已为匪据者，恐系以上月初三日忽有股匪由龙州窜入桂林，离城六十英里之某处，因之民兵异常惶惧，致谣传纷起耳。

匪目陈亚秋，即泗城游府陈世华之子，现带保安堂勇护送商船来往百色、南宁者已四次。招安后既得枪炮、逼码，仍督其党羽逃窜，地方被害不浅，各处皆畏之，近复经黄呈祥氏招安矣。

南宁内外自郑观察倡办巡警军以来，颇形安谧，人民出入略得自由，复经拿办李八、高廷佐、唐悌、梁十八等，匪徒略已敛迹。

百色消息云：近日各游匪仍窜回逻里、西隆、新州等厅盘踞，居民不堪其扰。

埔邑高坡桂坑近有无数匪徒，在该处拜盟结党，烹宰猪羊以相宴会，大有蠢动之势。一时附近乡民惧遭其殃，群相走避，经白侯司何少尹禀请县令会营缉拿。查大令接禀后，即亲带勇丁会同营兵，诣该处剿捕矣。以上录九月十七日《时敏报》。

《中外日报》光绪二十九年九月二十八日（1903年11月16日）

拿获匪党马王海殃及乡民 *

　　日前程藩司饬令南海县姚令，将卷六宗亲送藩署，系前革县裴景福所办陈李济等案云。闻所检之卷除陈李济案外，尚有中和堂、黄沙商埠嘉纶金丝行、保卫营轮拖罢市、西关朱潘蔡命案等卷多宗，若何办法，则非外人可得而知。

　　东莞著党马王海，年前获禁番禺县监，越狱而逃。嗣由李家焯招之投诚，充当卓营哨弁。卓营散后，又复重与东江各党相通。本月十八日，何、吴水陆提督率同各营弁兵，及东莞县沈令，计共兵勇约二千名之谱，五更起行，黎明始到该石步乡。而该党亦约有数百人，出而抗拒，炮声隆隆，鏖战多时。该党先以大炮置诸隘路，官兵被轰毙十余人，兵勇惧而欲退。吴提督执刀喝令，退缩者斩，官军始复奋勇进攻，仍未能前，随用开火炮轰入村内。党等力不能支，始惧而逃。而马王海一人与其党二人，相护以行，官军不之知也。距石步三里路许，有小村落名两头塘者，乃梁、雀二姓聚族而居。三人行经村外，见有于田耨耨者，海以为村人出拿，先轰毙一人。或遂大呼有贼，众乃齐出，即将海生擒，其一则伤亡，其一则脱去。于是将海检搜，得银纸六十余张，金裤带一条，金时表一个，约共值银二千余两，随将海解交官军。是役也，自朝至日中被党枪毙官兵数十名，后用开火炮轰之，故该村男女老少毙者共三百多人。查该村陈姓约九百人，封姓约二百人。封姓虽另居一隅，而波及者亦殊不少也。

　　又有人云，当官兵于本月十八日，围攻马王海本村石埔乡时，当场击毙湖南勇五十余人，伤八十余人。陆路提督吴某坐马亦为枪毙，吴之头颅同时受伤，而马之手下死伤亦剧。马遂弃队潜遁，至两头塘村，遇有梁姓农人父子三人，素与马有嫌怨者。其父当先追马，为马枪毙，其长子继之亦为马所杀，其次子再继之，上前将马死抱不放。马之同事欲前救之，为旁农人用锄锄去其天灵盖，马遂就缚。当时村人闻声聚者愈众，马之手下十一人亦被擒，解交水师提督何长清。当官兵用开花炮洗村时，村中男妇欲逃无路，惧极，纷纷跳赴水塘，淹毙者不计其数，毁坏屋宇，荒凉不堪入目。

《中外日报》光绪二十九年十月一日（1903 年 11 月 19 日）

严密看管马王海*

著党马王海经缉局审明后，收押南海，已纪前报。姚令因该犯曾两次反狱，党羽众多，特饬看管丁役，加意防守，并移请广州协调派喜字营、保安营数十名，在监房左右逻守。又因该党前在番禺署反狱，其党均在赌馆藏匿，遂并将署前赌馆一律严禁。至二十五日提赴缉捕局复审时，亦派兵勇百数十人护送。闻拿获该党之后，由林亚勤一人供称，其党藏有炸药十六斤，在麦某家，有地雷若干藏于水南地方。原拟于二十日举事，分攻陆提行台及水提坐船，不料官军已于十八日围捕，故措手不及。向官录供后，即派员押林亚勤，将炸药、地雷按址起获。何提初欲贷林亚勤一死，使其获犯赎罪，嗣恐贼性难驯，故一并解省云。

东江自戴梅香、徐大、王志、陈马王海被获后，现区新一党尚在西江一带。现闻大吏札饬三江缉捕总巡李准，督带靖勇六百名往拿围攻，限一月之内务获区新云。以上录九月二十八日香港《中国日报》。

《中外日报》光绪二十九年十月五日（1903 年 11 月 23 日）

马王海案牵累甚众

闻此次因围捕马王海，而石步村男妇被牵累者甚多。人言该村外两水塘尸骸满积，至今尚未捞殁。见者惨目，闻者伤心，甚至有缕述情形为之流泪者。同种之爱心，中土人固未尽泯灭也。

《中外日报》光绪二十九年十月七日（1903 年 11 月 25 日）

庆远游党诱杀官兵[*]

（前略）广西消息云：乱党逼攻庆远甚急，候补知府黄国勋陷敌自杀。前月底庆远府迁江县属金钗地方，有勇一营在该处驻扎，附近游土各党数百人伪托投降，营官信以为实，漠不加察，旋被乱党将哨官张某捉去，勇丁伤亡过半。岑督闻报，即将该营管带李某奏参。

平乐府修江、荔浦两县，近日游党渐多，大肆抢掠，民心惶惶。幸秋田大获，民食尚不致艰窘。

闻岑督拟在河南、山东各属添募勇丁数营，合现到之棠字营共九营。已派人在沙河旧营房择地，勘筑营房，拟仿东洋营式。以上录十月初一日香港《中国日报》。

《中外日报》光绪二十九年十月九日（1903 年 11 月 27 日）

擒获马王海　营勇肆虐[*]

方岑督之严檄水陆两提督，克期擒陈马王海也。两提奉命后，陆路提督吴，由惠州率湘勇千名，移东莞；水师提督何，率广勇千名，赴石龙。仍恐兵力单薄，更调莞城防勇数百，就城新招数百，合弁勇三千余人，于十七晚遍布石步乡要隘，另率队前进。讵马王海先有所闻，已遣其党他徙，仅留左右数人，以樱弁勇之锋。无何前队到村口，竟为党枪毙湘勇十余名、百长一名，徜徉逃去。官兵彼此相视，无往追者。吴提不问虚实，以开花炮猛攻其乡，彻夜轰轰，如御大敌，无拒之者。延至翌晨，乃分队缓入。老弱妇孺不及走避者，半罹锋镝。

诸营以湘勇为最残暴，如例焚劫加以淫杀，及后何提督传令申饬，始稍稍敛迹。后查该村财物一空，房舍焚去几半，死枪刀者三十八人，焚毙者三人。计封姓过客二、妇人二，余外则陈姓，皆无辜者。海逃避邻村，翌日为梁姓子弟所获。三千余兵率以水陆两提督，而真盗竟脱然而去，实为希罕。计解省三盗内，徐大、王志林勤两名，亦其族绅诱获，非该提督等力云。

前岑督因西省需饷孔亟，请由部在沪关厘金余款项下，拨银二十万两。顷据上海道电称：粤东应解第七八期赔款，合库平十八万八千余两，请划抵，以免互解之烦，下余一万一千余两，即另行呈解等语。司库一空如洗，应还前项划抵西省军饷银二十万两，一时力难筹解，拟请由善后局，即在应解司库款内，照数尽力筹拨。

自陈马王海等被杀后，闻海之余党怀仇欲泄，竟于前月二十九夜在石龙地面放火，烧去铺户十余间，欲以泄忿。闻大吏已饬勇查缉矣。

西省消息云：三省营务处谢道随带勇丁百人，由南宁前往百色，将至龙安县境，被党围困，几不能支。幸得楚军一营由右江驰下，奋勇相助，始得解围而去。以上录十月初二日香港《中国日报》。

《中外日报》光绪二十九年十月十日（1903 年 11 月 28 日）

粤西军务志要

龙州道（即太平归顺道）向兼全边营务处差，每岁所入约可得二万余金，故全省道缺中以此缺为最优。前署是缺之何昭然，本以名孝廉起家，服官桂省已二十余载，熟于边情，办事勤慎，所至均有政声。自本年闰五月接篆后，劳怨不辞，案无留牍，颇为士民所爱戴，属员中不肖者，均忌惮之。讵百密难免一疏，竟为乃侄所累。上游闻之，遂登白简，人皆惜之。现闻此缺上台拟即以何道前拟详参之吴征鳌承其乏，虽未见明文，而宦途中已喧传殆遍。

粤中吏治之坏，东西皆然，而西省吏治之坏，更觉积重难返。云帅莅桂后，自抚提以至府县，参者、撤者已不下百数十人，西省吏治为之一振。惟闻被参各员中，有柳州府赵涞彦、马平县郁家珍二员，平日办事尚好，并能关心民瘼耳。

太平府吴征鳌其办事之如何，官声之如何，人所共知。此次该员竟邀首荐，颇喜不自禁，而仕途中均深以为奇。

前署提黄革镇呈祥，自六月初接授提篆后，颇知自爱，军律亦严，传令各营管带、勇丁粮饷不得克扣丝毫。勇丁中如有携枪远遁者，惟该营官是问等语。军民闻之，莫不为之欣跃。迨八月交卸时，竟将全边二十营六七两月底饷，一并扣入私囊。临行时，又以携带为难，遂派心腹多人，分赴各处，广搜黄金，多多益善。边地除金者少，价亦甚昂，至是各市侩复故昂其值，每两竟涨至七十二元。而该革镇仍不以为贵，直至搜括一空，始满装两枕箱而去。首途之日，其旧部各营勇，莫不戟指作申申之詈焉。

随郑苏龛京卿来桂之武健八营，计四千人，军容整肃，人亦精壮，诚非桂省各军所能及。只以边隅水土恶劣，而天时复寒暖失调，因之病者甚多，而死者亦颇不少。故该营勇，莫不愿早奏凯歌，言归故土。

武建军与桂省原有各军相较，各有所长，武健以精整胜，桂军以矫捷胜，盖桂匪皆匿迹深山，剿办不易，非生长于蛮烟瘴雨之地者，未必能习服水土而越岭如夷也。

月前十七日辰刻，郑京卿调集武建军，于龙州操演西法阵势。在龙各洋员，亦经京卿柬邀往观。各洋员睹军容甚盛，莫不赞叹勿衰。

前月十八日，有武健四营，奉调赴防，道经驮庐以上二十里遥之某山。突有悍匪百余，隐身密林间，开枪拦击，当被枪毙什长一名，并伤勇丁二名。全军大怒，登山与匪鏖战良久，当场毙匪十余，得枪六杆。匪知不敌，越岭而逸。该勇等遂将枪毙各匪割取首级，解交崇善县验收（崇善县隶太平府）。

云帅前委办理营务处之周寿山，近知为京师某谏员所劾。云帅知之，遂亦附参而撤委焉。

云帅又委全粤营务处某太守（系丁忧人员），于月前下旬由南宁乘三号车渡，并随带水师扒船十余号，前往百色办理善后事宜。

驻扎龙州法领事，前因匪乱甚炽，暂驻越南，本拟俟匪平后再行回龙。兹闻法政府以龙州商务平时本不甚旺，自匪乱后商务益衰，交涉愈简，且匪势未易遽平，逆料乱平之后，将来亦无甚交涉，故议将此席裁去。又闻法政府以上海总领事署翻译需员，故即以龙州领事调赴上海，以承其乏。龙州如有交涉事件，即以某医生代之。

苏元春之眷属尚寓龙州，一切费用，均由苏戚梁某月送二百金，以资薪水。

某大令微时，曾为元春执虎子。元春颇信任之，历保今职，皆元春力。今已拥资钜万，自苏入刑部狱，屡次发电告帮，而某竟不名一钱。

张分统德贵，为人轻财尚侠，故实无一钱。元春下狱后，张亦屡接苏幕告帮之电，只以宦囊如洗，故未能从丰资助，然边营中均谅之。

桂省自将匪目张士超及土老林二招抚后，其附从各匪约有百余名，亦均随之归顺，归雷发祥管带羁勒。奈张等生成野性，依然无恶不为，日则聚赌为生，夜则四出骚扰，龙州商民莫不恨之刺骨。嗣为张分统德贵所知，密禀上峰，遂会同陈军门预伏亲兵两哨，以按名发枪为词，一俟张等齐集，即悉数歼除焉。

桂匪虽无甚远志，专以抢劫军械银米为事，顾近来匪势虽较前稍杀，而匪志益坚，声言嗣后不论如何，誓死不受官抚等语。然君辈之所以不愿受抚者，亦在上者有以致之。盖官军曾杀已降之李八，并杀李党之二百余人也。李八本系匪首，膂力过人，受抚后，改名李向钦，当时由官给以五品翎顶。惟其随来羽党中，仍有与匪暗通者，事为云帅所闻，遂电饬南宁道，将李等一律斩之。南宁道奉电后，诚恐李等党众势盛，下手为难，乃与驻扎该处之某管带密商办法。李党本有二百余名，自受抚后，仍归李八节制。南宁道遂传令各营至教场打靶，每名发给逼码五枚，又令凡五枪全中者，赏洋三元，少则以此递减。李等不疑，咸赴教场打靶，先李党而后某营。李等打毕，即鹄立左旁候赏，讵李党甫经打毕，而右旁某营之排枪齐发，及第二排排枪戛然，而若辈已同归于尽矣。盖右旁某营，先由南宁道密传号令，一俟左旁李党打靶既毕，逼码必无一存，出其不意而歼除之，则易如反手矣。此事嗣为匪党所闻，遂相戒宁死不再受抚云。

闻郑京卿以桂省兵力太单，已饬人至湘鄂两省，添募八营，一俟成军，即来桂省，以厚边防兵力。以上访稿。

《中外日报》光绪二十九年十月十一日（1903 年 11 月 29 日）

桂省各官趋避剿匪*

梧友专函云：桂省边防自经丁提督衡三择要筑垒后，以守为战，诸事以持重为主，故小股游匪，多麕集于内地，如归顺、镇边、西隆、南丹、庆远，以及下至百色、恩隆、隆安、养利、南宁一带，因此较前尤为吃紧。

郑苏庵京卿到桂后，凡事均由岑帅密授机宜。先以驻边苏军旧部次第调往别处，而以带来之武建营左右两旗代之。

　　内地各镇道恐以苏军剿匪一或挫失，不免获戾，故开差之前请命于上台，酌拨武建军一二营，以使会同赴剿。盖各镇道以为胜则借以邀功，败亦有人分过。一府如此，各府皆然，盖均以此策为剿匪不易之秘诀焉。

　　郑京卿以内地各镇道工于趋避，意甚焦灼，寝馈不安，已于上月中亲往上思、南宁一带视师。云帅虑边防过于空虚，则桂匪或不免外窜，若竟扰及越境，必贻外人口实，不得已仍将苏军旧部调回，驻扎边境，以固吾圉。

　　郑京卿以武建军抵桂后不服水土，意兴索然。又以桂匪匿迹深山，负隅甚固，剿抚两难，颇以卸此钜肩为愿。

　　武建军到边以来，已将三月，并未见过大仗，亦无戮匪至百名以外，生擒在十名以上之事。

　　龙州道何昭然，素不以署太平府之某守为然，上台意旨本欲即以该守就近升署道篆，嗣因舆论哗然，遂作罢论。

　　梧州府属苍梧、怀集、岑溪、容、籐五县辖境，均与东省相毗连，商务素盛，尚无匪踪，然单打抢劫之案日有听闻。地方官恐遭严谴，均以讳饰为务。

　　自东省小轮直达西省浔州后，下游水路各匪，其势遂杀。惟浔州以上之南宁、太平以迄龙州一带，滩急水浅，轮不能行，游匪仍出没其间，商舶之受其害者，固不待言，即扒船官舫亦所不免。桂匪猖獗如此，肃清诚不易言。以上访稿。

　　《中外日报》光绪二十九年十月二十四日（1903 年 12 月 12 日）

擒杀招降土匪 [*]

　　陆分统荣廷，八月十九日在向武兰峒，击毙匪首黄亚四等五十一名，太平南路可望肃清。

匪首黄四为庆属腹心巨患，盘踞府属高楼十余年，现经李提督福兴、杨镇发贵于八月二十四日擒杀。庆属匪党经此惩创，其势大减。

柳属匪首黄飞凤，经广东述善堂在和睦招降，带来匪党三百余名。祖统领绳武令其交械归农，该匪支吾，在柳城恃众滋扰，旋又谋邀劫柳属转运逼码。署右江道柴照设计掩捕，讯供正法四十余名，市墟不惊，民人大快。

广西之匪自来以受抚为自便之道，受抚以后之劫掠，尤比未受抚前张目无忌。官吏以受降为功，人民则以受降为大苦。此次云帅定章，非缴械不准投降，即防此弊。自南宁密拿李八，柳州掩捕黄飞凤，已降者乃略知法纪矣。

匪首覃老发，据柳属油麻弄，徒党极多，经祖太守绳武分派管带周国祥、陆鸿发、管长清等，分路攻破附近巢穴老虎洞、小油麻弄等处。该匪穷蹙，率党窜伏谷中。祖太守又设法遣线，诱之出谷，于十月初二日将匪首覃老发、唐万里、罗老金、刘六一等十二名擒获正法。柳属之匪此为巨擘，余皆其徒党矣。以上访稿。

《中外日报》光绪二十九年十二月五日（1904 年 1 月 21 日）

全省罢市

柯抚拟将百货厘金加重征收，如米万斤抽银十二两，每柴万斤抽银八两，甚有加抽至十倍者，谓之统捐，并于日前电致东省，请将土膏一项照西省办理。出示后，各商大震，先由左右两江罢市，其余各埠亦次第罢市。日昨省垣商家接到梧州之电，以前所定之货暂缓西上，因该处业于初十日一律罢市，停止贸易云。夫时局岌岌而又重困，吾民脂膏既竭，敲及骨髓，是可忍孰不可忍！

《中外日报》光绪三十年一月二十八日（1904 年 3 月 14 日）

西省乱耗

桂林消息云：郑孝胥到防后，以所部武健各营分扎沿边，旋因水土不服，退出龙州。调陆统领荣廷将所部荣字五营，分扎沿边，自九特至面良一千数百余里。现陆统领以防地辽阔，兵力单薄，实难分布，将五营之饷改为六营，已于去腊分别抵防矣。

又，防地邻近常有会党千余人，枪炮数百杆，于去腊该党首采茶三率党数百人，往攻近村。荣字右营管带官杨胜广即派队迎敌。该党首即上前接战，当被炮毙哨官一名、兵勇六名。现其党羽甚多，雄锋仍未稍戢云。

又，陆统领拔队防边后，太平、思顺所属各处，游党复行发动，且无勇营防剿。归顺属之大东村突被攻掠，杀毙七十二命，捉去三十余口。该村已付之一炬云。

刻下上思州地面，遍地皆乱，攻掠之报，每日多至十数起。州牧遣人赴宁请兵，余道又苦于不敷分布，且以该州城原有武建军驻扎，是以不再派兵前往。州牧以武建军历来见党皆不敢交锋，该军虽有如无，讵可恃以为用，特于初二早，带同亲兵数十名到宁请兵，未悉余道如何调遣也。

《中外日报》光绪三十年二月三日（1904 年 3 月 19 日）

续记西省罢市

日前西省开办统税捐，已将办理情形叠纪前报。兹得西省消息，统税捐例最为烦苛，举其最重者，如信封每百个税银五分，布袜每对税银一钱，其余若毛边纸每百张税银六钱，核其税项，几倍原价。向系地瘠民贫，又值兵荒交迫，小民何以堪此。嗣由各埠商民求免，随接柯抚电云：现统税各卡颁行，必须照章办理，所求各件均不准行，如敢抗违，著地方官查拿解省讯供，以凭奏明惩办云云。梧州人等知事难挽回，乃倡议于廿五日，各行大小生理一律停止买卖，如违议罚。闻近今仍未开市云。

《中外日报》光绪三十年二月十三日（1904 年 3 月 29 日）

粤西军电补录

昨承友人以粤督岑制军致各统带电报二则，又庆远祖太守绳武上总统刘臬司（时驻柳州）电一则见示，虽为日已迟，然阅之可见彼中军务情形，特为补录于下：

岑制军致各统带及府道电　柳州刘提台、刘臬司、王道，庆远祖守，百色谢道、黄镇，南宁余道，并交丁镇和令：匪首麦痣二、石补天、沈少英、王五肥、王和顺、周持先、王持燕等股，据报全窜思恩，他处情形较松，正可乘此设法聚歼。应请刘提台、刘臬司由柳州进剿，令祖守由庆远进剿，黄镇由百色进剿，和令由南宁进剿。自迁宾至贵县一路，则由东省拨棠字三营，委该军统领陈令兆棠，乘轮到贵登陆进剿。从何处为进兵之路，何处须设伏堵截，何处可分兵抄包，即由各统领、管带详细查探，相视布置，彼此均须随时约会，方可渐逼渐紧，一律荡平。各属伏莽虽未大清，然柳州已有土兵，当无他虞。此外各属顷准抚院电，已饬各募亲兵，于正月起饷，当足以资防剿。应再由祖守、余道、谢道等查看情形，酌留营哨，驻扎防堵。正月初八日。

又电：昨派各营分路进剿，思恩其应如何布置，全由统领管带探明地势匪情，相视妥办。各匪熟悉路经，大军进逼，必图窜越，非先断其窜越之路，即无以为一网打尽之计。务查明各属隘口，设法堵截，如布置不密，仍被窜越，即查明该匪从某路窜去，即将某路统领营官严惩。所有追剿思恩各军，均归刘军门、刘臬司节制调遣，以一事权，而期得力。如有统领营官不遵调度，刘军门、刘臬司即据实情撤参。正月初九日。

祖太守上刘臬司电　柳州刘臬宪鉴：忻城安勇卢管带观桥报称，初三夜遵谕拔队，初四卯刻抵加槎，直入稿岗，遇匪首邓家隆及党百余人盘据，攻击两时之久，毙匪多名，生擒益日升、李东云（即李瞒）二名，夺获哈枪三支、马枪一支、马十匹，余匪散逃。收队回扎加槎。因该处水粮亦将尽，初六夜仍回忻城。所获之匪，路远不便起解，明后日即就地惩办等语。当饬该管带仍往加槎扼扎，以防匪窜，并跟踪追剿余匪。绳武。正月十一日。

《中外日报》光绪三十年二月二十四日（1904 年 4 月 9 日）

梧州开市

梧州罢市各情，迭登前报。顷接梧友消息云：日前柯抚已添派程守道元到梧，襄办统税。因程尝为广东会馆客长，并曾任梧州府，以其与商民狎熟，易于得手。不料程抵梧后，坚执强硬主义，众商愈愤，遂致浮言胥动，遍张揭帖。至有将官场办理统税三人，各绘肖像，跪伏于阎王之前，作乞命状者，名之为阎王审案图。程守既知事必不谐，旋于初五夜复议，遂定凡货入口在梧销售者，仅纳税一次；如由梧转运入内地者，则先纳半税，至行销之地再付全税，并各货俱照减成抽收，不复如前苛取，商民遂皆认可。随经禀覆巡抚。初六晨各商店已遍发传单，准即日开市矣。

《中外日报》光绪三十年二月二十七日（1904 年 4 月 12 日）

广西罢市近闻

日前调程守道元调停罢市一节，曾纪前报。兹闻程守当日曾言，将统税捐由第一子口完纳之税，改为入口由下关抽一半，若赴府河，过昭平卡者，再纳半税。如赴大河，过白马卡者，亦纳半税云云。且勒限各店于初五日一律开张，如不开张，则必将商人大加杀戮云云。各商董压于程守之威，遂不俟各行公允，即于五、六日陆续开张，并着各船过关。不料程守令改由下关抽一半之说，竟不照行，各商董后悔不迭。刻下云茶、故衣、苏杭、水面等行，俱未开张，各商民且以商董受程所愚，恨恨不已，咸谓梧州生意之败坏，皆由此数人为罪魁。连日街上匿名揭帖甚多，商情仍未安堵云。

《中外日报》光绪三十年二月二十八日（1904 年 4 月 13 日）

钦州党首黄有才攻占新丁村

南宁近耗。南宁消息云：二月初十日钦州党首黄有才率其党羽窜至南宁附近，围攻该处之新丁村。该村与之抗敌，相峙一昼夜，并即遣人到宁告急。左江道余诚格，立派常备军右营与巡军往援。该军等到良庆墟时，夕阳初下，该墟与新丁村相距仅十余里，竟不敢驰救，在墟中歇宿。十一日，被党攻入，并掠去人口四十余名，耕牛三百余头，村民枪毙者六十余命。常备军由外省调至，向来畏党，不敢与之交锋。该村之遭惨祸，未尝非该军致之也。武缘县地方乱党甚炽，该县刘令以兵力单薄，遣人赴左江道，请即发兵，以资防守。余道已派新招之邕防营前往救助。

《中外日报》光绪三十年三月十日（1904 年 4 月 25 日）

粤西匪事要闻

录浔州府彭太守言孝致刘臬台电　柳州臬道宪钧鉴：初五日接贵县（属浔州府）龙令、马管带初四日电，获匪首沈少英并随二名，俟解县讯确再禀。当电龙令迅速讯明电复。旋据龙令查认的确右眼镶宝石属实，马管带亲押解府会讯。据供，聚党千余，在思恩（府名）一带盘据。此次攻烧龙村，系灵山（属廉州府）赖吉、钦州卢元善为首，纠伊及同帮侯五、麦痣二、黄龙亭、陆三等共有千余人，由小平阳窜白牛峒，被忠毅营、珍字营、柳军营、常备军、绥远军合击走散。伊同梁大、郭五欲到樟木觅马管带投诚，途中被勇盘获不讳。并据供称，现有二哥沈火生并妻唐氏、覃氏，二岁幼子同在帮内。父沈二、兄亚大在钦州，防城县那粮墟居住，如许投诚，先缴枪械，将父兄妻子唤来作押。伊先招同帮侯五等，可包招齐次。招在庆远（府名）之林大，在天河（属庆远府）之郑老皓、唐十二，在上思（系直隶厅）之唐瓜实，均有快枪二三百支。在上思之黄和顺，思安之黄五肥，迁江（属思恩府）之金九、黎满，均有快枪二三百支，亦可招出。如不受招，伊包打平，限两三月净绝等语。已发县严禁。应如何办理处，摘叙简供，请示遵办。马管带此次以少击众，力战奋勇，拿获著名匪首沈少英。龙令星夜集团救援，贵县无一村被害。均属得力，应如何叙奖，以示鼓励，统候训示云云。

　　录岑督帅致柳州各营电　刘提台、刘臬司、王道、李守：□沈少英被马如珍拿获，侯五被和廷彪阵斩于来宾（属柳州府）之龙村。该两匪均系巨寇，一日歼灭，匪首已杀，应速趁此兵威，将窜赴来宣余党迅速剿灭。刘提台、刘臬司并俟来宣，办有头绪后，一面派营堵截，一面即乘胜直趋思恩督剿。如能克日肃清，定将各营哨从优叙奖。即通饬各营云云。又探闻，侯五之妻潘氏亦被绥远军和统领阵斩。陈社求仍窜迁江忠。毅军在来迁一带捕剿。刘提台仍驻穿山，王道亲督柳军中左两营趋象州（属柳州府），搜剿余党。

　　《中外日报》光绪三十年三月十五日（1904年4月30日）

乱党复据芝麻洞

　　柳庆一带经刘臬司督兵办理及刘臬回省后，该处之芝麻洞复被乱徒千余人占据，十分强悍，地方大为震动。至该处之土党，日散夜聚，故荆棘载途，仍与日前无异云。

　　　　《中外日报》光绪三十年四月二日（1904 年 5 月 16 日）

广西匪炽税重 *

　　党首踵兴　南宁消息云：粤西乱首不下百余，类皆此授首而彼出头。如黄五肥一死，次日即有自称黄六肥者。麦子义一死，次日即有自称为麦子三、麦子七者。然则乱世如此，未知何日能肃清也。

　　关吏病商　西省自开办统税以来，商民诸多受害。有某水客由上海西林代友带到烟土一箱，沿途关卡均经报税，有号单给领为据。及到南宁，先在上关报验，已准放行。时已近夜，故未及到下关报税。下关人役以为走漏，即将货物充公。迨后上关船弁以该客烟土经在上关挂号，颇为不平，亲到下关代为解说。下关反谓为得贿卖放，空要将烟充公。船弁只得哑忍而去。嗣该下关将充公烟土拍卖一箱，其中只有半箱之土而已。藉口充公，实为狡谋，各关类此。昨又有船户由南乡载运粟米一万五千斤，已领统税完照，及经永淳关卡，呈票验看。该关错盖图章，船户不能识别。及过宁关，关吏谓为影射，不由分说，将货尽行充公。船户商民受其枉屈，惟有仰天泣叹而已。

　　幸出重围　南宁消息云：统带萃字营蔡其铭，于前月二十一日带勇一营，往攻中州所辖之十万大山，误入险地，反被乱党所困，连战皆北。党人逼其交出军械，方许施放出围。该统领当无可如何之间，忽得西防营贵字营救兵齐至，该党始自行遁去云。

《中外日报》光绪三十年四月二十八日（1904年6月11日）

广西匪首未死

匪首黄和顺，传言死于乱军之中。此次由宣化县拿获其党，及堂讯时，该党供称实无其事。现黄和顺仍聚于思恩、忠州、新宁州等属交界地面，党羽约三千余人，附近十余里之村庄及经该处之行人，皆异常惶恐。目下丁提督所部八营，与蔡统领所留之萃军中营，已革护镇张得贵所统之贵字营及卸新宁州周令所带之兵，均分扎于该处地方，设法剿办。但匪势极盛，地又与十万大山相距不远，负隅以拒，莫之敢撄。左江道余道日夜策画，甚形忙碌云。

帮带被拿　前帮带绥远军左营守备张禄，撤差后附船回粤，起程未几，左江余道接岑督密电：著将该守备收押待讯。余道查悉该守备已束装东下，即电致沿途关卡，代为查缉。该守备行至横州地面，即被南乡厘卡截获，已由扒船解回道署。闻该守备饬押之由，实系被人告发，谓其纵勇殃民及有通匪情事云。

《中外日报》光绪三十年四月二十九日（1904年6月12日）

广西官军虐民

南宁消息云：向驻龙州之武建军，由陆路到南宁，勇丁百余名，沿途所过，占住民房，并逼勒村民代其挑运行李，不给工价，且令自带粮食。其老弱者，行或迟缓，及力难挑重，必遭毒殴，凌虐不堪。所经地方，薪米等物如取如携，并不给值。是以怨声载道，人咸侧目云。

《中外日报》光绪三十年五月七日（1904年6月20日）

柳州乱耗

广西消息云：柳州于初十晚四鼓，突有降勇闭城作乱，占据城池，官亦被害，势甚猖獗。商家货物被掠一空，而尤以广东帮所失为最巨云。

又闻柳州降党已据柳县城，大杀二日，官民多遇害者。此降党闻隶祖绳武部下，现在情形猖獗，难保其不上走桂林，下走平乐，或再蔓延他省。又闻此事东省官场间有知者，因岑督病，未敢宣言，然消息已甚确矣。

又闻柳州之兵力最厚，此次降党所以得手，由与营勇勾通。城陷后，将解赴南宁之饷银军械，一概掠尽，中有毛瑟快枪五千余支。现在南宁吃紧，桂林戒严，柯抚已据情电奏。又探得该党乱后，即将电线割断，现尚未通。又探得统领祖绳武，闻变即逃，行至贵县，与县令商借扒船。县令即将该统领拘留在县署，以待大吏处分。按柳州近龙江，南宁近郁江，相隔甚远，劫夺饷械一事，似不足信。究竟如何之处，容俟续闻。又闻兹事之起，乃因降党被官撤调，缴交军械，以致驻防全营突然兵变，勾通游党，于本月初十星夜扑城，并闻已将该府祖守及马平县某令杀害，抢去饷银十余万两，军械甚多。定西轮船闻警驰救，竟被击坏，驶回浔州。驻柳道员现已逃去，电报中断，邮局被毁，并杀一人，伤二人。又闻其中有革命党为其主动，传说至万余人，声势颇盛。惟所过村庄，尚少焚杀，是以商业得保无恙，人民犹赖安堵。但遇人则劝人剪辫，如不从，乃迫胁之，或竟以刀代其截去云。以上两说，未知孰是，姑录之以观其后。

《中外日报》光绪三十年五月二十八日（1904 年 7 月 11 日）

论祖绳武之脱逃

广西柳州之乱，事起仓猝，势极披猖。然据访函及港报言之，则为首者不过一已降复叛之土匪徒，以统领之失于防范，又鉴于杀降之已事，遂致铤而走险，据城行劫。其志要不在大，但得良将以剿之，劲兵以蹙之，或不致蔓延无已。本馆今所欲论者，则以统领祖绳武之脱逃也。按两广所属文武各员，近来似辄以脱逃为长技。前者既有裴景福之逃往澳门（又有陈景华亦逃脱），今复有祖绳武之不知逃往何处。其故实由两粤吏治自近十年以来积疲已久，习于宽政，文员之贪婪残酷，武将之纵兵扰民，皆视为固然，无所顾忌。即或恶贯满盈，万难迁就，亦不过予以革职之处分而止。革职而外，无他咎矣。自岑制军到任后，乃远师郑子产莫如用猛之旨，一以严厉行之。计其到任以后，参劾之员无虑百数，除永不叙用外，重者乃至请旨发往军台效力，甚或即在军前正法。虽于吏治军政未必即因此有起色，抑仍无当于正本清源之道。而究竟积疲之后，实示不得不如此办理。冀以雷厉风行之力，收振懦起顽之效。此其意要未可厚非也。不谓获谴之员，于无可解免之中，乃有乘机脱逃之举。夫国家抚御万方，以治民治军之权付诸文武大小各官，所恃以驾驭而操纵之者不过二端：有功则赏，有罪则罚而已。今诸员于获咎之后，动以脱逃自全，则虽有严刑峻法，又安所用之。裴景福一犯，澳门官吏能否交出尚未可知。即其交出之后，能否按律处治，亦未可知。据港言，裴在澳门已串出一葡萄牙妇人，控其强奸，以冀提往省城之后，仍可送回澳门幸免一死云。其言果确，则国家处治犯官之法，亦几于穷矣。至于祖绳武之脱逃，则尤有罪不胜诛者。按祖本系川省人员，为岑制军所赏识，调之至粤，授以统兵之任，责以平匪之效，其相待不可谓不厚。乃祖绳武平时既疏于防范，不早为之所，临时又仓猝无措，卒酿巨患，实已有负举主。而岑制军知人之明，亦已为其所累。而犹脱身逃遁，冀免显戮，则此后之逃将劣弁，不将接踵于营阵哉。夫设官所以治民也，设将所以治兵也。兵民有犯事而逃逸者，则有缉拿之例矣。其已获而复逃者，则有加等处治之律矣。今粤省文武员弁，乃类以脱逃为退步，则是日日有可以获罪之理，即日日有可逃之势。不知其高坐堂皇之时，何面目以临其下，而严缉脱逃之兵民也。今裴景福一犯，姑暂置不论。窃谓朝廷诚为整饬军律起见，必当责成各疆吏，将祖绳武严缉务获，处以死罪，庶足以杜后来之效尤，以作士气，而伸国法。否则平时则拥重兵糜巨饷，临事则委而去之，高飞远骞，不复顾忌，国家尚何所赖哉。近时军务之坏不可胜言，缺额扣饷有之，养痈贻患者有之，通匪扰民者有之，仓猝激变者又有之。无事之时则幸而无咎无誉，一旦祸作，则子身苟免，国家又安用此将弁为也。咸同之间，寇氛遍地，兵败将逃，视为固然，几于不可收拾。及曾文正视师江南，湘淮诸将分道进剿，皆先取临阵脱逃之大将以军法从事，而后军务乃有起色。前车具在，可引为殷鉴矣。

　　《中外日报》光绪三十年六月三日（1904 年 7 月 15 日）

柳州匪乱详志

　　柳州土匪卢〔陆〕阿发，于去年九月降于统领祖绳武，祖因将该匪并党羽编入绍字五营。近岑云帅因广西右江一带均已肃清，而卢〔陆〕究系降匪，恐其叵测，特于前月札祖统领，速将全营调回广州，已定十二启行。初十日外间颇有风声，府县官告之祖，祖言绝无此事。不意十一夜一时均反，群匪四应，遂据府城。署道员某、署柳州府陈嵩礼、署马平县知县向铨，均不知所往。祖统领亦惧罪逃去。二十日，匪退出府城，军资储积，均被掠去，旋攻柳城县。

岑云帅电奏，柳州匪乱自陈调度乖方，并请议处。旋又电奏祖藉寇兵而资盗粮，并惧罪逃逸，请旨严办。奉旨：祖拿获后，即军前正法，并将岑交部严加议处。

柯巽帅奏，祖于此事不克事前防范，以至于此。惟柳州为广西全省精华所萃，快枪约四百杆，子药数万，一旦为匪取去，实难收拾云。

汪颂年学使亦有电到京，与岑帅电同日至。

初，岑帅电谓，地方官俱无下落，后续电谓，道员某系缒城出，府县均匿民家云。

祖在逃未获，前电谓已捕获者误也。

此次处分岑云帅，系严加议处。柯巽帅及府县均交部议处，惟道员某到任不及一月，照例免议云。以上访稿。

《中外日报》光绪三十年六月三日（1904年7月15日）

港报述柳州匪耗

日前岑督派遣之武匡军，已有两营于十八日用小轮拖带，行抵梧州，直望柳州进发。沿途关卡均奉有督谕，不准稽留。

近日柳州乱党已他走，各路援军到时已无乱踪，州城已经收复。惟闻该党往攻柳城，县城已失守。又在左江一带，虏去饷银几及廿万，又夺去军械无算。刻下平乐亦有不支之势，粤督闻警即拟与西抚会奏，后闻西抚经已奏报，遂亦赶紧电奏云。

柳州于初十日起事，东省武匡军于二十日始行拔营赴援，大约因电线被断，消息不通故也。又连日有柳州难民到梧逃避，备述乱党势甚猛，传闻道员亦相继被杀。现目下商民纷纷觅地出险，大有四无人烟之慨。

柳州兵变原因，查有陆【亚】发等降党，前经祖统领绳武招降，编为绍字三营，向非安分。嗣由岑督电，特调赴东，由浔拨遣定西兵轮往载。船泊于岸，定于十一日起程。该陆【亚】发等鉴于去年黄飞凤及本年三月梁某，均以降后见杀之祸，深惧有变，遂于初十夜，联同起意。十一早四点钟，即将四城门紧闭，劫电局、断电线、攻县衙、放监犯，每犯一人，授以枪一杆。该监狱中尚有官犯十余人，均被放出，随将县令杀害。柳城原有祖统领亲军卫队二哨，一扎于统领衙前，一扎于某处。该降党既从县衙出，即往扑卫队。卫队死亡枕藉，仅有廿余人逃出，行抵浔州，为地方官获回。闻祖统领斯时已微服得免。已而该降党等出城，转攻定西兵轮。时定西兵轮因未发汽，不能移动，任其轰击，致毙常备军二名，伤一名，船身已破坏不堪。柳城之对河，驻有绥远军，当其攻定西兵轮，该军犹作壁上观，俄顷遂逐渐溃散。十一、十二两日，商店民居尚庆安堵，迄闻十三日则已全城闭门，人民均纷纷避难，不知所往。闻是役共失去兵饷二十余万，枪械无数，炮十余尊，而商业之损丧亦不下百余万。因自来各商家均以柳城为足靠，故积聚较多。顷更闻距柳城一百六十里之象州，亦于十四五日失陷，象州以下之虹口，均有把守云。以上录香港《中国日报》。

《中外日报》光绪三十年六月三日（1904 年 7 月 15 日）

港报志柳州乱事

柳州之难，城中当店三家及各字号帮均被焚。去沙街一带，民居商店共延烧至四五十家，一片瓦砾。该降党等又四处掳掠平民，役为肩负，共有数百名之多，不从者杀之，以致尸横遍地。日前广仁善堂即派人前往殓埋云。连日梧州府河亦有流尸数十具漂荡而下，传言皆自柳州来者。

目下庆远一带游勇亦甚炽，或云该党贼等退居至此。祖绳武未毙之先，岑督电饬全省文武，严密查拿，现闻已自毙于谢湾之团练局。又闻二十一二等日，该降党等在永福县与官军开仗，各有死亡，未审确否。录五月二十八日《中国日报》。

西乱复炽，急需军饷。前往派委朱令光富，自东省提解饷银二十万前往接济。昨复添派韦令，解饷十万两解赴西省云。录五月二十八日《中国日报》。

闻岑督以柳州变起，日前虽经派遣武匪军赶赴前敌，仍恐兵力尚单不敷调，用现特行文到肇庆，著在督标六营弁兵内挑选精壮一营，配足枪支子弹，听候调赴西省应敌云。录五月二十九日《中国日报》。

《中外日报》光绪三十年六月五日（1904 年 7 月 17 日）

上谕祖绳武革职拿问

本月十九日，军机处交片奉上谕：岑春煊电奏柳州府绍字各营哗变，文武各员不知下落等语。统领祖绳武著革职拿问，交刑部治罪。岑春煊调度乖方，著严加议处。柯逢时著一并交部议处。钦此。

要事汇志　闻广西柳州乱势颇亟，湖南边境均已戒严。有谕派前任桂抚王爵堂中丞办理团练之说。

又闻柳州叛匪劫去饷银五万两，枪械数百支。岑制军奏报乱耗时声明，此事与柯中丞无涉，请免争议处云。

法人欲代平广西匪乱。据外部官场传说，日前某公使来署会晤，向某尚书声称，广西匪乱日炽，敝国政府深恐于商务有碍，且虑安南领土受其影响，屡经电饬本大臣向贵政府商量，如贵国兵力实不能克期平定，敝国亟当以兵助剿，系为保全两国商务起见，本无别意。乃贵政府一意拒却，迄今两年之久，该有匪势并未稍见宁戢，而日前又有柳州兵变之事。昨接该处领事电禀称，该省乱势颇为岌岌，敝国政府已饬于桂越边界紧要处所，添驻重兵，以资防护。而越境商民因此异常惶急，贸易场甚为减色。倘该匪日久蔓延，于本国商务大有损失。敝国政府之意，拟决计派兵来桂，助同剿办，未审贵政府意见若何云云。某尚书当答以，本国兵力虽弱，剿匪尚属有余，绝无须外兵相助。贵大臣所请，亦非本大臣所能专主，容商之政府再行答复云。

《中外日报》光绪三十年六月六日（1904 年 7 月 18 日）

柳州降勇哗变

经祖绳武招降之陆亚发、梁贵林、黄留枝、花面、褚大、旧四等，每带一营，名为绍字先锋中右营，因承调回东省，均调回驻扎柳州府城内。数日之内封船百余号，均云要下船。不料初九日有定西火船到，泊柳河。十一早，天将明，即闻炮声，城门紧闭，各乱勇在城上放枪，打击火船。当时有水师统领梁义忠，即率扒船亲兵，上火船指挥互击，炮如雨下，伤火船上人不少。该船即冒险驶下，水师各车扒巡船，亦即开过对岸。该处有绥靖军宋统领驻扎，未见该营开炮，城中炮愈密。至下午，该乱勇在城乃放炮攻击宋营及水师各船，已均得先登各要隘之山。自十一早至十四夜，炮声日夜不绝，伤亡兵勇不知多少，州城内外水泄不通。十五早，竟然炮声尽歇，即见水师梁统领乘车扒四号，由对河驶过小南门，由沙街店铺督率兵勇，首先登城，遂有梁、宋、钟各姓旗在城头招展。绥靖军、常备军、广胜军、柳防营亦分路由西北门入城。考棚内驻之两广督辕亲兵，被乱兵围困，四日夜，见梁统领水勇到后，方知官兵入城。马平县向令亦从囚中救出。城中由梁统领亲到各街安民，惟满街尸骸，臭不可闻。下午道府始入城安民。小南门内左安昌各家大字号，焚为平地。大南门内稍得保全，而货物一空矣。独城外沙街，惟对河水师营船及绥靖军，与乱兵互峙四日夜，街内之店得保瓦全。此次我东省商人失去之款在百万以外，道府各衙失去饷项、军械甚多。城内各官均闻已降该乱勇之说，因此不致受害，只有刘捕厅之须被乱兵剃去。被杀者则有教诲梁材一人而已。此次事变，闻祖统领先行逃出，至半路即行自尽。柳州城失守，害及商务，此则该统领及道府不善经营，以致害我平民如是之惨也。录六月初二日《中国日报》。

《中外日报》光绪三十年六月八日（1904 年 7 月 20 日）

记粤西兵警乞兵助剿事

江督接粤西警电内开：兵溃匪横，请迅派得力劲兵入粤助剿等。因魏制军接电后立即电饬驻扎清江常备左军统领杜云秋观察，统率所部开赴粤西助剿云云。以上访稿。

按本馆前接天津电言：有电谕江督，著派道员杜俞统兵往湘粤边境界设防云云。语意与此互歧，或是江督既奉电谕后，又得粤西告警之电，故特派杜观察率兵往粤西。亦未可知也。

《中外日报》光绪三十年六月八日（1904 年 7 月 20 日）

港报记柳州乱事

柳州兵变，大吏特派武匡军前往攻办。兹闻该军拔队时，所有载运勇丁、军械各船，经由善后局函请税务司查照放行。讵该局号房竟将书函延搁，以致勇船过关时，被税务司扣留，不能迅赴前敌。事为局员所知，以该号房贻误军情，殊堪痛恨，立将号役戴姓、何姓两名，发交南海县押候究办云。录五月二十五日《中国日报》。

自闻柳州兵变后，岑督及柯抚即先后有电奏闻，以此次系由统领祖绳武激变肇祸，即请将该统领军前斩决。旋闻得旨，拿交刑部治罪。惟接浔州消息云，该统领已于日前在卫湾之团练局以手枪自毙矣。前报所传死于乱军中，乃是未确。录五月二十六日《中国日报》。

顷闻柳州乱党已分走于雒容、永福两县。查永福县介于柳州、桂林之间，距桂林仅百里，目下桂城文武大为戒严，且道路风传有不日直捣桂林之说。又日前有右江分统梁义宽，由永福电报岑督谓：已克复柳州。其实乱党并未据城，该分统乘其既去，乃以克复为报云。又闻此次柳州之乱，计道署、镇署、府署、县署、东西两转运局、电报局、邮政局，均被扫荡一空。闻实劫去开炮四尊、吉林炮十余尊、毛瑟枪五千余杆、逼码六十箱、饷银二十余万。同城文武印委二十余员，道署亲军五百，府署亲军三百人，县署亲军百人，粤督卫队二哨及镇署护勇并遭死亡过半，转运局总办纪某亦被戕，而由定西兵轮逃回者，仅知有电报生四人云。录五月二十六日《中国日报》。

浔州消息云：柳州乱党已由永福县退回永宁州，在该州属之三隍墟地方围攻甚亟。日来华军均纷纷前往应敌，至胜负何如，未有访悉。录六月初一日《中国日报》。

《中外日报》光绪三十年六月八日（1904年7月20日）

柳州起乱事岑督将西征[*]

闻柳州此次事变未起之先数日前，各降匪营中已萌反乱之意，所有统领号令已置若弁髦，即统领出入衙署之间，其营哨各官与之撞遇亦不为下马。该统领已早知有变，奈势成骑虎，无可挽回。乃至初十日夜，即行起事，焚杀之惨，以南门内大街为最甚，其尸首至若鱼鳞之积。旋闻对河之绥靖军已入城，对敌苦战至四日夜，彼此伤亡甚众。迄十五早，匪即他去，而旋闻官军有克复之报矣。录五月初三日《中国日报》。

西省乱起以来，饷项支绌，全仗东省协济。此次柳州兵变，岑督已饬善后局筹饷三十万，运解西上。已纪前报。现岑督复饬该局，速行再筹银十万两，派委解交江左道查收，以应军需。录五月初三日《中国日报》。

前传岑督有西行之说，兹闻已确定初四日启程，业经传谕随往员役，检拾行装，并饬地方官备船伺候。至前云有带莫镇善积同往之说，其实未真。刻下喜字营已全调回省，闻尚须训练，暂时藉以保障东防，俟再有警急，然后应调赴西云。录五月初三日《中国日报》。

《中外日报》光绪三十年六月九日（1904 年 7 月 21 日）

岑督起程西上 *

近日广西乱党探闻岑督不日督师西征，因此先著间谍到粤省细探消息，以得预为准备。今见岑督偕行者为莫善积，似不甚介意，即时船往梧州复命云。录六月初六日《中国日报》。

岑督定期西行，沿途必须预备火食、船只等项，闻已札委徐庆元、李本铭两令先行赴西，会同地方官妥为办理云。西省军情紧急，昨闻军械局拨出第二十六批军火，派委谢令解赴浔州转运局交收应用云。录六月初六日《中国日报》。

岑督于初四日午刻起程西上，当下舆时先行祭江，礼毕即登镇东兵船鼓轮出发。闻随员同船者，为张道鸣岐、姚令绍书、高氏凤岐三人。此外随员除前报所纪者，尚有胡令道源、赵令惟铎、林令文仪、杨湛、柳汝衡、李永梅各员。其随行者，只有武匡军一营。录六月初六日《中国日报》。

《中外日报》光绪三十年六月十四日（1904 年 7 月 26 日）

柳州兵叛 *

政府得粤电，知广西柳州叛兵，于十二日据柳州，十五日退出。旋扰柳城，十九日解去。又扰天皇墟及四十八洞。闻该匪仍如从前之淫掠，初无大志，或谓系某党联合起事及有海外人煽动者均不确。

《中外日报》光绪三十年六月十五日（1904 年 7 月 27 日）

电告柳州乱情

前政府曾电岑督，著将柳州兵乱情形详细入奏。刻闻岑云帅于日昨电告政府云：现已派武匡军前往，相机剿办，大约不致酿成巨患云云。又闻云帅已有电告政府，谓柳州事情并未外窜，现欲禁止外间谣言，以靖人心。盖省匪乱出没无常。此次柳州之事，实兵丁作乱勾起匪党，并非由匪党起事，其咎尽在统兵者之不善也。自将该领军惩办后，并派武匡军前往，察其情形，尚无大碍等语。未知究竟如何。

调兵赴桂助剿。前纪政府电饬广东、贵州、湖南等省，选派精兵，速赴广西助剿匪乱一节。兹又探闻，岑云帅又奏调福建精兵赴桂助剿，闻已准请。

《中外日报》光绪三十年六月十五日（1904 年 7 月 27 日）

叛兵攻陷各城 *

怀远、雒容失守　南京官场得确电，知广西叛匪又陷怀远、雒容二县，并占长安市，湘西边界大震。（按：怀远县在柳州府北三百十里，雒容县在府东北六十里）

城步吃紧电耗　江督昨又得湖南警电云：邻近湘边之广西永宁州业已失守，粤匪确已窜入湖南边界，城步县现已戒严。（按：永宁州系桂林府属，城步县系湖南宝庆府属）

《中外日报》光绪三十年六月十七日（1904 年 7 月 29 日）

港报记柳州乱事（节录）

记柳州乱后详情　顷闻柳州城内镇、道、府各衙均被焚毁，兵变时各官均逃匿民房，得免于难，惟刘捕厅之须已被全行割去。当时殉难者，仅有梁材一人而已。原此次兵变，实发难于绍字五营及广胜军二营。柳城失守后，绍字营兵入各商店，并不杀人，只勒令助饷，多者一二万金，次则数千金，最少者亦一二百金，即可无事。惟广胜军至则不然，闯入各商店，逢人便杀，逢物便抢，统计各官署及居民被杀者，多至五六千人。粤东商店已占三分之二。该处商业以粤人所开左仁昌为巨擘，该店东被其掳勒数万金为赎，其余各商被掳者百余人。小南门大街粤人商店已全焚为平地，大南门内商店尚稍存一二，惟货物则已失去一空矣。录六月初八日《中国日报》。

莫镇派兵西上　前报岑督饬令莫镇善积训练丁勇五营赴西备调一节，现莫镇以西事吃紧，迫不及待，先行札委管带喜字右营陈应霖，率带丁勇一营，兼程赴西，听候差遣，其余则俟训练有成，即当陆续调往云云。录六月初八日《中国日报》。

何提不愿赴西　岑督以西行事急，不可无人襄助，因特函请卸任水师提督何榆庭同赴西省，委以总办营务。而何提则无志西行，力辞不就云。录六月初八日《中国日报》。

符都司奉调往西　都司符开明统带西路续备军三营驻防廉州，现承岑督电调，准期初四日拔队前往西省，并饬善后局先发饷银一万两，交省城伏波兵轮邱分统解交该都司，以期刻日拔队前往广西云。录六月初九日《中国日报》。

西上轮船预行报关　目下西省军情紧急，岑督西上，所有往来之官轮、兵轮，概归税务司稽查。昨日特禀请大吏，自后凡有官轮、兵轮承调西上者，必要先行派员到关通知，以便放行云。录六月初九日《中国日报》。

匪踪至四十八洞　闻降党陷柳州后数日，乃退走来宾、象州，更占据武宣县属之灯盏、石龙等墟。目下该党已退走至柳州上之四十八洞地方。该洞高山峻岭，林深箐密，且路最险要，以数人守之，虽十万雄师亦难攻入云。录六月初九日《中国日报》。

请留岑督驻梧　闻岑督自抵梧州后，会当行驶上浔。顷风闻寿将军及张巡抚有电至京，奏留岑督驻于梧州，以兼顾东方之说，未审确否。录六月初九日《中国日报》。

《中外日报》光绪三十年六月十七日（1904 年 7 月 29 日）

港报志柳州乱事第二

永宁州失陷传闻　德臣西报寓桂林访事，来函略言：柳州失陷后，乱党将其军火财宝掠尽向北而去。传说该乱党已聚众数万之多。此或系谣传，然既有如此军火，恐将来亦有数万之众。又传闻永宁州已为乱党所陷矣。前月二十七早，有紧急公文，请派援兵，至今则竟传有永宁州失陷，大小官员被杀之耗，致桂林人心甚为震动。永宁州与桂林约隔五十英里，其中有一岭。倘逾岭而后，则有两路可进，势实不可当。前数日，桂林亦有陆续派出小队，现桂林仅余兵六百名左右耳。据道路传说，柯抚以将调任之际，将多款汇回故里，故于军事上不大支应款项。现已更调该抚，亦已安妥，且前数十天又有告病之折，所有事务均由藩司代理。前数天招有新兵数千名，惟新兵不愿应敌。倘乱党一到，恐该新兵亦必自谋，亦难怪其不愿死守也。因无粮饷，又无统带，当必一望而走。桂林前者亦有练勇，然自设巡警以来，则练勇已撤。惟五六百之巡警，亦殊不济事。各城门只有小炮镇守，官场已差人飞报湘桂交界之广沙河，调兵回援。该处已新设电线，由桂林至郴州、衡州、永州。如乱党有贤领袖统之，实不难攻下桂林，因所隔不远而又无兵力也。况永宁至桂林之路又甚易守，料乱党必先攻永宁之南永福县。然后攻桂林云。一或云失陷者系兆湘（译音），并非永宁州。录六月初十日《中国日报》。

续调武建军助战 探闻桂抚柯逢时现因西省兵力尚单，续电调湖北武健右翼精兵三营，抵桂助战，日前经奏闻政府矣。录六月初十日《中国日报》。

匪踪聚于雒容县 浔州消息，柳州乱党现悉聚于平乐府地方附近之雒容县。有芝麻洞，其中约计有千人，闻均联盟歃血，起为之应，故日来该府异常紧急云。录初十日《中国日报》。

《中外日报》光绪三十年六月十七日（1904年7月29日）

港报记柳州乱事

南宁兵匪接仗 左江镇何友山调驻百色一事已见前报，兹查该镇即于本月初一日起程，所带绥远军先锋二营，并左右两营一并同往。该镇日前招抚之党有二三百名，到宁后未及安插，启行时传令该降党等同往百色。惟降党等多不愿往，目下流落在宁者尚有百余人之多，故日来道、府、县各官昼夜严巡，恐其生变致蹈柳城之复辙也。驻宁之常备中军右营各勇丁向来畏葸，自到南宁驻扎以来，未尝拿获一贼，每与乱党战，必为所败。日前在南宁上丁当墟，遇土党三四十人。该军与之接仗，顷刻间被贼伤毙三名，勇等即行败走。以一营之勇敌三四十人尚为所败，其无用可以概见矣。当时受伤之勇舁至羊尾墟，延医调理，现全营亦移扎该墟矣。录六月十三日《中国日报》。

乱党纵逃监犯　柳州乱党自破城后，分踞该府署四十八洞及浔州桂平县等界。复有一股数百人，踞武宣之灯盏墟，已录前报。兹闻粤省调到之武匡军与之相遇，该军围攻甚力，党渐不支，连夜遁去，伤毙乱党多少未得而知。柳州府城外三十余里之小董村，有团总陈某，柳变未起时，拿获乱党数名，解交马平县属讯办，经已定案。因该县令新旧交卸，未及处决。迨至乱作，该党将新令戕杀，并将监犯一并放出。监中有官犯数名，亦被放去。乱党授各犯以洋枪子药，俾以自卫。该犯等出狱之后，纠众复仇，到小董村，将陈团总一家共二十余口尽行杀害。村人逃避不及者，亦皆为所杀，所有财物悉抢夺一空云。录六月十六日《中国日报》。

《中外日报》光绪三十年六月二十二日（1904 年 8 月 3 日）

港报志广西近事（节录）

降兵占居民屋　前月丁衡山提督、何友山总兵招降之四百余人，带回南宁，刻下尚无地方安插，分驻于城外镇北桥卡房街，将各民眷属尽行驱去，占其房屋，以为栖止之所。丁提、何镇不能加以约束。目下道、府、县各官鉴于柳州之事异常焦灼，将各处营勇调回，扎在城内，以防其变。近闻河内、平乐等属土党亦蠢蠢欲动，一时人心大为惶恐云。录六月十七日《中国日报》。

永宁平乐警耗　广西自柯抚死耗风传后，各地乱徒如风起云涌，全省民心颇为震动。目下永宁州确有失守之信，而平乐府亦闻围困甚亟，乱党强炽之态大异往常。查永宁州城遍张告示，皆欺藐官军之语，且云请来与背城一战云云。昨日清晨，岑督由梧启行，带有军队八百名，闻尚须陆续运往。此行并须急援平乐，然后乃可赴桂，统筹全局云。录六月十七日《中国日报》。

乱党围攻平乐　浔州消息云：顷来道路风传，有乱党侵入永福之说。此系前月下旬消息，实则当下即退回永宁，屯聚于三逄墟一带。并闻该乱党意见以直捣桂林为非计。因从来言军事地理者，以桂林为绝地，不轻易入其所。以不入永福者，即亦不攻桂林也。然其目光灼灼，已注定平乐，故目下已围攻甚亟云。

藩司助攻乱党　广西藩司刘春霖，现承谕旨驰赴新任，并酌带滇军数营助攻乱党。昨由军械局拨出毛瑟枪千支、枪码六十万粒，委蒋令德泰解交梧州转运局，会同府县拨勇转解桂林，供滇军之用。又岑督电饬速解军械，已由局拨解八响毛瑟枪六百支、码子十二万粒矣。以上录六月十七日《中国日报》。

《中外日报》光绪三十年六月二十三日（1904年8月4日）

梧州来函述柳州匪乱事

昨日得本月十三日梧州友人来函云：五月间柳州有匪乱之事，今举大略以告。先是柳州统领祖绳武以降匪黄留芝、陆亚发、梁桂材能杀贼，颇信用之。有人言其暗中仍复通匪，因欲分散其众，定五月十二日遣回广东。黄留芝即于十一日煽其党羽作乱。祖统领即偕陆亚发、梁桂材二人驰往，诱黄至镇署枪毙之，并诛其党数十人。讵叛匪更众，城外只有宋尚杰营，隔河开枪。至十二日午刻，祖统领仅夺得城门东楼。陆、梁因将乱众劝散。出城将及半，忽告陆、梁眷口被劫，又报道署之军械局攻破，出城之乱众因复入城。十三四日闭城劫掠，仍时时开城门，抢船载货以去，如商贾之赶墟者。然十五日天未明时，遂弃城走。城外各军遽以收复报，实系匪之自去也。军械局所存洋枪五百支、弹三十余万粒、饷六万两，均劫尽。被戕者近四百人，妇女亦被掠不少。祖统领经其亲军拥出城外，至团局，作绝命词，引枪自轰其腹，至十四日乃死。学官梁材衣冠骂贼而死，其余道、府、县、委皆幸全。日来盛传柳州、庆远两府十数州县，某城某城攻破，省城亦戒严。实则除永宁之三湟墟、融县之长安墟，及怀远县城被攻入外，余皆无恙。匪知各路大兵将集，不欲归五十二峒老巢，似有窜往黔省之势。黔楚本有边兵会防，现又叠次发电，增调得力之兵，当可得其援助。陆、梁既被挟同变匪，众复杀梁桂材，以为黄留芝复仇。三人者死其二，只余陆亚发，复作贼矣。自南宁太平、泗城各府匪焰日杀，后方幸年来此为转机，乃又有此变，恐柳、庆二府，又须一番兵力矣。

岑制军先于粤东省城发电，奏报定初四日赴西一察桂林、柳州匪势，已奉旨矣。东抚并将军又会衔奏留，请令岑制军暂住梧州，可以兼顾东省，当又奉旨饬岑暂行驻梧。岑制军后仍电请前进桂柳，只须两月即可回东，以暂驻梧，两俱无益。顷得电旨准行，定十三日早上下船，二十一日或二十二日可至桂林。以上访稿。

《中外日报》光绪三十年六月二十八日（1904年8月9日）

调兵协防广西上谕[*]

【五】月二十七日奉上谕：柯逢时电奏广西柳州叛逆北趋，土匪响应，攻破永宁州之三隍墟，省城戒严。省防仅有三营，请拨兵协防等语。广西军情吃紧，著张绍华即派道员黄忠浩，统带得力数营，飞速驰赴桂林，协同防剿，务即迅扫匪氛，毋任窜趋蔓延。湖南兵力尚单，应防各路，亟应节节布置。著魏光焘迅派道员杜俞所统一军，乘坐轮船，兼程前往湖南扼要填扎，以资策应。昨已电饬藩司刘春霖，统带滇军驰往剿办。湖北新军尚称精练，能否调赴广西，著张之洞即行电奏。该督抚等务当不分畛域。所有派出各军饷械，仍由本省筹济，以靖边疆而全大局。钦此。

本馆按：右所录上谕一通，从港报转载。惟原报未注明月分，故止得缺之。恐系五月二十七日所降也。

《中外日报》光绪三十年七月八日（1904 年 8 月 18 日）

法国仍欲遣兵助平广西匪乱

七月初四日北京发来专电云：法国驻京公使于数日前，在外交部面会那桐云：广西匪乱为日已久，敝国政府深虑其有碍商务，且安南境上亦恐因之骚扰，故屡次电谕本大臣，与贵国政府商议，若贵国之兵力不能克期平定匪乱，则敝国政府甚愿代派援兵相助为理。此意实为保全两国商务起见，并无他意在内，而贵国政府一意杜绝之。至今已有两年之久，匪势毫无衰减之象。现在柳州既被陷落，而象州又有被土匪占领之耗。据驻扎该省敝国领事之报告，其事势之危急已可想见。敝国政府虽已派大兵至安南境上，以备万一。然安南地方之人民因此恐怖异常，其地贸易不振，至今日而已极。匪乱倘再蔓延，则敝国商务上必更大受损害。故敝国政府之意尚拟派遣援兵，与贵国官兵合力，速行平定匪乱。愿得闻贵国政府之意见如何，以便电复敝国政府。那桐答云：敝国之兵虽云微弱，然至于镇定土匪则犹有余力。日前已电饬湖北、湖南、云南、贵州、四川各省督抚，令其派兵协剿，故可无须再由贵国派遣援兵。惟此次贵大臣所询之语，本大臣不能以一人之意见决然拒绝，故须俟与当局者协议后，方可明答贵大臣云云。译七月初六日《大阪朝日新闻》。

《中外日报》光绪三十年七月十四日（1904 年 8 月 24 日）

港报志柳州乱事

西匪头目略志　西党强悍之情形始终不出柳、庆一带，而分枝甚多，不必尽相联属。兹据访员调查，其党首姓名略列：沈绍英一枝，侯五一枝，皆在庆远一带。又王九姑、韦八、黄十三、陆鸿逵四人，皆庆远人，而根据之地则非同一处。又有梁桂才者，庆远人，亦党首也。其余尚有未知者，容俟续查。录七月初八日《中国日报》。

　　岑督、张抚往复警电　粤西会党外延，大有走入湖南之势，湖南当局筹防不遗余力。兹访悉日前粤督岑、护抚张，有往复警电二则，照录如下：

　　六月十一日辰刻岑督火急电　张筱帅鉴：接巽帅电，有人自长安来言，初一匪据融县之长安墟，初三日据怀远县城，初五日尚未退出，约三千余人等语。匪破长安，已派棠字营、武匡、柳防各营驰往进剿。怀远被踞确否，尚未有耗。惟该县与湘接壤，果被窜踞，难保不扰及湘境。务飞电严饬龙胜、古宜各军，探明匪踪，迎头兜剿，并派勇队扼守边界，以免窜越为患。古宜、龙胜有无防军，现如何调拨，及黄忠浩一军已否启程，何日可抵桂，乞示复。煊。佳。

　　张护抚复电　梧州岑督帅钧鉴：洪电谨悉，西望焦灼。龙胜驻有刚字三营，现已拨一旗赴桂。左宜、阮江惟有发字一旗，其力甚单，又多病卒。省垣自黄道一军拨队后，省防亦单薄异常，更无营旗可以增防。杜俞一军尚未来湘。前奉电旨，派驻道永，能否分驻顾防，尚须待商。衡边一军，关系湖北紧要。黄道本饬往西路驻防，所部陆续已西往。嗣饬折赴桂林沿途添兵，昨已启行由西督队赴桂。匪情仍祈示。真。录七月初九日《中国日报》。

　　《中外日报》光绪三十年七月十七日（1904年8月27日）

广西统税滋害

　　桂省自开办统税以来，合省商民均受其害。计由正月至今，合算各属商埠外省货物运入者，不及去年五分之一，由本省运往外省之货，亦短其半，所收税项大为减色。至各省运往别处货船，皆绕道而行，不肯经由桂境，故各属商号倒闭极多。因贩运艰难，收盘歇业者亦复不少。最甚者，为南宁地面商业败坏，市面萧条。统税害民至此已极。

《中外日报》光绪三十年七月十九日（1904年8月29日）

剿办广西土匪兵数

目下前往剿办广西匪徒之军，除由江南派往者外，计桂林、柳州、庆远三府属，有常备军五营，桂防正〔五〕营，抚辕卫队一旗，常备新军三营，缉捕军两营，警察兵一营，熙字五营，保安军两旗，广胜军一营，绥靖军两营，保商营，庆字三营，广东武匡军四营，湖南刚字三旗，庆字两旗。

浔州、思恩两府属，有浔防两营，广东棠字四营，广东常备中军左营。

郁林、太平、平乐三府州属，有衡字五营，贵字两营，郁防营、邕防两营。

沿边之防，有湖北武建军八营，营字五营。

平乐府属，有两防两营，广东喜字两营，安勇一旗。

其他泗城、百色、镇安、归顺等府州，各有一营。又有各州县自行募练亲兵等。译七月二十二日大阪《每日新闻》。

《中外日报》光绪三十年七月三十日（1904年9月9日）

官兵剿匪详志

柳州乱匪现分两股，一在怀远县，匪首为欧四、褚大、毛七，胁从万余人，快枪、土枪各千余枝。上至县属之梅寨，下至县属之堡口，沿溶江百余里，皆有匪栅。自七月初八黄忠浩湘军在同乐得一胜仗后，即会合粤军棠字、武匡各营，由溶江节节进逼。十三四等日，匪窜贵州，迭经黔军截败，湘粤各军又逼□□。该匪等虽焚毁梅寨（在雍州河之东）老巢，由黔边西岷（西岷恐系西山，在永从县属丙妹之东南）窜入苗山，被苗民击毙不少。惟苗山路径分歧，恐难聚歼。褚大率悍党千余，由黔边窜回融县之峒头。十八九等日，被武匡军攻击，歼毙无算。该匪遂窜融属之林峒、北科村一带。现又派营赴融县堵剿。

又一股则在四十八峒，仍伏匿未动。十八九等日，有匪首杨履亭，率党千余，窜扰永福、雒容、修仁交界，以掣攻峒之官军。当经各防营围剿，阵斩杨履亭，歼匪无算。

此外来宾、迁江等处，有陈士生土匪一股。本有千余人，迭经各营攻剿，现仅余百人，窜匿深山。忻城等处，有韦十一土匪一股，约千余人。思恩县□□□峒本为匪巢，土匪尚多。余皆无警。

《中外日报》光绪三十年八月四日（1904 年 9 月 13 日）

怀集失守确耗

月之初五日，怀集土党暴发。顷十五日，某人从怀集东回报告，十三日怀集县城确已失守，县令高某生死未知，乱党约有三四万。其举动之最可骇者，不劫坐商，只劫行商。缘此等乱党专以劝人入会为宗旨，树其党羽，厚其粮储，其志实不在小。故城内商人多被胁从，暂得无恙，惟来者则被种种苛扰，船则勒抽行水，客则掳禁取偿。现有商人庐某，携带家眷二人行至曲水地方，被党截留。庐某偿以百金，党尚未之允许，并声言十七日攻打石狗墟，刻下四会一带均极震动云。

《中外日报》光绪三十年八月二十七日（1904 年 10 月 6 日）

怀集起乱原因另闻

怀集会党暴发。据称，先于八月初间，由怀集诗洞地方党首植养联盟拜会，该县高令侦悉，即于初三日派兵捕获数名。植养等纠党二三百余人，夺回被获者，击毙勇役二名。初四夜，复纠党五六百人，围攻勇役驻扎厂卡，复毙勇二名。至初五六等日，愈聚愈多，攻破该县民钱姓万安山寨，杀钱姓绅士二人，掠去军火、谷米等物。初八日，遂由诗洞、永固等处，直至大冈墟，防勇鏖战，未久即行退散，党遂于初九日占踞冷坑墟。十四日，进据梁村墟，其余党羽四散。开建之燕岭、莫罗，以及长安墟一带，均多拜会。内党乘势又欲举动，墟民戒严，纷纷迁徙。开建县黄令玉年，筹防孔亟，现已赶募士勇百名，分扎县城内外，及预备调遣，并分饬县属三四都各团齐集，扼守要隘。已由黄令禀请派兵救援。兹肇阳道蒋道刻经札委续备军勇丁半营，饬令代理督标左营守备谢舜廷千总，督同哨弁，星夜起程前往，会齐该县文武，设法堵御矣。

《中外日报》光绪三十年九月二日（1904 年 10 月 10 日）

粤督岑奏陈柳州剿匪情形电

梅寨窜匪既已窜出三防，柳属或可稍松，庆属又将吃紧。然使该匪竟入五十二峒，犹可留为后图。此时所急者有二：一为剿办四十八峒踞匪也。峒匪本派熙字两营、绥靖两营、铭字三营会合剿办，因梅寨匪窜林峒，融县吃紧，调去铭字两营援融。又因杨昆亭一股窜扰雒容、永福、修仁，为峒匪之外援，复派成字两营办理此股，以故围攻峒匪之兵尚形单薄，未能即办。现在融县解严，杨昆亭一股亦经殄灭，铭成各营虽可仍旧调回，然四十八峒窜路亦多，若不厚集兵力，势难聚歼。再令散漫窜出，深为可惜。查黄忠浩一军，本系奉旨援桂之师。该军士气奋厉，实在两广各军之上。目下湘黔边境一律解严，梅寨、老堡等处，臣已饬刘藩司由古州来桂时，酌留所部兵队分驻。湘军刚字、毅字、发字等旗，现仍驻防古宜，杜俞一军亦到永州一带驻扎，湘防似已周密。拟恳天恩准将黄忠浩所部忠字七旗调来四十八峒，与桂军合办峒匪，以期得力；一为肃清右江河道也。饷源全恃商货，而欲商货之畅旺，必以通运道为先。梅寨踞匪既窜，怀远以上河道虽已疏通，而融县、柳城之间夹河两岸，土匪极多，商路仍行梗塞。拟责成棠字、武匡各营，先并力以清河道，俟峒匪悉殄、商路畅通，柳属匪事当亦十得七八，再移柳属之师，并力以办庆远。是否有当，伏候圣裁。请代奏。八月十三日由桂林发。

《中外日报》光绪三十年九月六日（1904 年 10 月 14 日）

署督岑奏梅寨踞匪窜出
罗城三防失陷情形电

梅寨踞匪前经湘粤各军击散，分股窜出后，其悍党数千，由峒头下窜融属之林峒，盘旋于罗、融交界之田头、东水、下坎一带。陈兆棠率棠字营，李连元率武匡军，由苗山尾追，进至林峒、盘、容等处；黄忠浩会合陈兆棠等军，往下追逼。该匪等穷突奔窜，急欲于罗、融求出路。罗城有王瑚率武匡军两中队驻扎，融县一路无兵，不得已乃调围攻四十八峒之铭字两营，驰往堵剿。昨据黄忠浩八月初五日禀称，该军于七月念七日由瑶良、瑶店进攻，申刻抵硐水，对山匪窥见即开枪。苗疆各山无不陡峻，一上下辄十余里。该处尤险绝，两壁悬岩，中绕羊肠一线，林箐覆之。该军奋勇直前，扑其头卡。卡外毒签密布，卡内枪弹如雨。哨官杨翌清冒险冲入，毙匪多名。匪势不支，纷纷退窜。

杨翌清乘势尾击，力破四卡。时已昏黑，大雨如注。匪党四面包
围，我军分路击之，混战彻夜，至廿日巳刻始驻原来山间少息。
先是忠一旗管带吴廷瑞，雇苗人引道，拟另出一路为奇兵，因夜
雨迷道失援。该管带引为深愧，次日独率本旗百余人奋进攻匪。
哨长张东旭猛扑，受伤不顾，督勇冲入三卡，连中三枪阵亡。大
股匪由林墅右抄，该管带见众寡不敌，乃收队。廿九日，棠字营
同武匡军进攻，复毙匪多名。三十日正与棠字、武匡各营约会分
路进攻，讵该匪已乘夜遁去。现各旗弁勇经日夜冒雨苦战，粮又
不继，食粥犹不得一饱，病者将半，只得稍令休息，仍扼堵战
处，以便进攻等语。又据王瑚八月初三、初六两次禀称，七月廿
七日李连元、袁汝癸等在盘、容开仗，战两昼夜，中队长周茂林
阵亡，击毙匪党亦伙。因粮运不通，弁兵饥困，乃收队，扎下坎
山上。廿九日，匪分股欲东窜融县，武匡军在田头迎击，不得
过。八月朔，匪联队绕越下坎，欲窜聘峒入三防。王瑚督队接
仗，匪以数百人登山对击，其大队又由别路绕越，络绎前进。遥
以排枪击之，匪不还枪，仍抵死前进。知其急求窜突，即分兵由
明峒口进路迎击。匪翻入荒山，鏖战两昼一夜，互有伤亡。初二
夜探闻，匪之前队已窜至兴峒，距三防三十里，遂分兵星夜赴三
防扼堵。初四日，兵抵三防之对面大山，而三防已失等语。又据
署罗城县李泽十一二日电称，三防于初三日被匪窜据，三防主簿
古桐保现无下落等语。查此股悍匪自梅寨出，约二三千人，盘据
苗山，缓之则负隅，急之则他窜。经黄忠浩、陈兆棠等军在后跟
追，王瑚等军在前拦击，究竟毙匪若干，各营虽未详报，询据前
敌各营送信来省之弁兵面称，自林峒至下坎、盘容一带，沿途百
数十里间，皆有匪尸，约计当亦不少。其中所毙者有无著名匪
目，容再饬查另陈。惟是三防系罗城要隘，匪已窜出三防，势使
散漫，难于聚歼。三防本派有外委沙瑞忠带炮队扼守，竟令窜
出，实堪愤恨。俟查明再行严惩，以为防堵不力者戒。至该匪等

既出三防，若不南扰罗城、柳城，必西窜五十二峒。五十二峒界连黔桂两省，峭壁巉岩，路径极多，必厚集兵力，始能扫荡。目下兵力只有此数，分之益单。匪果入峒，即拟暂以数营堵之，不使四处窜扰。俟柳属办有眉目，再移柳属之军并力剿办五十二峒，以图聚歼。所有梅寨窜匪情形，谨请代奏云云。

《中外日报》光绪三十年九月七日（1904 年 10 月 15 日）

粤督岑奏粤西各路剿匪情形电

梅寨余匪窜出三防，并筹剿四十八峒股匪，疏通右江河道情形，昨经分电陈请代奏。查四十八峒附近归洪匪村甚多，先派道员王芝祥、右江镇黄忠立督营搜捕，以翦峒匪羽翼。刘成贵率带成字两营于七月二十一日驰抵鹿寨时，杨昆亭余党尚聚雒容、永福、修仁一带。刘成贵连日率队跟追，均有斩获。二十四日在修仁县龙坪一役，歼匪八十余名，生擒四名，夺枪二十余支、马三匹，匪势为之顿挫。知府崔祥奎率带广东常备军，分驻永福之鹿寨等处，因闻刘成贵追匪，督队协剿，追至计送村，生擒二名，伤毙匪三十余名，现饬营县督率各团分路搜捕。千总蓝肇棠管带铭字右营，驻守柳城县东泉地方，为峒匪西窜之路。现据王芝祥报称，有著匪袁亚刚及济匪枪码之汤水贵，均匿东泉，饬据蓝肇棠带营围捕，当场将袁亚刚枪毙，拿获汤水贵及匪党共九名，搜获各色快枪十五支并土枪、逼码等项。游击宋尚杰分统绥靖三营，驻守永宁州三隍墟，为四十八峒后路。七月二十四、二十九等日，由三隍节节进攻，历江头峒以直抵高坡岩，夺据隘口，迭有擒斩。现该营逼近陆逆所据之油麻峒仅十余里。惟三隍后路较空，已调广西常备新军左右两营移往填扎，以助声援，仍可兼顾省防门户。又据永宁州报，八月初八有峒匪千余，图攻安和团寨上村，经保安营勇协练往援，与匪鏖战，生擒四名，阵斩七级，

并伤毙悍党百余人，匪复退入峒。此附近四十八峒各路近日据报
剿匪情形也。象州本尚安静，八月初因修仁一带刘成贵等营分路
追剿，匪遂阑入象属之罗秀、中和等墟。驻防该州之广东常备军
管带汪有容，闻警赴援，因兵单稍有挫损。旋经胡令宣督营助
剿，毙匪多名，夺马二十余匹，现仍分头剿办。马平县属之六
都、穿山一带，土匪本多，又为各属窜匪往来之路，现经柳州府
知府督营亲往剿捕。此柳属近日据报剿匪之情形也。庆远匪势本
极猖獗，署右江道龙济光，七月间由泗城率所部济字各营陆续赴
庆，经过那地土州之吾隘，击败游匪沈二一股，后在河池州之拉
应、降峒、花根等村，先后剿捕毙匪甚多，并起获被掳男妇十余
人。济军前营选锋营由思恩调赴黔边之荔波，堵剿梅寨窜匪，先
在思属之妙墟、水源等村遇匪，开仗两次，均有斩夺。旋抵荔波
之腊村，遇梅寨窜出之零股，约会黔边各军，分队夹攻，阵斩六
级；复跟追至耿蓬峒、麻峒，奋勇接仗，又阵斩三级，先后夺获
枪支、辎重、马匹甚伙，并会团搜捕游土匪四十余名，内有头目
数人，均经发县讯办。此庆远各属近日据报剿匪之情形也。除仍
严饬各军加紧搜剿外，所有近日各路剿匪情形，谨请代奏。八月
十四日。

《中外日报》光绪三十年九月七日（1904 年 10 月 15 日）

河池州失守详闻

九月初五日，柳州、庆远各会党，分兵向西北行掠江口村至
通道镇（按江口村在罗城北七八十里，通道镇在江口村北），官
军由凤凰山一带进击（按凤凰山在通道镇西北），会党遂散，余
两股，一由得胜镇（按得胜镇在思恩村东南，有同知驻扎）至
旁墟塘（按此即方墟塘，在思恩西境）；一股越大河县而西，与
官军战于大溪村（按：大溪村在思恩北境）。官军败走，会党遂

与越金、城江两股，并合追〔迫〕河池州。此九月初八日事也。
时河池驻防之官军只有数百，遂于夜间逃窜，河池知州亦望风远
遁，会党遂于初九日夜攻入河池。现闻岑督已调济字各军往援，
会党得此信，已有直入贵州省独山州一带之说。又闻河池州西各
土司，亦纷纷调兵助战，现已禀闻岑督矣。

　　《中外日报》光绪三十年十月七日（1904 年 11 月 13 日）

广西乱党整饬

　　柳州乱党近日整饬营规，每到乡村即悬贴安民告示。其党有
抢人财物、掳人妇女者，一经查知，立即处斩；并严禁其党，不
准吸食洋烟，但令居民供饭食及馈送银两，以助军费。较之从前
劫掠焚杀之惨，迥然不同云。

　　《中外日报》光绪三十年十月十四日（1904 年 11 月 20 日）

志桂林近状

　　桂林城内目下人心甚为惶恐，因平乐、修仁县排抵地方，近
有党首韦某，聚党数千人，跃跃欲动。桂城内外，现在只有兵四
营，乱党若至，难以抵御，故官民大为震动。现调湖南布政司刘
春霖，由贵州带来勇丁十营，业已抵省。刘提光才之忠毅全军，
亦日间可到，故桂垣人心稍安。

　　《中外日报》光绪三十年十月十四日（1904 年 11 月 20 日）

抄拿党首家属

　　岑督查悉柳州乱党头目陆【亚】发，家在宣化县属三塘墟
附近之小村落，电谕左江道转饬宣化县前往缉拿，并查抄该党首

产业。该县茹令委团防局委员魏革令带同该县亲兵，会同统带思恩府防营归守备率勇驰往。陆【亚】发不在家内，遂将其家产悉数查抄，并将陆【亚】发之母及妻妹等一并解宣化县云。

《中外日报》光绪三十年十月十四日（1904 年 11 月 20 日）

粤督岑桂抚李陈报广西军情电

北京外务部钧鉴：龙济光等九月初三、四日在罗城剿匪获胜，先经电奏。近日各军麇匪于罗城北境，分路扼攻，成济等营迭报斩获，现添派张得贵两营前往，以厚兵力。思恩府属土匪，前电商署提督丁槐督营驻剿，迭据报称获匪首侯四、陆八于贵县之镇龙山，毙巨酋滕正宜于迁江之洛敏岈，全股溃散。两次擒斩悍匪七十余名，得枪七十余杖。知府彭言孝督营在来宾剿匪，击败陈士身一股，歼毙百余，现仍搜捕。惟庆远匪炽兵单，初六日，匪由河池之金城江阑入州街，烧毁房屋，旋经庆防营击退，毙匪首蒙二及党百余，余匪窜北乡一带。现饬陆荣廷五营，驰赴庆远剿办。所有近日各路军情，谨摘要电陈，请代奏。再，十月彩服期内，陈报军务折件，能否呈递，并请军机处示遵。

《中外日报》光绪三十年十月十五日（1904 年 11 月 21 日）

乱党近情汇志

广西会党近日行军甚有纪律。前破庆远时，有数兵入乡镇，掠得妇女六人，后由头目知悉，即遣数兵将妇女六人送至原处，且于城上放排枪将抢掠妇女之兵击毙。又四十八峒山形重叠，且多产米谷，每岁之中或二熟至三熟不等，故会党粮食甚为充足。广西各党从前甚为涣散，各不相合，今有首领陆某，拟联络各党为一，此事甚为可虑也。前在柳州逃走之邕防威字营弁勇等，刻已尽入四十八峒，为陆【亚】发之党。因当时营弁苏少庭拿获斩首，其妻押在宣化县，故各弁勇入党，以冀偷生。十三晚有党到南宁侦探军情，被荣子营勇拿获，交宣化县讯办。提讯时，据称为四十八党首陆亚发所遣派，令在南宁查探各营勇丁在城驻扎，及调往柳州多少之数等情。县令饬提在押苏少庭之妻，诘云："尔识此人否？"苏少庭妻曰："此吾夫前时在营所用之什长也。"县令随即饬令禁监，翌日立行斩首。

《中外日报》光绪三十年十月十五日（1904 年 11 月 21 日）

紫洞墟擒获会党

怀集与广宁相连之紫洞墟，经派管带卢文广驻办清乡。前月念二三等日，被土党数千将卢围困，鏖战两昼夜，当经怀集县令移行邻县赴援，德庆、高明、封川各处陆续分拨。救兵到时卢管带已打出重围，将会党赶至廿余里，生擒会党廿余名，内有自称元帅者一名，并轰毙前攻宣城之孔八、林石余党数十名云。

《中外日报》光绪三十年十月十五日（1904 年 11 月 21 日）

粤督岑奏报攻破四十八峒匪巢电

桂、柳交界之四十八峒，为陆亚发窜踞，先因罗城股匪牵掣，未能并力攻剿。九月间，龙济光督率各军，将罗城之匪迭次击败，节节追剿，余匪不满千，已逼入庆远之五十二峒。十月初，在思恩县境追击三昼夜，毙匪甚多，获马二百余匹，枪枝、逼码尤夥。现拨济字、荣字、贵字、庆防等营，均归龙济光统领调度，专办庆远之匪，力图扫荡。陆逆遂踞油麻峒，为四十八峒之最险峻者。十月初，调集各军，分路进攻。初九，游击宋尚杰攻逼油麻峒后，初十早，黄忠立督兵直入，遂破峒巢。陆逆遁往柳属之三岘、龙窟等峒，复经黄忠立督营跟追。十二日开仗，斩获首逆甚多，夺马匹枪械数十，现仍追剿。并派王芝祥率定武、保安等六营，一面将峒内余匪分别擒斩解散，屯兵以守，俾绝近省腹心之患。张庆云一军，现因杜俞军奉旨遣撤，准湘抚电仍留张军防湘，两三月内恐难来桂。所幸黄忠浩新营可以齐集，赶紧训练，十一月内约可出而剿匪。黄忠浩沈毅慎密，以之专办柳属之匪，不独大股可渐廓清，即各属土匪，亦可督同牧令认真薙艿。前奉电旨，饬煊暂缓回东，应驻西省何处，酌量调度。现在柳、庆各有重兵，布置机宜，大致略定，而时值冬防，东省盗风渐炽，拟即移驻梧州，居中调度云云。

《中外日报》光绪三十年十一月二日（1904 年 12 月 8 日）

记桂省擒获匪首陆亚发详请

桂省专函云：粤督岑云帅曾于上月二十五日，在行营电报军情，请外部代奏。旋奉电旨：著岑春煊务将陆亚发等股匪一律歼除。云帅旋据奏派右江营务处、广西补用道王观察芝祥报称，知府衔中渡团总、保安中营管带张太守振德带勇在柳城县属西峒地方，擒获匪首陆亚发暨匪党二名。当由云帅电饬，将该匪首等槛送省垣，发交营务处讯取口供，尽法惩办。

陆亚发本系著名游匪，前由苏革提元春用重金购令投诚，曾充绍字左营管带。本年夏间，柳州之变，该匪首率其党羽，焚杀掳掠，并踞府城数日，裹率平民入股不下万余，皆该匪首为之厉阶。嗣经官军将府城收复，该匪首遂率其党类窜至油麻峒，负隅自固。而股匪褚大、欧四等匪，又分踞梅寨等处，与该匪首联络一气，粮食、枪码互相接济。彼时庆远、泗城等处各土匪见陆匪势盛，云合响应，柳、庆两府均受其荼毒。先由云帅派王芝祥，并统领熙字各军记名提督、署理右江镇总兵黄忠立督饬各军，分路进剿。其时又以梅寨股匪势盛，不免为该匪所牵制。经王观察等先将油麻峒附近股匪渐次剪除，而褚大、欧四等匪巢，亦相继攻破。

岑云帅据报后，复飞电调集各营，合力进剿。无如四十八峒地势险奥，实当桂、柳两郡之冲，尤为省会心腹之患，油麻峒尤为天生险隘。该匪首又于各隘口起筑炮楼，密建堡垒，死力抵抗。经管带绥靖营副将衔广东水师补用游击宋尚杰率其所部自三隍墟步步进逼，直捣油麻峒，与匪鏖战四昼夜，复继之以火攻。是时，游击衔都司、蓝翎守备刘成贵，又已革提督衔记名总兵杨发贵各营，复四路齐进，遂将匪巢一鼓而下。

陆亚发以巢穴既被官军攻破，乃率其死党亡命逸去，潜匿他处。复经云帅严催各营，认真搜捕，并悬赏一万元，以期必获，遂为中渡团总张振德所擒。

该匪首为张团总生擒后，经云帅饬解来省，讯供不讳。云帅又以该匪首罪大恶极，枭首不足蔽其辜，讯供后，饬将该匪首陆亚发于军前凌迟处死，并传首柳州府城示众，以昭炯戒。云帅又饬各军将余党认真搜捕，以绝根株。

云帅以剿匪各营，自夏迄今，奔波于蛮烟瘴雨之中，酷暑炎天之下，筹划至数月之久。或则血肉相薄，或则昼夜不分，卒至峒内之元恶伏诛，峒外之羽翼几尽，统领各员实属艰苦备尝，心力交瘁，若不破格奖励，殊无以策后效而振人心。故于初五日先将此事出力各员，由电飞请外务部，代奏请旨。兹将云帅电保各员衔名，探录于后：

总理两广行营营务处奏调两广差委二品衔特用道张鸣岐、补用道王芝祥，以上二员，拟请仍以道员交军机处记名，遇缺请旨简放。张鸣岐并请赏给头品顶戴，王芝祥并请赏给勇号。署右江镇锐勇巴图鲁黄忠立，拟请交部从优议叙，并赏换勇号。补用游击宋尚杰，拟请免补游击，以参将尽先补用，并加总兵衔。蓝翎守备刘成贵，拟请赏换花翎。已革提督衔记名总兵杨发贵，前已奏请销去永不叙用字样，拟请开复原官原衔。知府衔中渡团总张振德迭经拿获要匪，此次又生擒逆首陆亚发，并经报效银一万两，拟请以知府分省补用，并赏戴花翎。前署柳州府知府广西补用知州陈嵩沣，前因柳州之变，奉旨革职留任，现随各军攻峒，亦极出力，拟请开复革职留任处分，并赏戴花翎。

《中外日报》光绪三十年十一月十八日（1904年12月24日）

补录岑督电奏柳庆军情

广西洞党闻经挫败，岑督电奏情形及屡接消息，均经先后详志。兹得岑督续报柳庆军情电稿，特行补录如下：

外务部钧鉴：洪。柳、庆两属军情，十五日奏报在案。济军各营，十月在思恩剿匪，追击三昼夜。续据查报，是役共毙悍匪三百余名，匪首褚大击毙，何十二亦受重伤。查褚大为前踞梅寨股魁，悍凶最著，党羽尤多，一旦就歼，人心称快。二十一日，各匪合股回窜思恩，声称为褚大复仇，经济、贵两军攻击追剿，毙匪百余。现由龙济光督饬济、庆、荣、贵各军，分别防堵，四面兜截，以免窜越。四十八洞匪巢自初十攻破后，黄忠立督率熙、成各军，昼夜跟追，不准收队。连日报称，于三岘、金洞、湾洞、喇洞等处迭获胜仗，先后擒获生供五十余、枪三十余枝、马三十余匹，阵斩首级百余，其中枪坠崖而死者甚多。洞内余逆经保安营帮带张振德率勇搜捕，擒斩石金甫、覃五六两巨酋，并毙匪党百余，获枪二十余枝。督带定武营杨发贵，围攻小油麻洞，击毙匪首潘二。目下大股星散，陆亚发穷蹙潜匿，据匪供称，为官兵枪伤背肩。已饬各军加紧严搜，并责成王芝祥将洞内善后事宜，妥筹禀办。所有柳、庆两属续报军情，谨请代奏云云。

《中外日报》光绪三十年十一月二十二日（1904年12月28日）

粤督岑奏报柳庆施恩各属剿匪情形电

庆远剿匪获胜情形，先于十一月十八日电陈，首逆褚大击毙，欧四生擒，经派员往讯确实，即在军前正法，传首柳郡示众。余匪无多，窜匿五十二峒。署右江道龙济光亲率济字五营，赴峒搜剿。窜往黔边一股剿办情形，已另电陈。其庆远南境之理苗、忻城一带，毗连思恩，向为著匪覃火生、黄五嫂等窜匿。署提督丁槐率六营由思恩向北节节搜捕。自十一月初九至十九日，在理苗、忻城连破匪巢二十余处，斩匪三百五十六级，生擒著匪覃火生及匪党四十二名，获枪三百五十枝、逼码三千余颗。黄五嫂一匪，查明在尖山地方，被衡军管带唐启新击毙，现仍由丁提督督营逐细搜捕，以期肃清。至柳州各属土匪，自四十八峒攻破后，余党屡伏于罗城、融县、柳城各处，分合无定，出没无时。十一月十八日，匪聚于融县之古盆村，二十三日又聚于柳城之牛岭，经忠军、棠军先后邀击。牛岭之役，柳防营先以兵单稍挫，嗣后援军大至，匪始败逃。总兵黄忠浩所招新勇六营，业已齐集柳州，现将柳属之怀远、融县、罗城、柳城四属，划归黄忠浩专办，马平县属土匪，即责成署柳州府知府王瑚专办，以一事权。此柳、庆两属近日剿匪情形也。思恩府属著匪周特先、王特燕，各有党羽多人，肆恶有年，凶狡尤甚，迭饬拿办，迄未就网。现据署思恩府知府傅信孙禀报，密派妥员，诱令来城，于十一月二十一日将该两匪擒获正法，并斩从匪韦二、陆振及伙党七十余名，人心大快。除仍严饬各营切实搜剿，毋稍松劲外，所有近日柳、庆、思恩各属剿匪情形，谨请代奏。

《中外日报》光绪三十年十二月十一日（1905 年 1 月 16 日）

粤督岑奏报粤军兜剿黔边窜匪电

粤匪窜及黔边，先于十一月十八日将调营防剿情形奏报在案。钦奉十九、二十四日两次电旨：著严饬各军奋力援剿，迅速扑灭等因。钦此。伏查南丹之匪，系曾五、陆三等为首。前据署右江道龙济光禀报，游土裹胁约有千人。陆荣廷本办南丹之匪，十一月初间，迭在铜更村等处追剿，毙匪数十人。嗣进兵瓮甲、牛栏，派一营暂防泗城窜路，并移会黔军协力堵御。讵该匪穷蹙，分窜黔边四塞，旋为黔军击退，仍回南丹月里一带。现据报称，连日雨雪，陆荣廷已率队直达黔边，张德贵亦率所部两营，于十四日自思恩之毛难，驰抵南丹八墟，两军会合，尽力兜剿。现复飞饬各营，约会黔军，务将此股窜匪，悉数扑灭，仰副宸厪。至庄德炳所带达字营本系滇勇，饬据龙济光查复，该营遣撤时，多有赴济军投效者，编伍剿匪，尚称得力，不致有意外之虞。其达营原领军装等件，已饬庄德炳运回缴销。合并附陈。所有粤军兜剿黔边窜匪情形，谨请代奏。

《中外日报》光绪三十年十二月十一日（1905年1月16日）

粤督岑电奏剿办柳庆各属乱匪情形稿

粤军兜剿黔边窜匪情形，初一日电陈在案。近日迭据龙济光、陆荣廷禀报，已窜南丹之匪仅六七百人，聚于丹属之拉铺、巴宜等处。二十四五六等日，荣军绕赴三甫地方，往复荡击，歼毙无算。二十七八日，败匪纷窜，又经陆荣廷分队邀击，擒斩尤多。黔抚咨报情形，亦相吻含。匪目陆三先于十一月初九日在铜更村为荣军击败，受损堕崖身死。匪目苏八闻亦击毙。现饬确查，并令会合黔军，将边境逸匪一律歼除尽净。

其窜匪五十二峒股匪，先由龙济光督军穷搜。探知柳州叛弁何十二，率同死党败匪那峒附近山崖，分兵进攻，相持两日。十二月初二日，设计将何十二诱擒，并搜获匪党数十人，夺枪九十五枝。讯验明确，当饬将何十二军前正法，匪党一律惩办。其零星峒匪，并饬切实严搜，勿稍松劲。达营叛勇前在融县为棠军□击，歼擒略尽。惟叛弁扬〔玉〕昆山等尚逃法网，纠合各属土匪，窜至马平县属之木吉等村。经提督丁槐督营围捕，鏖战一昼夜，始将全股击败，夺获快枪二百余杆，生擒三十八人。查有达字副后营叛逆管带玉昆山，叛弁吴昌年、黄礼忠、黄道生等在内，即于军前正法，并讯明达字后营叛逆管带黄鸠图，先被同党击毙，其余叛勇亦已悉数伏诛。所有柳、庆各属近日续报军情，谨请代奏。

《中外日报》光绪三十年十二月十七日（1905 年 1 月 22 日）

粤督奏报剿平巨匪

岑督有电到京云：据龙济光禀报，前月（当是十一月）陆荣廷在三甫大胜，复得张得贵往来扫荡，获快枪甚多。龙济光恐泗防空虚，饬各营及滇军分扼红河南北，并南丹那地土州一带。初七（当是十二月初七日），匪窜下平，经济军追至独□，并获匪张苟三。据供，匪首曾五已于三甫被荣军击毙，即起尸解验。初八日，荣军在南丹附近获土匪陆添、卢怀春。现在黔境已无巨股之匪。又著匪陈社求为来宾、迁江等属巨首，凶悍最著，悬赏限拿。经丁槐所部衡军于念二日在来宾县属，将该匪生擒，并毙伪先锋韦阿九，获快枪甚多云。

《中外日报》光绪三十一年一月十三日（1905 年 2 月 16 日）

粤督岑军务奏牍

（一）

奏为剿办思恩府属及柳庆南境土匪，迭获著要，积患渐平，谨将在事出力人员，择优请奖，恭折仰祈又鉴事。窃照广西匪患始于左江，而蔓延于柳、庆各属。臣于光绪二十九年督师西征，奏请以总兵丁槐署理广西提督，并将苏元春原部各营分别裁并，拨出衡字、贵字十一营，交丁槐统领专办。左江汉土错杂，山阴瘴深，游匪踞为老巢，地方备极凋敝。丁槐受事以后，先以整顿营伍、筑建碉卡为急务，布置数月，剿抚兼施，民匪渐分，游土亦渐敛迹。三十年三月初间，黄五肥股众三千余，盘踞永康州罗阳土司一带。丁槐会合思恩、南宁各营，八路齐进，痛加歼击。黄五肥遂被格毙，余党之幸存者狂窜上思，匿于广东交界之十万大山。丁槐率队跟追，复于东军会合围困。匪粮不继，饥死无算，其冲出者悉为我军歼毙。附近通匪各村，反正安业者，数以万计。由是兵威所慑，民团亦知振作，捕匪御盗，以助官兵所不及，左江渐就肃清。适五月十一日，柳州营勇肇变，人心震动，叛匪北走，兵力亦全注于柳城、融怀而柳、庆以南及思恩各属，土匪复炽。先是署思恩府知府和廷彪所部绥远军八营，臣曾分拨四营，交丁槐接统。及是以丁槐兵力较厚，因咨商抽调数营，进驻思恩，切实搜剿。思恩、柳、庆交界之积匪，以滕正宜、覃大生、陈社求为著要，党众且悍，踪迹又极飘忽。丁槐于八月间驰抵宾州，兼旬之内，擒获宾、贵著匪王春林、侯四、陆八惩办，并起出被掳男妇多人，匪党震慑。各营分投剿捕，迭有斩擒，尤以剿办滕正宜、杨飞泷两战为最著。杨飞泷匿于来宾之松柏村。营官陈世华、唐启新攻剿三昼夜不克，卒以火攻，始将杨飞泷及匪党六七十人焚毙。滕正宜匿于迁江之洛敏弄，地极险峻。唐启新首先奋攻，登隥猛击。匪越岩层溃逃，我军邀截，竟将滕正宜击毙，斩馘四十二级。宾川、迁江、来宾一带渐次静谧。遂进办庆远之忻城、理苗，均系土司，与迁江、来宾接壤，年来为覃大生、陈社求等往来窜扰，居民大半被匪胁从。时署右江道龙济光，专办五十二峒，未暇分兵兼顾，覃、陈等匪势益形狷獗。丁槐十月间分四路进兵，节节前进。各军遇匪即击，十余日连破弄米、弄照一带匪巢二十余处，夺获快枪、土枪八百余枝，生擒匪首覃大生及其弟覃三、覃四、覃肖孺等，讯明正法。黄五肥一匪，亦先在尖山地方为康启新击毙。陈社求窜匪来宾，十二月复为陈世华围攻，生擒讯办。匪势日衰，兵气日振，往来扫荡，余孽悉除。臣于二十九年悬赏购缉之巨匪，至是已殄灭无遗。十一月下旬，丁槐因闻有股匪由柳城图窜理苗，因饬各军前赴马平迎战，遇于马平之竹木吉等处。分路接仗，我军颇有伤亡。入夜扼要设伏，天甫黎明，匪齐冲击，为伏军四面合截，枪毙无算，擒获生供三十八人，夺获快枪二百余枝。查有达字营叛弁玉昆山、莫昌年、黄才忠、黄道生在内，讯系在融县苗山击败逸出，纠合土匪图窜理苗，即于军前正法。于是达营叛勇全股遂以悉平。

臣查左江一带，游土勾结，匪患已深，思恩及柳、庆以南，积匪本多，窜匪尤易。丁槐以五千余人，办理左江，未及期年，渐就平靖。移办思、庆，积年巨憝，悉已成擒。所部士卒，实能所向有功。其剿办右江出力人员，俟查明另行汇案核保。现办思恩、忻城、理苗各营，奔驰四月，转战于岩穴险邃之地，实属备著勤劳，若不先行请奖，无以鼓舞戎行（中略）。合无仰恳天恩，俯准如请给奖，以彰劳勋而励戎行。其出力之把总马文富等弁及勇目，另行咨部给奖。

至左右江各属，地方凋敝，现已通饬各州县，招集流亡，发给牛种，以安农业。一面添派委员，往忻城、理苗一带，妥为查抚，合并陈明。

除咨署提督丁槐再饬各营严捕逸匪，及查取履历咨部外，所有剿办思恩府属及柳庆南境土匪渐平，请给奖叙缘由，谨会同广西巡抚臣李经羲缮折具陈，伏乞皇太后、皇上圣鉴训示。谨奏。

奉朱批：著照所请，该部知道。钦此。

（二）

奏为柳州叛匪在思恩县属全股歼灭，在事出力人员，恳恩优奖，以励戎行，恭折仰祈圣鉴事。窃照柳州叛匪分作两股。陆亚发一股，窜踞四十八峒，于上年十月间殄灭。其褚大、殴〔区〕四一股，自窜庆远府属之思恩，经署右江道龙济光，督饬各营剿办净尽。经臣先后将剿办情形，摘要电奏。兹再详晰陈之。

褚大、殴〔区〕四等股匪，于上年九月初，在罗城县柳城交界之五村一带，为济字各军痛加歼击，遂狂窜庆远府思恩县属之五十二峒，纠合土匪，势复猖獗。五十二峒与黔省接壤，万山盘折，其险峻正与四十八峒相等，而下趋思恩、庆远各城，势尤便利。维时张得贵所带贵字两营尚驻罗城，庆属济军亦半在罗城防堵，陆荣廷所统荣子五营尚未到庆，思恩驻勇无多，势颇危急。龙济光先调罗城济军，跟踪往援，并饬庆远济军驰往协助。十月初，匪由五十二峒分路来攻思恩县城。先到之济军，亦分路迎敌。连日截抄，我军颇有伤亡。济军后队继至，并力猛进，匪始败阵，斩一二百余级，获马二百余匹而还。匪败后，仍踞思恩之广南、官桥等处，凶焰尚炽。广南在县西三十里，山势陡峻，岩弄极多，攻剿极难著手。适张得贵两营到县，陆荣廷亦率五营由南宁行抵河池，思恩之西路，龙济光亲率济军驰往督剿。匪股数千，复连日来扑县城。十月二十一日，济、贵各营分三路迎战，自辰至午，匪不少退。贵军前营管带韦嘉福，奋勇冲杀，殁于阵中，弁勇多受枪伤。各营愤极猛攻，匪始败。次日，匪由水源上窜，龙济光飞饬陆荣廷堵截。匪窜河池属之六甲、岜仑，陆荣廷率荣军渡江截剿，并以开花炮连击，匪乃溃入山弄。龙济光探问土人，知江峒一路可绕出泗、色，恐匪由此分窜，星夜率队赴江峒兜剿。二十四早，匪之头队果到江峒，见有官兵，大为惊骇。龙济光即率队截击，炮毙百余人。匪回官桥、广南，又经张得贵率所部贵字两营并济字三营，竭力拦截，歼毙又复不少。匪遂退入水洞、号洞。各该洞四面危壁，箐密林深，匪为官军围逼，将踞此险要拼一死战，以求出路。二十五日，张得贵先饬营勇登山，夺占齐南三坳。次日，匪由齐南小坳蜂拥扑出。贵军前锋挫失，伤亡极多，连失三坳。张得贵亲督后队，冲锋血战，誓必死，军威复振，立将三坳夺回，毙匪千余人，夺枪三百余枝。济字各军亦同时分两翼抄截而入，协力鏖战。首逆褚大为我军击毙，割取首级，解赴柳州示众。生擒叛弁王华堂等，军前惩办。山谷岭隘之间，匪尸如阜。而屯聚于岩洞各处者，势尚固结。龙济光连夜驰至，分派济、贵各军分扼隘口，另选精锐直捣匪巢。相持一昼夜，乃将水洞攻破，匪奔各隘，悉为伏兵击回。内外环枪指攻，毙匪七百余。破洞以后，连日穷搜，又毙匪徒二百余人，截获逃匪三百余人。逆首区四右脚受伤，黑夜匍匐至上北甲，经团总拿获解营，报由臣派员前往思恩讯明，凌迟处死。于是柳州叛匪大股悉平，其潜匿五十二峒者，零星散伏，已极穷蹙。济军前往搜剿，叛弁何十二死踞那峒，与官军相持两日。龙济光设计诱擒，并获党羽数十人，一并惩办，收枪九十五枝。于是柳州叛弁，亦全数伏诛，洵足以快人心而伸法纪。其南丹分窜黔边之区为曾五、苏八、彭六，党众不满千人，本与褚大、区四等响应，而各自为帮，先在河内滋扰，经陆荣廷追击，突过黔界。黔军及陆荣廷会合，截回痛剿，连日歼毙、逃溃，所余无几。十二月间，黔边已无匪迹。曾五先于十二月在三甫地方，为荣军格毙。苏八、彭六只身逃窜，十二月二十六日又为荣军在拉朝三经地方斩毙，割取首级，解交黔军示众。迭据龙济光、陆荣廷禀报，粤边亦已荡平。

臣伏查西匪惯技，散而不聚，官军不能围攻，而匪转得处处牵缀兵力。褚大、区四等自罗城五村两次败后，特趋五十二峒。是时颇有以思恩空虚为虑者，臣先饬龙济光堵截分窜之路，正欲逼入思恩，使之归于一隅，始可设法结束。又飞饬陆荣廷迅回南宁，兼程前进，扼守西路；张得贵由东北追逼；龙济光由南路兜入，四面合围，无可冲突。广南官桥之役，鏖战至四昼夜之久，毙匪三四千人，起出被掳男女先后共计六十余人。剿匪以来，未有如此次痛快者。臣复派员往查战状，所禀均属相符。自此次大捷之后，各属零星散匪，亦多反正投诚，匪势顿息，实于全局大有裨益。所有在事出力人员，拟先择优请奖，以励戎行，而作士气（中略）。合无仰恳天恩，俯准照奖，以励前劳，而策后效。至千把以下各弁，另行咨部给奖。其余出力及阵亡员弁，俟查明汇案具奏。除思恩、河池各属乡团，仍饬营县认真清查外，所有柳州叛匪全股扑灭，择优请奖缘由，谨会同广西抚臣李经羲缮折具陈，伏乞皇太后、皇上圣鉴训示。谨奏。

奉朱批：著照所请，该部知道。钦此。

（三）

再，思恩府属匪首周特先、王特燕等，自光绪二十六年纠党啸聚，抗拒官军，一府四厅州县七土司均被蹂躏。臣督师以来，严饬各营剿办，迄未就网。去年思恩府知府傅屺孙到任后，多购眼线，迭次掩捕。该匪狡猾凶悍，均未得手。十二月十九日，傅屺孙确探匪踪，佯准投诚，即饬营员将匪首周特先、王特燕二名暨悍党韦二、陆振邦等四十六名，诱出匪巢，一律惩办。多年巨害，一旦廓除，出示解散胁从，人心大定。所有在事出力之花翎二品衔分省试用道署广西思恩府知府广东补用知府傅屺孙，拟请免补知府，以道员仍留广东补用，并交军机处记名简放。同知职衔沈瑞麟，拟请以同知分省补用。五品蓝翎拔补把总归宗亲，拟请免补把总、千总，以守备尽先补用。合无仰恳天恩，俯准照奖，以昭鼓励，出自鸿恩。所有擒办思恩府属巨匪请奖缘由，谨会同广西巡抚臣李经羲附片具陈，伏乞圣鉴训示。谨奏。

奉朱批：著照所请，该部知道。钦此。

（四）

再，广西营务败坏，由来已久，而贪劣之员则以前署右江镇总兵陈桂林为最著。先经前抚臣奏参革职，留营效力。嗣经臣访闻，陈桂林前在左右江镇任内，及现领边军时，劣迹极多，其缺额侵饷，纵兵为匪，营私衄法，迥出情理之外。苏元春之恶，多由该革员成之。该革员历年以来，贪囊所积，不可胜计，详加查访，众口金同。仅此一参革职遂蔽厥辜，不惟情重罚轻，且家拥厚资，更可逍遥于法网之外，何足以警将来。经臣将其边防该统领撤去，檄调来东，发交两广督标中军副将看管，嗣改发番禺县严加管押，并饬广东营务处司道，迭次提讯，罚令缴出银八万元。竭其不义之财，藉作军需之助，既可益饷，即以惩贪。乃陈桂林一味狡延，多方诱饰，迟至年余之久，经臣提至梧州，严限勒进，即据如数遵缴前来。伏查陈桂林贪劣最昭，情罪极重，律以军法，本不容诛。姑念缴过罚锾，应恳贷其一死。相应请旨，从宽将已革总兵陈桂林发往新疆，充当苦差，永不释回，以示惩儆。除将所缴罚款银拨充广西军饷，另案造销外，谨附片具陈，伏乞圣鉴训示。谨奏。

奉朱批：著照所请，该部知道。钦此。

（五）

再，调补湖南布政使刘春霖所部达字营勇，奉旨回滇遣撤。上年十月，行至贵州省巴沙地方，后营口及营同时叛变。臣闻信后，即虑其回窜粤境，当饬统带棠军知县陈兆棠驰往扼堵。陈兆棠时在柳城协攻弄匪，接电立即拔队，星夜前进。闻叛勇五六百人到融县属苗山。十一月二十五夜，我军甫抵崖脚，即与匪遇，分路迎战。匪占地势，多用快枪，围攻竟夕，未能得手。次日黎明，鼓勇进攻，哨弁尹怀清身受枪伤，仍复裹创锐进。各军士益加奋勇，连毙悍匪数十名。匪势少却，退踞竹峒，又退龙甲山，登高死守。时我军已血战一夜，雪地霜天，未得一饱，犹跟踪血薄，毙匪甚多。至夜，匪势不支，复冒死向寨劳村而逃。寨劳村后倚元宝山，壁立千仞，前排石壁，俨如石门，道路纡回，匪得凭险自固。适署融县知县赵邦泽，亦督同团勇驰至，会合围攻。二十八日，棠军挑取精锐，直逼石门，别拨一队由村旁攻入。两路夹击，毙匪约百余名，生擒二十一名正法。该匪自知穷蹙，纵火焚村，窜出村后元宝山。棠军左营管带颜凤鸣，先派队伍将该山围困，亲兵哨弁廖文贵率队直上，中枪阵亡。各勇愤激，攀藤附葛，上逼层崖。战至二更，生擒十一名，阵斩数十级，其坠崖伤死者不可胜计。知县赵邦泽，督团围住山后，用土炮轰击，亦毙多匪。余匪乘夜缘崖逃溃，嗣于马平之弄竹、木吉等村，为提督丁槐全数歼灭。当叛勇初入粤境，声势汹汹，人心震动，陈兆棠率远来疲乏之师，当凶焰方张之寇，鏖战四昼夜，毙匪数百人，夺获快枪、土枪共五十余枝。虽叛弁幸逃，而全股已斩擒过半。卒之至昆山等依附土寇，穷蹙无归，一鼓歼除，不致蔓延滋患。陈兆棠崖脚一战，其功实不可没。所有在事异常出力之统领，棠军直隶州用四品衔补用知县陈兆棠，拟请免补知县以直隶知州仍留原省补用。管带囗字左营花翎补用游击颜凤鸣，拟请免补游击，以参将尽先补用，并加副将衔，分省试用。从九品罗葆德，拟请免补从九品，以县丞仍分省，归候补班补用。合无仰恳天恩俯准，如请给奖，并请将阵亡哨弁五品军功廖文贵敕部照例义恤，以昭激劝。其在事出力之把总夏安邦等，另行咨部核奖。

除造具履历咨部外，所有官军攻剿达字营叛勇获胜请奖缘由，谨会同广西巡抚臣李经羲附片具陈，伏乞圣鉴训示。谨奏。

奉朱批：著照所请，该部知道。钦此。

《中外日报》光绪三十一年三月三、五、十三日

（1905 年 4 月 7、9、17 日）

宾州武缘乱炽

前闻广西思恩府属宾州、武缘两州县乱警，兹闻署思恩府事傅守，迭次电禀，均以宾州、武缘全境蹂躏，大小游党数十股，半由南宁府属而来。现严督各营分路办理，奈兵力愈分愈单，实不敷用。请加派大军前来，以期迅速扑灭，免致蔓延云云。

《中外日报》光绪三十一年三月十四日（1905 年 4 月 18 日）

八达乱党情形

广西西隆州属八达分州所辖各村墟，结盟拜会，党类充斥。近又有滇边游党乘隙窜扰，无月无警，全境蹂躏。该分州距西隆州颇远，鞭长莫及。署八达州同黄建中，不知联团剿党，又不通禀请兵，粉饰因循，纵盗殃民。事为泗城府查悉，一面檄调得力营哨驰剿，一面将办党不力之八达分州州同黄建中先行撤任。

《中外日报》光绪三十一年三月十四日（1905 年 4 月 18 日）

西省伏莽未靖

西省自奏报肃清后，余党未靖，伏莽尚多。郁林属北流地方，上月十三日，有会党数百人揭竿起事，四出劫掠。嗣为当道

所闻，立派营勇驰往剿捕，十六日即已解散。惟乱党四去，仍思伺间窃发，故附近居民，莫不惴惴。又容县自良墟上游一带地方，贼盗遍地，杀人劫夺，时有所闻。

《中外日报》光绪三十一年四月十一日（1905年5月14日）

容县因设学致成民变

容县令前承梧守札谕，向山嘴乡黄姓劝捐学费数千金，为该处兴倡学堂之款，黄族未遵。迨府示邑令，将其宗祠暂借作办学公所，民以为强占，聚众千人。一时县令疑为揭竿拜会，速禀梧守，立派毛统领移营弹压。乡民四出兜截，遂至兵民交战，彼此均有受伤，并至互相拿获，坚持未放。县令无能解散，恐成巨祸。闻已舍命自刎，而该处犹未安靖云。

《中外日报》光绪三十一年五月三日（1905年6月5日）

桂商罢市

大黄江口众商联议罢市，于十五日为期，不论各江来往米艇，一律禁止，不许过界。查其原因，为白马务卡添派扒船，遇有统税凭票过境者，必加印图记。如见米票一万斤，并不先查过额否，先勒征一万二千；如八千斤，亦征一万之税。商人愤无所泄，故决行罢市，为抵制之方。连柳州、平南、丹竹、贵县、大安等埠，均有影响云。

《中外日报》光绪三十一年七月二十八日（1905年8月28日）

白马卡酿变详记

白马厘卡重征扰民，以致各商罢市。其起事之由因浔州府统税办沈少梅用人不善，劣迹多端，无论何货过关，无不重抽过额，如值税十两必征至加五加三之例，因此商民诸多议论。该关强赠米票与商人，以抵弥补过抽之数。（因白米少出口商人亦少办米者，所以出此手段为销售米票之法。）各商得此沾润，亦无再出怨言。查米票由浔至梧均可合用，沿途出卡向不逗留。但有等客商向业杂行，未谙米谷生理，虽得此票，如获石田，于是售与江口米商，而业米者售得米票无算。奈浔州附近出产谷米绝少，江口产米较多，故业米者一律由本处采办，亦将售来米票过卡。惟白马关深悉情节，稽查米船殊非由浔所至，然亦无如之何。是以合卡员役愤闷异常，且全无溢款，大生怨怒，即另设一卡于浔之附近。如确系浔州米船，必加盖图记，著到白马卡查验以为区别，倘无图记，即作废纸。因之各商售得米票无路可销，特联行罢市。至谷米不准出境者，至今仍然如故。

《中外日报》光绪三十一年十月二十四日（1905 年 11 月 20 日）

李经羲在广西屠杀

桂省自军兴来，除频年办匪不计外，自李仲帅接印后，仅一载有余，通省所诛之匪，其可按册而稽者，已逾两万人。而各路擒斩阵歼无可查考，尚如恒河沙数。而匪则尚未能平，是真桂省浩劫矣。噫！

《汇报》光绪三十二年一月二十一日（1906 年 2 月 14 日）

桂省平乐府匪情

广西平乐府属贺县全境现已悉为匪巢，尤以铺门、官潭、深冲等处为最甚。此剿彼窜，兵勇无如匪何。该县所辖八布等埠，为最旺商场，近因水陆梗阻，抢劫迭出，粤商因此裹足，市面因此萧条。又与贺县毗连之昭平县，亦为三点会匪盘踞。其窟穴均在右龙圩、燕塘、大桥、清塘、英嘉等处。清塘匪首翟福生、英嘉匪首邱姓，均有党羽数百人，与贺县之匪深相结纳，时欲蠢动。根柢盘深，洗除非易。调署昭平县贵州同知徐德修甚至不敢赴任云。

《汇报》光绪三十二年三月十一日（1906年4月4日）

桂匪又炽

广西思恩府所辖白山、兴隆、定罗、古零、都阳、安定等九土司，地方僻静，山岸崎岖。右江余匪麇集该处者约有百余股，每股多则百人，少则数十人，悉听悍酋农致祥一人指挥，推为总目。邻境之宾州、迁江、贵县、武缘、上林迭遭抢掠，虽九土司境内驻有衡字两营，又衡字先锋队炮队三哨，闻匪抢劫，罔不拔队兜拿，然菁密林深，神出鬼没，竟不能稍遏其锋。因是来去自如，毫无顾忌。现有守备蒋大观禀陈九土司匪炽情形，并愿充向导。岑、林两帅得禀后，以该府文武各拥重兵，既不速剿，又不禀报，殊堪痛恨，因电责该文武各员，迅督兵团会同衡军剿办。守备蒋大观愿为向导，奋勇可嘉，如能购线缉获农致祥等，即从优议处云。

《汇报》光绪三十二年六月二十二日（1906年8月11日）

桂林永福农民毁学殴官

桂林府属永福县前患淫雨，秧苗霉坏，后又亢旱异常，田中甲坼。四乡农民因是结队成群，赴各庙求雨，是固农民之愚也。某日适值礼拜，县中各学堂学生趁休息之日在街游玩，见乡民聚众祈雨，焚香拜跪，状态可嗤，众学生在旁讥笑。乡民大怒，群起殴之。学生被伤数人。又追之高等小学堂滋闹，无论教习、学生，见即痛殴。署永福县鲁厚贤大令闻警，亲率兵差前往弹压。乡民恃众不服，反将鲁大令攒殴，伤一目，仪仗肩舆捣毁无存。兵差见势不佳，将大令救护回署。乡民余怒未息，欲将各学堂焚烧，经有识者力劝始散。鲁大令以事端重大，恐遭谴责，冀调停了事，嗣为学界催迫，不得已通禀大吏。闻各大吏已派员查办。

《汇报》光绪三十二年六月二十九日（1906 年 8 月 18 日）

钦州因抗捐聚众倡乱

周督昨据廉钦道、钦州顾直牧等电禀，略谓：三那匪徒刘思裕即善全，藉端悬贴长红，抗抽糖捐，聚众竖旗滋事，官绅屡劝不散等情。即经电饬派兵查办，严拿首要，解散胁从，其拒捕者格杀勿论。若彼聚众对敌，即开枪剿杀，务先堵截去路，勿使首要逃窜。至糖捐为地方办学，如该商承办，亦无不可，有无多寡，可听民便。去后。兹于三月二十一日据廉钦道王道、钦州顾直牧电禀称：文日奉真电，遵即电商何镇，饬宋分统率队驰往，凛遵电谕，相机办理。十二抵那彭，再三劝谕，蛮抗如前。十七匪众纷来，围攻数时，再谕不散，始行开枪环击。毙匪十余名，夺获枪十杆、马灰刀两柄、旗帜三面、号衣一件，匪方退回，尚未解散。业经添调营勇，驰往接应。一面电催何镇亲往督办，俟何镇到后，妥为办理，随时电陈。又据署北海镇何镇电禀称：钦州那彭匪徒刘思裕聚众滋事，分统宋道安枢率营勇前往查办，十六晚抵那彭。十□午，匪徒竟敢开枪拒捕。署镇闻信，登即抽调廉营各哨，二十日起程，督同驰赴那丽等处，相机剿抚。如何情形，再行禀闻云。

《时报》光绪三十三年四月十八日（1907 年 5 月 29 日）

梧州商民罢市

广州电云：梧州因厘金局勒索扰累，店商一律罢市，并有匪徒放火，焚毁店铺、民居数百家，伤毙人口百余名。南宁商埠亦停止生意。

《汇报》光绪三十三年八月二十八日（1907 年 10 月 5 日）

梧州商民罢市要求四款

梧州电云：梧州商民因苛税，停止转运货物，一律罢市，要求四款：一免沿途加抽厘税；一用旧尺量度货物；一展宽运米票日期；一裁撤分界塘厘厂。桂省大吏均已批准。

《汇报》光绪三十三年九月六日（1907 年 10 月 12 日）

广西官军灵山肆虐*

钦防现象匪势虽稍敛，抑惟伏莽尚未净尽。且该处土人意向，大半归化乱党。盖以乱党于所过地方秋毫无犯，不若官军之肆行抢劫也。当乱党攻灵山时，官军赴援，曾向城外纵掠。被劫者向灵山县禀诉，县令慰之曰：此时正赖官军保护，若再根究，恐反激变云云。噫！抢劫耶？抑保护耶？室家既破，呼吁无门，宜乎从乱者日众也。

《汇报》光绪三十三年十月四日（1907 年 11 月 9 日）

梧州商会电请农工商部裁免苛税

日前梧州商会电禀西省各当道，请将苛税裁免未获，乃转而请命于北京农工商部。其电文云：农工商部列宪钧鉴：桂省改办统税，不撤厘卡，已属病商。近因抽收米捐，变本加厉。查桂省米税定章每万斤抽银十一两二钱、积谷银三两，本属过重。乃下关员司于正税、积谷外，再苛抽十两，复另立短尺，缩短票期，种种留难。如七月源利华记、南记等货船过厂，被员司勒抽，几酿巨变。经禀梧州关道莅会调停。按稽查货物，果有可疑，过秤最为公允。讵下关委员蔑视功令，不允照办。延至八月二十日，各商不堪其虐，相率停运，百货延滞，各埠居民震动。商会力任调停，电禀桂抚，亦不批示。梧州府县佯许规复旧章，一月之久，又无明文。钧部提倡保商，桂省官吏抑商至此，真无天日。现各商疑虑，上河柳、浔、平、桂各埠纷纷函诘，事机急逼。桂匪方炽，设复行停运，摇动大局，重贻朝廷南顾忧。商会职在保商，商有冤抑，不敢不以上闻。伏乞钧部迅电桂抚，出示照旧办理，以顺众情，并将抑勒病商之员司从严撤参；或先电粤督，派员密查。统候钧裁，不胜盼切。

《时报》光绪三十三年十月十二日（1907 年 11 月 17 日）

奖赏镇压镇南关起义守军上谕

十一月十一日奉上谕：前因广西镇南关右辅山等处炮台被匪占据，当将张鸣岐交部议处，并电令督饬各路统将协力进攻，克期收复。续据该抚电奏克复日期，当经将奋勇攻克炮台之参将陆荣廷赏给勇号，并赏给弁兵银两，以示奖励。饬将详细情形查明电奏。兹据张人骏等查明电奏称：此次匪党千余人占据炮台，军械精利，右辅山险峻难攻。经龙济光、陆荣廷等血战数昼夜，阵斩匪首，夺获枪械甚多，于七日内克复炮台。办理迅速，洵堪嘉尚。二品衔署太平思顺道左江道龙济光，著赏给头品顶戴；副将衔参将陆荣廷，著以总兵记名简放；知府衔四川补用直隶州知州龙觐光，著以道员仍留原省补用，并加二品衔补用；知县梁正麟，著以知府留于广西补用；分省知县周文献，著以直隶州知州留于广西补用；候选府经历林绍斌，著以知县留于广西补用；守备陈炳焜，著以游击尽先补用；把总曾广义，外委黄瑞兴、卓瀛洲，均著以守备尽先补用；都司衔补用守备萧顺洪，著以游击尽先补用；毕业生王佩清，著以府经县丞留于广西补用；千总古景邦，著以守备尽先补用；廪生梁家荣，著以县丞分省补用；增生张藩，附生苏建斌，文童陈立焜、郭庆修、陈坤培、吕恂，均著以巡检分省补用；外委陆贵福、陈裕光、陈德才、马朝辅，均著以千总尽先拔补；候选府经历吴善宣，著以知县分省补用；候补州吏目田承斌，著以县丞仍留原省补用，以示鼓励。余著照所议办理。该部知道。钦此。

《汇报》光绪三十三年十一月十七日（1907 年 12 月 21 日）

浔州兵变详志

大隍江墟距浔州府属桂平县四十里。该墟驻有巡防廿八队营勇。此队营勇即前匪首陆亚发羽党，陆获办后，经张振德单骑至四十八峒招降者也。招降后，即由张统带，平日相安无异。七月十一日，该勇在营中聚赌滋事，张振德择尤惩办，冀免效尤。讵翌日清晨全营哗溃，持枪四出，全墟被劫一空。计失赃有二十万之多。张振德及江口司巡检署数人，均被枪毙。复将墟铺团防枪械数百尽行掠去，携赃纷窜猺山。

《汇报》光绪三十四年八月三日（1908 年 8 月 29 日）

贺县商人大罢市

贺县八步街，巨镇也。中有盐埠，邻邑皆取给焉。近年因银元加水，商旅裹足，食盐滞销，乃迁怒于咸货，商民谓其挽利，今年五月间迭起械斗，互有胜负。盐商六月十七日雇扒船勇丁相助，复与咸货商搏击。咸货商大败，趋至会馆取器械。见该扒船管带高某，拥土娼三人，在内饮酒。商人等因勇丁助击，早怀怨恨，即将高某围困会馆中。该邑刘令闻知此事，即带兵差前来，将管带高某放回后，反坐商人罪，拿去咸货店伴六人，监禁于狱。后判断罚银六百两，另赔高某汤药费银四百六十两，作为了事。该商人等不敢违，具结遵罚，如数缴足。忽盐商图报私仇，函嘱该令重办。该令遂坐堂提审，每人重责一百三十板，骨碎股折，血肉横飞。阖县商人大动公愤，大小十二墟坊全行罢市。适新任厘金桂令莅新，因商人罢市有碍饷项，遂起与刘令交涉。刘令始惧，情愿赔税项银四千七百余金，又卑词向众商谢罪。众商亦愿息事开市。讵至县保领，店伴仅存五人，其一已监毙狱中。众复哗然，再行罢市。计初次罢市以来，已一月有余，合县纷扰，不知伊于胡底也。

《汇报》光绪三十四年八月二十一日（1908年9月16日）

广西桂林水师哗变

广西桂林水师五队忽然哄变，劫去饷项三千金，四散奔窜。
《汇报》光绪三十四年九月二十三日（1908年10月17日）

阳朔县抽捐闹学

桂林府属之阳朔县（最好山景）为办学堂筹经费，抽民间杂捐，因此闹毁学风潮。现抚宪特委欧阳太守中鹄（现升署西省巡警道）查办此案。因欧阳太守卸平乐府任，来桂林时顺道经阳朔云。

此次闹风潮之内容，尚未查得详细，俟查明补报。

《时报》宣统元年十月四日（1909 年 11 月 16 日）

南宁六万人抗捐

南宁属居民抵抗新捐，有六万余人附入匪党，各携枪械，与官军抵敌。龙镇军遣某统领，星夜督率大军驰往该处，攻战历数昼夜之久，匪始稍退。毙匪党十余人，受伤而生擒者一百六十余人。梧州电线中断，随即修整，居民均安。同时柳州、百色等处亦有匪徒起事。张铿帅本应赴京陛见，特以桂边匪势正盛，故令其暂缓入京，督兵剿边。（初一日申刻桂林专电）

《时报》宣统二年六月二日（1910 年 7 月 8 日）

镇安贫民抗苛捐

镇安贫民因抗苛捐，一律与官为难。刻郡中已遣调兵士六队，前往剿抚。（十二月午刻南宁专电）

《时报》宣统二年八月十三日（1910 年 9 月 16 日）

广西匪乱之一斑

桂林府　广西除省城即巡抚衙门所在之全州、灌阳二县外，匪徒密布，如永福、临桂、阳朔、龙胜、灵川、义宁等县，无往而不有。盗党横行，昼夜不绝，卒使富绅巨贾避难他乡者，项背相望，踵趾相接。今则兴安、永宁又有匪徒从邻境时时侵入，县民几不能高枕而卧矣。

平乐府　府管内之恭城、富川两县，尚不见秩序之紊乱，而贺县、昭平、修仁、荔浦四县内，匪团组织三三五五，出没靡

常，大都以猺山为根据，其势力逐渐扩张。前游击军统领陈仲宾
督率步兵及炮兵从事讨伐。然其防备未周，转惹起匪党之跋扈，
亦未可知耳。

梧州府　府境内之藤县、岑溪、苍梧、容县、怀集五县，匪
党各有军械，即弹药亦不欠缺，其势殆甲全省。而该五县知县贪
欲无比，暴虐是逞，匪党利用此民心怨咨涣散之机，频肆鼓煽。
现各该县民已有陷入无政府之状态，君子于是为抱杞忧焉。

镇安府　府境内之各地方中，惟奉议州与都阳县稍有匪徒，
以碍治安。官兵治之过于激烈，以致演出种种不法行为，视盗贼
为尤甚。而都阳匪党陷落，与背水同样之境遇。或匪徒竟作困兽
之斗，未可知也。惟知府杨太守日前率兵，将匪首李开秀、凌祥
高二名当场击毙，因之匪势稍杀云。

泗城府　府境内之西林、凌云及百色、恩阳等各地方，匪党
造成一大部队，占领县内山中掘强之地位，从事四处劫掠。闻张
太守已督兵前往剿捕矣。

郁林州　州境内萝由地方有数百匪徒，时常出没，横行无
已。地方官借军队之力，从事剿伐，以期尽绝根株。

《时报》宣统二年十二月二十一日（1911 年 1 月 21 日）

广西安化厅失守之骇闻

庆远府属五十二峒一带地方，前经改设厅治，名安化厅，额
设亲兵一哨，另防军一营，归该厅抚民同知督辖。日前思恩、宜
山贼徒蠢动，该厅亦有贼踪。近忽并成大帮，直向安化厅攻袭。
前月底安化抚民同知黄玉森，因躬率亲兵登山下击，贼极凶悍，
亲兵败溃，挟黄守而奔。贼遂入厅治，焚毁同知照磨衙署，大肆
抢掠。同知之印闻亦失去。而黄守到任虽久，其眷口仍寄寓桂
林，故仅得免。桂抚现电责庆远府唐祖澍，饬速督剿，并查黄玉

森等下落。又电饬右江镇总兵李国治亲统大军，由罗城进兵，并发去新式快炮四尊。又据庆远府电称，贼党掳掠毕，已入五十二峒负隅抗拒云云。

《时报》宣统三年一月七日（1911 年 2 月 5 日）

桂西顽绅闭学之风潮

桂平中学向借浔阳书院开设。今年邑绅会议迁入桂邑书院，缘房舍不敷用，定议修葺文昌宫，作桂平中学教室及寄宿舍之用，而文昌神像照旧供奉，未尝迁移。经禀准管学，出示照办。殊城内顽绅潘国恩、林鹏飞、黄嘉言、黄耀南等，煽惑城中愚民抗阻。正月十四日，聚集城中无赖数百人，入文昌宫大闹，并毁抢校具，烧拆门栏、窗扇。县主刘令到场弹压，被各无赖环逼辱骂，要刘令扯去告示。刘令无奈，当饬亲兵将告示扯去，各无赖始释。刘令归署，行至四川楼，复有儿童百数十人，向刘令拍掌笑谑。刘令见各无赖中有一人为县署旧差役，当即拿回，笞责数十板。城绅潘国恩等复怂各无赖到县署滋闹，逼刘令燃炮释放所拿差役，复遍贴长条，要殴逐桂平劝学所总董朱金钟。全邑学界大愤，经电禀桂省抚宪、提学司、教育总会、谘议局维持，奉提学电浔州彭守，及桂平刘令查办。刘令畏城内顽绅如虎，欲糊涂了结，学界甚不平。此后风潮之增涨，正未有已也。

《时报》宣统三年二月三日（1911 年 3 月 3 日）

四　川

重庆民教矛盾 *

　　西四月七号重庆函云：予于近日往四川西部游历，今始遄返。予于沿途细察民情，觉已大异于团匪未乱之前。盖川中向日不谈西学，今则于所至之处，有以西学来问者矣。人民之接待亦甚优。往者入川游历最为可危，故教士每自讳言，今则一经入境，民间无不致敬，于天主教尤甚。若辈之所以改其常度者，亦自有故。首因团匪乱时，四川所毁教堂，教会索赔甚巨，百姓遂以教士之权较华官为大。二因团匪未乱之前，教民虽遭刻薄，而得偿甚巨，从前茅舍，现已多变为华屋，故百姓多有愿入教者，以一经入教即可获利也。据天主教教士言，此辈信教，现在虽非真心，然其后人必无假意。至于耶稣教会，虽得赔款不多，然入耶教者也不少。其意盖欲涉讼时可得教堂庇护也。故教士等每于其入教之际，细加查察，然亦未能一概查明也。

　　此次天主教教士在川所索赔款巨大，非常外人皆以此后华官喜爱天主教教士，必不如喜爱英美两国之耶稣教士矣。乃竟不然，其喜爱天主教教士也，转较耶教过之。其故因天主教士赔款虽巨，而华官即可借此搜括为生财之地，故不独不愤恨，其心且有再乱之望，以便遂其私图。故自乱后，在川洋人颇为华官所致敬，而于法人则尤甚也。

目不信教者虽多，然民间尚多顽固守旧之辈与教民构讼，即不得直亦仍不以信教为然。由此观之，不久恐仍有闹教巨案，太平景象或尚未能久远也。总之，通中国民人其顽固之心依旧未减，上等人尤甚，故信教者亦少，盖其恨教民之心实甚也。教士虽多方设法，欲为罗致，总不能成。目下地方惧教堂者多，凡民教涉讼，总不敢以教民为非，故愈触民间之怒。设有人出而倡首，即为乱矣。一千八百九十八年，余蛮之闹教不成，此辈已经见过，此后或较谨慎亦未可知，惟迟早总有一乱也。

此间亢旱已六阅月，自三月九号始，寒暑表已降至八十度。莺〔罂〕粟开花今年较往年先一月，现因旱故，各花已俱枯落，收成已无望，豆亦失收。种稻之期将至，若再不雨，恐亦不能播种。扬子江水势历来无如近日之浅者，民船每逢浅滩，必须将各货卸去，始能前进，因此匪徒遂得乘机劫夺。译三月二十一日《字林西报》。

《中外日报》光绪二十八年三月二十二日 （1902 年 4 月 29 日）

华阳团匪驱逐县令 *

西五月五号四川成都函云：成都附近处华阳县境内，团匪近竟将邑令逐去，新令虽已到任，尚不知能否弹压。川督业由成都派兵两营约八百名前往攻剿。据该团匪等声言，吾辈只欲将洋人逐去耳，如地方官能置而不问，则吾等亦不有伤华民。并闻该匪是已分向各村庄招人入会，而以红袋悬腰为记。此间洋务局亦知此辈非加以严法断不可平。以据华人言，如不趁早平定，恐五月五日若辈即将起事矣。现在洋人已不敢在华阳县经过，该匪等更声言，如有过者必杀之。近会有人解银二万两经过该处，亦为团匪所抢。译四月念二日《文汇西报》。

《中外日报》光绪二十八年四月二十三日 （1902 年 5 月 30 日）

四川团匪滋事 *

西五月八号即四月初一日重庆函云：近日四川团匪因在由重庆至成都一带各城邑滋闹，致川民又受惊不浅。其间地方官之出力者，以剑属某邑令为最。经其擒获团匪二人，即在当堂枭首示众，致百姓因此不平，群拥至署，毁其公堂。该令直逃至附近某山，始免于难。传闻该团匪等斗用器械，即温瑟斯德快枪亦有之。川督已派兵两营，前往弹压，或不致蔓延耳。此说系由乱处到来之美教士二人所述，似较确实，与寻常道听途说者不同。此外距重庆两日路程之永川县，亦有团匪滋事。缘该处某农民让田与团匪操演，为地方官所闻，即拘而置之于法。该农以富有资财，为众所推崇，自被杀后，百姓即大为鼓噪。所幸川中各地方官刻均以防乱为事，或不致酿成巨祸。其有所未妥者，只凡民教涉讼，皆不肯秉公办理，遂致民怨沸腾耳。按华人见事最明，如以公道驭之，自无不服之理，若稍偏倚，即不免有违言矣。

顷接消息言，丰都县耶稣教堂近已为匪徒所毁。该教堂本由在教某富民出资所建者，据闻该教民建立此堂之故实缘与其同族不睦，欲与涉讼，冀得教士之助，乃涉讼后教士竟置之不理，故将有改入天主教之意，果尔则天主教会又可得一富有教民矣。译四月二十四日《字林西报》。

《中外日报》光绪二十八年四月二十五日（1902年6月1日）

四川匪乱汇志

记邛州匪乱始末 邛州著匪王登五，犯案累累，雄踞石子坡中，莫之敢撄。附近有且氏女，幼字城中王某，绰号豆渣公爷，丑且贫，女殊不愿，欲改嫁而不敢。登五媒说之，且包其无事，王果不敢与争。值署崇庆州钟庆熙大令派勇拿案，闻其事，捉登五未得，挟且氏归。大令以隔境事不理，且恐登五入境，因命勇送至邛城王宅。登五闻之，率百人至城外，诱且氏出城，蜂拥去。城中绅民颇不服。前署知州吴涛遣差勇往捉，值有妖民说登五反，遂踞石子坡，有众百余，有心腹二十余人，皆有伪号，定期三月二十五日起事，先打教堂，并遣其党石老公踞合江店，称先锋。差勇与斗不胜，被杀二人，余俱带伤。吴知州请兵，上台派武员马某带靖川营往剿，于三月十九日破合江店，擒石老幺等并匪道六人。雅州府李念兹太守，信监生王兰亭言，往抚。登五投诚，多所要挟。兰亭许之，于三月二十一日设席会面，马某暗地派队围之，擒其党首二十余人。函致现署知州朱某同乡谓，此等巨恶不除，必萌大乱，不如尽杀之。朱知州不敢专主，逮往雅州。念三日，署川北道冯心兰观察升堂，给受降牌，暂行羁押，发其党于雅安县，现署县令王恩澍尽释之。其党复聚，由登五之弟统带，云须释登五，并给官职，否则仍将谋叛攻城。观察太守颇为难，现派府经胡维垣赴省，于制军前请示办理。奎师派曹仲穗观察带亲兵两哨，绕道暗往，相机办理。

记资阳匪乱始末　前纪资阳拳匪起事，兹悉其详。先是武举张某家信匪习拳。忽于某日其族男妇多人入城，口中喃喃作咒，有老妇提叉前行并成人女子蜂拥至署，自称神术已成，堪往灭洋，求胡诗旂大令给谕往打教堂。大令派差勇立捕，逃散无影。后知其踞某处，请捕厅李君往拿，获四人监禁。次日又聚众持械至署请释，胡大令佯诺之，准于十六日开放，先一日将为首著名巨匪小狮子枭示，余皆解州。遂致十九夜匪众入城，声称戕官报仇。胡大令及家属暂避后园，一面调练勇格捕，致练丁战死，匪亦奔散。大令禀由上台派营往剿，并委高大令朴岑查办，资州沈幼岚直刺亦带勇前往。匪众胆敢围城，经兵练击散，聚众离城三十里某洞。直刺及二大令往剿，不期匪抄小道猛攻，北城甚危。

二十九日，直刺命勇开炮，轰毙多人，擒斩六人，炮毙匪首张天师，余众奔散出境，尚有为首之李阴可在逃未获。乐至县系属近邻，该处拳匪亦同日起事，聚众山中，李已前往会合。胡大令已调署首县华阳，经沈直刺电禀留署一月，办理善后。高大令已委汉州，现经奎师札饬驰赴乐至，将各匪剿平再行到任。闻永川亦有拳匪，奎师已命前记名道周云昆观察，招募一营，以资调遣。

要事汇志　据四川来函言，当篙州拳匪造乱之时，英领事即照会奎制军论各州县皆有拳匪，未闻有一处剿办，此后如再有乱耗，即当电告驻京公使，由本国派兵前来保护等。因奎制军亟婉辞谢之，昨闻法主教亦有责言，尚未知制军如何答复也。

《中外日报》光绪二十八年五月四日（1902 年 6 月 9 日）

匪乱述函（资阳）

四川成都西五月十九号函云：前信曾述川中近亦有团匪之乱，计自彼时至今其势业已日甚，其最厉处则为资阳县境内。该县距成都四日之程，先是团匪于三礼拜前遣人往见邑令，求准往攻教堂，不从即将县署拆毁。其时知县见人势颇众，只得暂避其锋，而由民壮开放空枪以恐吓之。其开放空枪之故，则因中国父母官有不应自毙其民之例，故不得已以空枪吓之也。中国地方官每因守此政策，遂致必待地方上乱势已盛，始得剿办，事后该县以不再追究，致匪势日益披猖，为上台严词所诘责。闻该县城曾经团匪二千余名围困，此外另有数千名静候事成即联络一气，以为响应。该处教士闻之即遣人往告洋务局，嘱以赶紧办妥。重庆法领事亦电致驻京公使，请向外务部诘问。于是川督乃立刻派兵往剿，毙匪四人并陈尸于街市，使民间知若辈并非枪炮不入者，又生擒匪首一人，于八日前解至此间，次日即行正法。现在乱事已平，大约不日已可安静如常矣。译五月初五日《文汇西报》。

　　《中外日报》光绪二十八年五月六日（1902 年 6 月 11 日）

资阳匪乱述函

　　西五月二十九号重庆函云：近有团匪多名攻打资阳县署，拟即在署中抢夺军火，以为杀戮洋人之用。先是该匪等逐日聚会，该县亦置而不问，比及攻其衙署，亦并不设法剿除，只令施放空枪以恐吓之，故各匪亦无一毙者。该团匪等即乘机布散谣言，谓已不畏枪炮，因此其胆愈壮，而附从者亦日众。以多有灭洋之心，故练拳之人，川中已几乎无县无之。洪雅县境内教民为团匪戕杀尤众，财物亦被劫不少。

　　成都附近各处亦多有拳匪操演，官皆置之不理，此或为川督所喜，亦未可知。否则资阳县令何以非特未见其参革，且反得调升华阳繁要首缺，而候补人员之明达有识者，则皆无缺可补乎。

　　本年西正月间，川中各教会以团匪事告诸川督及洋务局者，均置之度外，无怪养成今日之祸也。

　　《中外日报》光绪二十八年五月八日（1902 年 6 月 13 日）

激成众怒（丰都）

　　丰都县革生许逢，数年前以交通会匪，经地方官通禀革黜，去岁投入福音教，在该县开立教堂。兴工未久，即控报劫案，将平素有隙之人开录八十余名，属地方官拿办。地方官以中多良民求免，彼乘此纳贿数千金，除四十余名，余则笞责泄愤。后有被诬之家投入天主教者，控于领事，照会关道，饬该县拿办，自是相继而控于县者百余人。现已解渝，经关道审讯，闻候禀大吏即置重典。

　　《中外日报》光绪二十八年五月八日（1902 年 6 月 13 日）

处理资阳教案上谕 *

　　五月二十二日电传二十一日奉上谕：据外务部进呈奎俊电
称：前因资阳县土匪聚众滋事，当经派兵击散，并将首犯李冈中
等拿获正法。兹据该县马承基禀称：县属天鼓桥地方，突有匪徒
千余，乘夜打毁英美教会所建教堂，杀毙传教鞠成鼋及教民四
名，烧毁房屋，伤毙教民三命，势甚猖獗。现已飞调防营，并添
派道员带勇驰往办理等语。似此匪势猖獗，目无法纪，亟应速行
扑灭，毋任蔓延。著奎俊严饬各军，迅即解散胁从，查拿首要，
务获从重惩治，以伸国法而遏乱萌。该教士等无辜毙命，殊堪矜
悯，著即妥为抚恤。资阳知县马承基，虽据称甫经到任，究属疏
于防范，著即革职，勒限缉获。此外，各属确保无匪徒煽惑，造
谣生事等情，务当严谕各地方官认真查禁，加意防范，除暴安
良，并将各教堂教士人等切实保护，毋稍大意。钦此。

　　《中外日报》光绪二十八年五月二十三日（1902年6月28日）

资阳匪乱 *

　　西六月五号成都函云：目下川省苦旱之处不知凡几，因此米
价飞涨，为民力所不逮。天旱米贵已足令百姓致乱，况又有北方
之团匪头目到来，将其拳术教导百姓，故致乱尤易，致匪首收徒
甚多，在资阳一带尤众。复有红灯会与之联合，于本年西五月初
傍晚时，突入资阳城，攻击县署。该匪党中妇稺均有，甚有数妇
人胆较男子尤壮。后以天雨始散。县署中伤一人，而匪徒则绝无
伤者。后经成都派兵往攻其巢，而团匪等复欲乘隙攻打成都，设
无资州府尽力办理，几被成事。以资州府一见团匪到来，即亲自
督兵开枪攻击，毙匪二十余人，乃始遁去。资州与成都相距不

远，资州苟或失守，则成都必不能保全也。此间官场志在平匪，而尤以资州府孙太守为最。盖太守办事绝不苟安畏难，当前者余蛮子乱时，重庆得以保全而不致为匪徒肆掠者，亦其功也。近日四川各处华官已纷至成都，会议剿匪之法。

《中外日报》光绪二十八年五月二十六日（1902年7月1日）

安岳、乐至民变 *

得重庆专函云：川北安岳县近有阴操、红花各教，神打仇教各会。有某氏弟兄二人，弟为阴操教匪首，而其兄入耶稣教。弟愤怒，率匪多人，戕其兄嫂。遂四出焚毁教民房屋，联合各教会，声势汹汹，有众八百余人，遂围县城。城中兵民登埤协御。资州沈刺史闻风，带领学习洋操之亲兵前往解围，开枪轰击，毙匪数十名。安岳解严，匪遂纷纷窜入乐至。

又云：安岳教会入乐至后，纠众至千余人。大吏闻知，恐酿巨患，即派兵一营前往弹压。匪恃人众，聚积一处，不肯解散，近已与官兵开仗。毙匪虽多，而匪势亦未尝稍衰。

本馆按：安岳、乐至均系潼川府所属，府城去省三百二十里。

《中外日报》光绪二十八年六月一日（1902年7月5日）

天时苦旱习拳者蔓延各处 *

西六月十四号成都函云：刻因天时苦旱，以致米价昂贵，贫人受累匪浅。其有水可戽之处，则以平时全凭雨泽播种恐已不及，即团匪亦因天旱而日盛。该团匪起于本年之初，至前月间已与官兵接战两次。一在距此不及三百里之资阳县，一在安乐县，均官兵得胜，团匪死亡不少。虽将首级十二高悬资阳城门示众，然习拳者依然蔓延各处，不过皆于夜间，或在庙堂，或在村乡等处习练耳。官员剿办虽厉，然欲遏止其锋亦非易易。最妙者雨泽早沾，则农夫可以从事田亩，而习拳之事亦可由此消弭也。

《中外日报》光绪二十八年六月六日（1902 年 7 月 10 日）

资阳拳民闹事*

西六月二十号四川访事来信云：六阅月以前，此间已有团匪练习拳艺，而尤以资阳、建州两处为最多。该处本有传教之士，始即有人将此事告诸成都洋务局，华官不甚理会。至两月前，团匪即在资阳县署哄闹，尚未肇祸。不久竟至攻打资阳县城。幸资州有官陈姓者即上城，命击以炮，伤数人，匪始散去，否则城必为匪所破矣。有天主教民数人被杀后，匪即为官兵击散，匪被杀者数十人。至他处团匪不至如此处猖獗之甚，然练拳之事，固已各处皆有。初以为无关紧要，不料六月十二日晚，天古庄教民居住之处，有大股团匪由三面攻入，于是教堂及教民房屋悉被焚烧。教民七人被杀，内有牧师一人，伤三人。该牧师年已甚老，人甚和平，平日人俱爱之。匪既断其头，复破其腹，并断其手足。有一人背其妻之母而逃，又一妇人手抱小孩，俱为匪所杀，幸小孩只头面受伤。以上所云四人，其首及四肢，匪即用以供神，复即擒至匪巢示众。余三人系一夫一妇一子，俱在家焚死。逃出者约一百余人，既无衣食，又惧匪再至。而旁人恐撄匪怒，亦无敢收留者。匪巢在一山上，足为藏身之固，其地离资州二十里，离天古庄十里。惟陈姓官现拟俟救兵一至，即往攻之。该救兵现已由泸州及成都，不日可至。惟救兵现尚未至，人心不免惊惶，至各村教民惊惶更甚，已有多人逃往别处。惟各处绅士怜匪者多，官吏亦不戮力从事，然俱尚知以剿匪为主，想不难于平定也。俟予第二次信到时，即可将剿匪各情奉告。惟此次肇事，实系团匪，并非贼匪，以其一切举动，与前年北方团匪无异也。

又接重庆西六月二十六日号信云：该处接电，知匪已被官兵击败。以上译西七月十五号即六月十一日《字林西报》。

《中外日报》光绪二十八年六月十二日（1902 年 7 月 16 日）

资阳拳民闹事详情[*]

西六月二十五日四川来信云：数日前予已将资阳团匪杀戮天古庄耶稣教民之事奉告，今请再道其详。离某村二三里有教堂一所，中有教友四十人，将入教者七十五人，问道者则为数甚多，或居于教堂附近之处，或居于别村。华牧师年已六十，人俱爱之，其居与教堂相连。教堂西牧师蛮烈，于团匪未行肇事之前二日尚在此处。该团匪来时以墨涂面，使人不认。来时正在夜半，人初不知，迨惊醒时已逃避不及。该华牧师尚未出门，已被匪杀，其情状甚惨。教堂内什物已被匪焚去一半。又教民八十九家，其屋及什物均被焚毁，逃出者俱无家可归，又无资斧。地方官虽暂为抚助，然欲求一安身之所则甚难，以亲邻惧匪不敢收留，其余别村教民亦俱逃避。匪有杀其人者，有焚其居者，团匪每于各处寻觅教民首领，欲得而甘心。凡团匪所往之处，该首领等即同于是日被害。且受害者非独教民，故平民亦俱纷纷入城暂避，所携者只贵重之物，余物则不携带矣。

近日团匪日众，救兵已从成都赶至。电线已为匪割断，当即修整。兵数太少，故保护难免不周，且各兵恐为匪隔断，使首尾不能相接。团匪声言，须索出该处洋人二名，并须戕官。设使官兵战败，本地绅衿恐亦不能自保。前数日，约有兵六十名由成都而至，离团匪驻扎之处约三百里，即在一庙暂住，才将枪械放下，匪已攻至。幸各兵曾经战阵，即由庙杀击，毙匪数人，兵死一人、伤一人，因匪太众，只得退去。

今日下午，又闻官匪有交战之事，以救兵又至，团匪不免畏惧。各兵一至匪巢，匪即逃散。官兵毙匪数十人，生擒者数人，余俱避往别山。官兵以争赃之故死一人。匪势已稍杀，但恐官兵不能戮力剿匪，匪势难免再张耳。设官兵早日极力剿办，亦何至有今日之事乎？官自督抚而下，皆有怜匪之心，村中老者偶一善待教民，即受累不浅。酿成今日之祸，实职此及由。以上译西七月十六日即华六月十二日《字林西报》。

《中外日报》光绪二十八年六月十三日（1902年7月17日）

各地匪情汇志*

邛匪王登五，已经奎制军委曹仲穗观察带兵前往雅州正法，并将纵匪之雅安县王大令撤省。

灌县青城山僧了明和尚在灌县某寺妖言惑众，以乞丐装作活神仙，耸众募化，被署县秦价人大令拿问，供认不讳，当用高笼站毙。

梁山土匪潜谋不轨，私将电线割断，现已将出首之孙长清拿获，解渝审讯。

资阳奉匪经大兵攻散，奎帅恐窜入他境蔓延，特通饬各属密扑。

耶稣堂教士海士洛纵容教民丁月亭等，现在经该国领事电告，教会已将海君撤回本国。

江北属兴隆场乡民近亦有习拳情事，王梦兰明府闻之，特轻车简从，亲往密查。

安岳因剿办拳匪，误伤平民数十人，现闻该邑士绅已赴省上控。

英国添派兵轮一艘，现已抵渝，仍停泊上游龙门浩。

美医士马君前为教民杨某与四明公司互争矿界，现在马君亦知杨某不直，因于上月二十日同公司诸人亲往踏勘。

綦江有习义和拳法者窜至永川，将陈雨、田茂才及粮户共五家，诓骗一万数千金，兹闻在綦江扑获，银数全在綦江县。庄大令以茂才听信妖言，应罚将此款移作公用。

关道宝香石观察以习拳之风甚炽，特委陈少尉至上游一带密查，现已旋渝禀复云，合州有易辅乡等数人习拳，观察因饬合州拿办。

石柱有团总某，训练团丁颇为整齐，因与该厅董明府门丁不和，特指为义和团。关道提讯，现已解渝。

《中外日报》光绪二十八年六月十八日（1902年7月22日）

川中劫案频发

据川中友人来函云：去冬十月遂宁大帮杨源兴，代客号谦益奉运银四千八百两，至遂宁属野猫溪被劫。夫头童金山、叶大顺至遂邑报案，讵孙大令讳言抢劫。越月贼赃两悬，源兴与客号上控。孙大令奉批，始饬差拿获正贼吴琳山，堂讯供认不讳。大令恶大帮上控，示意琳山诬报夫头，遂将童、叶两人用非刑拷打屈招，捶镣收卡，并将源兴收禁。客帮不服，联名上控，奎乐帅□饬臬司提讯，查明源兴等实无串通情弊，已经释回，贼等伏诛，拟将孙大令登之白简。又以去冬至今商号被劫至六七万金之多，派兵分扎要隘，复恐兵不济，特定团保新章，颁发各属，保商之意可谓至矣，川中劫掠之风或可以息。兹将去冬至今各劫案列后，小者不载。

光绪二十七年七月十一日，富顺属青山岭距城四十里，帮局肩崇兴隆李正泰二号之银，共一千五百两，被贼抢去，至今未获。

光绪二十七年九月初八日，渝城土帮春森发合成号二号交麻乡，约大帮局肩省之银八千七百两，行至隆昌属白鹤桥距城十五里，白昼被贼抢去，至今亦未获。

光绪二十七年十一月十七日，源兴合帮足肩绵州帮谦益泰银，在蓬溪、遂宁交界之金线堂，被盗劫去银四千八百余两，将押银脚夫一人沉水毙命。此案蓬、遂两邑地方官初不肯究，近闻由合州破案，银已无着。

光绪二十七年十月二十六日，嘉定聚森隆交船运往邛州棉纱十六包，行至邛属之高硬子河下，被盗拦江劫去，至今亦未破案。似此笨重之物运往何处，真暗无天日。

光绪二十七年腊月二十六日，小河押银船夫陶世伦运遂宁各铺号银，在蓬、遂交界之白鹿观河下被盗，拦江劫去银六千四百八十余两，炮伤陶世伦右脚。此案两县地方官互相推卸，至正月始出差，今未获贼。

光绪二十七年冬月十二日，渝帮裕丰厚等挑至广安王家桥银一千六百余两，州主断团邻赔银六百两，如今复断帮信雷春林赔，此刻诉明仍饬团邻赔还失赃，贼不拿办。

光绪二十八年正月十六日，三厢子帮足肩各铺号银，在射洪县属之白流寺被盗，劫去银一千九百五十余两。射洪县令办事火速，当即出差，三日内获贼七人，追出原银一千三百余两。供称，沿河抢劫皆系本地土匪所为云。

光绪二十八年二月十九日，渝城盐帮课银新盛号十挑，庆丰恒五挑，怡和永七挑，恒升永二挑，共二十四挑，计银二万八千余两，行至隆昌、富顺交界之高桥，被贼抢去。盐局详禀饬办，获贼数人，赃未获十之二三。

光绪二十八年三月初六日，叙府帮银船下渝行至合江史坝沱，被盗推半头船，劫去银三篓计一千五百两，众客衣箱十余口，零星银数不计，至今未获。

《中外日报》光绪二十八年六月二十四日（1902 年 7 月 28 日）

资阳复乱详述

资阳前次拳匪作乱，经资州沈幼岚直刺委员高璞岑大令、署县胡诗舲大令，将为首之张天师、李阴司正法，即已平静。不料官场造谣，谓有冤杀，致胡大令已调华阳，又改调廉资阳，改委马大令承基署理。马令履新，即将胡令所设防隘练勇二百裁撤，谕众：尔皆良民，焉可防如贼盗？余不似胡公之爱洋人不护百姓也。于是颂声大作，谓马乃不畏洋人之好官。值有五黄场著匪刘某，去冬投教滋事，被某司铎查革，今岁往资州入教，又被某司铎函谕革黜，归谋报复。值防勇撤尽，端午后遂纠众焚城外大教堂，杀一小教士，焚毙三教民，伤十余人，复毁城中二医馆、教民屋宇。马仓卒请兵。上宪将马令摘去翎顶，派周云昆观察带兵往剿。刘归五黄场，入距场六里之陈家寨，负固自守，奉陈某为寨主，聚众二千余人。陈本富家，年已九十五六，全家在寨被胁，无可如何。马令入寨与之议和，给钱三百千，不允。五月十五日傍晚，周军前锋至五黄场，方解甲入茶肆迎凉，匪已闻风杀至。全队不暇接战，狂奔而散，军械多失，次晨方于南津驿聚齐，只火夫二名不知下落，且将四头悬挂驿门，闻皆拦路行人迎刃被杀者。奎帅闻周军败绩，昨委曹仲穗观察、王辅臣参戎带亲兵营分并开花炮二尊，前往助剿。现大兵由南津驿分扎五黄场四面，俟陈家寨下居民二百余户迁移，即将合剿，惟马令仍主和云。

《中外日报》光绪二十八年六月二十四日（1902 年 7 月 28 日）

资匪始末详志

前纪资阳拳匪各头目，兹探确刘匪名辉王，系五黄场人。寨

主陈姓，名合泰，系陈家寨人。刘仍入教被革挟仇，因悉美以美
会教士每年系五月十二日来堂诵经做会，故定期是日起事，先杀
洋人泄愤。奉安岳著匪何布客为首，以夏布帐改作大旗，大书何
字，又有简州匪李春荣率众来会。不料美教士有事，今年先期一
日来堂，事毕即行，故得免难。十二日，焚去教堂医馆，杀一华
教士，毙四教民，劫十七家，声势浩大。陈合泰本老团总，其子
亦充团总，年高德劭，素孚人望。因现充团总之朱某通匪，与陈
不睦，指使何、刘，踞陈寨而居。十五日，周观察军败。十九
日，曹仲穗观察、王参戎带开花炮分队前往协剿。各军进逼陈
寨，本拟用炮攻击，恐良莠不分，命合泰暗中将胁从解散。二十
一日各兵负方桌面扑寨，寨上放两劈山大炮未中，登时瓦解。寨
破后，杀四人，擒二十余人。何布客率二百人奔回安岳界，李春
荣率百余人回简州界。惟刘只存二十余人，散匿五黄场乡间一
带，皆未就擒。曹、周二观察仍扎五黄场，分兵追捕，并办善
后。马大令已经奉旨革职，遣缺即委随营通判刘于礼别驾接署。

　　《中外日报》光绪二十八年七月二日（1902 年 8 月 5 日）

成都四乡饥民聚众抢米*

　　省自去冬缺雨，城中米已涨至一千二百五十文一斗，四乡饥
民聚众抢劫，日食大户。大吏昨委四州县分道办理平粜，并有成
华各绅于灵伽寺内设厂，减价售粥，每大碗只四文。近三日四乡
饥民阻米入城，聚众剖袋。市肆米已告罄，人心异常惶惶。兹经
上台委员分四门设局平粜，定每升比民价少念文，六月初一日开
局。署华阳唐耀山大令示禁囤户，昨又亲至北门外封仓两处，将
米全数充公，且连日大雨，故近日米价已跌至九十四文一升。

　　《中外日报》光绪二十八年七月三日（1902 年 8 月 6 日）

哥老会假神拳之名蔓延愈广 *

川省哥老曾到处皆有，今春川南一带天气亢旱，无赖者遂藉广西、贵州之不靖，散布流言，复以哥老会数见不鲜，遂假神拳为名，设坛惑众，召集穷人，勒捐富户，积成资阳之案。现在蔓延愈广，几于遍地皆是。惟嘉定一府，经雷太守邀集各县正绅与之约法，凡贫民无食者，设法安置之，其有不服劝解，即由各绅密报，立拘骈首，故该府一属地方较为安静。其余地方官则多从敷衍，其保教者，民心愈愤，其仇教者，匪焰愈张。近日其势汹汹，川督亦不得办理之法。朝廷已调某提督、某藩司迅速前往，倘能措置得宜，或可免糜烂之虞，否则患将不可胜言。录六月念九日天津《大公报》。

《中外日报》光绪二十八年七月八日（1902 年 8 月 11 日）

函述四川团匪作乱事

西七月二十三号成都函云：此间刻几逐日得雨，天旱一事已过，已可无虑饥馑，惟米价则仍未稍减，团匪事亦未平静。现在四川各处练拳之家几十有六七。本处近接资阳及资州两处电称，该处刻已平静，惟某县刻颇扰乱。据言，该处喜西法者，每为土匪攻击，屋宇亦多为拆毁，而戕于匪者，亦已不少。相距此间一百二十里远之某处，有一天主教徒，一家七口竟至悉毙于匪。

传闻成都附近各城邑及各村庄团匪颇多，并闻两日前曾经某营营兵将团匪练拳之某庙堂围住，由统将独自入内查看，为团匪擒而杀之。于是其所部与团匪互战，当即毙匪九人。此事在华阳县境内，离省会不过三十里之远。

团匪刻又声言将攻制造局及总督衙门，故该两处刻下防守颇严，各教堂亦然。观现在情形，士林及富室等人亦多有深信团匪者，因此洋人多离成都他往，去时由兵保护者居多。译七月初九日《文汇西报》。

《中外日报》光绪二十八年七月十日（1902年8月13日）

川省团匪蔓延

四川成都函云：传闻此间团匪日多，该匪等均由直隶来者。因川中前曾遣派官兵若干北上，嗣经招补缺额，直隶团匪闻之，以川中非比直隶炎热，即接踵到川投效，以补其缺。未几，以遭尅扣，故遂怒而溃散，分赴各处，广收徒众，教练拳术。初时华官以若辈无异虫豸，举足即毙，故尚不以为意。殊不知虽系虫豸，作怪非难，灭之殊非易易。此或因华官有见于华人从教者众，遂故意养成此种虫豸，以为抵制之计，亦未可知。盖现在川省人民均有入教之意，非入耶稣，即入天主，而怪物则潜滋暗长。加以天旱日久，适济其恶，故更肆无忌惮，四处杀人行劫，其中尤以教民受害为甚。距成都七十英里之内，教徒之被杀者，已有二十人之多。官兵所擒团匪中，男女皆有。该匪等犹自信其术为可恃，至官署时尚声请准其当堂试演，以验其术之非伪，更言可以跃身屋脊，凡诸神术无所不精。该匪等蔓延甚速，泸州以北已均遍地皆是。查其所以迅速如此者，其故有二：一为不甘忍受暴敛。川民俱言官中剥削之法甚多，涉讼则以财而不以理，身家财产必将不保，加以华官言抽捐系为赔款起见，因是百姓痛恨洋人，遂致波及教民，此一端也。其二因天旱日久。查川中人数繁多，一旦粮食匮乏，即不免多人受累。上月间，饥民无论男女均成群结队拥至富户索食，不遂其意，即便滋生事端。团匪首领又多匿于各处庙堂，今见有机可乘，即出而蛊惑，耸令习拳，致现在四川随处均有不靖之状。若辈踪迹到处皆有，华官即剿平之，亦有平不胜平之虑。盖若辈每联为一起，至村庄劫掠，迨至官兵到时，业已他往矣。只以军火未足，故现尚未能明目彰胆举事，设有他省匪徒乘机往为接济，中政府定无力以平此乱矣。

成都大员以闻有外国炮船奉派到来，心甚惶惑，特往见英国商民，商恳电致领事，请暂将船停泊某处，以免民心鼓噪，反难收拾。

刻有一英国圣经会售书人，由偏僻处售书而回。据言，团匪杀戮教民，拆毁房产，几已随处皆有，于天主教民尤甚。渠亦几遭不测，幸匿于友处而免。又据言，某处已有一售书者被害矣。以上译七月初十日《字林西报》。

《中外日报》光绪二十八年七月十一日（1902年8月14日）

传四川总督奎俊被纠参开缺*

四川拳匪大炽，省城被困，仇教抢劫，头带红巾，与庚子北京无异。乃奎制军始终并未奏报，至匪已逼城，始有电告急，然已无民非匪，无兵非匪矣。王乃徵、高枏两御史连折严参，仅将提督、藩台等官更调。今又警电迭至，万不得已，始将奎俊开缺，然仍不提明被人纠参及所以开缺之故，以全体面。盖因奎制军为荣相胞叔，故虽坐酿大乱，亦格外优容之。

《中外日报》光绪二十八年七月十二日（1902年8月15日）

奎俊奏报到京*

昨据京中捷报处接到四川总督奎制军八百里加紧折奏公文等件，有云为资阳拳匪作乱，续委曹仲穗观察、王辅臣参戎助剿失宜，城池失陷者。有云各处悍匪勾结游勇畲番苗，聚积大股，分窜各处，拦截要隘，以致通路断阻，省城几有戒严之势。二说确否，俟详再登。录七月初九日《天津日日新闻》。

川省匪势日炽，前日军机处特发电旨，饬奎制军实力剿办，毋得以交卸在即，意存推诿。以上录七月初六日天津《大公报》。

军机处前得粤督电奏，有传闻潘镇阵亡之语，军机处立即电询桂抚，著速即明白陈奏。

军机处每日接有川督电奏，陈报匪乱消息，闻川事糜烂日甚，拳匪猖獗情形与庚子北京无异。

《中外日报》光绪二十八年七月十四日（1902 年 8 月 17 日）

周云昆办理资阳事不善 *

周云昆观察前次攻破资阳陈家寨时，周军只围三面，各匪悉由南面逃遁，仅将匪首何耀山即何布客擒斩，余所杀之八十余人，皆系胁从老弱投降者。观察遂禀报全境肃清，并请将随营文武开保，免补升阶。奎帅正疑其铺张，不料未及半月，复经营县电禀请兵，谓刘、李各匪又复大聚。当即添炮队百名，前往助剿。昨续派之曹仲穗观察禀称，周军办理不善。资州沈幼岚直刺亦禀，周军有抢劫情事。法国主教杜昂亦责言，查确只何布客一人系真拳匪，观察不应只围三面，将真正拳匪全纵而杀百姓邀功，致有后乱。奎帅大怒，故观察现在万分窘迫。

《中外日报》光绪二十八年七月十五日（1902 年 8 月 18 日）

仁寿县民起事 *

仁寿县柏柳场保正熊某，素不安分，经江口靖川营管带孙某访得熊某习拳情事，带队往捕。熊闻风逃逸，孙焚其居，拿其妻孥交县收禁。熊遂声言，旧与孙管带有隙，今已遭诬，必无生理，不如起事。于是附近之黄公场等处悉行罢市，聚众焚毁教堂，六月初九日与官军接仗。孙军水陆并进，中途覆舟，死六人。陆路小胜，毙匪六人。惟言传闻此六人皆行路乡民，并非真匪。现熊匪有众数千，聚居某寨，奎帅已添兵助剿。人心不靖，颇形惊恐。藩台已将署县张三鹤大令撤省，另委唐大令接署。某日忽又有仁寿匪徒，将江口小教堂焚毁，并有伤华教士之说。

《中外日报》光绪二十八年七月十五日（1902 年 8 月 18 日）

著认真搜捕余匪上谕[*]

七月十五日电传十四日奉上谕：奎俊电奏剿破匪巢情形各节，前据该督迭次电奏，拿获匪首熊青禾等，阵斩多名，胁从亦经解散。兹据电称：本月初九日，臬司陈璚带队直捣苏家湾匪巢，夺其隘口，各军左右分抄，三路并进，毙匪一千数百人。当将匪巢攻破，匪首唐玉龙等正法，余匪窜散，即经分投追杀搜捕等语。川省土匪势甚猖獗，此次经奎俊督饬各军分路痛剿，大股已平，办理尚属妥速。仍著严谕各属认真搜捕余匪，务净根株，以靖地方，并将赈务及善后事宜妥为筹办。钦此。

《中外日报》光绪二十八年七月十六日（1902 年 8 月 19 日）

成都拳匪滋扰颇甚[*]

据瑞孚（译音）来信云：该处南面拳匪甚多，且极披猖，地方绅富之受害者，业已实繁有徒。据旅居该处之英法两国人民言，该处之乱，实因川省大吏鱼肉州县，往往惟贿是视，恒多调动，甚至前七月内县令已四易其人矣。

又据成都函云：距成都东南六十华里远之某处，拳匪滋扰颇甚，由官兵往攻，毙其九人，现已悬首成都示众矣。该处外更有数处，民心为拳匪蛊惑，故多有深畏其不久即蔓延全省者。惟将来百姓是否附和，则全以米价之贵贱为衡，倘米价日涨并不稍减，则一交冬令，即不免可虞。总督心地虽好，然其才干实未足以胜任也。译七月十七日《字林西报》。

《中外日报》光绪二十八年七月十八日（1902 年 8 月 21 日）

兴文县数百人起事 *

近日哄传，兴文县有滇匪数百人踞某场，官兵往拿，被执多名。告以我辈皆刘黑旗旧部，因营官尅扣饷项，又遭遣散，不得已为匪，到此暂住，诸君大可归田，免似我辈下场，否则不如投我，不失发财机会。并出示军械，皆一色洋炮、无烟弹，谓尔辈无此利器，若敢再来，徒自送死云云。叙州府文太守焕，前因教案撤省，昨藩台牌示饬回本任。奎帅面谕，招募一营防剿，当经太守请派丁忧通判曾朝祜别驾管带。奎帅以别驾带营剿办资阳拳匪，未便调往。太守遂请以李都司某先行管带。

《中外日报》光绪二十八年七月二十日（1902 年 8 月 23 日）

四川华阳匪乱详述

前记六月十七日省城外石板滩拳匪肇乱，兹悉同日北门外二十五里龙潭寺地方，亦有拳匪于文昌宫闭门演习，署华阳龚子曼大令带府练前往拿办。某哨官攻破庙门，跃马而入，被匪登时破毙，全队败北。龚大令退居二台子请兵。奎帅当命调署富顺之前署华阳县唐致远大令，率亲兵营百人往剿。十八日到二台子前面，匪即大至，皆左执小旗，右提刀叉。接仗发炮，全军稍挫，被匪伤马一足，阵亡马夫一名，兵二名，官军杀匪九名。唐大令请添兵百名，督队再战，洋炮一发，毙匪四十六人，挑回首极，其中童子最多。城中谣言四起，多有疑为妄杀者。十九日早午晚三战，毙匪二百余名。晚战破场，焚去场首尾草屋数十间。二十日，陈六笙臬台亲往该场，居民迁徙一空。乡民纷纷递禀，自称子侄某某被匪诱习神拳，屡禁弗悛，故已自行驱逐，如被官军拿获，恳请严办，但求无追究父兄云云，至百余纸之多。拿获旗帜，皆书某教某会信义团字样。各防军各呈首级二十余颗请验。忽有一人佯狂而入，被执，自称红灯教首，当即杀，却身有符咒厌镇各物。廉访即派勇二名，往外侦探。行至田边，忽有匪自高粱林出，将二勇戕毙。傍晚，匪又大至，官军斩杀颇多，皆前者既倒后者踵进，舞刀念咒，若痴若迷，毫不畏死，中以童子为多，且至今不知为首何人。二十一日拿获奸细二人，搜出函件，皆持往仁寿，约仁匪速派大股，于二十二三日会攻省城，当即斩首。二十二日，有人入场下战书，约明日大战。廉访杀之，函禀奎帅，谓匪众数千，饥民更夥，皆信邪教，不畏惩做。官军现只四五百，不堪一战。奎帅当即飞调新都团练四百，星夜入扎各隘助战，并调新自雅安归亲兵二哨前进，二十三日天明开仗，至酉刻报称，不分胜负，惟杀匪十余人。

《中外日报》光绪二十八年七月二十日（1902年8月23日）

川中近事述要

六月十九日，金堂县属（成都府）距省九十里之姚家渡地方，忽有拳匪将该处教堂焚毁，并伤教民无数，踞场负固。奎帅派兵往剿，尚无头绪。是日省城防堵吃紧，北门八点钟始开，晚五点即闭，内外出入拥挤，早踩毙一人，晚四人。

金堂拳匪起事，戕司铎一人、教民十四人。代理县事丁良干大令到任之日，即出一家九命之案，验归着急吐血，次日又出命案，遂病不起。越日而拳乱起，无从出而保护，致主教责言，当时撤省。

龙潭寺（在省城北门外二十五里）拳匪起事各节，旋经陈六笙廉访率带亲兵营连日攻剿迭胜。查悉为首乃廖观音、何仙姑、曾佛祖、王老君、某诸葛等，旗书"观音会信义团"字样。廖、何皆女流，曾、王则老翁。六月念三四等日大败，退至石板滩。廉访念六日进攻，又退往金堂县姚家渡一带。廉访于念七日由滩率师向金堂进剿，刻尚未归。

仁寿县（属资州直隶州），黄公场造乱之团首熊某，已经曹仲穗观察拿获正法，惟党羽尚聚数千，不时开仗，攻剿未能得手。

省城谣言四起，奎帅委陈六笙廉访、刘子贞观察开设缉捕总局，四门各委正办州县一人、佐贰帮办二人，旋又改为总查局，以总捕局面较小也。

奎乐帅因成都附近各属匪乱不已，营勇不敷调遣，特檄调松潘镇丁雁廷军门，带兵入省助剿。

省城内外团练、保甲局办理甚善，惟令〔今〕岁城外委员屡次奉查有无人民习拳，皆称无有，现竟匪蜂起，奎帅大怒，各员颇受申斥。

臬台陈六笙廉访以川中人心浮动，俗尚浇漓，特申禁二十八条，颁发各属。

前纪四五月间，川省被御史参劾官员甚多，上至奎帅、员方伯，曹、黄二观察，凤、沈二直刺，下至各州县不少，又督辕武巡捕何某亦在其中。

昨奉上谕，员方伯调皖藩，张曾敩方伯调川藩。皖缺甚苦，闻方伯已决计告追。

署新都陆邦炯大令，因虐毙职绅一案并得贿各事，于二十日回省晋谒时，当经奎帅谕收待质所管押，并饬成都县妥为看守。闻已于十五日具折，奏请革职拿问。

　　长寿县（属重庆府）有天主教民某、耶稣教民某，以口角细故，彼此相争，遂至械斗。沈大令秉钧捕得数人，拟照律治罪，旋经司铎保释。闻两教尚相持不下，办理颇为棘手。

　　美医士马君为教民杨某与四合公司争矿一事，兹闻该教民将聚众与该公司械斗，大有不可理解之势。张振之大令于此事颇觉为难。

　　川西绵州于前日下旬大火，全城烧去过半。

　　川中本年亢旱成灾，经某侍御奏请，现闻奉旨在户部提款三十万，赈济灾区。当由奎乐帅出示宣谕，以靖民心。

　　安岳、乐至与简州各处，均有饥民聚吃大户，闻简州经曹仲穗观察带兵督办粥赈，始为安靖。

　　《中外日报》光绪二十八年七月二十九日（1902年9月1日）

四川民教冲突*

　　西八月二十八号重庆函云：目下成都所来消息仍不见佳。据闻成都东南相离四十英里远之汉州地方，近有团匪将天主教民攻打，被杀者一千五百名。法国炮船亚利，今夏本在岷江来往，闻此消息，即由其船主携带麦格星快炮一座、水师兵一队，就近登岸，前往汉州查察。川督闻之，即向现在岷江之英法两国炮船统领商劝，不得来近成都，并谓如来成都，不特于事无补，反足使民心震动，转为有害云云。按此次法国炮船舰主带兵登岸，亦只借以恐吓川省大员，将来可多得赔款而已。殊不知赔款虽多，川民必更贫穷，而其不服之心亦必加甚，其他实无所用也。天主教神甫虽不愿多事者居多，然其劝人入教，则全赖华教士之助。而华教士即藉此揽权，以遂其志，祸端遂由此而生。其司铎之居心又与神甫相反，其中尤以成都某司铎为甚，故华人遂以朱老虎名之。当一千八百九十八年，因余蛮子之乱，瑞孚（译音）地方之天主教【堂】被拆后，该处神甫所索不过一万八千两，而成都乃铎责以其所索过少，痛詈之，令其开三十万两。

年前予曾以川民为天主教刻薄，迟早必然生变等语奉告。盖华人心志颇坚，凡民教争办之案，华官苟不为秉公断理，则必生变，即身家性命亦所不顾矣。

即以开县天主教某神甫之所为观之，恍若中国辖境之内后亦若有一辖治之权。先是该处有父欲逐其子，而父转为其子所杀者。按杀父之案罪不容诛，固天下各国所同然，而中国则视之尤重。往年某城亦因出杀父之案，竟致隳平其城。此次开县之案，其子于杀父后即投入天主教，由天主教为之保护，依然逍遥法外。此说为该邑知县所亲向予言者。该县以案情重大至此，而不能究办凶手，恐百姓而生变，故已告退。厥后有该处内地会之教士，亦言及此，所言竟与该县相同。盖天主教中首领以见耶稣教士各处均有，其心不乐，故更刻薄加甚也。凡望川省太平及望川省振兴之辈，俱不愿教士在川踊跃传教，以教人欲至天主堂，固自有路，自不必有引导之人也。倘外人与华人来往举动间，苟俱与耶稣道理相合，则华人自必钦佩不遑，如犹不足，则可以耶稣出笈广为分派，开其智识。倘自见耶稣之善，固无庸以传教为也。观于现在情形，凡各国在中国邦国教士引治外法权者，将来必酿成祸患不少，一旦发作，商务亦将尽坏矣。译八月初九日《字林西报》。

《中外日报》光绪二十八年八月十日（1902年9月11日）

函述四川拳匪近情

西九月十一号重庆函云：川中拳匪逐日蔓延，而地方官竟无从阻遏。据最近消息云，匪首刘某所统六百人，皆用长矛，在离重庆五十英里远之某处扎营，近日颇有动作之意。传闻该匪等定于中历八月十五日攻打重庆，惟虽有此言，而实事则尚未见，故地方官一意尽力防范。惟重庆营兵虽云一千，实则只有二百名，今且派若干往攻该匪，守兵单薄，于防守事宜恐难言足恃也。近日官兵在成都外与拳匪交绥，竟任拳匪入城。按该兵为总督护兵，且系洋操，而又持有新式快枪者。拳匪则所用不过刀矛，尚难拦阻，其为无用可知。闻四川全省官兵共有五万六千名，惟每逢一处恐有拳匪到来，即派兵往守，而拳匪则无处蔑有，故亦有防不胜防之势。目下各武官所畏者，有洋人来川游历，以每有洋人到来，即须派兵护送也。上月法领事由重庆往成都，华官特派兵四百名随行以为沿途保护。此外又有两教士同时赴成都，重庆道亦派兵九十七名护送该教士等。此往亦并非另有他事，不过因今年成都适有试事，欲往派书耳。然此举实非相宜，以此等处最易生乱也。英领事深知此理，故力劝英人不可入内游历，以一经往游，不独于自己性命攸关，且使华官派兵供应，反多为难之处也。查四川扰乱至此，亦由前督奎俊无才所致，其属官又有顽固者数人，奎则无言不听也。新督岑春煊此来日夜兼程，异常迅速，闻其人颇有作为，年只四十四岁，即前云贵总督岑毓英之公子也。

成都之北有城名绵竹者，其左右颇多红灯照，会中之人惟在绵竹则尚不滋事，今已南来，与拳联合一起，所为颇极残忍。每至村庄劫抢富户，除掠取财产外，必将其人杀害，时有至一二百人者。今各处已均戒严，凡属大路，悉经派兵日夜看守。惟目下米价各处均极昂贵，每斗竟须一千二百五十文，较之前十年已涨至两倍。米价既涨，而百姓之资则仍未稍加，百姓又多赖之资为生者，致百姓以无食故，遂有为乱之心也。译八月二十三日《字林西报》。

《中外日报》光绪二十八年八月二十四日（1902年9月25日）

兼署成都将军川督奎复奏藩司等员被参各款折

　　奏为查藩司等员被参各款公折具陈，仰祈圣鉴事。窃奴才承准军机大臣字寄光绪二十八年四月二十三日奉上谕：有人奏川省饥馑，盗贼蜂起，请饬严课吏治一折。据称四川吏治之弊，匿灾讳盗，相习成风，藩司员凤林不甚留心吏治，成都府何麟祖庇属吏，坐视不问；前署遂宁县徐樾酷刑讳盗，请饬查参等语。川省民情浮动，盗风甚炽，全在地方官认真办理，以期除暴安良，著奎俊按照所指各节，确查具奏。另片奏：知州周镕、杨燮吉、郑敏珉、高汝干、魏时璟、罗桢等六员，贪劣异常，请严行查办，治以应得之罪等语。著一并确查，据实复奏，毋稍瞻徇。原折片均著钞给阅看，将此谕令知之。钦此。遵即札饬按察使陈璚、候补道曾穗，秉公确查。兹据详称：为原参川省吏治之弊，匿灾讳盗。去年秋旱，迄今春夏，除川东重、夔以下三月已得透雨，此外皆旱，嘉定、叙府尤甚。川北保宁、顺庆所属，则自庚子秋旱迄两年，颗粒无收一节，查明顺庆、保宁两属，庚子、辛丑两年收成，自一二分至五六分止，实系欠薄。当经分别轻重，酌减旧捐，免更派新捐在案。本年春旱失收，共计南充、简州等七十三所州县，均经酌减新旧捐输，拨款提谷，分别赈粜，原折所指灾区仅言其半，其非隐匿可知。又原参有江湖、孝义二会劫掠四窜，兵役大率通匪，此风甚于川西南，蔓延东北邛州、大邑、崇宁、灌县、双流一带，无日无抢劫案，无夜无枪炮声。本年二月初旬，哥老会六十余人，由川北三台县携枪炮驰至中江县回水铺，伤死十余人，劫去六七人。潼川府知府派三台、中江两汛官驱逐，而汛官纵容尾送，任该匪抢掠柏树寨、观音桥等处四五日。送至两县交界之石板滩，匪徒突入富家大宅，盘踞逾日而散，而汛官即歌舞而归，报称出境。知县徐樾为督臣奎俊幕友，

奏调入四川，委署遂宁县数月，县民报盗八十余案。徐樾俱勒以
酷刑，不准言盗，旋调补威远县优缺。雅州保甲委员徐亨，因获
盗匪与永宁道兵役交通，遭巡道黄立鳌怒责。该员畏祸逃走。川
南之江安、长宁、永宁、纳溪一带，盗风更炽，著名匪首邓瀛州
与其党罗海廷等，以边界之郭家坟为巢穴，常率数百人四出抢劫
一节。查川省江湖、孝义二会，川东最多，哥老会匪到处皆有。
粮户通匪以保家，兵差通匪以换利，亦所难免。地方官兵力单
薄，防不胜防则有之，尚无讳纵情事。本年二月间，积匪王登武
纠众诈抢，意图起事，所有成都、邛州交界州县，山深林密，自
为防范，演放炮声是所特有。自王登武伏诛，其党获惩之后，地
方渐次安谧。中江回龙场民王元礼，二月间被贼绺窃，经约保获
贼刘润娃，送县中途遇匪，逼令释贼，放枪拒捕，将约保陈福等
轰伤，劫去张仁兴等布匹钱文，并将钟翱度等掳去。经中江县桂
秀移会汛弁康锡诰，带同兵役赴柏树寨、观音桥截堵，当将钟翱
度等夺回，捕获匪首刘驼子、匪曾花保等二十余人，讯供审办，
未闻有匪徒盘踞富家，汛官尾送歌舞之事。知县徐樾由江苏候补
知县奏调来川，委充文卷委员，并非慕友。二十五年九月，委署
遂宁县，励精图治，严办团练保甲。是年盗案最少，绅民感戴至
今，以好官称之。其任内仅报邹显荣等家被劫五案，先后获犯禀
办，并无讳匿，讳八十余案，自系传闻失实，应毋庸议。泸州保
甲委员典史陈亨，捕拿蓝田场周伯如家劫案，仅起微赃，要犯逃
逸，缉捕本不得力，复敢藉捕生事，诬害平人。绅民朱廷杰等联
名控州控道，经知州荣麟、署永宁道黄立鳌将其撤差查办。该典
史畏咎潜逃，业已奏准革职。匪邓都洲等，以川滇交界之郭家坟
及云南土司地方为巢穴，屡经咨滇会拿。另案所参之永宁县知县
杨昱，即以缉捕不力撤任，自应责令地方文武会滇严缉务获。又
原参布政使员凤林，实年七十六岁，精神衰败，性癖诗文，不甚
留心吏治一节。查藩司员凤林自莅任后，凡课吏、筹款、行政、

用人，无不尽心整顿，治公事为家事，力求振作，精力甚健，并无性癖诗文之事。又原参成都府知府阿麟，先任潼川府，藉事敛费，即著贪声，既任首郡，任用门丁王大，广纳贿络，现成都府各属盗贼横行，州县贿纵，该府坐视不问一节。查阿麟在潼川府任内藉事敛钱，查无实据，及莅成都府，失察门丁，现于另案详复，业已奉旨革职，免再议。又原参盗贼在川西南者，已非常法所能治。前川东道黎庶昌因铜梁、大竹一带盗风甚炽，禀请便宜从事，因选廉干州县，率兵数百，驰往捕获，即行正法，然后禀报数目，遂绝根株。川省贤员为嘉定府知府雷钟德，课吏治监，贤声卓著，因事不遂志，现尚请假闲居。候补道凤全、资州沈秉堃，皆精明干练，治盗有声，如重任此数员以后，治盗听其便宜办理，必能奏效一节。查川省治盗承缉官照例参处外，又严定章程，现在每获盗犯，大半照章就地惩办，核与前川东道黎庶昌办法并不相背。嘉定府知府雷钟德，上年因病请假回省就医，旋即委署叙州府事，以病未痊辞，销假后又委署重庆府事。邛州知州凤全，本因上年计典卓异，请咨引见，因嘉定府属多盗，令其暂缓进京，委署府篆。资川知州沈秉堃，奉旨补授成都府知府，现已饬赴新任。

（续昨稿）又原参知县周镕，素与成都恶少浪游，有马贩子之名。初任平武县，因名声浪〔狼〕藉，撤任记过，停委十年，与阿麟门丁王大结为弟兄，夤缘阿麟，注销停委，遂得委署乐至县。凡遇词讼，逼两造纳贿，视轻重以定曲直，如不遵断，即以重刑惨酷纳贿之家。不肯给钱，即刻提讯，再改判词。贫民控富民，如状词太轻，即令门丁授意改作，以期刑求。因差恶索义全当铺一案，使门丁代草词状，逼勒当商纳贿二千金一节。查周镕素性好马，往往售劣留骏，时人即以马贩子嘲之。光绪二十二年委署平武县事，年满交卸，查无记过停委即注销委案。据二十七年轮委到班，委署乐至县，有无黉缘之事，所称纳贿屈断、酷刑逼钱及授意门丁改轻作重，查无实据。惟上年七月有蓬溪县人杨清和，向乐至县东街邓忠和当铺赎取布衫，与典伙口角。杨清和赴县指控，适邓忠和先期下乡。周镕以该商抗传，将铺伙枷责锁押，饬交邓忠和到案取验当帖。邓忠和畏惧，央人向门丁王大贿托，酬送银五百两，旋即完结。本年四月周镕交卸，邓忠和扭王大向接任知县孙绍龙呈控，退银三百两。臬署及潼川府署均有控案，现在批饬严究。又原参江安县知县杨燮吉纵盗殃民，劫案山积，富民王泰来被匪掳勒赎具控，杨令指为通匪，酷刑索赃千余金。当商张济成缴昭信股票银一千两，该令以百两票挖补给之，上控有案。上年撤任时，携去县民契纸数十张，值八万余金，献重金往取，继任官悬牌重征，因以为利。近闻该令又委署崇宁县，贪横纵盗，一如前任一节。查江安县知县杨燮吉在任三年余，共报范广顺等家盗案十三起，尚无讳盗被控之案及纵盗殃民之事。光绪二十四年县王泰来被匪掳去，勒银释回。因保人等咸称王泰来通否自取，杨燮吉信周保之言，将其薄责。王泰来心怀不服，啧有烦言，查无索赃情事。光绪二十五年勘办昭信股票，该县当商张济成缴银一千两，当将原银申解藩库。维时部颁股票未到前，藩司饬填实收一张，注银一千两。杨燮吉查系改补，饬原领绅士向司封查问。据云实系填错改正，加印发给。当商怀疑上控。核对司署存报，银数符合，并无弊窦。惟杨燮吉交卸江安县时，因买业税契各户未缴税银，将契随带进省，随经业户携银到省领契。虽查无令献重金实据，居心究不可问。至后任悬牌重征，并无其事。杨燮吉署崇宁县仅有周远珍家盗案一起，查无贪横纵盗实据。

（续前稿）又原参长宁县知县郑毓珉，每日县民报劫案数十起，概置不理，纵差通匪，诬指良民为盗，常年押禁二三百人，无一正盗，瘐毙者累累一节。查长宁县与滇省相近，常有匪徒混迹，郑毓珉到任至今，据报方秀亭等家盗案共八起，破获者半。每遇民间报案，亲往履勘，购线严缉，尚属认真，亦无每日数十起之事。民间佥称郑毓珉廉勤慈祥，断无纵差通匪诬良为盗情事。惟外监所押窃贼及追赃待质人犯，常有六七十人，偶有患病取保即行身故之犯，已饬逐案清厘，随时讯释。又原参署〔合〕江县知县高汝干，素比顽童，通哥老会。赴任时顽童、会匪随往者客栈俱满，会匪阴报党羽，抢劫城乡，巨案累累，竟匿不报一节。查高汝干任内据报胡燠南等家盗案六起，破获者半，高汝干居心要好，操守尚廉，惟素性嗜酒，不甚检束，家丁李写生及刘姓者，皆系洮达轻薄少年，高汝干信任不疑，以致李写生等得力妄为，串通官亲赵连璧，嫖赌招摇，人言啧啧。又原参署隆昌县知县魏时璟，一月劫案数十起，概令改为盗窃，又令被劫之家出差役费，县民李清和、张师宽等以此倾家。上年办助饷捐，锁押县民蓝肇元、薛襄廷等，勒派收捐，分作四成，以三成缴总局，余皆隐瞒一节。魏时璟于光绪二十五年委署隆昌县，任内仅报客民莫洪顺等在途被劫二案，并无上控改盗为窃案。据其张师宽等家劫案，系前署该县乐顺任内之事，未能破获，照例开参。二十六年十一月，李清和家呈报窃案，魏时璟亲勘，因系小失，窃赃甚微，未经具报。至令事主出费缉捕，张师宽等因此倾家，查无其事。助饷捐输，魏时璟未即举办交卸，接署知县李尧瑞到任，所收银两日解藩库。蓝肇元、薛襄廷均在李尧瑞任内因案被押即释。魏时璟既未劝捐，即无锁押蓝肇元等之事。又原参前署宜宾县知县罗桢赃案山积，县民列为贪榜。其情节较重者，以谋杀三命未决之彭姓要犯，因在监多年开小押，尚积资数千缗，罗桢属其献纳，竟行释放，虽经撤任而所有赃私已成巨富一节。查接署宜宾县其子及家丁人等招摇撞骗，罗桢不能禁约，所谓赃案山积，列为贪榜，盖即指此。光绪七年县彭五经与廖明蛟未婚通奸，将本夫谋毙毁尸一案，前署该县谭振元将彭五经拿获，供情狡展，因无要证，将彭五经监候待质。罗桢到任，彭五经央人与门丁耿姓关说罗桢，以彭五经监禁二十年，上司衙门均无获犯案据，当予省释。该犯曾否献资，虽无实据，而城乡传说殆遍，未必无因。叙州府文焕曾饬罗桢捕回彭五经，仍行监禁。讵彭五经投教避匿，查拿不获，是以先将罗桢撤任各等情前来。奴才复加查访，情节相同。候补知县周镕信用门丁被控有案；江安县知县杨燮吉心术不端，巧于谋利；候补知县高汝干嗜酒失检，任用匪人；候补知县罗桢操守难信，物议沸腾，应请旨一并革职，以肃官常。长宁县知县郑毓珉，查无劣迹，舆论亦好，第长宁现值多盗，拟请另拣简缺对调，俾资造就。候补知县魏时璟勘明窃案，未经禀报，应请交部照例议处，所遗江安县缺，川省现有应补人员，应请扣留外补。所有查明藩司等员被参各款，理合恭折据实复陈。伏乞皇太后、皇上圣誉训示。谨奏。

奉朱批：另有旨。钦此。

《中外日报》光绪二十八年十月一、二、四日

（1902 年 10 月 31 日，11 月 1、3 日）

四川近事述要

昨得川友来函，所述各节虽皆系八月间事，而言之綦详，用特补录如下：

署督岑云帅自入川境，沿途微服骑马而行，接差办差各员概不得见，亦不入馆驿。八月二十三日由绵州一日至新都，无有知者。前署汉州之高朴岑大令因欲面禀己事，追从数日，不得一见，后知短褐戴笠乘马入极小饭铺早膳者，即系云帅，坚恳同行；某巡捕代禀求见不得，只得痛哭而返。云帅遂于廿四日辰刻抵省，始坐四轿，由北绕南门而入。两县曾借商务局作行台，未

住，直入督署，暂居五福堂内。

新都唐家寺有坟山数堆，旧名八阵图。八月二十二三两日，有拳匪数百，将各坟堆挖毁丈余，云取武侯宝剑，适见接新帅者纷纷过境，即行散去。廿六日又往挖，并言以千人来迎岑帅，经陈方伯派兵捕获十七人，余皆逃散。

二十七日夜，北门总查局委员胡君拿获拳匪一人，名熊揖让，中江县人，手执鹅毛扇，前后贴朱符，身怀各种操习符咒一本，并红呈一张。讯供本系良民，因中江某团总招集百余人习拳，兹奉军帅活孔明将令，前来俟岑帅入城，伙众投递红呈，因未赶上，故在城外暂避。其呈大略云：谨将天人一揆论具禀大人台前，窃维蜀中无天，频年荒旱，故百姓练习神拳，州县催科烦苦，洋人欺凌我朝，故我辈创立顺天教，替天行道，扶清灭洋，只须大人不获洋教帮同攻打我军，按念法咒，可避枪炮，即可灭尽洋人云云。下书中江文生毛文彬、寒儒某某暨熊揖让，均各具花押。当经奎帅饬两首县严行监禁，以俟彻底根究。二十八日，东门外八仙桥，忽有拳匪将刘姓全家杀毙，并连劫八姓，均诬以投教得财，将房焚毁。是夜东门外赖家店地方，又有拳匪多人向教堂连放排枪，经营队往捕，已闻无一人。又闻是日新津县教堂亦被拳匪打毁，当经围众击散，并拿获男妇七人，中有成人女子各一，皆头裹红巾。

廿九日间，兰州城内当铺被匪毁劫。川中自拳匪倡乱，各营勇丁不少冒功滥杀良民，卖放匪党，肆行罔忌。岑帅莅任，控告者不少，特出示严禁，以后如敢再犯，定行按律惩办。省中因拳匪之乱，动称关圣、灵官、观音各神号，成都沈幼岚太守特示禁止民间设醮。岑云帅入川后，即派员察视各灾区及匪乱各地，接篆后又复续派多员前往各处密查。日前陈五公子拿获拳匪多名，禀知岑帅。岑帅闻五公子平日剿匪所伤平民甚多，特饬华阳县收禁待质，俟伤养好即行亲讯。绵州魏直刺承恩以邻封皆匪乱，请

兵弹压。上台恶其虚惊扰民，将直刺撤省，另委泸州荣仲文直刺
接署。署富顺唐耀山大令，前在华阳县任内剿匪伤害良民，被人
告发，现已撤省。

　　　　《中外日报》光绪二十八年十月六日（1902年11月5日）

各地匪情*

　　资州匪首伪总统凌天顺，自四月起事，抗拒官军三十余次。
八月二十一日，署州牧王朋德太守调集威靖、巡缉等营，合围云
台。观当时独南面之威靖营未烧号火，凌遂由南而遁，因是物议
沸腾。二十七日拿获凌匪讯供，知与该营哨官毛、徐二人通，是
日行贿七百，得从大寨门而逃。岑帅得悉，委丁鸿臣军门、张九
章观察往讯得实，遂禀请将管带谭二、尹长焜及毛、徐两哨官正
法，并请将约束不严之统领周云崐革职，永不叙用，交地方官严
加管束，以后不许投效军营。

　　资州王明德太守先后擒获伪元帅曾洪春，伪统领谢廷辉、张
飞鹏、张飞虎、陈利全二十余人，均已正法，资属匪势大平。

　　署资阳马道节大令阵擒匪首刘霸王，复被仁寿匪首李飞龙夺
去，现饬安岳等处将李严拿。

　　九月十二夜管带威远军中营陈大浩司马，即陈方伯之五公
子，攻破苏家湾、四方碑匪巢，拿获唐、周、罗各匪首十七名，
并各种印信、军册、旗帜、符咒无算。

　　九月中旬，遂宁县复兴场忽来拳匪数百，将云峰寨占据。署
县赵阶平大令调团请兵攻打，匪由安岳、大足一带遁去。

　　十六日四鼓，泊扎华阳县苏码头之靖川水师营第五号炮船，
被匪劫去洋炮三杆，当经转战夺回，匪由仁寿界之五佛洞而去。

　　威远军管带陈副将友珍将铁脚寨攻破，杀匪无数，尚有王家
沟老巢未破。

顺庆、南充、康家渡、蓬溪，均被拳匪窜扰。

九月二十六夜，巴县属珞璜石中坝有某官眷行舟停泊于此，被匪劫去衣箱十三口，船主受伤二人。次日入城报案，当即饬差通缉。

日前岑制军批署彭山县知县江继祖禀云：迭阅该令来禀，惟以匪徒未在该县滋事为幸，庸懦真堪愤懑。然现在该县境内已经被匪窜扰。该令怜匪，奈匪不怜该令何？昨已将该令调省，此后不必用其怜，亦无庸用其幸矣。仰营务处转饬道照缴。

日前岑帅忽扎饬营务处黄海楼观察云：据派出密查，查得驻扎汉州三水关之威远前营管带李必富，其倅强奸赖姓孀妇。著将李立即撤差，并亲往将其倅讯明正法云云。观察当即前往，查明并无其事，惟八月内勇丁石邦玉，曾强摘赖民孀妇柚子，以致口角。赖氏鸣冤，李必富曾将石重责。团保纷纷具禀，恳将李军留驻卫境，当即据情禀复。岑帅又命行营营务处祖直刺绳武前往提讯。直刺即将石鞭责，石遂称差官孔某之子命我去的。直刺即喝将孔军前正法，以为强取民物者戒。经团保绅民叩头乞恕，未蒙邀准。

岑帅札委奏调东川之行营营务处祖直刺绳武，查通省防营，准其先斩后报，已于十三日起行出省。

川中武备学堂所聘日本教习松浦宽威，于九月二十七日由渝起行入省。松浦君原带有炮兵、骑兵、工兵各一人。署川东关道贺纶夔观察派勇丁四十名护送。

本年夏间，英人向关道宝香石观察索地一段，建修房屋，观察即以打枪坝与之。重庆镇初瑞廷镇军以该处向为练兵之所，不欲付之外人，即据情禀知。岑帅即将宝观察申斥，另行委员来渝查办。

《中外日报》光绪二十八年十月二十二日（1902年11月21日）

函述拳匪进攻潼川事

西十一月七号四川潼川府函云：此间拳匪乱耗依然，日有所闻，前一起虽散而后一起又接踵而起，致潼川境内景象不堪，中外居民亦皆未敢安居。日前甚欲攻夺潼川。先是潼川县某令及总兵某君，以为潼川左右尚可无虞，而相隔一百里之某处闻有拳匪盘踞，故特协同带兵往攻。不期去之未久，至十一月三号之晨，突闻城外杀声陡起，一面又闻枪声大作，余竟为所惊醒，未几即止。而城中奔走之声亦起，盖派兵至城墙守御以为戒备也。至天明，始知为拳匪攻城。盖拳匪在城外附近操练已久，今见知县他出，以为有隙可乘，不难将城攻破，尽杀教民，而乘势劫抢店铺货物也。故其来时以若干攻城，而以若干往据城外炮台。幸守台之兵奋勇与战，始将拳匪击退，伤其四面，擒其一。拳匪往攻炮台之意，盖一则欲尽取台中军火器械，一则得此炮台即可为其攻城之助也。幸其计不成，否则实有不堪设想者矣。至被擒之匪，前曾充当团练，近始投入匪中者，由此可知团练每与匪通，实不足恃也。并经供出党羽甚多，现已擒获不少，其中头目二人亦在就擒之列，故迩来被擒拳匪处斩之事亦几日有所闻。事后经地方官查出拳匪屯储火药之处，更有中国自铸大炮若干座，以备攻城之用者。所幸知县及总兵归师迅速，不然正不知如何底止耳。今潼川城中百姓安分异常，保护城门及巡察街道亦颇尽心，观此可知华人亦知团匪滋事非仅为攻打教民，不过借此为名，以乘机肆劫耳。盖潼川府属教堂及教民受害者固巨，而不入教之民受害为尤甚也。

此次当拳匪攻城后，有致信地方官者，谓被擒之某匪须予释放，否则必灭潼川云云。地方官即羁押其送信者，而并不如其所请。

新任总督及各处新近更调之地方官，办事均极尽力，故其功效亦颇大。倘百姓冥顽不灵，仍从事于拳匪之术，恐将来不免大加杀戮也。译十一月初二日《字林西报》。

《中外日报》光绪二十八年十一月三日（1902 年 12 月 2 日）

川中匪事（节录）*

叙府隆昌县属石燕桥，距城二十里上下，前月二十八日午后，有匪百余各执利器，抢盐商银一万余两。众畏该匪有快炮，不敢前捕，听其远飏，至今未获。

金堂谋反票匪，为首者姓梁名豆腐，逃匿中江，经中江县范大令拿获，业已解省正法。

前办营务处赵鹤龄观察，因误释金堂匪徒曾星五，曾由岑帅将观察撤去射洪厘差，勒限缉获。兹悉曾匪拥众自卫，匿迹山中，观察悬赏二百金，毫无影响。昨经署县李淇章大令亲至省垣为观察缓颊，恳将观察调回，否则观察在被〔彼〕，该匪永无出期，不如展限由县踩缉，庶可就获。岑帅已允，观察于前月二十七日回省。以上访稿。

《中外日报》光绪二十九年四月二十一日（1903 年 5 月 17 日）

川中近事述函

岑帅调任两广，已奏调警察总办李观察光觐、教习周孝怀、主政朱观察荣璪，及前调至川中各武员概行同去，以致防营管带纷纷更调改派。

赵鹤龄观察误纵匪徒曾星五一案，兹闻法教士杜昂谓，曾系仇教之匪，遂借此挟制，谓观察受贿纵匪，如半月不获，则前议苏家湾教案赔款一律作废。闻原索三十万，岑帅已允给十三万可了，现翻议索五十万，已允二十万，尚未了结。

合江改书院为学堂，因书院与圣庙紧接，拆修时致伤官墙二三尺。该县顽固诸生群起而哗，即赴泸州上控。经州牧李、永宁道吴批斥不听。该县令通禀岑帅，大怒，以六百里滚单饬将该生革黜，锁解来省，严行惩办，以为阻扰学堂者戒。

署江津县武西昆大令，因不撤门丁，被岑帅查觉；又有抢案二十余起未获一人，当将大令革职留任，以示惩警。

前纪隆昌石燕桥劫案，兹悉该匪系由叙永郭家坟出巢，劫后取道泸州渡江而归。经过海潮寺时，与团勇相遇，该匪心虚先行开炮，立毙团勇数人。邻近团练齐集，将该匪围困。后闻泸州李直刺调安定、威远两营剿捕，尚无消息。

前纪南川有匪窜入渝中，调勇弹压一节。兹悉该匪仅百余人，与南川及贵州正定团勇千余人交战，该匪大胜，劫掠富户，焚毁团首韦某房屋而去。韦某全家遇害，南川全境震动。闻该匪亦由郭家坟出巢，所用皆新式快炮云。

渝中近日因有南川匪乱，谣言大起，重庆府张振之太守饬各城门委员留心稽查，城门傍晚即闭。

《中外日报》光绪二十九年四月三十日（1903 年 5 月 26 日）

川中近事述函（节录）

调任粤督岑云阶制军已于四月十六日午刻交川督印，即于是日申刻率同奏调文武各员，起节东下。

闻岑帅以广西军务吃紧，非多知兵武员不能自济，前特专折奏调四川提督马介堂军门同往。

岑帅将行之前，所有去岁办匪文武各官，应行禀保，以致各营署办案异常匆忙。

南川匪乱已纪前报。兹因该匪归巢，将川黔交界之厘金关一所劫掠一空，银则携去，钱则散给平民。

华阳银家坝教案，已经岑帅委荣县濮丹吾大令详勘，议赔二万六千金，一律了结。

前纪法主教因赵鹤龄观察误释金堂匪徒曾星五，要索赔款一事，兹闻观察已与杜主教晤商，杜允从缓办人。

彭山教案经康大令寿桐禀称，前任江大令继祖及某大令并未亲勘，致岑帅罚江及某万金，尚未了结。

《中外日报》光绪二十九年五月七日（1903 年 6 月 2 日）

将官叙永通匪激变 *

岑帅前派副将黄国桢往叙永一带充当密查，讵黄通匪，擅将匪首招为一队，带同游行。匪等诬古蔺州某某仇家为匪，黄率众往拿，致枪毙平民多人。团练见系匪来，亟集与斗，毙匪八人，伤十余人，始知黄之所为，大为不服，几至民变。

古蔺巡检史恒勤二尹极力弹压，将两面所毙之人验明通报请办。惟团众尚聚而不散，又有贵州所委某员来叙拿匪者，适逢其会，兹亦被围。厅丞周岐山直刺电禀岑帅，命将黄保礼追夺，解送入省，发交营务处贺稚珉观察详讯。闻观察拟问以斩罪云。

《中外日报》光绪二十九年五月十八日（1903 年 6 月 13 日）

川函补述纵匪始末

金堂著名匪首曾星五，春间被防管带陈君友珍缉获，解送入省，岑帅当发营务处总办赵孟寅观察审讯。观察讯无确供，将行释放。陈闻知，复将其党曾某解省质证。署县李淇章大令亦禀曾为金堂要匪，去岁率众仇教，戕孔司铎，现在尚有党徒数千未散，此患不除，川乱难平等语。观察置之不理，复讯一次，面禀岑帅谓无供，请释。岑帅允许。乃曾回金堂，各路匪党争迎，鞭炮声连日不绝。李大令据情上禀。岑帅派人密查不虚，即提前后案卷查阅，见观察于县禀并未著批，似未曾寓目者。岑帅怒观察蒙禀，即传申斥，勒限往缉。法主教因是责言再三，托人解免，始允缓办。岑帅于交卸前，札行司道，数观察罪状中，有昏庸疏惰萃于一身等语。如久在川，必定参处。此事两登报端，兹始得其缘由，故急录之。以上访稿。

《中外日报》光绪二十九年五月十八日（1903 年 6 月 13 日）

米贵民怨

省垣米价涨至千六百文一斗，每斗重三十斤。沿街均有匿名揭帖，谓官不惩囤户，不平米价。昨日首府始出示晓谕囤户，毋得遏籴。

《中外日报》光绪二十九年闰五月二十六日（1903 年 7 月 20 日）

匪徒骚扰綦江*

四川、云南交界郭家坝地方，自匪邓瀛洲久为川滇之害，岑帅曾经入奏，谓当以全力注之。讵岑帅去任，邓即异常猖獗。统领立字各营和直刺廷彪，曾杀其党百余人，邓近日声言报仇，屡出骚扰綦江一带。其军火概系无烟炮，竟于前日将岳副将培高击死。现经和统领将其家属拿获，请示安置。

《中外日报》光绪二十九年六月二十七日（1903 年 8 月 19 日）

川省防剿陕西匪乱*

又云前纪陕西土匪作乱，川省派营防剿一节，兹悉系兴安府城匪徒作乱，打毁教堂。此城与川省城口厅交界。以上访稿。

《中外日报》光绪二十九年七月二日（1903 年 8 月 24 日）

记四川武备学堂

武备学堂分教日本人某氏，屡于堂外滋事种种，虐待学生，曾在操场毒打速成科学生杨肇锡、丁慕韩二人，几至毙命，医治数月始痊。后又凌辱学生赵璧辉，众论不服，总教习松浦氏已于六月初四日将某斥退回国，另聘日本某君充当分教。

中教习顾君用名臧，系岑帅由湖北延聘来蜀。顾讲求教育管理最周，诸生异常爱戴，又以原著《治旅述闻》添译数卷，名曰《战法学》，作学堂课本，现已刊印成书。

自总办马良存观察调办警察后，武备堂即由罗崇龄观察办理。罗不谙学堂事宜，诸事任听委员王佩珪等舞弊，堂中医药各款概行侵蚀，众皆怒。有监督朱光忠者，人极粗鄙，本李木斋星使之翻译学生，由福建武备学堂总教习某君荐与松浦氏，得充翻译监督，初报捐巡检，现又过班知县。其人除东语外一无所长，且狂躁自尊，学生每有小过，必破口凌辱。七月初三日，有速成科学生刘正谊偶患头痛，晚间点名未名排班，仅于门内侧立。朱谓：尔乃妇人耶？何作倚门卖笑？众大不服，刘不堪其辱，次日具禀缕述情形，恳请辞退。乃观察以刘不安本分，竟敢讦告长官，非革黜押赔堂费不可。中教习顾君用为之不平，出而为刘请命。观察不允。顾于初六日照章特发传单，请阖堂官员、教习会议此事。观察避匿不到，光忠、佩珪等均谓该生如此倔强，非重办不可。顾愤极，于初十日辞馆。各学生无从挽留，只得各具礼服，于堂外排班敬送。经顾再三峻阻，始各退回。七月十五日，监督朱光忠制成洋式小帽、皮鞋，令学生戴。学生金谓中外皆无此军服，学堂亦无此礼服，实系日本车夫之帽式，不肯全戴。朱大加威逼。有速成科学生王君国斌出班对曰：此头可断，帽不能戴也。于是速成全科六十人同声相应，朱惭沮而罢。次日，忽有一匿名禀状，谓王身家不清，曾作优人，朱即准理而无原告。王实巴县世家子，曾补某营实缺千总，弃官来学者也。

新督锡清帅于七月二十日抵省，朱监督前数日制成洋号褂二百件，令学生一律穿之出迎。旋闻沿途接差营兵有洋式装束者皆遭斥责，遂不敢用，仍着操衣，然此款无从报销，闻已亏累不赀矣。

锡帅接印后，以罗崇龄观察嗜好甚深，办理武备学堂声名恶劣，当众大加呵责，斥令以后不准再行晋谒。观察惶悚无地，退后即浼某公力恳出洋游历。值外务部请今冬派员赴日本阅操，锡帅已允，即委观察前去。武备学堂委成绵道沈幼岚观察接办。以上访稿。

《中外日报》光绪二十九年九月一日（1903 年 10 月 20 日）

合江巨案

泸州合江县之新场镇富户甚多，素为匪徒所垂涎。八月二十日突来匪徒百余人，各执快枪利炮，入场焚劫，杀毙居民数十人，伤者百余人，妇女小孩因逃落水者，尤难胜数。是役共被劫去财物约值数万金，焚毁民房数百间，诚从来未有之巨案也。是日适值新任县令受事，当由董保等飞禀该令，随至泸州回禀永宁道曹观察，当着随同泸州李牧下乡查办；一面电禀督辕，请示办理。旋奉复电，着李牧督同将此案停妥，再行离任。盖李牧交卸在即，新任官已择于九月初四日接篆，不意遽出此巨案，致交卸在迩之旧牧，甫经到任之新令，同遇此棘手之事云。

《中外日报》光绪二十九年九月十九日（1903 年 11 月 7 日）

加厘滋扰（成都商民罢市）

成都加厘，前月开办，如柴、米、油、面、小菜、水果、草鞋之类，无不抽收，遂致罢市。现已改定各城门，但抽整庄，不抽零贩，当可安靖无事。

《中外日报》光绪三十年五月二十五日（1904 年 7 月 8 日）

西充罢市述函

西充苦旱，禁屠求雨，该邑绅粮又请祀城隍，开屠演剧。农民以为不应开屠，集数百人至县署大哗，请将成命收回。刘大令不允，农民益闹。大令亟命堂勇弹压，农民飞奔，踏毙六人，被勇伤三四人，城中因此罢市。顺庆府某太守特派员前往安慰。

《中外日报》光绪三十年七月十九日（1904 年 8 月 29 日）

广安州毁学述函

广安州学堂前由胡保生庶常、蒲伯英主事、顾巨大孝廉诸人，因庙地改建。该庙僧与该州劣绅屡有阻挠，去岁上控省城，护院陈大笙方伯大为所惑，学堂几废。今川北大旱，若辈乘此造谣，谓玉皇不安其位，致有此灾。愚民不知，随声附和，遂纠众将玉皇抬至学堂。时适暑假，教习学生俱不在堂，执事人等不能抵御，众遂蜂拥而入，将学堂拆毁，并将胡庶常住宅打坏。此案不知如何了结。

《中外日报》光绪三十年七月十九日（1904 年 8 月 29 日）

西充县令虐民纪闻

四川顺庆府西充县，自四月至六月，久未得雨，两县官照例求雨禁屠。某日为城隍会期，乡民纷纷入城，见肉肆售肉如常，怪问其故，曰："系奉县官命售卖者。"乡民大忿，群至县衙诘问。县官曰："是我命彼等如此，因现在要捐肉厘，若常时禁屠，捐从何出？"众闻言，大哄闹。官怒，调团练至，击之，众奔避，踢死者十七人，受重伤归而死者廿四人。于是民大骇噪争控。官遣人四出逻视，得十余人，拘之而归，均用站笼站死。学堂中学生又欲起而与官为难，官又捕诸学生收禁。有逃归乡间者，复命差役分往捕获。绅士控之府，府檄令至诘之，令反怒曰："现在百姓嚣张已甚，我力压之尚恐不胜，何大人反袒庇百姓，而责我耶！"遂驰去至省，欲控本府。该令狂谬可谓至极。现已由川中绅士电致北京同乡京官，业经在都察院递呈控告。

《中外日报》光绪三十年七月二十七日（1904 年 9 月 6 日）

志商民罢市详情（重庆）

重庆罢市一节，前已据专电登报。兹得来函，特将罢市情由，详录如下：

重庆新厘抽收出关百货，其零星旱挑向不收捐。本年总局改章，络续设卡，征收旱挑，各城门盘查刁难，人心鼓动。经道府电禀锡帅，以局员赵仲卿直刺办理不善，即奉撤委，檄署府张振之观察兼办，裁去一切琐碎苛虐弊政，人心以安。未几，陈心畴大令奉委来局，渐改张观察定章。入秋以来，横征苛罚，不可枚举。八月罚寿康祥三千六百金，下旬罚庆泰麻行黄某一千金，各城门苛刻难言。大令又兼摄土厘，派差四乡，搜索讹诈，勒索城乡商民，结怨日甚。初十午刻，一药贩出储奇门，贩有渝中仿造阿胶，每盒值数十文，罚至十倍。该贩以罚过买本，请将阿胶充公，该局不允，将药贩锁押，致药行药铺关闭，自储奇门、石矼子，以及大梁子等处皆罢市。十一日，陕西街、新丰街各大商业字号铺户，亦一律闭门。其未闭者，全城不过三分之一。现在当道尚无调处之方。此事如何了结，后当续闻。

《中外日报》光绪三十年九月二十七日（1904 年 11 月 4 日）

重庆罢市始末纪实

重庆新厘委员陈心畴大令，原系河南候补知县，锡帅从陆天池观察之请，奏调来川。本年春间，川省厘金总局改定新章，增抽旱挑，重庆各城门厘卡盘查刁难，征及零包，几于酿事。商帮禀恳当道，电禀锡帅，乃将赵仲卿直刺撤差，委重庆府张振之观察兼办。观察在渝多年，深悉利弊，商民信服，删去苛细，实行新章，上无苛罚，下不虚饰，渝境以安。月余陈大令奉委接管，渐有更张，任意苛罚，乡民买物出城，辄以不服盘查，送县枷责，怨由此起。

大令兼管土厘，派差四乡，搜刮乡间，囤土之家不堪骚扰，或指为瞒厘，或诬以搀假，诸多勒索，结怨日深。

九月初间，有一药贩出城，共药三十余包，曾经完厘，中有洋参一小包，值银一两有零。储奇门厘卡逐一开拆验看，谓洋参为广药，厘票概系土药，殊有不符，应罚五倍，该贩委而去之。药帮发售各贩，最为琐碎，如此刁难，各贩裹足，于该帮商业大有妨碍，故药帮之怨尤深。

初十日午刻，一药贩出城，中有重庆仿制阿胶数盒，每盒买本值数十文，乃该局罚至一百余文。该贩请充公，不允，弃去，复被锁押。因此药帮罢市，自储奇门以上，至石矼子、大梁子一带皆闭门。

十一日，陕西街、状元桥、新丰街均罢市，各帮会议，不许下货出城，外来之船不准泊岸。

道府县会同商局总办周太守，传集各帮商董在县庙会议，遍询疾苦。商人将受害情形略陈大概，始言阻拦大帮一层，最碍商务。盖大帮所带零件货物，多系打样自用之品，琐碎之至。该局挡阻，逐件开拆既虑遗失，信函亦因此宕延，消息阻滞，受亏不少。请将大令撤去，照前张振之太守办理，并将数月以来所罚二万余金交出，作地方公用，即仍旧开市。关道据情电禀锡帅，复电有云：苛政固宜速除，刁风亦不可长。商人闻知，仍未开市。

十二日，闭门尤多，惟茶酒饭店开门。道府又复电禀；一面传集各商董面谕，展转劝导。午后得锡帅电，大令撤差，委署府张振之观察兼理新厘。关道据电出示，众情始转，然示中有"陈令办理过于认真"数字，人心犹有不服。未几，张太守示出略谓：按章抽收，删除枝节，力崇简易，不事烦苛，如有不便，许商人赴局告诉，即行改良。众情悦服，始允十三日一律开市。

案重庆商务繁盛，英人比之梨花埠，商人纯朴，加厘写捐，向无阻抗。动集巨款，急公好义，有为他埠所不能及者。至罢市之举，惟前十九年丙戌民教失和一见。此次罢市三日，实因大令率同司事差役苛细刁难，人人忿恨，有以致之也。

《中外日报》光绪三十年十月四日（1904年11月10日）

四川房捐罢市详志

警察总办成绵道沈幼岚观察倡议抽收房捐，鉴于各省酿事，故改名灯油捐，八月节拟开办，因思皇会在迩，又复停止。后饬各街举办皇会，均各遵依且极热闹，观察以为警察命令呼应甚灵，遂详请锡帅批准，定于今正开收。

初总局议章之际，东大街某委员传集约保协商，众问收数多寡，某对以大铺月三百文，小铺百文，众皆愿意。乃次日亦出定章，则大铺应收千文，或八百、六百文不等，小铺亦二三百文，众始大哗。约保问某，某坚谓并无此说，遂相率而去，由此大生阻力。

中路委员亦将科甲巷各铺户传齐集议，不料甫经发言，群起而散。

此后各街谣言纷纷，匿名揭帖四路分张。观察知民情怨谤，遂又出示以原定灯油捐只须二万金，省中户口只四万九千余家，应免捐之户居其三四无疑，如不止此数，局中每年无论何月，收足二万金即行停止，次年再办，以昭大信云云。

十二日，各局员挨户复查定数，东大街各大铺均谓总府街大铺甚多，俟彼办起，即行遵照。总府街则又以当照东大街为词。十三日，总府街委员查收捐数，有数家抗不肯出，遂向约保稍加申斥，并问阻挠为谁。巡兵约保出问，该铺等言，若定要出钱，我等只得关铺。一巡兵云，谁怕尔关。不料一声喊起，总府街全行罢市。一时由棉花街、科甲巷、下东大街至城门一带，均纷纷闭市。观察又出一简明告示，谓捐数只收二万，每年只办四月，决不食言。以后如有他事，亦决不照此派捐，无信谣言云云。百姓愈形喧嚷，即引为前此果有欺骗之证。

其时东大街月兴面馆，因开卖夜堂，登时被人打毁，所有夜市地摊亦均被人驱逐。

锡帅当委冯廉访彻查，因何办理未善，以致激众，不知廉访如何禀复。

中路街灯多已被人打毁，夜间竟将青桩拔去，警兵避而不敢过问。

十四日，上中东大街、锦江桥、青石桥、顺城街、鼓楼街、提督街、暑袜街及稍有生意处，一概罢市，不准售物，全城汹

泅，其不罢市者仅偏僻数小街而已。各国领事、教会均纷纷上院
求请保护。警察官前往弹压，掷石抛碍，不能开言。臬司、首府
县亲往劝谕，有勉强开者，去后仍然闭户。午后藩司许方伯亲往
各街停舆晓谕，谓凡事可求府县作主，不可如此立饬启门。于是
总府街、科甲巷、棉花街、暑袜街各门市约十分之五以外，均允
十五日开市，不知以后如何了结也。

　　《中外日报》光绪三十一年二月三日（1905 年 3 月 8 日）

川省嘉定乱徒滋横

　　二月十七日成都电云：比数日前，四川省嘉定县之乱事，较
前更烈，红灯会之人亦与闻此事，彼等似有仇教仇洋之举。有兵
三营业已发往滋事之所，闻此等兵士已全行受创，故目下又预备
派援兵前往。译二月十八日《文汇西报》。

　　《中外日报》光绪三十一年二月十九日（1905 年 3 月 24 日）

重惩指使罢市

　　警察总办沈幼岚观察，前以因捐罢市，查系张大昌指使，当
经拿案审办，并将所开总府、华兴街二洋货铺查封，大昌重责游
示，迄今尚未开释。灯油捐则由首府两县帮办，何日开征，亦尚
未定。

　　《中外日报》光绪三十一年二月二十日（1905 年 3 月 25 日）

四川拳匪起事详记

　　犍为地方自李子杰大令莅任后，匪案迭出。近有上下江匪
徒，勾结私枭，演习神拳邪教，于二月初一日，聚集铁山地方，

谋为不轨。附近之罗城铺保正蔡、王二姓，探得消息，密报大令，往获二人。其一即王姓之子也。于是各匪遂往铺聚集，挟王入城，保救其子。迨王至城，其子已装高笼站毙，遂归。匪以王不应害及己子，遂立斩之并及其全家，又屠蔡氏，旋焚抢约保、富户、学堂、教民无算，劫各回教，使食猪肉，兼从彼教，仍归铁山，全城戒严，闭关以守，惟南门尚开。初六日，适有靖川水师中哨哨官把总史久豫，带领长龙二号炮船护送合州厘金总办泽观察至渝，溯流而归。舟至铺前，知有匪乱，适见拳匪十余名，红巾裹首，蜂拥而来。史即振队上岸，击散各匪，四围搜查，无迹，始返舟上。驶至石板溪，复见匪踪，该船靠岸。匪乘各兵正在拉牵，尚未登舟，一跃而入。史仗剑抵御，斩其渠魁，然匪至过众，仅有一兵一柁工，皆已被杀。史遂力竭而死，被匪分尸入河内，抢取军火，围攻南门甚急。续备、安定附近各营齐往救援。初八日一战，毙匪三人，伤匪数名，擒匪二名，围始得解。各匪仍聚铁山。川督锡帅闻警，即拨续备前军，由省分水路二哨、旱路一哨前往进剿。统领安定军盐务总办赵观察，亦调重兵往保盐岸。

旋又查得此项乱党系属红灯教匪，锡帅近又委柴星甫太守，统领续备中军前往剿办。

资州初有拳匪起事，经兵团拿获头目刘飞虎一名，身佩镰铅锡合铸一印，约方五寸，中篆符箓，四角镌天赐玉印，边镌十二时辰，背作虎形，左镌□□大帅刘飞虎，右镌□□大将何仙姑，柄上刻有"扶清灭洋"等语，当即正法。

昨闻简州亦有拳匪谋叛，尚未得详。

《中外日报》光绪三十一年三月二十日（1905年4月24日）

四川宁远乱事详志

宁远附近三瞻夷乱未平，而两教又复寻仇，结匪战斗，警报时闻，兵至则匪散，兵去则匪聚。兹有都司卢明阳带队入内，行至彭村地方，遇伏阵亡。锡帅业已入奏。将来三瞻定须改土归流，两教仇杀，各死百余。锡帅照会法国主教、领事，毋再派人入内，教士游历亦可从缓。该领事复称：贵部堂向来办事和平，万不料现在决裂如此。教士人等仍须常川前往云云。

宁远两教本无大仇，因有痞匪苟级三者，抢案累累，又素与耶教教民不合，遂投入天主教。去年该处司铎贾某，曾作一事为苟所知，遂勒逼该司铎出一字据与之，许以后不再声张，但须尽力保护于彼，否则仍将出首。贾县恨之刺骨，然不能制，苟遂结匪与耶教为难，将某教民家抢杀焚烧，并奸其妇而裸其全体，以游于市耶！教人大怒，亦招集多人与决死战。苟又勒逼平民入教，不听者指为已投耶教，抢之杀之。忽一日，苟率众至场，每家用牛粪和泥贴于门首，声言被贴者皆耶教也。知者纳资求免，以外尽行劫掠耶！教中遂与酷战，互有伤损。不惟官府不能弹压，即两教主亦不能约束矣。

《中外日报》光绪三十一年四月十五日（1905年5月18日）

四川富顺民乱

四月念四日，本馆重庆访事来函云：富顺县近有大乱事，闻系由征抽警察税过昂所致。乱民攻入署内，华官之生命甚为危险。该处有英国教士数人，其平安与否不得而知。英国战舰佛壳与领事拉瑟尔君，已于昨晨由重庆开行，前往泸州。肇乱地方之道台，本驻节于该处，故目下正极力设法以保其治安。译五月初六日《捷报》。

《中外日报》光绪三十一年五月七日（1905年6月9日）

富顺土匪滋事

　　得四月二十六日重庆来函云：顷得泸州来电，其文如下：富
顺土匪闹事，县署被焚，英国威进、武科二兵船拟上驶保护教
民，俟得有上回电，即行开往。

　　按富顺县属叙州府，在府东北一百八十里，府治离省六百五
十里。

　　《中外日报》光绪三十一年五月十一日（1905 年 6 月 13 日）

岳池罢市

　　岳池盐岸因官私相争，营勇拿私，误入民房，致有罢市
之事。

　　《时报》光绪三十一年十二月二十三日（1906 年 1 月 17 日）

巴州民变

　　成都电云，巴洲〔州〕因办酒捐激成民变。

　　《汇报》光绪三十二年三月十八日（1906 年 4 月 11 日）

渠县团总抗捐倡乱

　　四川渠县土地场团总陈鸿图积欠酒捐，经县令屡次差追不
缴。八月初复派役提追，讵陈鸿图竟杀差二人祭旗，纠众三四百
人，日夕操练，并用符水惑众，预备抗拒官军。川督锡清帅闻
报，立派巡防军左营及左军中营前往查办。

　　《时报》光绪三十二年九月二十日（1906 年 11 月 6 日）

红灯教匪猖獗（开县）

四月二十三日，夔府开县所属浦里南门场跳磴场及岳溪场等处，所有教堂、学堂以及教民住宅均为红灯教土匪拆毁。闻匪首乃一跛足道士，余党约二千人，中有三百人曾习过洋操者。究其原因，乃因猪捐、土捐、膏捐、学捐过重，及民教不和所致。按学捐定例每天每人捐钱一文，若一户十人则每天捐钱十文。廿四日，开县侯大令闻警，派右堂汛厅前往弹压演说，不料反为彼等所辱，各逃回署。万县周大令恰于是日上任，闻耗即电致川东道夔州府。时万县福音堂铁牧师亦有电致重庆。廿五日，侯大令带同练勇、亲兵、衙役约二百人往陈家场。匪众闻信，即将陈市教堂、学堂打毁。当侯令驻陈家场时，突来徐姓一人，自称红灯教侦探，当即捕获，就地正法。逾片时，即约有匪众二千余人，直奔前来，侯令逃避，兵勇受伤者约四十人，中有文案一名，体操教习一名，当即毙命。周大令亦于是由随同县汛，带营勇二十二人、警兵三十名、衙役三十名前进，驻扎于距万一百二十里之新场地方，以作防御之计。二十六日，英、德兵轮各一艘抵万县。二十七日，有营兵数名逃回万县，报称已为红灯教所败，亡者数人，伤者数人，而一概军器皆为土匪所有矣。二十八日，周大令回万。二十九日，开县福音堂吴牧师夫妇二人逃至万县，亦云幸矣。近来万县谣言四起，居民纷纷迁移，大有草木皆兵之势。三十日，重庆来兵一百五十名，夔府来兵一百名，业已进发，风闻教匪经已入新宁境矣。

《时报》光绪三十三年五月十二日（1907 年 6 月 22 日）

四川边事近闻

打箭炉信云：月前近巴塘之太格地方，喇嘛僧家纠合土匪二千余人，到处抢劫，与官兵轰战。赵督闻信，立遣大兵前往助战。兹悉兵弁行至葛巴地方，驻喇嘛庙之僧侣号召居民及匪徒等，胆敢堵截去路，与兵大战。官兵燃炮击伤僧匪甚众，但官兵死于是役者，亦实繁有徒。该处死亡枕藉，触目惨然。闻目下似稍平静，但喇嘛首领声言，仍不肯干休云云。

《时报》宣统元年十二月十三日（1910 年 1 月 23 日）

崇义桥罢市 （成都）

成都县属之崇义桥，本最繁盛之乡场，忽于三月初五日通场罢市。因巡兵前数日于某坐场差役家，搜得烟土□碗，已经暗中说有差事（川省所谓差事者，民间遇有差役敲剥，私许给以银钱，求不见官，以期私了之语）。讵该巡兵又复入其宅滋扰，以致某姓愤恨之极，持刀杀伤六人。其地距省城仅数十里，县令闻信，当即到场，将各首人等传讯，押令交出凶犯，而该场居民大受惊扰，遂至罢市云。

《时报》宣统二年四月二十九日（1910 年 6 月 6 日）

反对烟禁 （湄州）*

湄州乡民反对烟禁，将禁局衙署拆毁。该郡守已撤差，滋事首从被逮者十余人。（十五日未刻四川专电）

《时报》宣统二年六月十六日（1910 年 7 月 22 日）

纸业民众与官兵冲突（铜梁）*

四川省铜梁口纸业匪民，刻又在板桥场地方起事，大肆抢劫，与官兵抗抵，声言为水家市正法之二友报复，声势颇烈。（十七日未刻成都专电）

《时报》宣统二年六月十八日（1910 年 7 月 24 日）

成都屠户罢市*

成都屠户每猪向抽捐四五十文，近由厘局示加至八十文，于是相率罢市。（十九日未刻成都专电）

《时报》宣统二年六月二十日（1910 年 7 月 26 日）

德阳反对禁烟*

四川德阳地方居民反对禁烟，仍种罂粟，与官兵对敌，被兵砍毙五十余人。

《时报》宣统二年七月五日（1910 年 8 月 9 日）

四川兵变

四川永宁营参将某，素行克扣军饷，虐待士卒，以致鼓噪之事时有所闻。日前竟全营谋变，迫电省请援，叛兵胁诱日众，几至不可收拾。现已扰至云南中甸境内，彼剿则此窜，此剿则彼窜，大吏穷于对付。川督电奏到京，日作已发出廷寄一通，饬该督相机剿灭，毋稍疏忽。

《时报》宣统二年九月十五日（1910 年 10 月 17 日）

严谕学生之由来

四川总督日前来电云：四川全省学生以要求国会罢课，颇归罪于邓镕及孝可二人。邓孝可君，日本留学生，于北京官场界中颇有名誉，亦度支部主事也。川督欲朝廷以严谕解散之，闻政府已有通电严饬矣。又东三省代表某，及天津学界某均有自尽之说，想见四方风动之概。又前次大连开国会请愿会时，有美国副总领事某君入场观礼，为大众所殴，负伤颇重，现已成为国际问题矣。廷寄严谕如下：开设国会既以宣统五年为确定期间，乃有不法之徒藉速开国会为名肆行煽动，学生愚幼无知，被其蛊惑，纷纷罢课。查学生不准干预国事，曾经先朝明谕载在文凭，乃日久玩生，不守法纪，皆由管教各员未能认真防范所致。著该督抚等严饬提学使及学堂监督、提调、监学，切实约束，勿令滋生事端，倘有视为具文因循误事，定惟该督抚等是问。钦此。

《时报》宣统二年十二月十三日（1911 年 1 月 13 日）

四川黔江失守之续报

黔江（川属）文生温朝宗聚革党三千余，于客腊初七日在彭水、黔江交界地方起事，围破黔江县城，王令走酉阳，戕毙武举孙常礼，毁坏监狱局所，势甚汹汹。经瑞督派兵由咸丰（鄂属）进发，会同川兵剿办。兹据督后路巡防队第三营统领崇欢及施防营统领陈某禀瑞督之电谓：温见官军一到，知众寡不敌，俱已退入凤江老巢。官军围攻日久，温众大溃，首领温朝宗当即就擒，同时又获党羽二十余人，一并就地正法。其余俱已四散逃窜，乱事俱已大定云云。瑞督据情业已入奏，旨派王人文（蜀藩）会同瑞督将乱地善后事宜妥为办理，并将在事出力人员一并择尤保奖云。

《时报》宣统三年二月一日（1911年3月1日）

施鹤道施南府禀鄂督文（黔江革命党起灭记）

窃黔江匪首温朝钟聚众叛乱一案，已随案电禀宪台，并奉历次电饬遵办在案。兹特先行防堵及现已捕灭详情，谨为宪台缕晰陈之。宣统二年十二月初八日，据来凤县周令绍光电称：闻黔江革生温朝钟聚众骚扰川边，职道知府以咸丰密迩黔江，即派王管带泽吾带兵四棚前往防截，并迭派侦探分赴边要去后。又以咸丰未设电局，有事必由来凤转电，即飞饬来凤县，就近探访确情，随时电达，俾通消息。初八日夜，奉宪台齐电，刻日酌派驻施防营先往，并派驻宜一营继往协剿等因。奉此，维时王管带已拔队起行矣。根据探报，黔城已于初七日早失陷，监狱、局所、教堂全毁，温逆设一伪官，即退凤池山等信。查温朝钟系黔城文生，充当教员，因事褫革，潜入凤池山，藉联英会及社会煽惑人心。咸丰徐令曾悬赏百元，购拿未获。此次聚众谋逆，尚未及发，其叔温秀海与有积嫌，即往黔江、咸丰告发。徐令因温秀海亦非善类，恐其摇动人心，暂与羁押，一面专丁来郡飞告，而黔江失守之□亦至。职道与知府筹商，咸丰西境蛇盘溪、大路坝、线坝、虾蟆池等处与黔江紧接，均属要隘，而利川忠路一带亦甚吃紧，又饬利川县吴令整顿城乡各团，另募练勇，分在边要。其时黔江警报迭至，咸邑愈觉可危。幸县城及李子溪、虾蟆池等原驻有防营三棚，徐令又赶办乡城及丁寨等处团防，及初八、九、十等日匪党知咸有备，未敢轻犯。十一日，王管带至咸，探知匪党颇众，且有窜咸之信，飞请速派援军。职道、知府以事机迫切，即添派防营两棚、哨官一员，于十二日早续发。又虑咸丰无城，与副将商酌，派刘守备藻芬带练兵四棚，专驻咸丰县城，以壮声威，均经电禀在军。十三日又据徐令、王管带禀称：黔江来凤要道有二：西北一路由大路经过燕子阡、尖山等，梅子坪至咸丰一百六十里，乃偏避小路，山深菁密，贼易窜伏，因飞饬王管带由此路驰往黔边，兼顾咸、利，相机进剿。西南一路由朝阳寺、丁寨等处至咸丰县城，仅九十里，路稍平衍，人口较繁，已有团防堵御，因饬徐令带领防营随时巡察，先顾内地，俟宜防兵到，再行会剿。十四日奉宪台寒电，准次帅元电，酉阳州杨牧亲带两营堵剿，兵力较单，请鄂省速行夹击等因。即飞饬营县，迅即遵照。十五日据利川吴令来电，忠路兵力单弱，民情惊怖，飞请援应等令。其时郡城仅有兵三棚，留备策应，因与副将筹商，利川城守千总李正廷，宿望可资，利城已有团防，即饬该千总驰赴忠路，随带练兵两棚，督率团勇，以资防御。十六日据王督带函称，本月十二日川军在黔之河坝地方与匪相遇，匪党约三千余，分三路来拒，经杨直牧、刘管带督队分击，自申至西，鏖战两时，轰毙逆党卅余人，生擒六名，夺获器械、旗帜无算，黔城业已克复，温匪遁窜等语。是夜三鼓，又据王管带函称：探悉温匪胁从尚多，皆剪辫裹巾，潜藏咸丰之大路坝、毛坝、中塘、蛇盘溪、尖山寺等处，请飞饬河道、沟头道、水甘坝、来凤县各处防兵，迅来咸邑助剿，另饬漫水一棚至来凤填防等语。为即电调各防速赴咸邑，亦电禀在案。十八日奉宪台两啸电，知宜营即到，即飞饬吴令、李千总严防下窜，并饬王管带相机进剿。十九日宜防一哨先到，即饬分赴咸、利。二十日据咸丰徐令禀称：川军杨直牧、刘管带十五日到大路坝，与王管带会合。即分三路入黔，将匪围困，而续到防营两棚行抵咸边冒风垭，有匪阻住等语。其时陈管带全军已到，因咸境兵力已足敷用，匪若下窜，利重于咸，遂饬该管带亲率一哨往忠路堵截。二十一日据王管带函称：十五日与川军会合后，闻温匪将窜咸邑，因与杨直牧、刘管带议定，分路跟剿。其时管带兵力实止四棚，续到各兵均尚未至，遂向刘管带商借川兵四棚，星夜追捕，行至蛇盘溪，遇匪数十人。时天已昏黑，雪雨交加，匪误认我军为同党，隔山呼应。管带既见匪踪，即派得力营兵改装潜入，侦探温匪何往，一面冒雪搜山，匪已逃远。十六日探兵回报，温匪已过毛坝，当即拔队跟踪前往，追至冲天坪，闻匪已据崖上。是时风雪愈大，路阴石滑，崖加刀削，匪料我军不能飞越。我军攀援挟掖，猱升而上，始登绝顶。至团民朴应龙家查问温匪踪迹，惧不敢承，告以官军全队到此，始云匪已下山，审据破水坪入角庙内。我军暗乘夜色伏行，蜿蜒而下，五鼓始达。该处匪见我军猝至，拒险开炮，抵死拒战，意欲溃围分窜。我军开枪奋击，伤毙悍匪三十余人，匪势稍却。首逆温朝钟手执大旗，指挥复战。管带见匪首督阵，一战可擒，鼓励军士，直向大旗猛进，枪伤匪首，温朝钟当时倒地被擒，生擒悍匪二十余名，夺获枪械百余件，子药旗帜无算，搜出联英匪票飘布多件，时亦十七日辰刻矣。管带回军大路坝，探悉冒风垭一股已被续到两棚击散，而杨直牧、刘管带已知鄂军拿获匪首，亦即随至大路坝相会。管带当将生擒各匪及夺获各件点交杨直牧验收，归案法办。十八日杨直牧先行回黔，管带与续到两棚现正搜捕余孽各等语。又据杨直牧函电，亦大略相同，且云王管带远道赴援，遇贼即战，贼逸即追，无昼无夜，不避艰险。是役该管带之力居多。职道、知府当将捷音电禀宪台在案，一面会衔出示，解散胁从。除漏网匪首黄玉山等外，概不株连，并令迁徙居民各回安业。旋据徐令、王管带函称：十九日徐令会同管带捕搜余党，解散胁从。管带又与刘管带筹商，先将川兵退出鄂境。杨直牧、刘管带亦请鄂省援兵毋庸直入黔境，以便咸、黔两县迁避各良民仍复旧业。二十日管带仍回蛇盘溪。二十一日驻活龙坪。二十二日驻马河，均一面清匪，一面安良。二十三日回咸丰县暂驻，以资弹压。嗣又据徐令电称：逸匪黄玉山已经派员陈锡光购线，在彭水县酸草坝岩洞内捕获，当饬解黔归案。

窃以温匪倡乱，竟陷黔邑，啸聚日多，仰蒙宪台随时电示机宜，川楚协力，将士用命，不及旬日首逆就擒。后路第三营管带王泽吾，驻施五年，情形极熟，平日约束兵丁，营规整肃，驻施各地，士庶欢迎。统领崇欢去年来施，曾勉以仍旧从公，勿稍疏懈。此次雪雨追贼，遇贼即击，得以歼厥渠魁。黔、咸一带将以无恐，尤为难得。开往咸、利各哨弁，均能奋迅趁机，不无微劳足录。惟是匪乱初平，人心未靖，应亟多留兵队，分布要隘，以资镇慑。容职道统领会商，另行禀复。所有出力各员弁，一俟清查明确，择尤开具衔名，上呈宪核。统领崇欢于去腊二十一月起程，本年正月初三日到施，会晤职道、知府，得悉详情。理合联衔会禀，将温逆起衅及先行防堵现已扑灭详情缕呈宪核。

《时报》宣统三年二月十五日（1911 年 3 月 15 日）

建昌阵毙匪犯四十余人 *

川鄂交界建昌地方，近有大股匪徒起事，匪党约有一万余人，大半系土著，日事劫狱抢掠绅富，并闻有遣散之兵与匪为伍。日前宜昌大兵前往攻击，匪党各鸟兽散，阵毙匪犯四十余人，所获枪械均系旧式。（三十日未刻宜昌专电）

《时报》宣统三年四月一日（1911 年 4 月 29 日）

端方起用原因

邮部力保说 督办铁路大臣一缺，政府初议派邮传部某侍郎，旋闻鄂湘人士反对甚烈，乃议择一与湘鄂人素有感情之大员前往，或能融洽。于是那、徐两协理与邮传大臣皆在监国之前力保端午帅，盖午帅早年抚鄂、抚湘，与地方绅士感情素洽故也。

东督密保说 东督赵次帅来京时，曾经屡次密保端午桥可用，弃置可惜，监国颇为动容。日前取销商办铁道之风起，盛宣怀又屡托端为之干旋，知端与四省人士颇相浃洽，欲其前往解散风潮，以避攻击。而端复以督办四省铁路大臣要挟之，盛知此时机之可用也，力请监国转奏皇太后加恩允准，故有日前之谕云。

亲贵力保说　端午桥此次得派川粤汉督办大臣，实某亲贵所办保，其立说以端曾任鄂督、湘抚，对于两省人民感情尚好，于收回铁路一层或可消弭阻力，故有此命。惟端以两省民气激昂，恐有反动，奉命后甚为踌躇，故至今尚未谢恩云。

端方之谢恩　闻前日命下，午帅以此事棘手，恐材力不胜，拟具折力辞，故昨日午帅未谢恩。旋有人告午帅，谓汝系革职人员，此次系朝廷弃瑕录用，当勉为其难，无坚辞之理，故另具一委婉之折□上，今日始行谢恩云。

那桐有力之说　端方在大臣中夙有时誉，前者因事获罪，闲居年余，久有开复之说，前闻政府即拟奏请起用该员，暂派禁烟大臣等差，以为将来大用之地步，嗣寝其议。此次邮传部收回各省干路，定为国有，诚恐各省仍持异议，致滋纷扰。而部中远在北京，难资控制，故请另派督办大臣以总其事。盛尚书则力保端方之能，且为之四处游说，故有前日起用之恩命，且畀以粤汉、川汉两路督办大臣之重任。又闻日前那相举贤自代，端方实居其一，与此次开复亦实有大力云。

端方之不愿　此次朝旨以端为督办川汉、粤汉两路，本为盛尚书所力保，以为实行干路国有政策。惟以事窒碍甚多，一旦遽改官办，不但成效难收，而且易滋民怨，故端方甚不愿往，拟即具折奏请另简大员以当其事。闻此折于今日即可上奏，但恐不能邀允准耳。

《时报》宣统三年四月二十七日（1911年5月25日）

川人对于邮部之愤慨

四川铁路公司，以此次邮传部遵旨查核办理例款之结果，仅将施典章一人看管，对于责无旁贷之乔树枏反不过问，因之大愤。现已决议，除公呈请都察院代奏，不认路归国有外，仍揭参邮部之瞻徇情面，为乔树枏卸责，置商股于不顾之罪。闻日内即在四川会馆公举起草员，会议实行云。

《时报》宣统三年五月五日（1911 年 6 月 1 日）

四川保路同志会详情

四川护督王人文日前代奏收回干路国有成命，奉旨严行申饬，后川人士公议再呈，由护督代奏请开资政院临时会各情，已志本报。上月二十一日，又开特别大会，到者五千余人，议立保路同志会，仍请护督代奏。兹将其二十二日致萧君湘，李君文熙电录下：

北京萧湘、李文熙鉴：二十一日公司开会，到者五千余人，群情悲壮，议立保路同志会死争，护帅先电内阁，述开会情状，今日再代奏。蜀局。养。

《时报》宣统三年六月三日（1911 年 6 月 28 日）

泸州匪徒入城劫掠

泸州匪徒聚众入城劫掠，各商号纷纷关闭，居民惊惶，全省罢市，旋各区警兵携枪炮到来，匪各鸟兽散。（初九日戌刻成都专电）

《时报》宣统三年六月十日（1911 年 7 月 5 日）

成都电局滋事之详情

四川来函云：川省自接铁路收回国有之信，绅商学界会同集议，决定电致枢府力争。时电报局方奉到邮传部电饬，凡关于反抗路事之电，一概不准传递。迨蜀人赴局发电，总理胡雪生婉词却之，不允代发。蜀人再四央求，愈聚愈众，顷刻麕集数千人，乃逼胁电报生即发。电局员司以人众口杂，恐酿非常之变，不得已将电照发。闻该电到京后，邮部堂官尚未知原因，以为该局显违禁令，勃然大怒，立将胡总办撤差，改派周某赴川接办。蜀中人士得悉此耗，乃扬言胡总办之发电，系我等迫勒而然，彼本无罪，不应撤差，如新总办来，我等必致之死地而后已。现定于本月初十日，再行集众开大会议。闻新总办已知此消息，奉札后仍逗留京师，不敢遽行西赴云。未知将来如何了结也。

《时报》宣统三年六月十四日（1911 年 7 月 9 日）

土商罢市反对借债筑路 *

川省土商反对借债筑路，前日开大会，议决定全体罢市，停纳租税，以将借款合同注销为止，然幸无暴动。（初四日辰刻成都专电）

《时报》宣统三年七月五日（1911 年 8 月 28 日）

成都罢市反对铁路国有 *

川省人民反对铁路国有甚烈，自七月初一以来，成都各店多闭门罢市，以为抵制。调兵镇压后，秩序尚宁，外人生命意当无

碍。（北京电）

《时报》宣统三年七月十一日（1911 年 9 月 3 日）

温江致成都同志会函 *

温江同志协会亦已成立，会员首事十六人，入会者四百二十五人。其致成都同志会函云：吾乡父老子弟俱不以当年在酣梦中，尤愿贵会坚持破约保路宗旨，催促进行。凡贵会能力所到之境，即敝会能力所到之境，同心戮力，誓死以从，日月此心，尚希台鉴云云。（十五日未刻重庆专电）

《时报》宣统三年七月十六日（1911 年 9 月 8 日）

川路之风潮京闻记

川督之电奏　此次川人争路风潮事起，川督赵季帅知不可以压制了事，乃于前日（即初八日）有一电奏来京，略谓川省自罢市之后，民情一致，无从转圜，稍有疏忽，大局不堪设想。为今之计，惟有先将川路暂归商办，俟资致院开院之后再行核议办法，以为暂时平定风潮之计。不然朝廷一日无办法，川人一日坚持，大局决裂即在目前，后患诚有不可思议者云云。并闻东督赵次珊亦同时有电来京，与季帅主张相同。当日即有电旨，著其妥慎办理，开诚劝导，语意甚为和平。

京官之公呈　又前日旅京四川同乡京官，以川路风潮关系甚巨，若久无办法，必致有意外之事，乃联衔具一公呈，历陈川路现在情形及不能承认国有之理由，并将来往电报汇呈内阁，请速定办法，以安人心。呈中历指盛宣怀种种误谬之处，并谓此事若再由邮传部办理，则风潮万无平息之望。

代表之上书　又四川保路同志会代表刘声元，以风潮既起，代表之责任甚重，乃草具呈稿到监国府上书。前两次俱却而不纳，闻日昨始行递上，呈词异常恳挚，闻其要旨仍在归罪盛宣怀及川路所以不能国有之理由。

王护督之被参　又此次督办铁路大臣端午桥电参王人文一节，已志昨报。兹据川人面谈，王护督招忌之处甚多，当保路同志会成立之时，王护督力为主持，并通饬各州县一律保护，而四川保路同志会赖之以成。此种办法端大臣久不谓然，此次风潮事起，遂归罪于王护督一人。

同志会之报告　又日昨四川同乡京官接到川省来电，谓现在并无暴动情形，颇能谨守秩序，惟万众一心，誓死守路。如朝廷不明示办法，乡人即罢市停课以待，如用压制，亦无所惧。虽军警学三界有主张以强力对待者，已经由总会严重约束，刻亦安静如常。

盛大臣之让步　又风潮初起之时，盛大臣本主张严办，以警效尤，嗣见风潮日烈，恐非威力所能镇慑，又见政府明示不负责任之意，乃大恐惧，无所主张。刻闻盛大臣已确有让步之意，并拟川路不用洋工程师，以免别生枝节，连日与端大臣电商办法，尚不知将来结果如何。

吴侍郎之谈吐　又日前盛大臣对于此次川路风潮，本拟用严重办法，吴侍郎力持不可。并闻吴侍郎曾对人言，川人此次争路，造因甚早，当余蛮子一案之后，川人排外之思想日甚一日，此次之拒债争路，皆由于此，语极透彻。又谓川人此时既能万众一心，合力争路，断非一哄之事可比，故他省铁路可患无款，惟川路则绝不患无款云云。

马道员之奇策　又邮传部前所谓用之四川候补道马汝骥，因此次川路风潮事出意外，堂官束手无策，乃发一奇想，以迎合堂官之意。乃条陈盛大臣谓，川人此次争路，确由于一般少年喜事之徒，借事生风，煽惑众意，其实则毫无的款，如此时朝廷稍一迁就，则风潮更难平静。拟请由本部商明内阁，电致川督，以后川路国家不修，听凭川人自办，川人一见此种办法，知国家决示不修川路之意，川人亦必自悔矣。川人自言无款之时，然后再由国家接办，并历言川人绝不能筹此巨款等语。

《时报》宣统三年七月十七日（1911年9月9日）

关于川人争路风潮之种种

前日自友人处见重庆来电谓：自成都罢市之后，重庆亦于初三日早晨一律闭门，除柴市油盐之外，余皆停止交易，景象异常萧条，惟秩序尚甚整饬，并无煽乱暴动情事。外省行商皆纷纷搭船他往，将来商务必受非常之影响云云。

又闻川督赵季帅自电奏到京之后，旨令竭诚开导，赵即约请省绅到院谈话，然到者寥寥。赵接见之后，即将电奏请归商办之意说明，并谓宁牺牲一官，必为民请命等语。最后即议暂行开市之办法，闻者皆不应声，刻复出示晓谕，语极诚恳，并无一字激烈之处。川人并不少动，盖非有朝命之后必不能转圜也。

又闻赵季帅知此次风潮非暂时迁就，虽难挽回，乃托次帅电致政府，议请暂归商办，以熄风潮。闻前日次帅之电甚长，有谓众怒难犯，民心易失，此时倘无办法，终久何以了局，语皆中要。故刻下邮传部对于此事亦主和平办理，盖次帅之一电其力甚大也。

又前日川代表刘声元上书监国一事，已纪前报。兹闻是日刘君系在地安门地方候监国舆至，乃将呈状递上。刘君照例拿交步军统领衙门讯问，到提署之后，乌恪谨格外优待，派人将刘君护送回寓。兹将其呈状原文抄录如下：

具呈。四川路事代表刘声元为大臣欺君误国，蒙奏酿乱，危机已迫，恳速收回成命，并治当事大臣以应得之罪，以保主权而靖民心。窃本年五月川民奉干路收回国有之诏，大借外债以谋交通，停止租捐以示体恤。明诏一颁，全川人民咸晓然于朝廷此举之为国为民，虽非政策而亦有不得已之苦衷。及读邮传部大臣盛宣怀磋商定议之借款合同，则又栗然滋惧，盖以借债修路而丧失主权。主权一去，国且不国，何有于路？川民弗忍，因公推代表来京，吁恳提议修改合同。正具呈间，而川中之警电适至。据称川督赵奉旨：据盛、端奏请，钦派李稷勋仍总宜工，仍支川款，饬川督将所有川款附股实力举行，并饬严行弹压。著如所请。又据端瀓等奏，川人反抗国有集会倡议之人，皆少年喜事，并非公正绅董，询之蜀人，众口金同，应请饬川督严重对付等因。于时川人正开股东大会，闻命之下，悲愤交集，群谓川人并未反对国有，川督代奏有案可稽，至股东会为法律所认许，无论老少皆有生命财产密切关系，何谓喜事？瑞瀓所询证人为谁？众口何据？且铁路既收回国有，众股东无附股之公呈，盛、端何能奏请仍支川款？乃一则曰严行弹压，再则曰严重对付，似此专横，纯恃强权，不讲公理，川民痛心疾首，急何能择？现已一律罢市罢课，挨门闭户，各设先皇帝灵位痛哭，虽秩序谨严，无稍暴动，而悲惨萧条之状达于极点。人穷则反本，事激则生变，万一酿成巨祸，涂炭生灵，甚或牵动全局，惹起外交，固非人民之福，夫岂国家之乐？酿乱萌者，实盛、端两大臣，而瑞为之助，既丧主权以摇动国脉，复假君威而摧残民气，立宪国家乃有如此之国务大臣，前途何堪设想。事机已迫，不敢默视，用此不避斧钺，吁恳我皇上、监国摄政王收回成命，并治当事大臣以欺君误国、蒙奏酿乱之罪，然后提议修改盛宣怀之卖路合同，以保主权而靖民心。不胜惶悚待命之至。谨呈。

《时报》宣统三年七月十八日（1911 年 9 月 10 日）

端午桥拥兵入西川

四川省人对于路归国有极力反对，学生停课，商贾罢市，已有多日。现朝旨责成川督赵季帅销弭风潮，并著督办大臣端午帅速即赴川，会商正绅办理。午帅遵旨，择于十八日乘轮起程，惟以总公所事务纷繁，特电饬前派赴邮、度二部会商之武长铁路总办高凌霨、总文案王司直等速即回鄂，畀以公所巨任，昨高等已同午帅六弟端部郎绪到鄂矣。

午帅以入川之后，鄂路购用基地缴回商股一切事宜，须得鄂省司道大员襄助，方能呼应灵通，特札委湖北劝业道高松如，办理武长、广宜两局购用基地，并会同高凌霨接收商股。

午帅由武昌乘轮至宜昌，原拟换川江公司蜀通轮走重庆，现因闻蜀通日前搁浅撞坏，停班修理。值此江水急流之候，民船上行殊为不易，故决定由旱道入。惟以山路崎岖，道径荒僻，须以重兵护卫，特请瑞制军、张统制派八镇探弁队官四名，带兵数名为前站，又于三十二标一营中挑选兵士两队，随节护送入川。

《时报》宣统三年七月二十日（1911 年 9 月 12 日）

成都重庆全体罢市 *

川省罢市始自成都，后及温江县、华阳县，又及湄洲，又及保宁府，迨至今日，成都、重庆所属各州县亦已全体罢市。（廿三日未刻重庆专电）

《时报》宣统三年七月二十四日（1911 年 9 月 16 日）

赵尔丰诱捕川民代表 *

此次乱事之起实因赵尔丰、端方请调兵队八营赴川，用兵威吓，因之川人愤激，省垣人民立聚三万余，齐赴督署，请示调兵入川之用意。赵见声势汹汹，甚形惶急，立命卫队开枪，人民被弹，有死伤者，遂愈聚愈多，放火烧毁督署。

赵督见人民聚众时，遂片请谘议局议长蒲殿俊，保路会代表邓孝可、胡莹等三人同时入署。蒲等应命而去，赵督立命卫兵看押，因之人民益加愤怒。

赵督既押蒲殿俊等，一面即电致内阁，谓川民勾结匪党，围攻督署，经率卫队抵御，始稍却退，当即诱擒首领邓孝可、蒲殿俊、胡莹等，押留督署，请示办法云云。（念三日未刻重庆专电）

《时报》宣统三年七月二十四日（1911 年 9 月 16 日）

川事零拾

川电仍不通，惟闻重庆尚安静，先亦有人鼓吹罢市，商民不认乃止，故重庆未至于乱。

英兵舰尚在宜昌。

十五日以前川人既罢市，游民愈聚愈众，有顶戴德宋景皇帝神牌游行于路者，神牌之两旁各书六字若对联然，一曰庶政会诸舆论；一曰川路准归商办。某日适有首县乘轿出，众拥之，使不行，且叱之曰：汝见先帝神牌乎？奈何不出轿行礼？县令出拜，一路皆神牌，则一路拜拜不已，遂逃归，不敢复出。此得之成都人传语。

叙州府又有乱党起事，闻已烧府署并戕官矣。叙州在省治南六百五十里，可见人心思动，州郡响应，易发而难收，势所必然。

十五之役，据季帅电奏，谓有川人散布自保商榷书，意图独立，并约期起事，幸先期侦悉，擒获要犯。是日川电尚通，据川人接成都来电，则谓川人因闻端方带兵入署，群情汹汹，商榷自保，乃公举邓孝可至督署，要求赵督电阻端勿入蜀。邓赴督署，川人援其后者数千。其时赵督方自外归，邓即拦舆陈述阻端之事。赵谓端乃来川查办者，我系被查办者，我何能阻其勿来。邓以端若来，则川人必至倡独立。情词愤激并伤赵。赵谓邓不应聚众侮辱官长，即将邓拘留署中。及邓久拘，署外数千人大哄。蒲殿俊知之，亲往督署询问，赵督亦即拘留，而川人因此更激成大举。

午帅在宜昌以朝旨已派岑往，因请专办路事，不复入川。闻中旨已允之矣。

电线只通至资州，离川垣凡三百四十里，现邮部已饬赶紧修缮，接至简州。季帅亦迄无信。

川中哥老会甚多，此次滋事，哥老会实与之。自流井灶户，内江、资阳各糖房均已罢工，剑阁一带已有哥老会出没，宜昌亦已戒严，凡川人概禁返省。

又泸州电云，成都游民日多，惟尚不至大乱，城门每日仍开放两次，令米食疏菜进城。

《时报》宣统三年八月七日（1911 年 9 月 28 日）

四川军督司道联衔电奏稿（为铁路收归国有事）

北京内阁、王爷、中堂钧鉴：顷据铁路股东会会长颜楷、副会长张澜暨全体股东等，为邮传部违法借债收路，危变不测，非依法交议无以服众心而维宪政，恳予据情电奏事。窃维四川川汉铁路，邮传部定策收归国家，股东等特别开集总会，痛失天良，反复研究，实系万不可行。一则募集外债未经资政院议决，废止本省权利，【未】经本省谘议局议决，有违先朝庶政公诸舆论之意。二则合同失败，举全路用人、行政、购料、理财之权，悉受制于外。三则驻宜总理李稷勋不商股东，竟以商款交部，显悖历次上谕。综此诸多不合，碍难承认。乃正在研究，忽闻邮传部戾拂舆情，竟以专擅害公，为股东总会所请撤销另换之李稷勋，奏请钦命总理宜昌路事，故意蔑法欺天，置全川出资办路之人于无可容足之地。本月初一日电文宣布，遂激成罢市之举，虽经各行政官吏及股东等竭诚开导，而执理甚坚，义不苟让。股东等既须熟筹路事，又惧于四川大局危险，神智瞀亡，莫知所措。窃查省城罢市以来，各街严守秩序，比户泣奉景皇帝灵主，只有哀号而无暴动，外象极为肃穆，然而悲愤愁惨郁结甚深，再延时日，变且莫测。

（续前稿）股东等因无安辑地面之责，而川路股本散碎集缀而来，七千万人皆在股东之数，此种觖望之举，万一心齐，决必至不可收拾，非少数人所能劝譬。默念前途，实堪股栗。股东等为大局危急虑，无暇繁渎。总之据商律之规定，当立宪之时代，无论此次借债收路其利害当否如何，商民只能严守法律，服从资政院、谘议局之决议，不能服从邮传部违法之命令。惟愿皇上俯念民依，仰承先朝钦颁法律，将四川川汉铁路照常暂归商办，一切议事用人勿任邮传部妄加干涉；并一面将借债修路事件分别伤交资政院、谘议局详议，果使策非过举，院、局皆表同情，则议策查据法律，非邮传部私擅专断可比，股东等虽被损失，固应帖耳顺受，否则院局章程可由部臣任意破坏，即国家一切法律，不能责人民以独从。罢市已成，无力开解，旷日持久，祸福难料，股东等实不能为众负责，即刀锯鼎镬尽加于股东等，亦必无救于全局之糜烂。今省城罢市已逾三日，外邑风声亦复不知，所届情势危迫，死所未知，惟有恳予据情代奏，请将四川川汉铁路此时仍由商办，候旨饬交资政院、谘议局议决，再定接收办法，以服众心而维宪政。为此具呈，伏乞督部堂核准，电奏施行。须至呈者等。据情此，伏查川路自奉改归国有之命，历经前护督王人文及尔丰，反复开导，舆情终于借款合同各怀疑虑。此次因请代奏撤换宜昌总理李稷勋，邮部复奏改钦派，群情于是大激，乃有初一日罢市罢课之事。尔丰日集绅民竭力开导，而群疑已结，终非空言所能解释，绅商学界、大小妇孺均来辕迭次要求。现已罢市四日，虽尚保守秩序，未见暴动，而万众哀愤，祸机四作，近日复有不纳赋税染捐拟抵股息之说，若不速筹解决，是以一路事发起难，而全局蒙其害。川省伏莽本多，财政素窘，影响所及，尤难收拾。该股东会此次所陈系为法律上之请求，现在民气甚固，事机危迫万状，应恳圣明俯鉴民隐，曲顾大局，准于暂归商办，将借款修路一事，俟资政院开会时提交议决。九月为期已近，与其目前迫令交路激生意外，糜烂地方，似可待交院议，从容数日，未妨路政。人心一失，不可复收。玉昆等共负地方之责，同处艰危之局，劝解无效，防制无从，窃维停收租税，已广皇仁，忍以戡定之劳，重伤元气。事势至今，不敢不冒死渎奏，伏望宸断，迅将此次电奏发交内阁国务各大臣，从速会议，宣示办法，不胜迫切待命之至。谨请代奏。四川将军玉昆、总督赵尔丰、副都统奎焕、提督田振邦、署布政使伊良、提学使刘嘉琛、署提法使周善培、署盐运使杨嘉绅、巡警道徐樾、署劝业道胡嗣芬谨叩。

《时报》宣统三年八月七、九日（1911 年 9 月 28、30 日）

蒲殿俊等人经历 *

蒲殿俊，号伯英，癸卯解元，甲辰房荐未中，邮传部曾调充交通传习所教务长，不就，曾充宪政编查馆馆员。某人于四川声望极大，所至为设供帐，妇孺莫不知其名。邓孝可为度支部主事，曾上万言书，言时事极佳。其父君以赤贫聚赀，创办洋火柴公司于十数年前，屡败而后卒成，立致巨富，于去岁大失败，其家复赤贫如故。邓君自家破后，一意于坚苦卓绝，议论奋发，人多避之，去岁在京于国会政党事多所尽力。丁忧回籍后，以鼓吹国会请愿事，几为赵次帅所逮。胡镆亦民政部主事，随徐菊帅赴东，作知县者二年有余，为历来京曹所未有。菊帅调部后，乃得四川电报总局总办差以养亲，以收递反抗国有电报事撤差。故此三人者被逮后，京师大夫多为尽力，而蒲君尤为在京谘议局议员，及资政院议员，及民党诸君所痛念，谓倘杀蒲君，则四川菁华去大半矣。其得物望如此。蒲有戚顾君，幕于庆邸府，事亟上书庆邸，谓已可以百口保蒲无他，可谓义士也已。又颜君楷为甲辰翰林，赴东学速成法政时，乃日日钞读《大学衍义》，京师人之知其决非反徒也。

《时报》宣统三年八月八日（1911 年 9 月 29 日）

云　南

滇督魏奏保剿平永善蛮匪各人员折

　　奏为永善剿平蛮匪遵旨酌保在事出力文武各员弁，恳恩给奖，恭折仰祈圣鉴事。窃本年正月巴蛮偷渡金沙江，扰及永善县境，先后纠集大股，出巢入寇。经该县文武绅团竭力堵剿，旬日荡平。已由前署督臣丁振铎奏明，奉旨：准其择优保奖。钦此。钦遵在案。查云南昭通府属毗连四川，仅隔金沙一江，上下绵亘千余里。彼岸即为巴蛮巢穴，幅员深阻，其中衍奥广袤，颇饶树蓄之利。俗好斗狠，超距弩石之技，童而习之，性尤鸷悍。其内处凉山者为生番，与中土隔绝，不出轻犯。其附近川滇者，为外十三支，实逼处此。每于春冬水涸时，偷渡滇岸，肆行抢掳焚杀。自光绪四年用兵后，稍觉敛戢。浸久蛮情复恣，近以年荒水涸，该蛮匪吴七、马比等，辄敢纠约九支，同谋煽乱，以里克为统帅。正月十五夜，由川岸七里半偷渡过江，焚烧大小二坝，旋据青龙嘴，凭高守御。十六日，署江防右营游击杨永寿，带领兵团数十人御之，战小不利。该匪等即于是晚袭踞小屋基渡口，陆续接渡川岸大股，连十七、十八两日夜，屯聚至六七千人。十九日分股占踞石包营、新营、石梁子、石租沟、黄泥坳各营垒，烧掳及于波车、红岩子、凉风坳、丁家坳等处。二十一二等日，大股径趋井大驿、宴家寨后由老新场窜入老林，分途内犯，大掳而

东，冀可大逞逆志，势甚危岌。署永善县知县贺宗章，闻警飞饬
阖境，齐团抵御，星夜筹画，督同团总龙国瀛等运粮集械，预备
军火，赶办旗衣，立募精锐，编成永武营，以团总李玉山、贺宝
桢、曹泽、浦廷珍、杨美邻、贺廷献等分充哨长，并将卸任江防
右营游击陈贵中途赶回，挈昭通镇何雄辉亲兵五棚，统率永武
营，驰赴前敌剿办。二十三日行抵米贴，探报井大驿入犯一股，
为龙国瀛、龙国清等督团击却，毙红衣蛮酋一名，堕岩死者二十
余人，余匪仍折回黄泥坳，麇聚一处。其另股已夺先锋营及李家
寨堡，团练教习赵天泰兄弟及李姓父子死之。统领永武营陈贵等
计议，贼势浩大，再入分股四扰，滋蔓难图，是夜难力折凶锋。
适各路团丁先后调齐近万人，声势顿壮，遂于是夜部署号令，密
饬各团，星罗棋布，遥为声援。黎明督率所部分三路进剿。晓雾
弥漫，咫尺不见，薄而乘之，枪矛排墙环进。蛮匪仓皇四出，轰
刺阵乱。少顷，日上雾消，四山响应，呼声动地，匪群惊窜。其
为悍者，滚地前进，斫阵恶战。经李玉山、贺宝桢等奋力屠刈数
时之久，始纷纷溃奔。江浒适把总、徐国安、龙廷栋一军，由大
雾基横截而出，蹙之落水，计淹毙三四百名。立将先锋营、黄泥
坳、石包营、新营各营垒同时克复，救出难民数百口，阵斩蛮酋
三十二名，枪毙百余，生擒四名，余匪遁聚石梁子。龙国瀛虑其
凭险，携所部练丁乘夜奋往潜袭，中炮阵亡。二十五日，陈贵督
率兵团，遥布长围，绝其归道，匪困乞降。勒令捆献蛮酋，缴还
难民，悉毁所造船只，皆叩首听命，乃释归巢。我军先后阵亡二
十余名，经饬贺宗章会同陈贵发给恤赏，并查赈被害户口，安插
缴还难民。据所获蛮酋供称，为首煽乱统帅里克，在阵中枪殒
命。旋将该酋等一并正法枭示，以快人心。江岸一律肃清。其在
事尤为出力人员，兹据善后局司道分别开详请奏奖前来。臣查江
外巴蛮历为边患，此次大股出巢，侵扰永善县境，众至六七千
人，夺险已十数处。事起仓卒，调援不及，设非贺宗章、陈贵等

激励绅团，奖率募勇，迅赴戎机，蹂躏蔓延将成燎原之势。事机之会，间不容发，而仅恃县属团丁、新募乡勇，旬日间扫荡驱除，不至别烦征调。虽兵团自卫里闾，志气弥奋，而在事文武运筹制胜，其异常出力之功，要亦不容泯没，非优予奖叙不足以资策动而劝将来。单开文武各员，经臣再四复核删减，委无冒滥。合无仰恳天恩俯准照单给奖，以示鼓励。除将请保千总以下各员咨部注册，暨造文职各员履历咨部查核外，所有遵保永善剿平蛮匪尤为出力文武各员弁，理合分别缮具清单，合同云南巡抚臣李经羲恭折具陈，伏乞皇太后、皇上圣鉴训示。谨奏。

奉朱批：该部议奏，单二件并发。钦此。

《中外日报》光绪二十八年二月十五日（1902 年 3 月 24 日）

东报汇志云南乱事

二十三日北京电云：中政府接云南临安府失守之报，即严命地方克复府城。昨日蒙自县与通海县之间电线为匪割断，故总税务司与法国公使发电至该处，皆因中途阻断，未得情形。传说有法兵二千已达蒙自，未知确否。同日电云，法兵入广西之说，因英国公使馆未接该处来报，而前说系由中国人所报，故未敢尽信。以上译二十四日《大阪朝日新闻》。

《中外日报》光绪二十九年五月二日（1903 年 5 月 28 日）

临安石屏矿山被占

日前军机处接云南来电云：自临安、石屏等处失陷后，矿丁十分惶恐，即与匪合。今虽将临安克复，矿山仍未退出，该匪党恃矿产为饷源，一时恐难收复云云。

《中外日报》光绪二十九年闰五月六日（1903 年 6 月 30 日）

奖赏丁振铎等上谕

闰五月初八日电传初七日奉上谕：丁振铎等电奏克复临安府城，擒获匪首等语。此次匪徒抢占个旧厂，并窜陷城池，经臬司刘春霖统率各军，节节扫荡，先后收复石屏州及临安府城，将匪首周逆等擒获正法，办理尚为迅速。丁振铎、林绍年著加恩开复处分，刘春霖著赏给头品顶戴。其余在事出力员弁，俟奏报到日，再行降旨。著即将善后事宜妥为筹办，以靖边疆。钦此。

《中外日报》光绪二十九年闰五月九日（1903年7月3日）

云南临安等地匪情

云南临安失陷，业经克复矣。兹得云南来函，所述当时情事颇堪采录，将补志如下：上月某日臬司刘春霖大兵由通海来扎新房（地名），距临安二十里。又白统领金柱之兵于五月十一日取回缅甸（地名），此处距临安四十里。哨官阵亡者一名，兵丁死者十八九人。据报云：周云祥部下匪等亦死数十人。驻扎缅甸之匪首名张耀，已逃回临安城去。又临安失陷后，临安府邱太守名淮，在临城颇能据署自固，默运机谋，使周匪同党互相疑忌。如此举动，颇有上年岑宫保处滇省之势。又临安为周匪所占，系城内陆游击鸣皋暗与匪通，致有此失。又石屏州之失，系于四月二十六日被本地人王显中带人占据，藉保城为名，并未伤官，其意似窥周匪胜，伊即据有石屏；周匪败，伊仍是团绅守城耳。阿迷、弥勒等州县，亦有匪人数千，居心叵测，只是拦路劫杀，并未竖旗。以上录闰五月二十日天津《大公报》。

《中外日报》光绪二十九年闰五月二十六日（1903年7月20日）

大理、顺宁饥民作乱

　　顷得云南报告云：迤西大理、顺宁一带，饥民与会匪交相作乱，焚杀劫掳，无所不至。综其理由，实因大旱不雨，收成未遂，加以铁路工人夥众，米价腾昂，长官不能先事预防，以致饥民迫于不得不尔。大理府曾电禀滇督，已派新军二队赶速弹压矣。现云南米价每百斤涨至十一二元，饥民不得觅食，游离甚众。呜呼！云南如此垂危之秋，内患外忧，岌岌不可终日，未识政府何以处此。

　　　　《时报》光绪三十三年五月五日（1907 年 6 月 15 日）

云南昭通抗捐滋事起没之详闻

　　云南昭通府属鲁甸、恩安两县，地瘠民贫，上月因调查户口，编钉门牌，议抽果捐，以充经费。愚民因查户已滋疑窦，一闻抽捐，莫不惊惶。当有陈世清、袁秃手、彭应全等为首，聚众数千，将议收捐之李绅世清、罗绅履中等房屋拆毁，该府即飞电省，请兵剿办。当由滇督李制军委知府龙文带兵驰往。愚民一闻兵到，咸纷然如鸟兽散。当将为首滋事之人次第拘惩，惟酿滋事之罪魁罗履中、秦有耕、黄仕孝已逃匿省垣，拟乘火车遁迹，因被首府齐鸿菴太守派探拘获归案惩办矣。其惩犯来往电录左：

　　昭通府县禀省电。督宪钧鉴：咸电遵悉，鲁甸税捐，结怨肇衅，前于麻电申叙，别无隐情。李世清包收税款，查无侵吞，惟平日苛敛积怨，致被打毁房屋。罗履中等议抽果捐未收，亦无需索，惟倡议搜括，结怨甚深，因此风潮突起。彭应全、魏树元、谢发荣平日均未为匪，亦无凶恶劣迹，惟骑马执旗附和齐团，摇动人心，情殊可恶，可否分别情节，加重示惩，仍候钧夺。杜洪禄癫疾成废，洪福虽癫未废。前此镇府与密查指称首要，均系得诸传闻。文沅等当同赵镇会讯，再三研诘，均无乱迹，惟结交江湖，延揽无赖，不能无罪，是以酌拟罚缓，并非有宽纵，兹经驳饬，拟请改监禁十年，免其罪缓。除兵团严拿陈世清、袁秃手，务获究办，是否，统乞鉴核示遵。

李督复电。昭通陈守龙守览：篠电悉。鲁甸税捐结怨，既无别项隐情，所有案内已获军功李世清、武生毛占荣、从九邵登义应分别追缴功牌实收，斥革衣顶，并将李世清监禁五年，毛占荣、邵登义各监禁三年。在逃贡生罗履中、文生秦有耕（以上均议收捐，激成变乱之绅董）实为罪魁，万难听其飏匿，应一并先行斥革，仍按名悬赏密拿，限一月内务获讯办，逾限不获，定为该府县是问。恩属伙犯彭应全、魏树清、谢发荣三名，既据查明，并无怙恶为匪情事，从宽准照原据将彭应全监禁二十年，魏树清、谢发荣各监禁十年，严行收管，以示惩罚。狄倅用人不慎，几酿祸端，应即行司撤任，并摘去顶戴示惩。此案本拟从严惩办，姑念附合成群，乡愚受惑，概免深究。惟将倡导生事各犯，酌予惩儆，未置重典，已属格外宽贷，倘再不知儆惧，仍复生非酿乱，一经访闻拿办，凡属首要，定即严正典刑，决难稍存姑息。仰即出示晓谕，咸使闻知。现在此案大致已定，善后各事即责成镇府妥办。龙守即速回省销差云云。

《时报》宣统二年四月十八日（1910 年 5 月 26 日）

云南乱警之详情 （大姚）

滇督李制军于上月念八日戊刻接楚雄府加急电称：大姚县遽有土匪数千人涌入县城，杀毙绅士多名，已将大姚城占据，县令不知下落，乞飞饬重兵援救，以苏民困云云。李督当晚即传集藩司及兵备处总办，商议方略，派兵平剿，一面电询迤西道楚雄守

如何起事情形，飞电详禀。接大姚失守之原因，在大姚县城乡今
秋栽活罂粟无数，大姚县郑令不能于未种之先严行禁止，迨长成
之后始谋铲除，而又雷厉风行，不肯为民稍留余地。民人以为，
如一铲除则大利顿失，性命攸关，故铤而走险，忽而聚众数千，
意图大举，于上月底将城池占据。先是官派巡警弹压不敌，死伤
甚多。该处本有教堂一所，亦被烧毁，幸教士见机先期逃走，未
遇伤害，今已到省。现在督宪已派铁路上段巡防一二营驰往剿
办。现民人扎驻该城数千人，入该县要口猪头村地方，亦有数千
人云。

　　　　《时报》宣统二年十二月三日（1911 年 1 月 3 日）

为平定大姚民变事上谕

　　十二月初八日奉上谕：前据李经羲电奏，大姚县匪徒聚众谋
乱，县城被陷收复，当经谕令严拿首要，并查起事原由。兹据查
明复奏，匪首陈可培与会匪邓良臣，聚众放票，潜谋起事，入城
劫杀。当经派令防勇、乡团等援击，阵毙生擒悍匪甚夥，县城当
即收复。旋复拿获陈可培、邓良臣，讯明正法。署大姚县知县郑
兆年、典史邓龙光、巡长谢兰润仓皇遁匿，临事畏葸，均著即行
革职。郑兆年尚有发饷另案，著仍留滇听候查究。所有在事出力
人员，准其择优酌保数员，毋许冒滥。该部知道。钦此。

　　　　《时报》宣统二年十二月十日（1911 年 1 月 10 日）

云南大姚民变详情

　　云南楚雄府大姚县民变一节，兹闻此事因知县郑兆年性情执
拗，与民不合，于去年十月二十五六日，民匪啸聚数千，占据县
城。官则不知下落，郑妻身受重伤，所有学堂、公所均被抢毁，

警察亦受捆杀，百姓只准入城，不准出城。府城相距二百里，势甚惊慌，当向上峰乞速派兵驰救云。又据另函云：大姚县城已为巡防营管带董超克复，杀毙匪党无算，除匪首陈可培、李竹九等在逃外，擒获匪徒多名，其余亦零星溃散。大姚县郑令兆年及该县典史，于匪去时回城。此克复之大致情形也。查肇衅之原因，系大姚人陈可培曾充乡约，为郑令当堂责比〔逼〕。可培衔之。又有同县人李竹九者，以抗粮不缴，故郑令又严行追比〔逼〕，结怨愈甚。乃与其舅童某（系四川匪党）同谋起事，举陈可培为大元帅，李竹九为军师，并刊印一方，内有革命字样，并印就大元帅告示数纸，号召徒党攻入县城。会陈、李党羽有在城内者，遂拔关而入。郑令仓卒无备，遂与典史潜逃，藉口赴东乡招集团勇，而城守竟莫之顾。当匪党之攻城也，先毁警局，旋杀绅士段金培等。转入县署，知郑令已去，乃攒殴其家属，逼献财物。讫有人从中排解，乃释。此十月二十六日事也。董管带超闻变，驰兵赴援，与匪接战。匪以枪械不备，董军攻之甚急。二十九日城破，获继帅（即大元帅陈可培之子）并党羽印信，匪亦如鸟兽散。郑令闻信回城，印绶已失，旋在枯井中获之。是役幸匪众乌合，旋起旋灭，未能成事。然非董管带有胆识，剿援迅速，亦不能敉平如是之易。滇督李制军近又接大理提台来电，谓大元帅陈可培在逃，又有窜白盐井及姚州之信。制军比电达大理提府转饬营县，严加防范，并通领楚雄、大理各属严缉云云。

《时报》宣统三年正月六日（1911 年 2 月 4 日）

东川府哥老会起事

东川府属米林坝地方，近有大股哥匪起事，焚劫狱犯，抢夺军械，到处滋事，郡中已遣大兵驰往兜拿。（初六日未刻云南专电）

《时报》宣统三年二月七日（1911 年 3 月 7 日）

云南取缔众学生

星期日不准出堂　英人去年将我片马占去，今年法人又在边界增兵，滇人均不甚畏惧。近日因警报传来，谓五国将实行瓜分中国，云南已被法人分去。滇人闻知，不胜惊恐，以为如此，则法人不数日必定派兵来滇。风声甚大，各学堂学生尤为失措，拟即开会集议，协谋抵制。滇督恐有害治安，业已出示，力辩无其事，并饬由学使从严取缔各学生，并于星期日不准出堂。

《时报》宣统三年四月二十六日（1911 年 5 月 24 日）

陆军小学风潮之结果

云南陆军小学二班生，本于去年冬间即届毕业期满，该堂总办恐程度不及，又因湖北陆军中学不收新班，特令补习半年始行毕业。今补习期满，中学仍不开新班，该堂以其前往等候，不如在滇补习，冬间再行毕业前往。该堂学生即大起风潮，一时鼓噪，破门而出，全行移住店中。后经陆军警察按名押回。该堂总办以该生如是暴动，实为军界劣点，不能不稍为惩罚。特将为首五人，送入督练公所惩戒室收押，余均从轻免究，并许以六月，即照前议举行毕业。

《时报》宣统三年六月十九日（1911 年 7 月 14 日）

贵 州

黔抚邓奏保剿除粤边游匪折

奏为粤边游匪窜及兴义边地，经派官军截剿，擒斩甚夥，现已退出黔境。所有在事尤为出力人员，吁恳天恩先予给奖，以示鼓励，恭折仰祈圣鉴事。窃臣于光绪二十八年八月初三日，据调署安义镇岑有富咨称：兴义府属之对岸粤地扁牙、白楼一带，游匪分股麇集，于沿江上下编扎竹筏，声言欲大举入黔。正在调营布防，该匪已窜至册亨州同属之板蚪地方，围攻我军碉营等语。查兴义一路防地辽阔，深恐兵力单薄，不敷分布，当檄派会办营务处道员张胜严率带省营，并添募团勇前往会剿。一面饬该镇府挑选精壮团丁，编列成营，分险据要，并咨署提臣何雄辉添募三营，分驻中路，饬副将徐印川严防河边，以扼罗斛入省要隘。嗣于八月二十九日复据安义镇岑有富、兴义府石廷栋报称，二十一日戌刻据派援册亨之镇标营管带郑锦堂、哨弁杨庶藩、千总何永昌等禀报，该管事等于十九日率队行至册亨之坳乐寨，有板蚪守碉哨弁熊德芳报称，该弁勇等困守碉营已六昼夜，被匪前后扎营截断援路，于十七夜用草龙翻至碉边，以洋油激射进碉，再以喷筒轰烧，该弁勇等力不能支，夺路逃去。现在该匪大股进踞上马黑寨等语。该管带等当即筹议，连夜函防营管带伍树棠、哨弁张九仙等，约定三更时齐抵马黑，攻其不备。至时正值大雨，我军分三路奋击。该匪仓猝之间队未成列，逐向板蚪奔窜，我军随后追剿，天明至板蚪。该匪齐队相待，我军两路与战，相持甚久。适所调之团营贺仕贵、李心斋各带团勇赶至，争先截杀，兵气益奋。该匪抵敌不住，齐往江下溃逃，各上竹筏船只奔赴粤岸。我军赶及，趁其半渡，放枪掩击。该匪被枪以及落水死者约三百余人，枪毙骑青骡匪首一名。及将收队，忽有匪党数十人从山脊冲出，我军奋往追击，该匪泅水逃过粤岸者不及一半，余匪多为枪伤及被水冲没。取获首级二十六颗，生擒三名，先后夺获枪械数十杆，牛马百余头，傍晚择要分扎各等语前来。臣查游匪为患已历六年，其始不过窜扰劫掠，近因粤边兵力不及，是以肆行无阻，粤地本年又复荒旱，因而蓄意入黔。月来警信时至，上而兴义、贞丰、罗斛，下而独山、荔波分股窜扰，防不胜防，经臣专折并电在案。臣思值此艰危之际，非严赏罚不足以励群材，因再三申明诫谕，其办贼奋勉者，立加超擢，畏缩贻误者，军法严惩；一面添募勇营，严布边要，以防疏失。此次该匪渡河攻夺板蚪，其锋甚锐，并施其故智，诱惑乡愚。探闻于十六日在板亨寨开会拜台，附近顺从者已千余人之多，若再迁延时日，进逼府城，即有不可收拾之势。幸该镇府晓畅戎机，筹拨得力，勇弁前往惩创，亦足以定人心而寒贼胆。此皆仰赖天威远播，将士乡团齐心捍□，免致蔓延蹂躏，为害闾阎，不无微劳足录。所有在事文武员弁，调署安义镇总兵岑有富，随机应变，调度有方；道员用兴义府知府石廷栋，联络营团，筹维周密，拟请俟撤防优予奖励。安义镇标营管带补用都司郑锦堂、中路游击正营管带补用游击伍树棠，均能奋勇，不避艰险。郑锦堂请免补都司，以游击尽先补用；伍树棠请免补游击，以参将尽先补用。其余出力员绅，可否择优保奖，以示鼓励之处，出自圣裁。所有粤边游匪窜及兴义经官军击败各缘由，谨会同云贵总督臣魏光焘合词恭折驰陈，伏乞皇太后皇上圣鉴训示。谨奏。

奉朱批：郑锦堂、伍树棠均著照所请给奖，余依议。钦此。

《中外日报》光绪二十八年十月十一日（1902 年 11 月 10 日）

黔抚奏陈追剿窜入黔境粤匪折*

奏为粤匪纠合大股窜入兴义，攻陷县城，旋经严饬兵团克期收复，余匪一律追剿出境，所有在事尤为出力之文武员绅并阵亡员弁，吁恳天恩准予先行分别奖恤，以示激劝，恭折仰祈圣鉴事。窃臣于光绪二十八年九月十二日，据派赴边防营务处道员张胜严飞禀，粤边游匪纠合悍党，勾连土匪众近万余，于九月初二日过河谋扑兴义箐口，团营抵御不支，全军陷没，九月初六日兴义县城失陷等情前来。当经电请外务部代奏，旋奉电旨：邓华熙电奏粤边游匪围攻兴义，阑入县城，大肆焚掠，并沿途张贴伪示，有由黔入川之语。黔省兵力较单，亟须邻省援助。著俞廉三速派得力将弁，统率劲勇千名，携带枪械赴黔援应，饷糈由黔支给。并著邓华熙严饬各军，整顿营伍，迅图收复，仍侦探匪踪，严防窜扰，赶紧剿灭，毋致蔓延为患。所有防守不力之地方文武各官，著即查明具奏。钦此。当即恭录分行，并严饬尅日收复去后。随于九月十二日，据道员张胜严，督饬各军将县城收复，飞报前来。臣复将收复大概情形电请代奏，于九月二十二日钦奉电传谕旨：邓华熙电悉。仍著督饬各军，将窜出之匪跟踪追剿，务期尽数扑灭，以靖地方。钦此。现在窜出之匪经兵团沿途截杀，伤亡甚众，余匪一律追剿出境。所有此次剿办情形敬为我皇太后、皇上缕晰陈之。查近日粤边游匪猖獗异常，本年粤境歉收，屡谋大举入黔，为四出侵掠之计。于八月十一日窜至兴义府属之马黑地方，复踞板蚌碉营，经官兵击退。臣恐兴义防地辽阔，兵力不敷，当檄派营务处道员张胜严率兵前往助剿，并饬该镇府添募团营，以扼险要。惟黔岸小路处处可以登岸，防不胜防，乃于九月初二日该匪纠合大股，于天将明时乘雾渡河。我军巡防团营哨长李安邦、卞明智等闻有人声，开枪轰击。忽闻后面枪声四起，雾中莫辨众寡，随即分兵相拒。不意江边莠民已多顺贼，竟以枪反击我军，毙团勇五名，带伤三名。该哨长力不能御，夺路回奔。刘朝治、张云祥等闻警驰往迎敌，匪已大至，赶即退守箐口大营，匪遂并力围攻。刘朝治等以枪炮列置墙内，俟匪四面逼近，施放排枪环击，毙匪百余名。该匪一面拖尸攒聚焚烧，一面拼死前进，以快枪环击，枪炮之声昼夜不绝。至初三辰间，团营管带刘官礼，调队赵学坤、刘显潜带勇来援，而箐口之营已被匪众攻破，哨长文生刘朝治、武生张云祥遇害甚惨，同时副哨长、军功李安邦、李当仁及团勇死者三百二十余人。初四辰间，刘官礼复派刘显世、赵学坤、刘显潜、蒋国义各挑敢战壮丁百名，往札距城二十五里之双生堡，以备冲突。初五天明后，各隘团勇纷纷溃散，匪等络绎而至。赵学坤等督队迎敌。该匪以一小股与我军相持，大队仍前直进。是时道员张胜严甫至兴义府，与镇府商办防剿，于初三日闻警，兼程赴援。初四二更后驰抵兴义县，即与刘官礼商议防守，以下五屯为兴义门户，属刘官礼守之。初五辰间，匪大队已蜂涌而前，先扑下五屯。刘官礼以炮轰毙悍匪数十人，匪不得近，乃一面争踞高山，一面分扑县城。该道立即开队迎拒，相与鏖战，自辰至戌。我军阵亡守备赵云山、千总张威礼二员，阵亡练勇三十八名，受伤练勇五十一名。城内居民于该道迎战时已逃徙一空，匪等乘势围攻，炮声火光彻夜不断。至初六天明时，匪已攻入新城，以大炮轰击老城，南门同时失陷。该道退至距城三十里之顶效驻扎，收集散亡，征调团练，以图收复。是日刘官礼挑死士突围来援，至校场，知城已失，急撤队。归途遇匪首马大亡解运军火来城，当即分队截击，夺获笔码二驼、马二匹，生擒二匪。马大亡中枪逸去。匪等自占踞县城后，即于附郭要隘之观音阁、将台山、七星庙、笔架山书院、牛场

坡、太阳庙、巴骨山等处分扎先锋营八座，环护新旧两城，每日
分拨悍党攻扑下五屯。自初六至初九，该团与匪无日无战，互有
伤亡。

（续昨稿）初十天将明，匪倾城而往，夺距屯外险要，围攻
一昼夜。至三更后，匪以草龙遮护，相继翻进，天明距堡墙只数
丈。刘官礼俟其进前，以大炮轰击，匪始少却。张胜严恐下五屯
攻陷，匪益肆行，城更难复，幸各路援兵渐集，遂派干弁由间道
密约刘官礼，于十一日派队分路夹攻。三更后，拔队前进，探悉
匪营甚坚，未可轻敌，乃派安义镇标左营胡锦棠，右营黄金祥、
何永昌，中路右营陈克升，率队攻取书院、牛场坡、笔架山贼
营。中路中营宋振铎，靖边正营成国柱、程崧高，率队攻取巴骨
山、太阳庙贼营。该道督同新中营来往策应，滇中援军亦驰至助
剿。刘官礼派靖边团营帮带刘显世、曾春荣、刘显潜，各挑死士
数百出奇夹攻。该匪腹背受敌，其气始夺。刘官礼立出全队，四
路并进，当将团扎下五屯之匪营扫清，并夺回七星庙、将台山、
观音阁等处要隘。各练勇趁此声势，努力争先，所有巴骨山、太
阳庙、笔架山书院、牛场坡等处贼营，亦同时攻破。匪等奔溃入
城。该道督饬兵团逼城，而营匪以快枪、抬炮更番轰击，各军迭
次攻扑不进。至十二日黎明，该道悬立重赏，挥军猛进，亲冒枪
弹，督令攻击。匪等见势不支，即放火焚毁房屋，由南门夺路遁
走。该道入至北门，救灭延烧民房、衙署之火，一面派营跟踪追
剿。刘官礼亦先自传知各路团勇，伏隘截击。匪众由兔场奔入安
章，被兵团四面抄杀，沿路遗弃枪械辎重并所掳男妇，由山僻觅
路狂奔。兵团追至江边，匪已远遁，始收队而返。是日，该匪死
亡无算，生擒匪首侯天禄等十四名，取获首级四十颗，夺获匪旗
二十七面，抬枪五十余杆，火枪二百余枝。讯据匪首侯天禄供：
此次来犯兴义匪首甚夥，均归饶五即伪称洪大亡统制，其郑五、

黄二、田大、陈浩然、韦阿相、马二、姜四等，均有伪亡名号，以所部快枪之多少定位次之高下，意图攻破兴义及下五屯后，分取兴义府各属，以县城为巢穴，再谋分路窜扰等情不讳。当批饬就犯事地方，枭首悬竿示众，以彰天讨而快人心，并饬该道督同地方文武，谕令逃避良民及早归农，禁止团练藉端滋扰。现据禀报，地方一律肃清，前奉电旨派湖南援军，已电知抚臣俞廉三，毋庸派调前来。目下筹办善后、编查保甲诸事已渐就绪。臣查兴义府县逼处粤边，游匪垂涎已非一日，本年入春以来，即以全力窥注，屡谋窜扰，均被兵团扼堵，未得一逞。此次纠合大股，并力以图，攻陷兴义县城，非刘官礼一军牵制匪势，一经窜入腹地，其灾不堪设想。幸道员张胜严坚持待援，饶有胆识，遂能联合兵团，剋期收复，击毙匪酋过半，擒斩匪党一千余，足伸我军之气。此皆仰赖天威远播，乡团用命，将士齐心，旬日之间削平大憝，免至蔓延为患，不无勤劳足录。所有在事出力文武员绅，边防营务处补用道张胜严，仓猝赴援，不避艰险，败挫之后犹能力图恢复，奋勉可嘉，拟请赏给清字勇号靖边营统带。在籍云南知府刘官礼，力扼险要，屡挫凶锋，使匪党不至四出蹂躏，洵属谋勇兼优，拟请免补知府，以道员留滇，尽先补用。靖边团营帮带廪生刘显世，出奇制胜，晓畅戎机，枪林弹雨中往来冲突，奋不顾身，拟请以府经历，不论双单月，尽先选用，并赏戴蓝翎。安义镇标游击左营管带升用守备胡锦棠、中路游击右营升用守备陈克升，奋往直前，勇敢善战，均拟请免补守备，以都司补用，并加参将衔。合无仰恳天恩俯准奖励，出自逾格鸿施。其余出力文武各员，容俟择尤，另行请奖。至力战阵亡之文生刘朝治、武生张云祥、守备赵云山、千总张盛礼，均属忠勇奋发，临难捐躯，并恳敕部从优议恤，以尉忠魂。阵亡兵团人等，应即查明，咨部办理。除将防守不力人员另案办理外，所有粤西游匪攻陷兴义县城旋即收复，请奖出力文武员绅各缘由，谨会同云贵总督臣魏光焘合词恭折驰陈，伏乞皇太后、皇上圣鉴训示。谨奏。

奉朱批：著昭所请，余依议。该部知道。钦此。

《中外日报》光绪二十八年十二月十二、十三日

（1902年1月10、11日）

温水匪乱述闻

昨得川友来函详述贵州温水乱事，兹录如下：

贵州遵义县属温水地方，与綦江接壤，该处有袁姓某，向迷信鬼神，去腊忽病疯。魔言有天兵若干下界灭洋，愚民附和，聚众千余人，欲四出打教，闻并有游勇乱党数百人在内。

初五日，重庆镇章军门得綦江石壕汛禀报。该汛与温水接壤，所禀甚详，军门移知道府，并协议调营助防。

初七日，重庆府张振之太守得綦江县禀报，言匪势猖獗，请速发兵防剿。

初八日，关道贺观察发开花炮四尊，委陈其芗二尹，带炮兵六十名，前往防剿。张振之太守调威远营一哨同往。

初十日，闻石壕汛防已失，张振之太守复调威远营勇三百人，前往助剿。

渝中谣传，该匪聚至数千，有众数百窜入重庆城。当道饬各查坊委员，严查各城门，傍晚即闭，城中文武各官彻夜梭巡。

十二日，署重庆府张振之太守统带威远营勇三百人，亲往綦江，督同各营防剿。

统领驻防川东五营刘观察兆庚，于十二日午后，率队兼程赶往綦江，督同各军防剿。

闻温匪初竖"顺清灭洋"旗帜，誓不扰害平民，不与官兵接仗，乡愚多为所惑，信从日众，现已有众四千余人，口称招满万人，直捣西洋。

闻黔省官兵初至，与该匪接仗，竟为该匪所败。该匪既与官兵开战，即改竖"扶汉灭洋"旗帜。

十三日，黔兵大至，川省所调各营亦抵黔边，黔兵遂将该匪战败，退至附近某寨。

张振之太守已至石壕场，查勘各防营，布置一切。现已返旆綦江，闻俟该匪少平，即行旋渝。

江津与綦江邻封，并与黔省接壤，因温水匪乱，蔡春轩大令调保津营勇百人，驻防五岔，并饬各乡齐团严防。

渝中因温水之乱，人心惊皇，关道贺观察特出示晓谕云，匪首袁均芬业经黔勇格毙，不日即可肃清。

十八日，得綦友函云：袁匪现据某寨，被川黔两省兵勇围困，当不至出巢骚扰。以上访稿。

《中外日报》光绪三十年二月七日（1904年3月23日）

粤督岑桂抚李会奏滇军叛变情形电

刘春霖所部达字各营奉旨回滇遣撤，经该藩司饬派总兵谢凤生、知县黎肇元，沿途督率照料。现据报：达字后营行至黔境巴沙地方，抢掠叛变，并劫去逼码甚多。巴沙距桂边不远，当调黄忠浩忠字旗、陈兆棠棠字营，分扼产口、峒头，以防回窜，一面分兵剿捕，并电黔抚拨营会同夹击。其余各营已电刘春霖飞饬谢凤生等督率，迅速回滇，妥为遣散，勿任勾结滋事云云。奉旨：岑春煊电奏，刘春霖所部达字后营在黔境巴沙地方抢掠叛变，并劫去逼码甚多，已调营扼剿等语。军务事宜朝廷不为遥制，乃往往甫调之军，忽又遣撤，营官统领驾驭不能得力，甚或克扣兵饷，以致酿成哗溃，荼毒地方，言之实堪痛恨。著岑春煊、李经羲、陆元鼎、曹鸿勋等，迅即督饬各军，将该营叛勇赶紧扼要堵截，以防分窜，并认真捕剿痛惩，毋任裹胁，又添后患。该营官咎有应得，著查明因何酿变，即行据实严参。刘春霖一并交部议处。其余各营著责成刘春霖严饬谢凤生等赶速回滇，遣散安置，沿途妥为约束，毋得再有疏虞。钦此。按：十月二十四日本报载粤督奏报军情专电一则，盖即此事，惟电文简略，故致情节错误，合并更正。

《中处日报》光绪三十年十一月二日（1904 年 12 月 8 日）

黔抚曹电陈剿办叛勇及遣散各军情形

十月十五六七等日，有叛勇二三百人至西山，与防勇接仗，黔军哨长王正寅阵亡，阵毙散勇多名，余由招碉大年河窜出黔境，古州、下江、永从一带，现已安静。查刘春霖所部一营，惟达字正副后两营，因叛变无从稽考，其谢有功一营早经回滇，张梁、毕绍谟两营，已往都匀郎岱原籍遣散。谢凤生一营现抵黔，据称多湘人，已电禀丁振铎、刘春霖，准令就近遣回。其行抵荔波、古州之骆家训、李艳枝、张绍谦三营，已饬令赶紧开拔，只有庄德炳一营，尚在思恩县属剿匪，未入黔境。

《中外日报》光绪三十年十一月十四日（1904 年 12 月 20 日）

粤督岑奏报剿办窜入黔边土匪情形电

十四日钦奉电旨：曹鸿勋电奏：滇匪麇聚粤边，约三四千人，均带有快枪，传言纠合大股，分路入黔，著严饬各军，合力防剿，赶紧扑灭等因。钦此。又准黔抚电称：据报匪三四千人，于十二日攻入都匀府属之四寨关口，管带储王贵、刘永凤督勇力战。匪来愈多，数以万计。并称元电奏，系称游匪，并非滇匪，已奏请更正各等语。查广西庆远府属，接壤黔边，时有游土各匪往来出没。九月间，柳州叛匪褚大、欧四等股，由罗成击败后，窜入庆远府属之思恩，纠合五十二峒，及河地、南丹各土匪，图窜泗、色，经龙济光督同张得贵、陆荣廷各军，于十月二十六七等日，在广西官桥一带扼剿，连战七昼夜。据报歼擒甚众，饬查毙悍匪二三千人。前报击毙之褚大，业据起获尸身，割取首级，解赴柳州示众。欧四亦在思恩生擒，现派勇前往，验讯惩办。余党溃窜，复经各军分投堵击。昨据龙济光电禀：匪由南丹上窜巴平、茫场隅、上稿里一带，与黔边荔波、独山毗连，已饬陆荣廷跟踪追击，并知会黔省边军堵剿等语。黔抚所称窜入黔边，当即此股败匪。惟查殴、褚各股，由罗城败窜入庆，迭经剿击，老匪已不满千。嗣在庆属纠合新股，据报又有数千，复于广协、宗桥一役，痛加歼击，余匪断无万众之多，或系黔边土匪裹胁响应。煊奉旨后，已饬陆荣廷亲率两营，驰往荔江、独山一带，会合黔军，不分畛域，迅速严剿，并另派张得贵由思恩边界前□堵击。一面饬龙济光确查匪情，另行奏报。再，达字后营叛勇，经在怀远、融县一带先后击灭，庄德炳一营早饬回滇，并无留在思恩剿匪之事。究竟该营已否离粤，并饬龙济光查复。合并陈明，谨请代奏。煊叩。

《中外日报》光绪三十年十一月二十八日（1905 年 1 月 3 日）

苗匪滋扰（贵定）

贵定苗匪前于都匀苗匪倡乱时曾经蠢动，然不久即敉平。顷闻各处复有滋扰之事，抢去快炮四支，杀伤数人。贵定县来省告急。九月十九日已派一标三营兵士前往镇压，如何情形，容后详报。

《时报》光绪三十二年十月二十五日（1906 年 12 月 10 日）

续志贵定苗匪事

九月，贵定苗匪势颇猖獗，苗首罗华先聚众数万，省中派往兵士不及什一。贵定县胡令闻苗首将大举入城，遂商之营统岑某，派兵前往侦探。不料派往之兵均为苗匪捉获，苗众解往谒罗，中途脱归二人，报之岑。岑率兵往劫，遇苗众于都六地。官兵枪击之，苗众惊散，须臾复蜂拥至。以众寡不敌，岑统及兵士俱被围甚急。胡令闻报，即率大队往援。苗匪大败，死伤二百余人，苗首长子亦死，官军死一人而已。复数日，省中大吏复命守府仉率三哨兵至贵定，围击苗匪。苗匪退守某寨，力不支，诈言某日降，官军许之。未至期，而苗首罗华先及其次子均先逃避，苗众亦散。胡令现悬一赏格，谓能获罗苗父子一人者，给银子八百。罗苗父子踪迹至今竟无下落，或云已被枪击毙。此说确否，尚未探悉。纵使未死，想亦不足为患矣。

《时报》光绪三十二年十一月十五日（1906 年 12 月 30 日）

独山民教失和酿成巨祸[*]

贵州某司铎来函云：去年独山州民教失和，酿成臣祸。因都匀府所设学堂教授西学、洋操，惟经费不足，太守委员至四乡索捐，胥吏苛索不已，民心因而大变。有吴人杰者，系咸丰年间匪首第三元帅也，遂纠集千余人，于去年三月间攻破都匀府署，燃放枪炮，伤毙多人。时潘太守已逃匿考棚内，幸免于难。该匪等又放出囚犯十余名，将署中物件席卷而去。至四五六月间，土匪饬人于都匀、独山、荔波三州县所属各乡村，匿名揭帖，声称学堂教授西学、洋操，皆天主教洋人主使之也。于是仇教之心日甚一日，棍徒四出，逼令教民背弃真教。至七月间，树立旗帜，大书"奉天灭洋"字样。匪徒见文官不究，武官不剿，猖狂益甚，胆敢赴四乡抢掠，擅杀教民。至十月间，官军始出弹压，事已无济矣。本年正月，匪党聚成大队，欲攻独山城外天主堂。该堂司铎速请朱、谭二管带协力攻剿，教堂幸得无虞，匪势渐减，至三月底始获安静。独山教民被匪毙者共十一人，被掠者五十余家。独山某司铎同该州某刺史商议赔款，刺史请司铎同洋务局道商办。司铎遂晤洋务局某观察，商请办理。观察答以此事应归刺史调理，与我无涉。以故迄今数月尚未办理。

　　《汇报》光绪三十三年八月十四日（1907 年 9 月 21 日）

遵义罢市

　　遵义府袁玉锡滥用小人，藉学苛捐，至激民变，罢市三日。该府尚不知自疚，设法解劝，反饬遵义县李大森，用强硬手段大肆抑压。讵压制力大而反动力强，遵义县李令竟被民众殴伤。该府袁玉锡恐抚宪闻知，昨夜晋省，运动弥缝。幸各大宪已早闻知，即委贵阳府李祖章署理遵义府，袁玉锡撤省，听候参办。

　　《时报》光绪三十四年八月九日（1908 年 9 月 4 日）

殴毙禁烟之武员（兴义）

　　兴义府地方因游击张君督饬禁烟极为严厉，昨被乡民聚而殴之，立即毙命。抗令戕官，诚骇闻也。

　　《汇报》光绪三十四年十二月十八日（1909 年 1 月 9 日）

古泥居民反对抽人口税*

　　政府得贵州官电云：本月初间，贵州省古泥地为居民，因地方官征抽口税，聚众数千人，要求将苛令取消。当事者对付失宜，致激成民变，将各学堂、局所、衙署及福音堂捣毁无余，甚至放火焚毁，势甚激昂。嗣经大吏派兵前往镇抚，并擒拿首要数人，始行解散。

《时报》宣统二年八月二十七日（1910年9月30日）

安顺乡民抵抗禁种罂粟 *

安顺一带乡民，闻官出示禁种罂粟，纷纷联络户口，抵制此举。府尊已派宋委运枢速赴各乡，极力弹压，讵乡民竟敢持械抵抗。念四日未刻贵阳专电。

《时报》宣统二年十二月二十五日（1911年1月25日）

陕　西

凤翔强派官盐激民变 *

昨得陕友函云：陕西凤翔府近日民变，戕杀盐局司事及巡勇数人，现聚众千余人，驻宝鸡地方，声言不杀盐局委员李某，决不解散。按陕人素来驯良，凤翔一带驯良更甚。今忽有此暴举，盖因甘肃花马池所出之盐，向归商运，近年半归官运，售价过昂，人不乐购。当道以为销路不畅，必系私贩所致，搜查过严。巡勇又藉端苛诈，诬害良民，百端勒索，以致激成此变。闻省中已派兵前往矣。近日官运之盐多强派之商人，既派之后，无论出售与否，勒限交还官款。商力不支，销路益滞，此亦激变之远因也。以上访稿。

《中外日报》光绪二十九年十二月六日（1904 年 1 月 22 日）

凤翔盐政苛酷激成民变 *

昨又得陕西来函云：陕省凤翔民变一事，闻其中回民居多。闻不但与盐局委员李某为仇，并与臬司严某、统带刘某反对。盖以年来缉私甚酷，至枭牛马之首悬之局门，并将贩私之人用刀将腿割开，渍之以盐。此地本与潞盐引地毗连，乡人有夹带一二斤者，即处以重罚。甚至有过路客商被差弁

藉口搜盐，掠其财物而去。故激成此变。闻已获得为首数人
惩办矣。

《中外日报》光绪二十九年十二月七日（1904年1月23日）

华阴县民抗铁路捐[*]

西安电云：陕西华阴县民因造西潼铁路，开办亩捐，竟致激
变。初六日聚众千人，闹县署，焚局所，拆学堂，并毁电线数
十里。

《汇报》光绪三十二年十二月十三日（1907年1月26日）

扶风县民聚众抗捐[*]

陕省此次筹修铁路，加派亩捐，闾阎实不堪命，省外州县时
有风潮。前月扶风百姓聚众围城，虽解散，而官吏于亩捐章程，
仍不稍为变通。月之初一日，该县青龙庙又聚众千余人，密谋起
事，正拟焚烧教堂，抢劫厘局，而驻扎该处之防军马队即驰至。
彼此均已开枪，幸无损伤。惟马队军力过单，不足以资捍御。现
已由地方官飞禀省宪，添拨军队前往弹压。

《时报》光绪三十二年十一月二十三日（1907年1月7日）

再述陕西乱事详情

《字林报》得初八日西安府信云：此间乱事较前更形剧烈。
兹接同州教士函称，曾得渭南消息，谓该处闹事之原因，系官员
用强迫手段，征收铁路税之故。民间遂误会受此困苦情形皆由西
人发起，故将教会讲道所之器具什物，悉行抢掠一空。于十一月
十八日，有二教士自华州至同州，述及该处一切器具亦被乱民击

毁，教士已全逃避。乱民又定于一礼拜后欲向同州蜂拥而来，攻击邮政官署及教堂等处。时由西教士林特至官署探问消息，据云明日即欲来扰。此间教士知官员无力保护，当晚立即远适，历路程一日始抵蒲州。现西安府业已允准不再收税，另出铁路股票。在十一月十七日，同州之教堂两处均被拆毁。乱民意见欲先杀害西人，次再杀害崇拜西人之华人。当时曾由衙役、警察将乱民拿获三十六名。政府银行及盐局亦被劫抢，惟幸为时甚少，故当日邮局未受骚扰。现该乱民颇觉得手，逞所欲为，将乘此攻击潼关、朝邑、郃阳、韩城各厅县。教士均惊惶异常，因郃阳县尚有居留之西人抱林，现方患病在床，恐遭不测耳。如此情形，欲望平静，使各教士安然回至同州，恐非易事。且该处官员均置此事不问，并未压制乱端，亦未保护西人。闻陕抚已请辞职，日后如何了局，殊难预料也。

《时报》光绪三十二年十一月二十三日（1907年1月7日）

榆林官府折色虐民

·

陕西省北榆林府旧有广有仓，系由地丁派出，实非兵粮。其居葭州应纳京斗米荳一千八百余石，每于开仓征收时，葭民之路近者运粮到榆，路远者一村之中公举一二人赴榆购粮纳仓。数百年来，相安无事。自光绪三十年冬，署榆林府滕太守经以瓜期将及，葭州有未完粮四百余石，命葭州牧俞就地按时价折色，免得葭民赴榆交粮，往返受道路之苦。俞牧委银工张越、草役乔喜经理，而张、乔二人额外苛求，加色银、加火耗、加库平、加工银，层层剥削，杂费浮于正课，以致葭州粮户纷纷负载米豆，不畏天寒道远，赴榆交纳。滕太守审知勒索情形，即时收回折色成命，而葭民遂安。现任榆林府刘太守师蠹，于今年又命葭州就地折色，每斗定制钱六百一十二文，按时价以京斗计，实有四五倍之多。葭民不肯折色，于农忙时不畏田荒，各载米豆赴榆交纳。刘太守以有折色成命，不允开仓。葭民之负粮来负粮归者不计其数。刘太守旋委委员陶某赴葭催粮，将各粮户之支头尽行提案比迫，严刑数四，近各支头无奈，请铺号保释，赴乡催收。限期已满，而乡民仍无肯折色，陶委员复肆酷刑。刘仲成等无奈，赴省上控。经藩司批以新规不立，旧例不裁，照旧仍收本色等语。于是民情踊跃，咸赴榆纳粮。而收仓之人，暗受刘太守指示，粮少者谓不称开仓（如零星小户，每户不过数斗），粮多者谓包揽渔利（如合各小户同纳，则又称为包揽），总以不收为主（不收粮则折色，折色则价高粮数倍，而官得饱囊橐矣）。于是粮户喧哗，刘太守命逐出城外，关闭城门，派兵把守，指粮户为叛民，且欲出兵剿戮。经榆郡多官劝解，恐逼出事端，乃允纳本色米豆一次，旋出牌示数面，谕榆郡大小店户，不准招留葭州刁恶粮户。又出提差二十五名，捉获葭州城乡富绅九十余人。署葭州牧赵思诚以葭民之苦情面禀太守，请太守收回折色成命，照旧仍收本色。刘太守不许，且禀上峰谓，葭民之所以抗粮者，恃赵牧为护符也；葭州距榆林四日，小民赴榆纳仓，往返受无限之苦，就地折色，止为民生起见。由是赵牧之委署撤销，葭民之赴省复控者悉被管押。刘仲成被刘太守以巨石铁链锁死在府衙门口，并及胡姓一人。如今府署提差散布葭地，葭民不敢独居，或三百或五百结队成群，最多者围赵牧思诚有千余人。一则不忍释良吏去，一则恐一散为提差所获。而提差所至，实蹂躏不堪。今年葭郡收成未能及半，其粮价轻者，赖邻境丰收耳。如今所聚之人，实属至困至危之境，以聚非常局，散则不敢。富者欲散，恐为提差所捕，贫者为图哺啜，不肯散去，愈聚愈多，将成不了之局，是以与葭比邻者，悉先戒严，恐逼成民变，首被祸冲。故米脂吴堡之人咸怀危惧之心也。

按上次陕省赔款悉摊于地丁内。前任陕抚升吉帅有鉴于明末流寇李自成等起事皆由加粮逼起，以陕北地瘠民贫，不比他处，所以延安、榆林、绥德、鄜州四属分文未派。今年为西潼铁路筹款，每斗加粮三升，陕北之民已不堪其苦。不知刘守何忍为此有限之进款，而使一郡之人无辜夺其性命也。况葭民之不愿折色，并非违抗上命，一则经前次乔喜、张越等苛索过余，致全郡之人疑惧；一则葭郡瘠苦，实无如许之现银现钱；一则粮无定价，今年多四五倍，安知明年不七八倍乎。以实在之情形论之，葭民赴榆纳粮，诚为吃苦，若粮归葭州，仍纳本色，则国课无亏，民间便利，且遇凶年有仓可恃，办账施济，可免临时束手。其次则仍收本色，照旧赴榆纳仓，至于折色一事国课无加，徒受官吏以剥削之柄，葭民自无安席之期也。

　　记者按：读此文可见内地人民之苦，又可见内地官吏之专横，为之上者苟听其所为而不察，则内乱之起当无已时。何则？盖我民非好乱之民，而官乃好乱之官。官非好乱，盖不逼民而使之乱，其欲尤未厌也。在上者果仅忧民乱耶！（冷）

　　《时报》光绪三十二年十月二十六日（1906 年 12 月 11 日）

富平县民抗捐*

　　又，富平县亦因派铁路亩捐，聚议起事。该县李大令闻之，单骑驰往，剀切晓谕，始将其众解散。盖李令素著贤声，故民皆信服，不然亦将滋事矣。

　　《汇报》光绪三十二年十一月十八日（1907 年 1 月 2 日）

详述西安闹事情形

　　《字林报》得西安府信云：此间虽无乱事，而颇不安静，因其间建造铁路、学堂等事，每为官员从中苛勒，致人民均误会此种问题，皆系外人发起，遽尔归咎。现进口之男女，日人甚多，男者皆充当学堂职员，或管理西北地方开采油井。于数日前，曾见有制油机器经由此间运往该处。惟有一事恐不免成极烈之结果。因有日人数名于游览时，寻获小塔数座，意图搬取其中奇石。嗣经人民阻止，日人用手枪恐吓人民，遂群起将瓦石抛击。日人始将手枪收回，此后不闻有所举动。惟人民甚反对日人，时相抢掠。又如筹捐建造铁路、学堂之弊，亦不免成极烈之结果，非特存反对外人之意见已也。如铁路项下现每亩令土人纳税钱二十四至三十文之间，甚有于贫民处征收两倍。推人民意见，对于学堂之税，似较铁路为稍忍耐。惟有□南县某学堂曾被人民焚毁，竟击毙兵士一名，又伤官员二人。又郿县等处亦时有闹事。距西安一百英里，经派兵驰往弹压，人民遂逃往山中避匿。有数处之人民，均声言屡受扰累，不能工作，竟将器具等投诸衙署，要挟官员自行播种。人民意见，均以为凡所举动，皆由西人主动，致令民间贫苦日甚，且以为火车路妨碍风水，而工人之利益亦被侵夺殆尽。因此官员曾出示晓谕，谓嗣复于铁路项下不再征收税款云。

《时报》光绪三十二年十二月十六日（1907年1月29日）

陕省民变详志

陕省筹修西潼铁路，以亩捐为常年的款，行之半年，民间多怨，扶风、华州、华阴、渭南，先后聚众数千人，以缴农器为名，刁民从中煽惑，打毁厘局、土药局、学堂。各县飞禀请兵弹压，陕抚等闲视之。于是二华、渭南愈闹愈烈，将电线全行砍去，计八十里有奇。且鸡毛传帖，散布甚速（按哥老会陕西遍地皆是，其散票上黏鸡毛一根，见者响应）。同州府之大荔县、西安府之高陵县，同时起事，并将教堂焚去，幸未伤人，龙驹寨（在省南）亦将厘局打毁。潼高道由汴鄂绕道电致陕抚（因潼关至省电杆砍去八十里之故），陕抚始令一道员派兵出省，在荔县拿获三十人，不分首从全行正法。并闻陕抚平时最信任文案总办张省三观察（名藻，鄂人，由贵州奏调赴陕，现署盐道），所有一切政事，多出其手云。

《时报》光绪三十二年十二月廿五日（1907 年 2 月 7 日）

陕西各县抗铁路捐

昨得陕函云：该省因修西潼铁路，派捐太苛，以致酿成民变。所有武功、扶风、富平、湄县、葭州、蒲城、高陵、澄城、临潼、渭南、华州、华阴、潼关、朝邑、同县各州县民，先后闻风纷起，势甚激烈，缴农器，拆电杆，焚警局，毁学堂等，声势汹汹，大有燎原之象。旋经官军大加剿办，先在同州正法四人，后至华阴焚毁民房三百九十余家，烧毙人命百余口。现在各州县民均思抗拒，积不相能。大吏若不妥为抚绥，徒逞威风，恐不免激成巨变也。

《汇报》光绪三十三年三月一日（1907 年 4 月 13 日）

凤翔因捐激变 *

陕西凤翔府扶风县民素瘠苦，此次筹办铁路，按亩加捐，催科急迫，民怨沸腾，因于日前相约滋事。为首者系该县坡下村武举张化龙，聚众千余人，手持器械，直抵城下。幸城门紧闭，志不得逞，仅伤巡警兵数名。该县张大令亲至城头，再三晓谕。张要挟十数款，经大令一二允许，始解围而去。

《汇报》光绪三十二年十一月十八日（1907 年 1 月 2 日）

甘　肃

陕督升奏陈议结平罗教案并酌奖各员弁折

奏为甘肃平罗县下营子仇教匪徒悉数弋获，分别惩办，酌议赔款结案，拟将在事出力文武遵旨择优酌奖，并请随案开复革职各员处分，以昭激劝，恭折仰祈圣鉴事。窃奴才于光绪二十八年正月十九日专差具奏，下营子匪徒焚掠乡村教堂，伤毙教士教民，捕获首要严办，并请俟结案后将异常出力各员择优奖叙一折，于三月初三日差弁赍回原折，内开：奉朱批：著照所请，外务部知道。钦此。钦遵恭录转行遵办去后。兹据查办教案委员候补道张廷楫、署宁夏镇总兵汤泳山、宁夏道志崇、宁夏府知府崇俊等将惩治匪犯，议结赔款，全案拟结，教士悦服，立约画押，详细案情会禀到院。奴才复加查核。缘此案匪首龙占海、王兰亭、姚伏魁等分隶直隶天津，湖北谷城，甘肃平罗、甘县，龙占海以卖武营生，技勇擅场，门徒众多。宁郡汉民王兰亭等因教堂勒索妇女，衔恨刺骨，屡央龙占海报复。龙占海代抱不平，以复仇自任，而姚伏魁等知情。又因下营子僻处蒙汉交界之间，附近四无居民，相距府县皆在十七八里外，起意纠同冒义、王阿旦、文马、木荫子、张奉翼、高来伏、木成林、相金才、马天云等首伙九人，阳以助殴为名，实欲藉此抢劫财物批分。二十七年十一月初三日龙占海、王兰亭纠约黄著娃、小和尚、寇明珠、马含光、白青山、单大、牛得成、马存娃首伙十人，与姚伏魁等两起共十九人，于是夜初更时候先后行抵下营子，白青山、单大、牛得成、马存娃、木成林、杨金才、马天云等七人临时畏惧落后，龙占海、王兰亭等分持刀械，闯入教堂，砍伤教士梅姓、彭姓及教民小溥等，劫赃分逸。姚伏魁等一伙先行抢夺华人吴家马匹衣物，拒伤事主，吴万全身死，复行拥入教堂，放火劫掠，窜入蒙地。报经府县会营，拨派兵役，分途缉捕通禀。当经奴才批饬勘验，悬立重赏，购线踩缉；由省派委候补道张廷楣随带委员亲兵，驰往宁夏拨派，抚恤被害教士华民，会同镇道拿办；并电商山西抚臣飞饬归绥沿边文武，合力兜捕；一面将保护不力之营县，奏参革职，带罪勒限缉匪。旋据汤署总兵派弁督率县差，拿获姚大魁、冒义、黄著娃、王阿旦、文马、木荫子、张奉翼等各犯，审明斩首奏报在案。嗣因各犯供出实系窦武之、龙占海为首纠众仇教，教士等会称非得该犯不能甘心，复严饬设法购拿去后。兹据委员张廷楣合同镇道督率府县，得全首伙十九犯悉数拿获，并无一名漏网，隔别审讯，供证确凿。除事前听纠，临时畏惧不行之木成林、相金才、马天云、马存娃、单大、牛得成、白青山等七名递籍管束外，其续获之首要龙占海及王兰亭、寇明珠、小和尚、高来伏等五犯，均经教士白文治带领教士当堂指认无误，一并斩首。连在押病故之马金光，共办十二名。其焚毁教堂，劫去银物，共议赔银四万两，已出立合同议单，于六月十一日在宁夏府城画押了结。教士教民均以此案办理迅速，同深感悦。该文武等会衔详请，奏咨奖叙销案前来。

（续昨稿）奴才查下营子地连蒙界，教堂僻在荒野，距城窎远，向称民教相安。此次匪徒乘隙于十一月初三日夜间纠众劫掠，初四傍晚喊报府县。署平罗县令王树槐，因新任李令含菁定于初六日接印，交卸在即，未能随时查办，以致贻误。幸本营府

崇俊闻报，连夜会营前往查勘抚恤。李令接印亦即斠验，随同设
法购捕匪犯，筹办不遗余力，实为公而忘私。查王树槐、宁夏县
李含菁、平罗县缺均经部开选补有人，现在全案已结，除王令树
槐业已革职，毋庸置议外，拟恳恩施将李含菁原官原衔随案开
复，免缴捐款，仍留甘肃，遇有缺出即行奏补。平罗营参将□庆
安亦请开复革职留任留缉处分。至此案临时查办，布置有方，应
以宁夏府棠俊为最；事后缉匪认真，派弁得力，应以署宁夏镇总
兵汤泳山为最；往来查办，抚恤教士教民，督审议款，以候补道
张廷楫为最，而宁夏道志崇次之；帮审委员署宁夏县朱进贤，署
宁朔县李瑞征等，辛苦数月之久，均属不辞劳瘁。惟把总曹东武
经泳山密授机宜，派使跟踪，追至距宁七百余里之平凉府城，诱
擒匪首龙占海，得以迅速结案。其胆识技勇，办事竭力，实为武
弁中杰出之才。此外随同张廷楫办事之试用县丞王之淦、孔繁
溶，候选州吏阊江、连庆以及武弁亲兵人等，应由奴才酌给外奖
外，其署宁夏镇总兵乌什、协副将补用提督霍罗奇巴阁鲁、汤泳
山，干练有为，堪膺重任，于关内外情形尤为熟习，恳恩军机处
存记，遇有甘新两省提督、总兵缺出，请旨简放，藉收驾轻就熟
之效。宁夏镇标城守营把总曹东武，请免补千总，以守备留于陕
甘，尽先补用。二品衔甘肃尽先补用道张廷楫，请交军机处存
记。三品衔甘肃宁夏道志崇，请赏给二品顶戴。三品衔甘肃宁夏
府知府崇俊，请以道员在任补用，请补宁朔县。署宁夏县知县朱
进贤，本任伏羌县，署宁朔县知县李瑞征，均请给予加三级，以
示鼓励。奴才查办理教案，向无保奖章程。惟此案既经从严参
处，时值冬令天寒，该管文武弁勇往来蒙古草地，购线捕匪，异
常劳苦，且案犯全获，民教帖然。前于奏报大概情形折内，声请
俟结案后择优奖叙，已蒙恩施俯如所请。今全案拟结，该镇道等
开折会请核奖，经奴才再三覆核，大加删减，仅保数员，实系毫
无冒滥。拟保升阶除把总曹东武外，均无越级层递预保情事，惟

有仰恳天恩俯准照拟奖叙，以昭激劝。除咨外务部及吏兵刑三部查照外，理合参折具陈，伏乞皇太后、皇上圣鉴训示。谨奏。

奉朱批：著照所请，该部知道。钦此。

《中外日报》光绪二十八年八月二十、二十一日

（1902 年 9 月 21、22 日）

函论董福祥将次作乱

探得西报所传端、董之乱，江鄂当道将发急电，询问甘督崧制军。据复电云，全系谣传，毫无实据。以上访稿。

内地会教士恩特生于十二月十三号由河南来函，再将甘肃情形伸论。据言曾接甘肃友人来信，其大意云，目下甘肃事变已紧，董福祥所驻城垣，相距甘肃九十里之远。此间曾派人查其确实，其人至董处逗留两日。据言该处山谷中设有棚帐甚多，其兵共有二十营，此外名入兵籍而未经至营者，亦不少。一旦有事，只须得有董之号令，即出而从事。其各兵亦均有跃跃欲战之心，声言必使陕甘两省不留洋人一人。凡有过往游客，必被搜查。如有与教士之信函，则必被其拆阅。近日人有言恐祸乱不久将作。盖董军火既足，近又新得甘肃道台所遣散之兵四千名也。并闻端王、荣禄亦与董同谋。甘肃地方复因董日购刍粮，至粮价为之骤涨两倍。故甘肃地方官刻已不准教士往近固原地方，晚间更不准教士出门。由此观之，乱事殆不远矣。译十二月十一日《字林西报》。

《中外日报》光绪二十八年十二月十二日（1903 年 1 月 10 日）

甘肃加征车费船税　粮价腾贵*

甘省粮价每石向售十二三金，今竟涨至二十余金。其故特由

船运则增收船费，车载则加征车捐，以致运粮车船不敢来省，粮愈少价愈昂。他如各项货车，兰州道彭英甲定收担头税，告示张皇，言收税不复充差。今仍强扯货车，无车则将店户枷号示罚，故民莫不怨声载道云。

《汇报》光绪三十四年三月十五日（1908 年 4 月 15 日）

甘肃荒乱之现象

西烟帮接有兰州信云：兰州天旱不雨，已经数月，黄河水枯极，水车不能动，难以灌田。山沟中水小者断流，大者水难接济。田中各处，谷米与烟叶均不能栽种，即秋田亦有失望之家。乡民因天旱，官不为理，将各处电杆拔去，官正在调兵查办。素性刚恶之升允，又不知杀戮几何人命也。

又云：甘肃连年不收，官吏均置之不理。今岁其尤甚者，闻沿边居民逃往俄国者甚多云。

《时报》光绪三十四年六月八日（1908 年 7 月 6 日）

甘肃拳民起事 *

甘肃宁夏、中卫、泾州等处，前拳匪扰事，经甘督长少帅遣兵剿捕，现已解散。只泾州一处捕杀三百余人，匪首数名亦已正法。初十日午刻北京专电。

《时报》宣统二年六月十一日（1910 年 7 月 17 日）

兰州皋兰县知县激变

甘肃五月间土民拒止拔除罂粟，致酿重变，杀死兰州府知府，其一家并鲜得脱者。其原因实出于该首县余某之激变。缘拔种命下，民间因哀求收割后再拔，谓未种前官未告我，今有获而乃拔之，是故绝吾人生命也。所言未尝不可哀矜，而余某坚执不可，谓系知府主意，且笞责陈乞者有差。民众鼓噪，因酿此变。事殆与前次山西文水县事同辙，可见今日地方官惟恐天下不乱之一斑矣。顷闻余某已撤参，乱亦已平静。然更须杀却头颅几许，则不之知矣。

《时报》宣统二年七月三十日（1910年9月3日）

西宁乡民打毁盐局[*]

甘肃民情向称安谧，悉皆安分守法之人，而近来亦有跃跃不能相安之势。其故亦非一端。前函曾述有数县因禁播种罂粟肇事，兹又有西宁之西约九十里地，名唐家厅，有盐局一所，被人打毁，并毁及左近居民人家，被毁者七人，土人一人，则回子也。其起衅之因，因该处食盐均由蒙古铁辟运来，为途约六十里左右。自此盐局设立后，局中人役颇肆威福，致盐一斤售至两斤之值，而短秤缺斤之弊，尚在其外，民人久已积恨在心。不意前日又有官府出张告示，凡从蒙古、青海过来兽皮、大黄，无一物能免征税。于时民人与藏蒙两处交怀怨意，遂先打坏盐局，以泄其忿。其所毁之居民八家，则与盐局有关涉者也。事后驻西宁办事大臣派总兵马某前往查办，幸马尚解事，未施兵力。刻总督亦以为所设之盐局无甚利益，既不便于民，拟即日裁撤云。

《时报》宣统二年八月二十五日（1910年9月28日）

甘肃乡民反抗禁种罂粟[*]

甘肃甘州乡民反抗禁种罂粟，将烟捐局拆毁。后兰州大兵驰往弹压，将为首滋事者当场枪毙数人，又将种土富室十余人解送县署惩办。刻虽匿名帖遍地皆是，而反对者已一律解散。二十五日未刻西安专电。

《时报》宣统三年四月二十六日（1911 年 5 月 24 日）

甘州乡民反抗禁烟遭镇压[*]

甘州种土居民反抗禁烟，与官兵对仗，两有伤损。当经兰州道督兵兜拿匪棍，擒获为首三人，立行枭首示众，匪始敛迹。当滋事时，城门紧闭，罢市三天。十八日未刻西安专电。

《时报》宣统三年五月十九日（1911 年 6 月 15 日）

新　　疆

新疆新军哗变 *

　　新疆陆军不靖，将致叛乱，早纪本报。兹得新疆专电，该省新军统领日前因正法步兵一人，全营不服，遂致鼓噪，比将统领杀毙，以致全体响应。凡局所衙署，全行烧毁，省城骚扰不堪。新疆巡抚联魁现已逃出城外，不知下落。正监理官傅秉鉴现亦在逃。

　　　　《时报》宣统二年七月二十一日（1910 年 8 月 25 日）

旅新陕人骚乱 *

　　政府得新疆电，谓该处于本月初七等日有聚众焚烧商店之事。其原因系有某营管带田熙年者，因故将其护勇送县惩办，经县官取保释放，途遇田管带，即被喝拿，遽行正法。该护勇系陕西籍。旅居新疆之陕人，闻之大动公愤，聚众数百人，哄至官厅，请惩治田管带。当奉抚帅命将该管带交统领看管，听候查办。不意第二日忽聚众数千人，哄至抚藩各署，到处放火。商店被焚者数家，并杀死商民一人。现已一面派兵弹压，一面将田管带正法，以谢众人。尚不知若何收束也。

　　　　《时报》宣统二年七月二十一日（1910 年 8 月 25 日）

新疆省城七月初六日民变记

新省于七月初四日有陆军马队第一营管带官田熙年，擅杀革兵蒋兴魁。蒋陕西人，因前月怀刃谋刺该营田管带，事破被获，送县究惩，讯无确供，因病保出就医。田遇而杀之。陕甘游民假托乡谊，纠众于初六日午后齐赴抚署滋闹，要求即将田管带交出，为死者抵命。旋经抚台牌示，田之擅杀，罪有应得，必照例办等语。又经标统、首县、陆军执法官、巡警局提调出而开导，人众言庞，乘势拥进二堂，击毁堂鼓，并得陆军执法官易炳章用铁尺击伤甚重，首县右背亦受微伤。其时藩、臬均在抚署，见民难以理喻，飞传炮队管带唐宝臣出队弹压。唐以未见抚台亲笔字据却之。方其聚众之初，为首王高升、徐老五等刺血泸酒，饮以为誓，约至夜半分三路起事：一股抢劫军装局；一股占藩后街一带，泼煤油以放火；一股打开县署班房，劫放押犯。田熙年杀革兵后，撤差摘顶，发交标统蒋松林看管。故匪徒先赴蒋公馆放火，被枪击退。又往县班房，劫逃押犯八十除名，乘势率众拥至新东门，斩关而出。王高升、徐老五等手持铁锤，擂撞步队第一营营门。王高升本系该营革兵，意在乘机勾结。幸管带李学文早有设备，见匪徒混至，排枪痛击，众押犯随纷纷向北而逃。王高升、徐老五等率众仍闯新东门而入，始至抚西街，迤藩后街大十字一带纵火。少顷火光烛天，人声鼎沸，达旦始息。计延烧商号一百四十余家，财产货物约值百万两。迪城自开省迄今凡三十年之休养生聚，一旦毁失过半，如边局何。

《时报》宣统二年九月六日（1910 年 10 月 8 日）

西　　藏

论驻藏大臣凤全被戕事

昨日得津电，骇闻驻藏大臣凤全被瞻对土番戕毙之信。电音简略，启衅之由，未能详也。查前者川督有电致政府，略言昨接凤电谓，据打箭炉厅协禀称：遵札派询三瞻头人改土归流事，并谕知番官，该番官称须候藏信。据头人私函，有民心愿汉之语。又据厅协禀称：番官亦虑藏信宕延，愿听该厅前与妥商，誓愿归顺等语。政府旋电复川督，令即饬该厅相机办理，并言瞻本川属赏给达赖，今达赖弃藏逃走，因而收回，义正理长。从前仅达赖一人抗拒，并非全藏不愿云云。（按以上两电，未知发于何日，大约在去腊今春前后，已详见正月十三日本报）据此电以观，则似瞻地改土归流一案，瞻地头人并无不愿，所不知者，藏人之意见何如耳。惟中国官场之探报，每不甚可据，或者瞻人姑以虚浮之词，搪塞打箭炉厅协，该厅协遽信为实，然据以禀复，未可知也。及日前成都将军绰哈布、川督锡良，又有电致政府，转述有泰所言谓，闻藏番密谕瞻对番官，备兵守隘，近日遂有瞻属穿坝等处，调集兵马，围攻里塘之语，而里塘堪布土司，遂有要挟粮员将抢犯释放之事。泰凝寺喇嘛并有纠众放枪，伤毙打箭炉所派弁勇之事。又有杀死都司庐明扬之事云云。（按此全电，已载本月十四日报内）据此电以观，则似瞻对头人，于改土归流之举，其愿否尚不可知，而藏人自得瞻对后，久已视为己土，甚不愿中国之收回，必有唆使瞻人乘机抗拒之事，凶德交会，遂致酿成此巨案，未可知也。

又查光绪二十三年十一月初九日奉上谕：上年瞻对番官越境滋事，当谕令鹿传霖秉公查办，以息争端。乃该番官胆敢抗违，经鹿传霖派兵剿办，并请收回地方，原属咎由自取。朝廷因该僧番等世受国家深仁厚泽，岂竟自外生成，恐鹿传霖操之过蹙，未足以折服其心，特令鹿传霖开缺，改派恭寿署理督篆，谕令持平办理。兹据奏称，当鹿传霖派兵进剿之时，该番官等并非有意抗拒，因见大兵临境，疑惧不敢投案，仍复固守本地，乃鹿传霖误听带兵官一面之词，遂谓其叛形昭著，是以有改土归流之议。兹据达赖喇嘛并理藩院呈请赏还地方，并览该署督此次所奏各节，则是该番官并无悖逆情事，尚属可信。朝廷轸念僧番，岂肯以迹近疑似，遽行收回其地，所有三瞻地方，仍著一律赏给达赖喇嘛收受，毋庸改土归流。达赖喇嘛务当仰体朝廷怙冒之仁，知感知畏，力图自新，即著慎选番官，严加约束，无得再有苛虐瞻民，侵扰临境情事，致干罪戾。等因。恭读此道谕旨，足知鹿尚书当时办理改土归流一案，已略有眉目。乃一误于达赖喇嘛之陈请，再误于恭寿之庇护，遂致事败垂成，贻误后日，实为可惜。使当对把政者于喇嘛之违例干求，则力拒之，于恭寿之有意立异，则力驳之，改土归流一案早已贴然就绪，今日之祸固可以不作。谁为祸始，恭寿之肉其足食哉！今者祸事已成，既往者无可咎矣，而方来之政策则固当亟讲。前者本馆有收回瞻对，不必用兵之说，意以为瞻对头人或虚有抗拒之声势，未必其敢干天讨也。今既有戕钦使、抗王命之重案，则固非用兵不可，若并一瞻对而不能制，其将何以为国哉！呜呼！本朝待遇喇嘛不为不厚，其驾驭之法亦不为不周至，而沿至今日，尚敢唆使邻番，以与中国相抗，则历来之失策，固有不堪回想者矣。

《中外日报》光绪三十一年三月二十日（1905 年 4 月 24 日）

论巴塘近案

天下之间有一事，则必有办理一事之宗旨，未有漫无定见，而可以敷衍依违，遂奠其事于阽危者也。即如此次巴塘之案，自驻藏帮办大臣凤全以下皆被戕，又传闻有掳掠某国教士之事，其事亦巨矣。而其起事之原因，则至今犹莫能明。查凤大臣系于去年夏间，以四川道员奉驻藏之命，何以至今尚率其随从人等，留滞于巴塘，此不可解者一。究竟凤大臣之死，是否因收回瞻对之事，传者亦不一其辞。然使不系收瞻，则别以何故构此巨难，此不可解者二。教士传教于此，必已有年，此次被掳，究因何故牵涉，此不可解者三。此三者之中，惟教士被掳一节，或即因土番有意抗拒而起，故于教士掳而不杀，盖将藉此以挟制中朝。其余二端则实未可臆测而知矣。而朝廷对于此事之宗旨，则亦有可异者。凤全之死，无论由于收瞻与不由于收瞻，而既殁于王事，则于例应有恤典，何以未见明旨，且土番猖獗若是，此而可忍，威令何存？何以不闻剿办之谕。总之，此事而出于瞻对土司之所为，固当声明其罪，用张天讨。即其事而仅出于野番之举动，亦固不能默然听之。记者窃揣当轴之意，若以大臣被戕于土番，其事为失中朝之体面，故于凤全之恤典有所靳，非恶凤全，盖以此为荣誉之事实耳。而其不肯宣示用兵者，亦大抵有所戒慎。窃惧兵力财力有所不足，故未敢决主用兵。执是二说以推之，既不欲遂失体面，又不能决主用兵。其始也进退维谷，犹疑失据，其终也则必粉饰于两间，以自欺欺人而后已。颇闻川督已命某道员率兵前往，然某道员者固非经历戎行者也。推川省大吏之意，其所以遣某道之行者，未必为进兵计，特为调停计耳。但使巡行边界一周，随意掩执番众数人，即已可张大其辞，以报之于大吏，上之于政府。彼大吏与政府者亦明知未必获要领，而私以为如是则体面已复也，则至其时必将宣布其事于天下，庆大功之成、巨耻之雪，以边事为已平矣。至于边事之果平与否则非其所暇言也。颇闻乾隆年间缅甸之役，中国之兵屡见挫败，傅文忠不得已而贿和，而载笔之臣则铺张其声绩威灵，至莫与比。盖专制之国，欲保其专制之威，而实无保之之力，则其结果必有若是者，此例固不独中国为然也。记者窃见政府之对于此案，用兵与否，漫无定见，而惟以隐秘为保全体面之上策，则异日之事，恐不幸适如记者之所料，而沿边数省之土司此后愈将藐视王灵矣。此则记者之深忧，不得不于先事抉其微者也。

本报按：在巴塘之教士，或言已被害，本馆听得专电则但言被掳而已。此论盖据专电而言。

《中外日报》光绪三十一年三月二十八日（1905年5月2日）

东报记西藏乱事详情

三月念一日北京来电云：昨日下午三点钟，中国政府接到四川总督锡良紧急电报云：打箭炉之西南，接近西藏境界之前所土番及后所土番，忽为首创乱，遍布檄文，谓西藏已为英国占领，当此之时，我种族类亦应脱离中国之管辖，以组织自主之团体。当即首先与七儿堡土番及瓦尾土番相团结，共约有番兵一万名，突然袭击驻扎打箭炉之西藏帮办大臣监督之守备军，竟破之。又进而焚毁大臣衙署，擒大臣凤全，虐杀之，势益猖獗。鸦砻江一带同种族之土番，亦相率乘此机会，猛然奋起，形势危急。现正在派兵前往讨伐。政府诸人接电后，咸为之失色。译三月念三日《大阪每日新闻》。

《中外日报》光绪三十一年三月二十九日（1905年5月3日）

巴塘教案已结详报

　　上年三月间四川巴塘地方番匪滋事，戕害驻藏大臣凤钦使全，并杀毙法教士牧守仁、苏烈二名，焚毁教堂三处。事平后，川督锡制府派赵道尔丰，就近与打箭炉主教倪德隆开议赔恤，现已定抚恤被杀两教士、并建墓修碑银七万八千五百两；赔偿被毁教堂什物银四万三千两，按二年分还。业经定立合同，互换了结，已由锡督奏报到京矣。（此事已略见本报专电）

　　《时报》光绪三十二年二月十六日（1906 年 3 月 10 日）

后　记

　　将《近代史资料》近六十年来曾经刊载的辛亥革命相关史料重新整理并精选其中部分，出版一部《辛亥革命资料选编》的设想，最初是由社会科学文献出版社杨群先生提出来的。李学通又由此想到，将张振鹤先生当年移交的有关清末民变的报刊资料也整理出版，并特别请张振鹤先生作序于前。一来是纪念辛亥革命百年，同时也希望能为辛亥革命研究提供一点新的史料。这个想法得到出版社的大力支持。最初设想两者分别单独出版，后来为了编辑、出版的方便，将二者合而为一，恰好可以相互补充。

　　由于这些史料是几十年间陆续整理刊载的，编者的按语，乃至句读的风格，都烙印着时代的痕迹。此次重新整理编辑，尽量作了统一。报刊资料原抄稿有些字迹已模糊，并大都未曾标点，而且手抄稿重新录成电子本，又是从繁体字转成简化字，并且由几位编辑分别校改，为了尽可能避免错讹，编译室的同仁几乎又重新全部与原报刊核校了一遍。与如此大量繁琐细致的工作相比，我们从提出选题到最后出版面世，时间显得非常急迫，许多人为此放弃了节假日的休息和手中其他的工作，甚至是夜以继日，在此我们向各位参与工作的同仁表示诚挚的感谢。

　　我们也非常感谢《近代史资料》编译室前辈学者和张振鹤先生几十年的积累，为我们保留下了这些珍贵的历史资料。感谢张振鹍先生惠赐序言。我们还特别感谢出版社的杨群老师、徐思彦老师、各位责任编辑，以及近代史研究所的马忠文老师、中共中央党校的刘悦斌老师等细心的审校，提出的许多富有真知灼见的审改意见。由于我们编辑水平有限，难免还有不少问题，也欢迎读者批评指正。

李学通　刘萍

2011 年 10 月

图书在版编目（CIP）数据

辛亥革命资料选编/刘萍，李学通主编. —北京：社会
科学文献出版社，2012.1
ISBN 978-7-5097-2758-4

Ⅰ.①辛…　Ⅱ.①刘…②李…　Ⅲ.①辛亥革命-史料
Ⅳ.①K257.06

中国版本图书馆CIP数据核字（2011）第206451号

辛亥革命资料选编

主　　编／刘　萍　李学通

出 版 人／谢寿光
出 版 者／社会科学文献出版社
地　　址／北京市西城区北三环中路甲29号院3号楼华龙大厦
邮政编码／100029

责任部门／近代史编辑室　　　　　　责任编辑／赵子光　马忠文
　　　　　（010）59367256　　　　　　　　　　刘悦斌
电子信箱／jxd@ssap.cn　　　　　　　责任校对／单远举　南秋燕
　　　　　　　　　　　　　　　　　　　　　　　黄　利
项目统筹／徐思彦　　　　　　　　　　责任印制／岳　阳
总 经 销／社会科学文献出版社发行部（010）59367081　59367089
读者服务／读者服务中心（010）59367028

印　　装／北京画中画印刷有限公司
开　　本／889mm×1194mm　1/32　　　印　　张／163.5
版　　次／2012年1月第1版　　　　　　字　　数／4089千字
印　　次／2012年1月第1次印刷
书　　号／ISBN 978-7-5097-2758-4
定　　价／1280.00元（全6卷11册）